Hans Bertram • Birgit Bertram

Familie, Sozialisation und die Zukunft der Kinder

Hans Bertram • Birgit Bertram

Familie, Sozialisation und die Zukunft der Kinder

Verlag Barbara Budrich
Opladen & Farmington Hills, MI 2009

Bibliografische Information der Deutschen Nationalbibliothek
Die Deutsche Nationalbibliothek verzeichnet diese Publikation in der Deutschen Nationalbibliografie; detaillierte bibliografische Daten sind im Internet über http://dnb.d-nb.de abrufbar.

Gedruckt auf säurefreiem und alterungsbeständigem Papier.

www.budrich-verlag.de

ISBN 978-3-86649-287-5

Umschlaggestaltung: disegno visuelle kommunikation, Wuppertal – www.disenjo.de
Satz: Beate Glaubitz Redaktion + Satz, Leverkusen
Druck: paper & tinta, Warschau
Printed in Europe

Inhalt

Abbildungen

1. Einleitung

Hannah Arendt schreibt in ihrer Dissertation: „Liebe ist exklusiv und trennt das Paar von der Welt. Das Paar ist auf sich bezogen, und die Welt um das Paar versinkt und spielt keine Rolle mehr." Die Kinder stellen, so Hannah Arendt weiter, die Verbindung zur Welt her, weil sie einerseits Teil der Liebe des Paares sind, aber auch das Paar erweitern und teilweise auch außerhalb der Paargemeinschaft leben. Aus der Sicht des Paares erweitern Kinder auch die Beziehungen zu den eigenen Eltern, die nicht nur ihre Rolle als Großeltern neu zu den Kindern aufbauen, sondern auch ihre Beziehungen zum Paar als Eltern eigener Kinder neu gestalten. Auch die Kontakte zu Nachbarn und neue Freundschaften allein dadurch, dass sich Eltern wechselseitig unterstützen, erweitern die sozialen Beziehungen des Paares durch die Kinder. Neben diesen sozialen Bezügen entstehen durch die Kinder auch eine Fülle von Beziehungen zu gesellschaftlichen und staatlichen Institutionen, wie dem Gesundheitssystem, Kinderkrippe und Kindergarten, Schule, Sportverein und anderen gesellschaftlichen Einrichtungen bis hin zu Polizei oder Jugendhilfe, wenn Eltern und Kinder, aus welchen Gründen auch immer, Schwierigkeiten bei der Integration ihrer Kinder in die Gesellschaft erleben. Auch werden die Möglichkeiten der Eltern, sich mit ihren Kindern in der konkreten Nachbarschaft zu bewegen oder an bestimmten Ereignissen in der Gemeinde und Stadt teilzunehmen, erheblich von Alter und Zahl der Kinder und auch der Kinderfreundlichkeit des Wohnumfelds beeinflusst. Zudem verändern auch die Beziehungen der Kinder selbst zu anderen Kindern, in der Nachbarschaft wie in Kindergarten und Schule, das Verhältnis der Eltern zu ihrer Umwelt.

Die aktuelle wissenschaftliche und öffentliche Debatte über Familie, Familienentwicklung und kindliche Lebensbedingungen thematisiert demgegenüber, wie mit Erstaunen festzustellen ist, nicht diese vielfältigen Erweiterungen der Beziehungen des Paares durch Kinder, sondern nur die Eltern-Kind-Beziehungen insgesamt zu Kindergarten und Schule. Zudem konzentriert sich die Debatte auf die Beziehungen der Eltern, vor allem der Mutter, zur Berufswelt, wobei die Vereinbarkeit der Fürsorge für Kinder und der gleichberechtigten Teilhabe an der Berufswelt wieder auf die Frage des staatlichen oder kommunalen Angebots zur Betreuung der Kinder während der mütterlichen Arbeitszeit reduziert wird.

Diese Eingrenzung des Diskurses über die Beziehungen von Eltern und Kindern zur Umwelt auf Schule und Kindergarten ist eng verbunden mit der vorherrschenden Sichtweise von Kindern in unserer Gesellschaft und damit auch mit der gesellschaftlichen Definition elterlicher Aufgaben. Die französische Familienpolitik im 19. Jahrhundert ging nach der Analyse des Historikers Jacques Donzelot bei der Rolle von Eltern und Kindern in der Gesellschaft von der Annahme aus, die Familie sei der optimale Ort für die kindliche Sozialisation. Logischerweise werden die Kinder dann, wenn die Eltern nichts „falsch“ machen und sie ihre Rechte und Pflichten so wahrnehmen, wie es Artikel 6 des deutschen Grundgesetzes formuliert, den Erwartungen und Anforderungen der Gesellschaft entsprechen. Damals waren die gesellschaftlichen Erwartungen bei Kindern vor allem auf Schulleistungen und abweichendes Verhalten konzentriert. Wenn die Schulleistungen schlecht waren und das Verhalten der Kinder nicht den Vorstellungen der Erwachsenen entsprach, hatten die Eltern, so der politische und gesellschaftliche Diskurs im damaligen Frankreich, Schwächen und Fehler gezeigt, die andere Institutionen auszugleichen hatten.

Auch im Deutschland des 20. und 21. Jahrhunderts ist die Vorstellung der notwendigen „Kompensation“ unzureichenden elterlichen Verhaltens weit verbreitet; das muss nicht schuldhaft sein, sondern kann auf mangelndes Vermögen der Eltern, wie geringe Bildung, zurückgeführt werden. So gut wie alle Sozialisationstheorien im deutschsprachigen Raum gehen davon aus, dass die Krippe, der Kindergarten, die Schule und der Hort die elterlichen Leistungen und elterlichen Leistungsdefizite ergänzen und kompensieren müssen. Am eindringlichsten findet sich diese theoretische Position in der schichtspezifischen Sozialisationsforschung, aber auch in der modernen Bildungsforschung, etwa bei den verschiedenen PISA-Studien, in denen die soziale Variation von Leistungsdifferenzen in der Schule immer auch mit Defiziten im Elternhaus erklärt wird. Dieses Kompensationsmodell gilt für die Wissenschaft ebenso wie für die politische Praxis, wie dies im Kinder- und Jugendhilferecht formuliert ist, wenn dort den Einrichtungen der Kinder- und Jugendhilfe einschließlich der Jugendverbände eine familienergänzende Aufgabe zugewiesen wird, die bei unzureichender Familiensozialisation zu einer familienersetzenden Funktion erweitert werden kann.

In diesem Buch werden wir dieses Kompensationsmodell theoretisch wie empirisch infrage stellen. Denn dieses Modell, wie es in Wissenschaft und Öffentlichkeit diskutiert wird, reduziert die kindliche Entwicklung wesentlich auf die Frage von abweichendem Verhalten und schulischer Leistungsfähigkeit, während andere Aspekte so gut wie keine Rolle spielen, etwa die kindliche Gesundheit, die Beziehungen zu den Eltern oder zu anderen Kindern, die Sicherheit im Verkehr, aber auch die Sicherheit vor Gewalt oder in der Schule oder an anderen Orten Opfer von Mobbing zu werden. Das ist erstaunlich, weil das kindliche Wohlbefinden und die damit verknüpfte kindliche Entwicklung insgesamt, und zwar die kognitive Leistungsfähigkeit wie die emotionale Stabilität und die soziale Interaktionsfähigkeit, von diesen Faktoren der kindlichen Lebensumwelt mindestens ebenso stark beeinflusst wird wie durch Kindergarten und Schule.

Die Amerikanische Akademie der Wissenschaften und das Amerikanische Institut für Medizin formulieren demgegenüber schon seit Beginn des 21. Jahrhunderts eine andere Position: Die kindliche Entwicklung in einer Gesellschaft ist nur dann angemessen zu begreifen, wenn wir als Wissenschaftler wie als Politiker oder als in diesem Bereich professionelle Akteure akzeptieren, dass dies ein ganzheitlicher Prozess ist, der nur dann erfolgreich gefördert werden kann, wenn er nicht entsprechend der wissenschaftlichen Disziplinen oder politischen Zuständigkeit in einzelne Aspekte zerlegt wird. Folgerichtig orientiert sich die Akademie in ihrem Buch „From Neurons to Neighbourhood“ wesentlich an dem bio-sozialökologischen Ansatz von Urie Bronfenbrenner. Dieser hat gemeinsam mit seinen Schülern den Nachweis geführt, dass die kindliche Entwicklung sich in einem Kontext abspielt, in dem die Eltern von elementarer Bedeutung sind, aber auch andere Faktoren eine ebenso wichtige Rolle spielen, etwa das Wohnumfeld und die Beziehung zu anderen Kindern und anderen Erwachsenen, so dass eine gelingende Sozialisation von Kindern und Jugendlichen immer das Ergebnis des Zusammenwirkens all dieser Faktoren ist. Zudem spielen auch bestimmte Möglichkeiten, die das Kind von Natur aus mitbekommen hat, eine erhebliche Rolle. Es geht in diesem Modell also wesentlich darum, die konkreten Beziehungen zwischen diesen verschiedenen Einflussfaktoren zu rekonstruieren und zu systematisieren, um die unterschiedlichen Aspekte der kindlichen Entwicklung in ihrer Abhängigkeit von diesen Faktoren nicht nur zu analysieren, sondern auch Wege zu finden, um die Entwicklungschancen von Kindern verbessern.

Diese bio-sozialökologische Perspektive wird zwar vielfach zitiert, ist aber theoretisch wie empirisch noch längst nicht so verankert, dass die klassischen Denkfiguren der Kompensationsmodelle durch ein Interaktionsmodell ersetzt worden sind. Das hängt zum Teil auch damit zusammen, dass Kinder in der öffentlichen Debatte zwar theoretisch als Personen betrachtet werden, aber gelingende Sozialisation in der empirischen Forschung durch das Abrufen von Einzelleistungen definiert wird: Motivation, gute Sprachfähigkeit und gute Testergebnisse in naturwissenschaftlichen oder mathematischen Aufgaben gelten als Maß der Dinge. Sofern die Leistungen in diesen Bereichen unzureichend ausfallen, wird auf eine unzureichende Sozialisationsleistung der Eltern geschlossen, die es zu kompensieren gilt. Folgt man hingegen den Anregungen der Amerikanischen Akademie der Wissenschaften und dem Modell der bio-sozialökologischen Entwicklungsbedingungen, lässt sich ein gelingender Sozialisationsprozess nicht durch Einzelleistungen überprüfen, sondern nur durch die Messung des kindlichen Wohlbefindens. Zum kindlichen Wohlbefinden gehören aber in einer ganzheitlichen Perspektive neben der kognitiven Kompetenz von Kindern auch ihre gesundheitliche Situation, der Schutz vor Verletzungen, ihre Sicherheit auch außerhalb des Elternhauses, ihr freier Zugang zu Freunden und anderen Erwachsenen, sowie auch das subjektive Gefühl, nicht nur in der Familie akzeptiert zu sein, sondern auch in ihrer sozialen Gruppe und von den Erziehern und Lehrern, so dass sie sich subjektiv als Teil ihrer Gruppe und der Gesellschaft erleben können.

Auch wenn es schwierig ist, mit einem solchen komplexen Ansatz zu arbeiten, werden wir in diesem Buch zeigen, dass inzwischen nicht nur empirisches Material für diese Betrachtungsweise der kindlichen Entwicklung vorliegt, sondern dass es inzwischen auch eine Fülle von Indikatoren in unterschiedlichen Lebensbereichen zur Entwicklung des Kindes gibt, die eine entsprechend differenzierte Analyse des kindlichen Wohlbefindens ermöglichen. Diese breite Perspektive stellt eine wesentliche Voraussetzung für die Forderung von Urie Bronfenbrenner für alle sozialwissenschaftliche Forschung dar: „Die Relevanz von Forschung erweist sich einzig daran, ob sie zielführende, das heißt die Bedarfe und Problemlagen von Kindern und Familien berücksichtigende und konkret durchführbare politische Umsetzungen formulieren kann." Dieser klare Bezug auch von grundlagenorientierter Forschung zur Verbesserung der Lebensbedingungen von Kindern wird auch von der Akademie der Wissenschaften in den USA geteilt.

Aber der Ansatz, die kindliche Entwicklung in einzelne Elemente zu zerlegen und beobachtbare Unterschiede bei der kognitiven und sprachlichen Entwicklung von Kindern im wesentlichen auf das Elternhaus zurückzuführen mit dem Ziel, diese Unterschiede dann durch schulische Maßnahmen zu kompensieren, lässt nicht nur einzelne Elemente der kindlichen Entwicklung unbeachtet, sondern führt auch zur gesellschaftlichen Unterschätzung des sozialen Wandels. Der Ausbau der Betreuung für Kinder unter drei Jahren und die bisher bescheidenen Versuche in Deutschland, die Ganztagsschule zur Regelschule zu entwickeln, sind keine öffentliche Forderung aus jenen sozialwissenschaftlichen Disziplinen, die sich mit dem Leistungsvermögen von Kindern in der Schule auseinandergesetzt haben, sondern Ergebnis des familienpolitischen Diskurses um die Frage der Balance von Beruf und Familie als Folge der geänderten Lebensentwürfe von jungen Frauen und Müttern. Nicht die Bildungspolitik, nicht die Erziehungswissenschaften und auch nicht die Bildungssoziologie haben die Frage nach einem neuen Verhältnis von öffentlichen Angeboten und kindlicher Bildung in der Familie zu einem politischen Thema gemacht, sondern im wesentlichen die Frauen-, die Familien- und die Arbeitsmarktpolitik.

Dieser Wandel, der sich im Selbstverständnis junger Frauen und Mütter vollzogen hat und der sich möglicherweise auch im Selbstverständnis junger Männer ergeben wird, hat notwendigerweise auch Konsequenzen für die Beziehung des Paares zueinander wie auch für die Verbindung des Paares zur Welt. Arlie Hochschild hielt schon in den Achtziger Jahren das von ihr als „warm-traditionell“ bezeichnete Familienmodell mit der klaren Arbeitsteilung zwischen Mann und Frau zwar für optimal für die Entwicklungsbedingungen von Kindern, weil so eine Erwachsene sich unabhängig von anderen gesellschaftlichen Bereichen den ganzen Tag um die eigenen Kinder kümmern kann. Gleichzeitig aber sah sie bei diesem Modell die aktive Teilhabe von Frauen und Müttern am Berufsleben ausgeschlossen, wie es heute nur noch selten als Selbstverständnis der Mutterrolle akzeptiert und gelebt wird. Diese Wandlungstendenzen müssen aber in den theoretischen und empirischen Modellen zur Analyse der kindlichen Entwicklungsbedingungen berücksichtigt werden, weil sich mit solchen Verschiebungen in dem einen Bereich der Lebensumwelt von Kindern notwendigerweise auch die anderen Bereiche verändern. Dabei ist dies nur eine Perspektive des gesellschaftlichen Wandels. Es gibt viele andere Bereiche, etwa Migrationsprozesse oder die regionale Konzentration von Familien mit Kindern, die ihrerseits bestimmte Konsequenzen für die Lebensbedingungen von Kindern haben und daher berücksichtigt werden müssen, wenn man die Situation von Kindern nicht nur untersuchen, sondern auch Kriterien für die Verbesserung ihrer Entwicklungsbedingungen formulieren will.

Entsprechend dieser Überlegungen geben wir in diesem Buch zunächst einen Überblick über die unterschiedlichen Veränderungen der Lebensbedingungen von Familien und Kindern einschließlich des Wandels der Mutter- und der Vaterrolle, um dann die unterschiedlichen Prozesse der kindlichen Entwicklung im Familienkontext zu rekonstruieren. Abschließend werden wir entsprechend Bronfenbrenners Forderung auch einige Perspektiven zur Verbesserung der kindlichen Lebensbedingungen und zur Weiterentwicklung einer modernen Familienpolitik skizzieren.

Bei der Strukturierung des Buches war es nicht einfach, die komplexen Verknüpfungen zwischen der bio-sozialökologischen Perspektive und den einzelnen empirischen und historischen Diskursen immer sauber in ein geordnetes Nacheinander der Argumentationen zu überführen. Gerade aus der Verschränkung der unterschiedlichen

Perspektiven, wie es das Modell von Bronfenbrenner nahelegt, wird es immer wieder erforderlich, einzelne Argumente, die bereits an der einen Stelle ausgeführt wurden, in einer anderen Perspektive, in der sie ebenfalls relevant sind, wieder aufzugreifen und in den anderen Blickwinkel einzufügen.

Hannah Arendt hat in ihrem Zitat sehr darauf abgehoben, dass das Paar vor allem über die Kinder wieder in eine Beziehung zur Welt versetzt wird, weil die Liebe exklusiv ist und das Paar von der Welt trennt. Dieses Buch wäre nicht entstanden, wenn wir beiden Autoren nicht im Laufe unseres Lebens die Erfahrung gemacht hätten, dass die Beziehung zur Welt bei einem Paar neben den Kindern auch als Ergebnis der Verknüpfung gemeinsamer und unterschiedlicher intellektueller und beruflicher Erfahrungen möglich ist. Möglicherweise war diese Form der Verknüpfung zur Welt zu der Zeit, als Hannah Arendt ihre Dissertation schrieb, eher selten, während heute, auch als ein Ausdruck von sozialem Wandel, die Verknüpfung zur Welt nicht mehr nur über die Kinder hergestellt wird, sondern auch über gemeinsame intellektuelle und berufliche Erfahrungen in durchaus unterschiedlichen Kontexten. Schon am Beginn unserer wissenschaftlichen Arbeit haben wir uns wechselseitig unterstützt und zusammengearbeitet, auch wenn wir zumeist in unterschiedlichen Feldern tätig waren. Im Herbst unseres Berufslebens sind wir wieder an dem Punkt angelangt, wo wir uns schon am Beginn befanden, nämlich in einem gemeinsamen wissenschaftlichen Diskurs über gemeinsam interessierende Themen, mit durchaus unterschiedlichen Rollen und unterschiedlichen Erfahrungszusammenhängen. Wir publizieren dieses Buch gemeinsam, wobei wir die unterschiedlichen Fähigkeiten beider Autoren gut nutzen konnten: Der eine neugierig sich immer wieder auf neue Gebiete einlassend und mit der Fähigkeit, das Aufgenommene schnell zu Papier zu bringen, und die andere eher bedächtig, aber immer wieder Belege und Nachweise einfordernd und die Argumente strukturierend, können sich zusammen als Wissenschaftlerteam deswegen so gut ergänzen, weil im wissenschaftlichen Prozess das Aufdecken und die Überprüfung von Zusammenhängen zwei Seiten derselben Medaille sind. Der eine eher sammelnd und aufsaugend, was an Information zu finden ist, die andere eher fragend, ob das denn alles richtig sei, ist eine wissenschaftstheoretisch optimale Konstellation, die aber nicht frei von Spannung ist und die vermutlich nur dann konstruktiv genutzt werden kann, wenn genau jene Form der Bindung, wie Hannah Arendt sie beschreibt, hilft, diese Spannung produktiv umzusetzen.

Angesichts dieser schönen und konstruktiven Form des wissenschaftlichen Diskurses und der Paarbeziehung wäre es geradezu unfair gewesen, nur denjenigen als Autor zu nennen, der die meisten Teile des Textes verfasst hat. Durch die gemeinsame Autorenschaft wollten wir auch zeigen, dass das Paar in einer solchen Gemeinschaft mehr zu leisten vermag, als wenn jeder einzeln für sich produziert und im Kreise der Kolleginnen und Kollegen Kommunikations- und Interaktionspartner sucht, denn: Eins plus eins ist mehr als zwei! Die Grundthese, dass die privaten Bindungen, wie auch immer und zwischen wem auch immer sie entstehen, für fast alle Bereiche des menschlichen Lebens nicht nur von Bedeutung sind, sondern auch große produktive Kräfte bei Paaren, Eltern, Kindern und Großeltern freisetzen können, hat dieses Buch geprägt.

Während eine Arbeitsteilung von Konstruktion und Kritik bei der gemeinsamen Produktion eines Buches sehr effektiv sein kann und sich das gemeinsame Ergebnis auch nicht mehr in die Anteile in Bezug auf den einen oder die andere aufteilen lässt, ist sie in der Familienarbeit auch effektiv, aber in den Konsequenzen für das Paar sehr unterschiedlich. Eine geschlechtsspezifische innerfamiliäre Arbeitsteilung führt fast immer dazu, dass diejenige, die sich um den Haushalt und die Kinder kümmert, in ihren Möglichkeiten der gesellschaftlichen Teilhabe an anderen Bereichen deutlich eingeschränkt ist, wie René König schon 1946 als Desintegration der Frauen und Mütter in der Gesellschaft kritisiert hat. Daher werden in diesem Buch die Wandlungstendenzen insbesondere der Frauen- und Mutterrolle möglicherweise einen größeren Raum einnehmen, als üblicherweise in einem Buch über die Zukunft von Kindern zu erwarten ist. Doch waren beide Autoren der Überzeugung, dass die Analyse der kindlichen Entwicklung nur dann angemessen möglich ist, wenn auch die Veränderungen der Paarbeziehung zum Gegenstand der Analyse gemacht werden.

Da wir beide durch unsere Erfahrung in der Hochschullehre wissen, dass Bronfenbrenners komplexes Modell nicht immer einfach darzustellen ist, haben wir dem Buch ein Glossar angefügt und zudem nach jedem Kapitel einige Fragen zum Text für die Leser formuliert, um überprüfen zu können, ob die skizzierte Argumentation nachvollziehbar ist.

Die Möglichkeit, dieses Buch zu verfassen, wurde wesentlich auch unterstützt durch Mittel der Deutschen Forschungsgemeinschaft.

Wir danken Jessica Dinter für ihre Unterstützung bei der Fertigstellung des Manuskripts.

Hans und *Birgit Bertram*
Mai 2009

2. Das Paar, die Liebe und der Lebenslauf

2.1. Die europäische Familie

Die Leidenschaftlichkeit der Liebe, so Hannah Arendt, bindet das Paar aneinander und trennt es von den anderen, zu denen es in Beziehung steht (Arendt, 2003). Liebe ist in diesem Sinne exklusiv. Solange diese Liebe andauert, kann in diese Liebe nur das eigene Kind als Produkt dieser Liebe eingeschlossen werden. Durch dieses Kind, so meint Hannah Arendt, kehren die Liebenden in die Welt zurück, von der ihre Liebe sie getrennt hat. Eine solche Rückkehr und Erweiterung der eigenen Liebesbeziehung ist aber nur möglich, wenn diese Liebesbeziehung in eine neue Form des Zusammengehörens transformiert werden kann. Nicht nur Hannah Arendt, sondern auch soziologische Klassiker wie Max Weber sahen in der Liebesbeziehung des Paares und den daraus hervorgegangenen Kindern ein zentrales Element von Familie und Familienbeziehungen (Weber, 1993). Doch Weber hält die durch die sexuelle Dauergemeinschaft gestifteten Beziehungen zwischen Vater, Mutter und Kindern für höchst labil und störbar, wenn sie nicht gleichzeitig als eine stabile Versorgergemeinschaft begründet werden, die erst die ökonomische Basis dieser Beziehungen und das gesicherte Aufwachsen der Kinder ermöglicht.

Denn Kinder sind zunächst einfach darauf angewiesen, dass andere für sie sorgen, weil sie sonst nicht überleben können. Für Weber lebt eine solche Versorgergemeinschaft typischerweise in einem gemeinsamen Haushalt, dessen innere Struktur sich dadurch auszeichnet, dass die Teilhabe der Mitglieder der Hausgemeinschaft an den Gütern des Haushalts, etwa den gemeinsamen Mahlzeiten, nicht auf der Basis rationalen leistungsbezogenen Handelns begründet wird, sondern einzig und allein durch die Mitgliedschaft in dieser Hausgemeinschaft. Die wechselseitige Unterstützung und Partizipation in der Hausgemeinschaft ist Teil der Mitgliedschaftsrolle und bleibt selbst dann erhalten, wenn das einzelne Mitglied keinen eigenen Beitrag zum Haushalt leisten kann, wie kleine Kinder, Kranke oder auch alte Menschen. Dabei sind solche Hausgemeinschaften nicht notwendigerweise immer als Familien organisiert, sondern auch Ordensgemeinschaften oder Wohngemeinschaften können in dieser Weise gebildet werden. Die Mitgliedschaft in einer solchen Gemeinschaft ermöglicht die Teilhabe an den gemeinsamen Gütern und setzt die Bereitschaft voraus, für die Gemeinschaft auch Aufgaben der Sorge für andere zu übernehmen.

Der Verweis von Max Weber, dass die sexuelle Dauergemeinschaft zwischen Mann und Frau und die aus dieser Beziehung entstandenen Kinder ein wichtiges Element in der Konstitution von Familie sei, aber die ökonomische Basis als Versorgergemeinschaft und das mögliche Zusammenleben in der Hausgemeinschaft erst die Stabilität einer solchen Institution begründen, macht deutlich, dass die konkrete Ausprägung und Ausgestaltung familiärer Lebensformen das Ergebnis kultureller, politischer und ökonomischer Entwicklungen darstellt. Das gilt selbst bei der Annahme, dass die Familie genauso alt ist wie die menschliche Kultur (König, 1974) oder sogar möglicherweise älter, weil sich Lebensformen von Familie und sexueller Dauergemeinschaft auch bei manchen höheren Tierarten nachweisen lassen. Auch wenn es bestimmte übereinstimmende Grundformen familialer Beziehungen gibt, etwa die Sorge zumindest eines Elternteils für die Nachkommen, und selbst die Variationen sexueller Beziehungen in den verschiedenen menschlichen Kulturen im Tierreich ihre Entsprechung finden, wie sexuelle Monogamie und sexuelle Dauergemeinschaften, so ist die Pluralität familiärer Lebensformen, die heute so intensiv diskutiert wird, keine Erfindung und Entdeckung der Neuzeit, sondern Kennzeichen familiärer Lebensformen in unterschiedlichen historischen Zeiten und unterschiedlichen Kulturen (Lüscher & Pillemer, 1996).

René König hat wie viele andere Autoren die Vielfalt der familiären Lebensformen beschrieben und gleichzeitig bestimmte Übereinstimmungen in dieser Vielfalt aufgezeigt (König, 1974). So ist Familie nicht durch den Willen eines weisen Gesetzgebers „eingerichtet" worden, sondern war in all ihrer Vielfalt immer ein Teil der menschlichen Entwicklung und immer ein Element der menschlichen Sozialbeziehungen. Diese Auffassung wird heute auch in der modernen Biologie geteilt (Pinker, 2002). Die Vielfalt muss auch deswegen betont werden, weil die moderne familienhistorische Forschung davon ausgeht, dass besonders die nord- und westeuropäischen familiären Lebensformen sich von Familienformen in anderen Kulturen und anderen geographischen Regionen, etwa in Süd- und Osteuropa, deutlich unterschieden haben. Konstitutiv für jene familiären Lebensformen im Norden und Westen Europas (Mitterauer, 2003) war das Paar in einem eigenen Haushalt, in dem sowohl der Mann wie die Frau für die ökonomische Existenzsicherung der Familie und des Haushalts sorgten. Die von Max Weber betonte ökonomische Versorgungsgemeinschaft in einem Haushalt, der sich um das Paar gruppierte, war für diesen Teil der Welt eine typische Lebensform. Nicht die patriarchalische Abstammungsfamilie, in der die Frau nach der Heirat in den Haushalt des Vaters des Ehemannes zieht, sondern die Paargemeinschaft in einem eigenen Haushalt mit den gemeinsamen Kindern stellte die typische familiäre Lebensform in West- und Nord-Europa dar.

Nach den Untersuchungen der Familienhistoriker Peter Laslett und Richard Wall waren die Haushalte auch im 17. Jahrhundert mit drei bis vier Personen nicht viel größer als heute (Laslett, 1976; Wall et al., 1983).

Abbildung 1: Durchschnittliche Familiengröße, England 17. bis 20. Jahrhundert

Haushaltsmitglieder und ihr Bezug zum Familienvorstand	1650-1749	1750-1821	1851 ländlich	1851 städtisch	1947	1970
Familienvorstand und Ehepartner	163	175	171	164	180	170
Kinder	177	209	210	191	134	109
Verwandte	16	22	33	27	42	11
Dienstpersonal	61	51	33	14	2	0
Subtotal	418	457	447	396	358	290
Untermieter	26	24	24	50	9	3
Total	444	481	471	446	367	293
N (Haushalte)	866	1900	2467	1961	5997	796

Quelle: Wall, R. 1983, S. 497

Schon René König hat darauf hingewiesen, dass unser Bild von der früher vorherrschenden Großfamilie vor allem dadurch geprägt ist, dass Beschreibungen über das Leben in früheren Zeiten sich wesentlich auf Herrscherfamilien und sehr wohlhabende Familien konzentrierten, in denen aber nicht nur die Familienmitglieder Teil der Haushalte waren, sondern auch Diener und andere Untergebene. Nach den Befunden von Laslett (1976) waren die meisten Menschen viel zu arm, um einen großen Haushalt zu führen, und gaben deswegen ihre Kinder schon sehr jung als Diener zu Handwerkern und wohlhabenden Bürgern, damit sie dort ihren Lebensunterhalt selbst verdienen konnten. Und Michael Mitterauer hält auch die Wahrscheinlichkeit für eher gering, dass damals die Eltern, wenn sie nicht mehr arbeiten konnten, bei ihren eigenen Kinder lebten. Die geringe Lebenserwartung führte außerdem dazu, dass es kaum Großeltern gab und viele der alt gewordenen Menschen eben auch in Spitälern und Siechenheimen lebten (Borscheid & Teuteberg, 1983). Denn im 17. bis 18. Jahrhundert erlebten nur etwa 2 Prozent der Mütter die Pubertät ihres letztgeborenen Kindes (Kirk, 1975).

Die große Bedeutung der Paargemeinschaft für die gemeinsame ökonomische Basis von Haushalt und Familie lässt sich auch daran festmachen, dass nach dem Tod des einen Partners erneut geheiratet wurde. Der gesellschaftliche Druck etwa auf die Witwe eines Handwerksmeisters, deren Mann gestorben war, möglichst unmittelbar jemanden zu heiraten, der wiederum die Rolle des Handwerksmeisters übernehmen konnte und damit den Fortbestand der ökonomischen Basis der Familie sicherte, war recht hoch, so dass König als ein typisches Merkmal der westeuropäischen und nordeuropäischen Familien die sequenzielle Monogamie charakterisiert. Damals wurden die Sequenzen durch den Tod bestimmt und nicht wie heute durch Scheidung. Insoweit gab es auch schon in früheren Zeiten in dieser westeuropäischen und nordeuropäischen Welt Patchwork-Familien und alleinerziehende Väter und Mütter. Der amerikanische Familienstatistiker Donald Hernandez hat ausgerechnet, dass der Anteil der Kinder, die nicht bis zum 18. Lebensjahr mit den leiblichen Eltern aufwachsen, seit Beginn der amerikanischen Statistik 1796 immer um etwa 30 Prozent schwankte; war es in früheren Jahrhunderten der Tod, der die Kinder von ihren Eltern trennte, ist es heute die Scheidung (Hernandez & Myer, 1993).

2.2. Die Lebenstreppe

Die große Bedeutung der Paarbeziehung ist auch an den vielen Darstellungen der „Lebenstreppe“ des 19. und früherer Jahrhunderte nachzuvollziehen (vgl. Abb. 2). Ab dem 20. Lebensjahr ist das Leben von Mann und Frau völlig aufeinander bezogen als Paar konstruiert, bis nach dem 70. Lebensjahr nur noch der Greis zurückbleibt. Mit 20 das junge Liebespaar, mit 30 die junge Familie, mit 40 die erfolgreiche selbstbewusste Familie, mit 50 der Mann auf dem Höhepunkt seiner Leistungsfähigkeit, die er dann gemeinsam mit seiner Frau mit zunehmendem Alter verliert. Natürlich war diese Lebenstreppe ähnlich wie die Vorstellung von der Leidenschaftlichkeit der Liebe ein Ideal, von dem die meisten Menschen wussten, dass sie diese Ideale nicht oder nicht dauerhaft erreichen konnten.

Abbildung 2: Das Modell der Lebenstreppe und Altersstufen

Quelle: Chromo-Lithographie der Fa. May (Dresden) um 1900 (entnommen aus Keller, 1998, S. 401)

Beispielsweise war im 19. Jahrhundert das Leben für die meisten Menschen mit 65 Jahren zu Ende, und die Vitalität und Kraft, die hier einem 50-Jährigen zugemessen wird, traf nur für einen ganz kleinen Teil der wohlhabenden Bevölkerung zu. Aber solche Bilder haben nicht nur eine große Faszination, sondern bestimmen auch den eigenen Lebensentwurf, selbst wenn man weiß, dass sie nicht in allen Punkten dem eigenen Leben entsprechen werden. Und dann wird plausibel, warum eine so radikale Idee wie die der individualistischen romantischen Liebe für eine lebenslange Partnerschaft mit Verantwortung gegenüber den Kindern zur Grundlage dieses Bildes genommen werden konnte. In dieser Lebenstreppe ist ja nicht schematisch die Vorstellung eines erfüllten Lebens wiedergegeben, sondern ganz offenkundig auch die Idee dokumentiert, dass sich das ungebundene Liebespaar, das sich in Leidenschaft ergeben ist, über Kinder, Beruf und Einkommen den gemeinsamen Lebensaufgaben stellen muss, deren gemeinsame Bewältigung die Voraussetzung für ein erfülltes Lebens ist.

Die Leidenschaftlichkeit und Exklusivität des Paares, erweitert um die Kinder, ist in einer solchen Vorstellung von Leben ein wichtiges Fundament zur gemeinsamen Bewältigung von lebenslangen Entwicklungsaufgaben, die in dieser Konstruktion, und auch das zeigt sich in den Bildern der Lebenstreppe deutlich, in gemeinsamer Zuneigung und Unterstützung zu leisten sind. Dabei ist es außerordentlich spannend festzustellen, dass die meisten Lebenstreppenbilder in den Lebensverläufen nur die Paarbeziehung und die Eltern-Kind-Beziehung thematisieren, während in diesen Lebensvorstellungen alle anderen Beziehungen zur Verwandtschaft, in den Beruf hinein oder auch sonstige Beziehungen gegenüber der Exklusivität der gemeinsamen Bewältigung des Lebens in der Paargemeinschaft zurücktreten (Ehmer, 1991).

Heute behandeln wir solche Vorstellungen, Bilder und Ideale einer leidenschaftlichen Liebe als Fundament für die Familie und für die gemeinsame Bewältigung des Lebens und die Definition eines erfüllten Lebens als Lebenstreppe eher als Ideen, die der Vergangenheit angehören, und ersetzen sie sinnvollerweise durch Theorien der rationalen Wahl oder des impliziten höchstpersönlichen Nutzens. Dabei unterschätzen wir möglicherweise die fortwirkende Mächtigkeit dieser Bilder bei unserem Versuch, unser eigenes Leben zu strukturieren, aber auch in ihrer Bedeutung für die Weiterentwicklung sowohl der historischen wie aber auch der soziologischen und psychologischen Familienforschung.

Das wird nirgendwo deutlicher als am Beispiel der Familienentwicklung in Form der Lebenstreppe, die in dieser Gleichmäßigkeit und Sinnhaftigkeit zwar keinen Eingang in die wissenschaftliche Diskussion gefunden hat, aber über prominente Theorien der Familienentwicklung im Bereich der Familienforschung oder auch bei der Entwicklung der „Life Span Psycholgy" heute in einer bestimmten modifizierten Form zu einem festen Bestandteil der modernen soziologischen und psychologischen Forschung geworden ist. „Life Span" bezieht sich gerade auf diese Idee der fortwährenden Weiterentwicklung der eigenen Lebensperspektive und des gemeinsamen Lebens- und Familienprojekts über das ganze Leben, mit bestimmten typischen Phasen (vgl. Abb. 3).

Die Theorie der Familienentwicklung (Mattessich & Hill, 1987) verknüpft das Modell der Lebenstreppe, wie es sich als Bild des menschlichen Lebensverlaufs herausgebildet hat, mit einem Forschungsinstrument, um damit den Prozess der Familienentwicklung zu übersetzen und wissenschaftlich zu analysieren. Abb. 3 zeigt das standardisierte Modell einer solchen Familienentwicklung, das dem Modell der Lebenstreppe sehr ähnlich ist. Denn das Modell der Familienentwicklung konzentriert sich auf die Paarbeziehung und die Erweiterung des Paares zur Gemeinschaft von Eltern und Kindern. Der Rhythmus dieser Familienentwicklung folgt nach der Etablierung des Paares dem Wachstum der Kinder und dem Lebensalter des Mannes, konzentriert sich dann nach dem Auszug der Kinder wieder auf die Paarbeziehung in der „nachelterlichen Gefährtenschaft" und das gemeinsame Altern.

Mattessich und Hill zeigen auch, dass eine solche Perspektive der Familienentwicklung sowohl die unterschiedliche Entwicklung der ökonomischen (instrumentellen) Ressourcen einer Familie mit Kindern dokumentiert und gleichzeitig die Wahrnehmung hinsichtlich der eigenen Ressourcen von der Familienentwicklung beeinflusst wird. Denn die Unzufriedenheit mit diesen ökonomischen Ressourcen setzt zu einem Zeitpunkt ein, an dem die Kinder aus dem Binnenraum der Familie in die Schule und andere gesellschaftliche Institution hinaustreten, während vorher trotz geringer Verfügbarkeit solcher Ressourcen die Zufriedenheit höher war. Die Wahrnehmung der Verfügbarkeit von Ressourcen im Bereich der sozialen Beziehungen wächst im Laufe der Familienentwicklung deutlich an und geht erst zurück, wenn die Kinder das Haus verlassen. Die Möglichkeit, zu anderen Beziehungen aufzubauen und durch Beziehungen von anderen unterstützt zu werden, wird erheblich von der Familienentwicklung selbst beeinflusst.

Abbildung 3: Phasen der Familienentwicklung (Lebenszyklus)

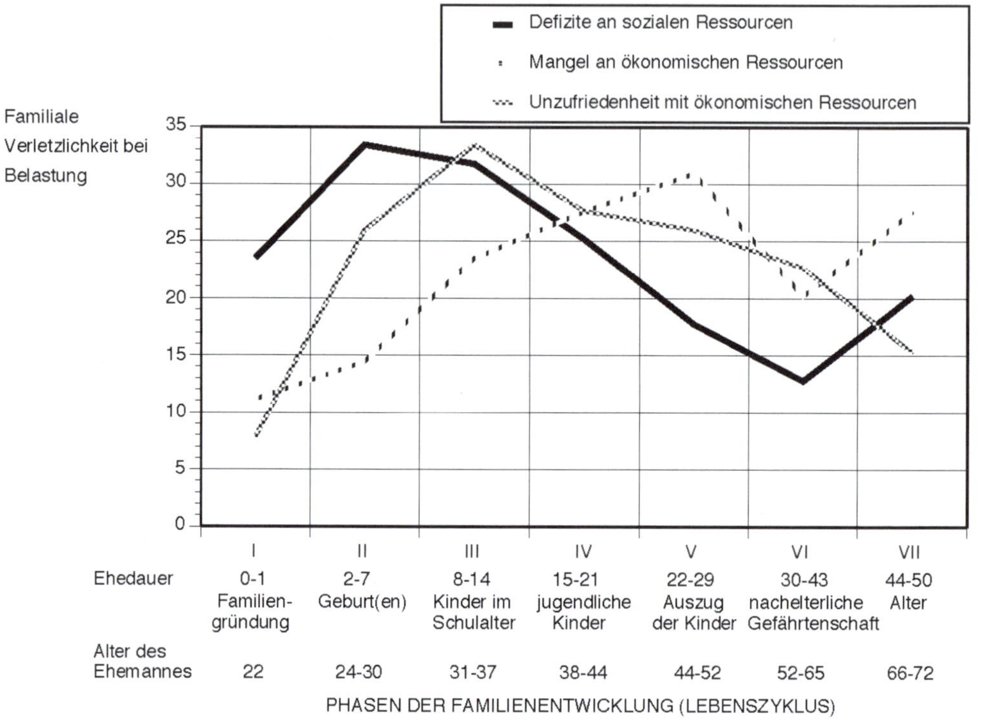

Quelle: Mattesich, P. und Hill, R. 1987, S. 460

Viele Untersuchungen in diesem Kontext konnten zeigen, dass die subjektive Zufriedenheit mit der Familie und mit den Beziehungen zum Partner sowie die Zufriedenheit mit der eigenen Lebenssituation von der Entwicklung der Familie abhängt. Offenkundig schaffen nicht allein die Begründung der Partnerschaft durch Liebe und Leidenschaft und die Kinder, die aus dieser Beziehung entstehen, die Zufriedenheit mit dem weiteren Verlauf des eigenen Wohlbefindens in der Familie, sondern es sind die strukturellen Herausforderungen der unterschiedlichen Familienphasen in diesem Entwicklungsprozess. Die Verletzlichkeit der Familie als Einheit hängt aber auch von der subjektiven Einschätzung der einzelnen Partner ab; steigen Stressfaktoren an, die etwa auf mangelnde ökonomische Ressourcen oder mangelnde Unterstützung durch andere zurückzuführen sind, dann steigt auch das Risiko, dass diese Beziehung zerbricht.

Diese Theorie der Familienentwicklung ging davon aus, dass es möglich sei, in den meisten Kulturen ein solches Modell mit seinen sieben Phasen nachzuweisen. So wichtig und so spannend diese Theorien der Familienentwicklung waren (Rodgers, 1973) und auch heute noch etwa in der Haushaltsökonomie bei lebenslangen Investitionen eine große Rolle spielen, so zeigen sie aber die gleichen Mängel wie schon das Modell der Lebenstreppe. Denn historische Ereignisse beeinflussen nicht nur die Lebensverläufe, sondern auch die damit verknüpften Formen von Familienentwicklung. Glen Elder hat in seinen Untersuchungen zu den Lebensverläufen von Kindern, die kurz vor der Weltwirtschaftskrise Anfang der Dreißiger Jahre geboren wurden, nachweisen können, dass die Geschichte, in diesem Falle die ökonomische Krise von 1929, die individuellen Lebensläufe und die Familienverläufe in ihrer ganzen Länge tief greifend beeinflusst. Die im Familienentwicklungsmodell systematisch aufgezeichneten sieben Phasen und die daraus abgeleiteten Konsequenzen waren in den Lebensverläufen der Generation nicht nachzuzeichnen, die zu Beginn der Weltwirtschaftskrise geboren wurde, dann als Kinder den Zweiten Weltkrieg erlebten und als junge Erwachsene teilweise im Koreakrieg Dienst leisteten; sie konnten offenbar ihre Lebensentwürfe auch unter diesen spezifischen historischen Bedingungen erfolgreich entwickeln, ohne ein solches systematisches Phasenmodell der Familienentwicklung selbst erlebt zu haben (Elder, 1974).

Theoretisch ist diese Kritik auch dahin auszudehnen, dass das Modell der Familienentwicklung fast ausschließlich auf die Entwicklung des individuellen Lebens und der individuellen Lebenszeit abstellt, während die historische Zeit, die das Leben von Menschen eben auch beeinflusst, nur geringe Berücksichtigung findet. Dieses Argument, dass eine Theorie zur Familienentwicklung auch die historische Zeit einbeziehen muss, gilt natürlich in besonderem Maße für Deutschland, wo im 20. Jahrhundert nicht nur zwei Weltkriege, sondern auch historische Umbrüche, Wirtschaftskrisen und nicht zuletzt die Wiedervereinigung die Lebensverläufe und die Familienentwicklung vieler Menschen nachhaltig beeinflusst haben. Auch heute ist in Bezug auf die Familienentwicklung davon auszugehen, dass bestimmte sozialpolitische Maßnahmen die Entscheidungen für die eigene Lebensplanung mit beeinflussen. Am Beispiel der nordeuropäischen Länder, wo eine frühzeitig aufgebaute Infrastruktur für Kinder zu einer viel besseren Vereinbarkeit von Familie und Beruf beigetragen hat, lässt sich eine Entwicklung zeigen, die sich heute in diesen Ländern nicht nur in den Erwerbsquoten von Müttern mit Kindern dokumentiert, sondern nach Meinung mancher Autoren auch erklärt, dass in diesen Ländern die Geburtenraten höher sind als in Deutschland (Obinger, 2005).

Darüber hinaus ist nicht zu vergessen, dass in allen Gesellschaften Lebensläufe und Familienverläufe durch gesellschaftliche Vorstellungen normiert werden, die sich einerseits in gesetzlichen Regelungen abbilden, andererseits aber auch im konkreten Verhalten der Individuen. So bildet Bismarcks Modell des dreigeteilten Lebenslaufs mit der Jugend mit Lernen, dem Erwachsenenalter mit Beruf und dem Alter mit Ruhestand bis heute das Grundmuster aller sozialen und bildungspolitischen Regulierungen in Deutschland. Der Staat schreibt vor, ab wann und wie lange die Schule zu besuchen ist, wie lange eine Ausbildung dauert und wie lange man zu arbeiten hat, bevor man eine Rente bekommt. Auf der anderen Seite schreibt er aber auch vor, wie lange Eltern für die ökonomische Existenzsicherung ihrer Kinder aufzukommen haben. Wer also die Familienentwicklung unter einer zeitlichen Perspektive betrachten will, wird neben der individuellen biografischen Zeit historische Ereignisse und historische Entwicklungen ebenso berücksichtigen müssen wie die soziale Konstruktion der Zeit durch gesetzliche Regelungen und normative Erwartungen der Gesellschaft.

Schon die Berücksichtigung dieser drei unterschiedlichen Zeitdimensionen macht deutlich, dass die schematische Vorstellung von Familienentwicklung nur eine zu einfache Darstellung möglicher gesellschaftlicher Realitäten spiegelt. Mindestens ebenso wichtig ist allerdings auch die Einsicht, dass in einem solchen Modell ähnlich wie bei der Lebenstreppe nur eine bestimmte Variante als Grundtyp der Familienentwicklung und des Familienverlaufs thematisiert wird, nämlich die Familie mit dem Paar und ihren Kindern. Familiäre Lebensformen, wie alleinerziehende Mütter und Väter, geschiedene Paare oder Stieffamilien, um nur einige familiäre Lebensformen zu nennen, entziehen sich einer solchen Systematisierung. Auch werden familiäre Verläufe ethnischer Gruppen, die einen anderen kulturellen Hintergrund haben, überhaupt nicht erfasst, obwohl heute und wie auch schon in den Achtziger Jahren die ethnische Heterogenität und damit auch die Heterogenität familiärer Lebensformen und Familienverläufe vielfältig diskutiert wird. Dieses Argument wird später wieder aufgegriffen (vgl. Kap. 3.1).

2.3. Der Mythos vom Übergang von der Groß- zur Kleinfamilie

Die große Bedeutung, die Max Weber der Hausgemeinschaft für die Dauerhaftigkeit und Stabilisierung von Paarbeziehungen zumisst, zeigt zunächst, dass auch in seiner Konzeption die Paarbeziehung ein konstitutives Element von Familie ist. Dieses Muster an Bedeutung, die das Paar als zentrales Element von Familie hat, ist aber, folgt man der Argumentation der historischen Demografie und der historischen Familienforschung, vor allem typisch für Nordwest-Europa und die USA. Denn diese Kombination von Paargemeinschaft, dem eigenen Haushalt als ökonomischer Basis für die Dauerhaftigkeit der Paargemeinschaft und dem Aufwachsen der Kinder bei dieser Paargemeinschaft ist typisch für die Lebensform von Familien im Norden und Westen Europas (Mitterauer, 2003).

Mitterauer führt diesen Familientypus auf die Struktur der Besitzverhältnisse besonders in Frankreich im ersten Jahrtausend nach Christus zurück. Grund und Boden wurden in Form von Lehen vergeben, um sicherzustellen, dass einerseits der Boden bearbeitet wurde und andererseits ein Teil des Ertrages dem Lehensgeber zufloss. Das setzte allerdings voraus, dass diejenigen, die den Boden bewirtschafteten, möglichst aktiv waren und ein gewisses Eigeninteresse an einem hohen Ertrag hatten. Ein junges Paar, das noch Kinder zu versorgen hat, ist in einem solchen Kontext der landwirtschaftlichen Güterproduktion attraktiver als ein älterer Bauer, der zwar Erfahrung hat, aber nicht mehr die Kraft, die mühevolle Landarbeit zu erledigen. Mitterauer liefert für seine These, dass die Rechtskonstruktion des Lehens zu einem zentralen Element der paarorientierten Familie in Nord- und Westeuropa geworden ist, eine Reihe von Belegen. So war der Anteil der älteren Bevölkerung, die mit jüngeren Paaren zusammen lebten und von ihnen unterstützt wurden, nach allen verfügbaren Daten geringer, als es ihrem Anteil an der Bevölkerung entsprach. Aber auch die strikten Regelungen zur Wiederverheiratung nach dem Tod eines Partners unterstützen diese Sichtweise. Die unsichere Lebenszeit der Paare (vgl. vorhergehendes Kapitel) führte zu einer sequenziellen Monogamie, und die Formel „bis dass der Tod euch scheidet" war in diesen bäuerlichen Gemeinschaften vielfach gelebte Lebensrealität: Wenn die Frau oder der Mann starb, musste schon zur ökonomischen Existenzsicherung der Wirtschaftseinheit möglichst bald ein neuer Partner gefunden werden.

Der historische Demograf Peter Laslett und sein Kollege Richard Wall haben in mühevoller Arbeit aus historischen Dokumenten, wie Kirchenbüchern, Kaufverträgen und Registern einzelner Gemeinden, die Familienzusammensetzung und Familiengröße für mehrere englische Grafschaften in früheren Jahrhunderten rekonstruiert (Wall et al., 1983).

Abbildung 4: Die Familienzusammensetzung und Beziehung zum Haushaltsvorstand in ausgewählten englischen Kommunen, 17. bis 20. Jahrhundert

	Anteil aller Haushaltsmitglieder einschließlich ständiger Untermieter					
Haushaltsmitglieder und ihr Bezug zum Familienvorstand	1650-1749	1750-1821	1851 ländlich	1851 städtisch	1947 (%)	1970 (%)
Familienvorstand	22,5	20,8	21,2	22,4	27,3	34,1
Ehepartner	14,3	15,6	15,2	14,3	21,9	24
Kinder	39,9	43,4	44,4	42,8	36,5	37,2
Verwandte	3,6	4,6	7,1	6,1	11,5	3,8
Dienstpersonal	13,8	10,7	7,1	3,1	0,5	1,1
Untermieter	5,8	4,9	5	11,2	2,3	
Total	99,9	100	100	99,9	100	100,2
N (Haushalte)	3850	9133	11630	8734	21985	2337

Quelle: Wall, R. 1983, S. 495

Mit diesen Zahlen können sie nachweisen, dass in den von ihnen untersuchten Gemeinden die vorherrschende familiäre Lebensform nicht die Familie mit mehreren Generationen war, sondern das, was wir heute als Kleinfamilie bezeichnen. In der überwiegenden Zahl der Haushalte lebten vier bis sechs miteinander verwandte Personen, und diese Haushalte bestanden aus zwei Generationen. Wenn also heute von der traditionellen Kleinfamilie gesprochen wird, lässt sich diese Familienform zumindest bis in das 16. Jahrhundert zurückverfolgen. Allerdings gibt es einen entscheidenden Unterschied zur ökonomischen Basis dessen, was wir heute als traditionelle Kleinfamilie bezeichnen. Die ökonomische Basis dieser historisch „traditionellen" Kleinfamilie war die gemeinsame Arbeitsfähigkeit und Arbeitskraft von Mann und Frau. Wer heute von „traditioneller" Kleinfamilie spricht, meint damit gerade nicht diese Form der Kleinfamilie, sondern jene Form der arbeitsteilig organisierten Familie der zweiten Hälfte des 20. Jahrhunderts (vgl. Kap. 4.1).

Diese familiären Lebensformen waren aber nicht nur für die Landwirtschaft Englands im 16. und 17. Jahrhundert nachzuweisen. In der groß angelegten Sozialenquête von Max Weber zur Situation der ostelbischen Landarbeiter Anfang des 20. Jahrhunderts findet sich unter den ökonomisch variierenden Lebensformen eine familiäre Lebensform, in der Familien von den Gutsbesitzern einen Teil des Landes zur eigenen Bewirtschaftung bekamen und dafür einen Teil des Ernteertrages abliefern mussten. Wenn in diesen Familien mehr als jene vier bis sechs Personen lebten, auf die Laslett und Wall in ihren Analysen kommen, so sind es häufig Tagelöhner, die bei der Ernte helfen. Es sind aber nicht jene klassischen Großfamilien, die von manchen als Vorform der modernen Kleinfamilie angesehen werden. König bezeichnet die Vorstellung, die vorherrschende Familienform in Westeuropa sei früher die Großfamilie mit mehreren Generationen unter einem Dach gewesen, als Irrtum, der vermutlich darauf zurückzuführen ist, dass über die Haushalte der Herrscher und Fürsten mehr berichtet wurde als über diejenigen, die in deren Schatten lebten (König, 1974).

Königs Kritik an der Vorstellung der vermeintlichen Entwicklung von der Großfamilie zur modernen Kleinfamilie wird aber auch durch die spätere empirische Haushaltsforschung in Deutschland bestätigt. So zeigt Rothenbacher auf der Basis von Regionalstatistiken und später den Statistiken des Deutschen Reiches, dass in den großen Haushalten, die diese Statistiken ausweisen, häufig ganz unterschiedliche Personengruppen zusammen lebten, weil sie in dieser Hausgemeinschaft entweder gemeinsam wirtschafteten oder sich auch nur als „Schlafgänger“ mit anderen das Bett teilten (Rothenbacher, 1997). Die geringe Wahrscheinlichkeit für Mehrgenerationenfamilien ergibt sich weiterhin auch aus den begrenzten Lebenserwartungen, wie sie bereits beschrieben wurde. Bei einer Lebenserwartung von knapp 60 bis 65 Jahren im 19. Jahrhundert bei gleichzeitig relativ später Erstgeburt der Kinder war die Möglichkeit von Mehrgenerationenfamilien schon aus demografischen Gründen begrenzt. Entscheidender aber scheint zu sein, dass die enge Verknüpfung zwischen ökonomischer Basis, Haushalt und Familie und Familienbeziehungen auch als Ergebnis der damaligen Formen des Wirtschaftens zu sehen ist, die besonders in der landwirtschaftlichen Produktion stark haushaltsbezogen organisiert war.

Das lange Festhalten an der Vorstellung, früher habe durchweg die Großfamilie gemeinsam unter einem Dach gelebt und Kinder und Enkel hätten für die alt gewordene Generation gearbeitet, sie unterstützt und gepflegt, ist sicherlich auch darauf zurückzuführen, dass die Bedeutung der Ökonomie und des Erbrechts wie auch die Konsequenzen sozialer Ungleichheit für die Ausgestaltung familiärer Lebensformen in der soziologischen Literatur eher selten thematisiert wurden. So findet sich dieser Mythos vom Zusammenleben der Großfamilie unter einem Dach noch im Dritten Familienbericht der Bundesregierung zu einem Zeitpunkt, an dem Peter Laslett schon viele seiner Arbeiten publiziert und auch René König diese Vorstellung kritisiert hatte (Bundesministerium für Jugend, 1979). Wenige auch heute noch lesenswerte Ausnahmen sind die Arbeiten von Heidi Rosenbaum, die auf der Basis sozialer Differenzierungen und sozioökonomisch bedingter Ungleichheiten die Lebensbedingungen von Familien im 19. Jahrhundert beschreibt (Rosenbaum, 1982).

Eine zentrale Ursache für die Langlebigkeit dieses Mythos ist aber auch darin zu sehen, besonders in der deutschen Rezeption, dass zwischen Haushalt, Hausnamen, Familie und Familiennamen nur unzureichend differenziert wurde. Mitterauer und Sieder zeigen am Beispiel Österreichs, wie der österreichische Steuerstaat unter Kaiserin Maria Theresia alle Haushalte mit Namen belegen ließ, um auf diese Weise sicherzustellen, dass für alle Bewohner des Hauses die Steuern erfasst werden konnten (Mitterauer & Sieder, 1991). Diese gemeinsamen Hausbewohner waren aber keinesfalls alles Familienmitglieder. Daher verwundert es auch nicht, wenn der französische Historiker Flandrin für Frankreich zeigt, dass die Familie, die wir heute als traditionell bezeichnen, nämlich die Einheit des zusammenlebenden Paares mit dem Kind, sich als Begrifflichkeit erst im 19. Jahrhundert in der französischen Sprache durchsetzte (Flandrin, 1978). Denn es gab auch die Familie des Bischofs, die Familie des Königs oder anderer hervorgehobener Personengruppen, die aber nicht verwandtschaftlich, sondern über Verantwortlichkeit und wechselseitige Solidarität zwischen den Personen begründet war. Unsere heutige Vorstellung, dass das zusammenlebende Paar und die zu versorgenden Kinder im gemeinsamen Haushalt die wesentliche Lebensform von Familie sei, dann auch gern als „Kernfamilie“ bezeichnet, ist eine Entwicklung der jüngeren Geschichte.

Der finnische Demograf Hanjal hat schon vor langem versucht, die unterschiedlichen Familientypen und familiären Lebensformen in Europa geografisch zuzuordnen und folgt im wesentlichen der Argumentation von Laslett. Auch seine Daten zeigen, dass Großfamilien, die auch als Abstammungsgemeinschaften organisiert sind, weil der Besitz dieser Familien bis zum Tode des Familienoberhaupts bei ihm verbleibt und dann auf den erstgeborenen Sohn übergeht, in West- und Nordeuropa keine dominante familiäre Lebensform gewesen sind, sondern sich eher in Südwest-Europa und anderen Regionen findet. Auch in der Demografie wurde inzwischen die Argumentation der Familienhistoriker übernommen, nur die Medien und auch viele wissenschaftliche Publikationen verbreiten immer noch den Mythos einer organischen Entwicklung von der Großfamilie zur modernen Kleinfamilie.

Fragen zum Text

1. Worin sehen Hannah Arendt und Max Weber die Stabilität der Familie begründet?
2. Welches sind die konstitutiven Merkmale der historischen Familienformen in Nord- und Westeuropa?
3. Wie sah die typische Familienform in Großbritannien im 17. Jahrhundert aus?
4. Skizzieren Sie das Modell der „Lebenstreppe“ und diskutieren Sie es kritisch!
5. Beschreiben Sie das Modell von „Life Span Development“ und setzen Sie es mit dem Modell der Lebenstreppe in Beziehung!
6. Beschreiben Sie den „Mythos Großfamilie“ und diskutieren Sie seinen empirischen Gehalt!

- Merkmale für ökon. Existenzsicherung,
- Mitteraner
- Mythos widerlegen: Laslett-Studie ...
- Kontraktionsthese
- ausführlich Rückgang erweiterter Familienhh

3. Ökonomie und Familie

3.1. Der Oikos: Liebe, Leidenschaft und Haushalt

Ohne eine soziologische oder demografische Definition von Familie lässt sich schon aus dem Ideal der Liebesbeziehung des Paares, die um die Beziehung zum Kind erweitert wird (Hannah Arendt), jene Vorstellung von Ehe und Familie ableiten, die jahrzehntelang auch die soziologische Definition der Familie in West- und Nordeuropa und den Vereinigten Staaten war und heute noch in vielen europäischen Statistiken als Familiendefinition fortgeführt wird. Diese Vorstellung, das Paar entscheide sich aufgrund eigener Gefühle füreinander und folge der eigenen Liebe, ist eine radikale Absage an alle Auffassungen, dass die Eltern, die dörfliche Gemeinschaft, die soziale Herkunft oder auch der Staat ein Recht haben, diese freie und individuelle Wahl durch äußere Regeln zu beeinflussen oder bestimmte Entscheidungen zu verbieten.

Wenn die Leidenschaftlichkeit der Liebe Basis der Paarbeziehung ist und Partnerschaften von diesem Gefühl der Einzigartigkeit des anderen getragen sind, so leben diese Beziehungen von der Vorstellung, dass der Partner oder die Partnerin als einzigartiges Individuum durch niemanden ersetzt werden kann. Daher sind solche Liebesbeziehungen immer individualistische Beziehungen, die sich nicht an gesellschaftlichen Vorgegebenheiten orientieren. Diese individualistische Perspektive bezieht sich aber in einer solchen Liebesbeziehung auch auf die eigenen Kinder, die als Erweiterung der eigenen Liebesbeziehung zum Partner unter dieser Perspektive für die Eltern unverwechselbare Individuen sind. Die Förderung ihrer Entwicklung und die Unterstützung durch die eigenen Eltern folgen in einem solchen Konzept dem Modell einer „individualistischen Elternschaft“ (Coltrane & Collins, 2001).

Nicht nur Hannah Arendt, sondern auch soziologische Klassiker wie Max Weber sahen in der Liebesbeziehung des Paares und den daraus hervorgegangenen Kindern ein zentrales Element von Familie und Familienbeziehungen. Doch sind solche durch die „sexuelle Dauergemeinschaft gestifteten Beziehungen“ (Max Weber) relativ labil, weil sich Gefühle wie Liebesbeziehungen im Laufe des Lebens wandeln können, so dass die Stabilität dieser Beziehungen daher für Weber aus einer stabilen Versorgergemeinschaft, die die ökonomische Basis der Beziehungen sicherte und ein gesichertes Aufwachsen der Kinder ermöglichte, erwächst (Weber, 1993). Der Verweis von Max Weber, dass die sexuelle Dauergemeinschaft zwischen Mann und Frau und die aus dieser Beziehung entstandenen Kinder ein wichtiges Element in der Konstitution von Familie sei, aber die ökonomische Basis als Versorgergemeinschaft und das mögliche Zusammenleben in einer Hausgemeinschaft erst die Stabilität einer solchen Institution begründen, führt zu der These, dass die konkrete Ausprägung und Ausgestaltung familiärer Lebensformen Ergebnis kultureller, politischer und ökonomischer Entwicklungen ist, und dies seit Beginn der menschlichen Kultur (König, 1974). Auch wenn es bestimmte übereinstimmende Grundformen familialer Beziehungen gibt, wie etwa die Sorge zumindest eines Elternteils für die Nachkommen und selbst die Variationen sexueller Beziehungen in den verschiedenen menschlichen Kulturen im Tierreich ihre Entsprechung finden, wie etwa sexuelle Monogamie und sexuelle Dauergemeinschaften, so ist davon ausgehen, dass die Pluralität familiärer Lebensformen, die heute so intensiv diskutiert wird, keine Erfindung und Entdeckung der Neuzeit ist, sondern Kennzeichen familiärer Lebensformen in unterschiedlichen historischen Zeiten und unterschiedlichen Kulturen (Lüscher, 1993).

Das Neue moderner Familienbeziehungen ist die große Bedeutung der Liebe in der Partnerschaft für die Begründung einer Familie und die Liebe der Eltern zu ihren Kindern. Diese These vertreten jedenfalls Familienhistoriker, wie Peter Borscheid (Borscheid, 1983) oder Stephanie Coontz (Coontz, 2005). Coontz kommt zu dem Schluss, dass die große Bedeutung der Liebesbeziehung für die Entwicklung der Paarbeziehung und als Grundlage stabiler Familienbeziehungen Kern und Ursache der steigenden Scheidungsraten in den Sechziger und späteren Jahrzehnten des 20. Jahrhunderts gewesen ist. Denn solange Ehe und Familie durch äußere Regeln, die väterliche Macht oder auch die gemeinsame ökonomische Existenzsicherung gestützt und begründet wurden, spielten die individuellen Beziehungen des Paares für den Fortbestand der Familie nur eine untergeordnete Rolle.

Wenn heute über den Niedergang der Familie geschrieben wird, steigende Scheidungsraten beklagt werden, die Gesundheit der Kinder diskutiert wird und auch sinkende Geburtenraten thematisiert werden, dann wird dieses Bild der Liebesbeziehung des Paares, erweitert um die Liebe zu den Kindern, häufig gezeichnet, um darauf hinzuweisen, dass diese harmonische und stabile Beziehung heute an Bedeutung verloren habe. Sowohl in den Medien wie auch in der Wissenschaft wird argumentiert, dass der moderne Individualismus diese harmonischen Beziehungen der Vergangenheit zerstört habe und auch die damit verbundene Form der familialen Solidarität.

Demgegenüber hat Stephanie Coontz die These formuliert, dass die Stabilität einer Liebesbeziehung aus sich selbst heraus gefährdet ist (Coontz, 2005), weil die exklusive Individualität des Partners und damit der Paarbeziehung nicht nur von dessen Verhalten und den wechselseitigen Beziehungen abhängt, sondern auch von der Entwicklung der eigenen Persönlichkeit. Denn durch Ereignisse, dass etwa Kinder geboren wurden oder man einen neuen Beruf gefunden hat, wie auch durch andere wichtige Lebensereignisse verändert sich die subjektive Sicht auf den anderen wie auf die eigene Person und auf die eigenen Lebensumstände im Laufe des eigenen Lebens und der eigenen Entwicklung. Die Paarbeziehung als Grundlage von Familie und die Liebesbeziehung des Paares als Fundament einer solchen auf Dauer angelegten Gemeinschaft ist auf der einen Seite eine sehr radikale, individualistische und emanzipatorische Idee, die aber auf der anderen Seite gleichzeitig auch die Flüchtigkeit von Leidenschaft und das Erlöschen der Liebesbeziehung oder auch die Veränderung der Ansprüche an die Beziehung und an den Partner miteinschließen muss.

Zudem ist die Beziehungsentwicklung des Paares zueinander und zu den Kindern eingebunden in bestimmte normative Muster, die das Leben sozial mitstrukturieren, die ihrerseits abhängen von gesetzlichen Regelungen und gesellschaftlichen Gepflogenheiten. Weiterhin zeigen die Ergebnisse, die Glen Elder in den unterschiedlichsten Untersuchungen zusammengetragen hat, dass historische und epochale Ereignisse und Veränderungen Einfluss auf die individuelle und die kohortenspezifische Lebensentwicklung nehmen. Auch in Bezug auf die Familienentwicklung können wir heute davon ausgehen, dass bestimmte sozialpolitische Maßnahmen die Entscheidungen für die eigene Lebensplanung mit beeinflussen. Das Beispiel der nordeuropäischen Länder, die mit ihrer frühzeitig aufgebauten Infrastruktur für Kinder eine bessere Vereinbarkeit von Familie und Beruf ermöglichen, zeigt höhere Erwerbsquoten von Müttern mit Kindern und eine höhere Geburtenrate in diesen Ländern gegenüber Deutschland.

Schon aus der Berücksichtigung dieser unterschiedlichen Zeitdimensionen und äußeren Einflussfaktoren wird deutlich, dass die schematische Vorstellung der Familienentwicklung über das Leben ein zu einfaches Modell möglicher gesellschaftlicher Realitäten darstellt. Ebenso wichtig ist auch die Tatsache, dass ein solches Modell ähnlich wie die Lebenstreppe nur eine bestimmte Lebensform als Grundtyp der Familienentwicklung und des Familienverlaufs thematisiert, nämlich die Familie mit zwei Eltern und ihren Kindern, oft auch als Kernfamilie oder Kleinfamilie bezeichnet. Familiäre Lebensformen, wie etwa alleinerziehende Mütter und Väter, geschiedene Paare oder Stieffamilien, um nur einige weitere familiäre Lebensformen zu nennen, entziehen sich einer solchen Systematisierung ebenso wie familiäre Verläufe ethnischer Gruppen mit einem anderen kulturellen Hintergrund, obwohl heute und auch schon seit einer Generation die ethnische Heterogenität und damit auch die Heterogenität familiärer Lebensformen und Familienverläufe hinreichend diskutiert wird.

Heterogenität, Vielfalt oder auch „Diversity" als typisches Kennzeichen familiärer Lebensformen, die es in einer zeitlichen Betrachtungsweise von Familie zu berücksichtigen gilt, gibt es, wie wir zeigen werden, nicht erst seit den Achtziger Jahren. Diese Vielfalt und Heterogenität ergibt sich aber nicht nur aus unterschiedlichen Lebensentwürfen, sondern häufig aus der unterschiedlichen sozialen Position in der Gesellschaft, aus der Zugehörigkeit zu bestimmten verschiedenen Regionen einer Gesellschaft, wie etwa Stadt oder Land, und sie kann Ergebnis religiöser Bindungen und kultureller Traditionen sein. Diese Überlegungen führten Urie Bronfenbrenner, der sich schon in den Fünfziger Jahren mit der Frage des Wandels von Erziehung auseinandergesetzt hat, zu der Forderung, die individuelle Entwicklung zusammen mit der Entwicklung von Familie und familiären Lebensformen in einen sozial-ökologischen Kontext einzubetten, der aber nicht als statisch zu interpretieren ist, sondern selbst einem zeitlichen Wandel unterliegt (Bronfenbrenner, 2005). Während die Betrachtung individueller, sozialer und historischer Zeit wie aber auch die Begründung dieser Zeiten zu einer differenzierten Betrachtung führt, um die Heterogenität der Lebensentwürfe und die unterschiedlichen Einflüsse des Kontextes auf Familienentwicklung zu berücksichtigen, und damit eine Perspektive impliziert, um diese Zeiten „synchron" oder simultan zu betrachten, ist es besonders im Bereich der Familienentwicklung noch einmal wichtig, sich klar zu machen, dass es darüber hinaus auch noch ein Nacheinander oder eine sukzessive Betrachtungsweise gibt.

Damit ist gemeint, dass gemeinsame Erfahrungen bestimmter Altersgruppen sich nicht notwendigerweise auch bestimmten historischen Entwicklungen anpassen müssen, wie andererseits auch bestimmte Familientraditionen teilweise unbeeinflusst von sozialem, kulturellem und auch ökonomischem Wandel beibehalten werden. Diese sehr komplexe Kritik und Erweiterung des Modells der Familienentwicklung zu einem Modell des Lebenslaufs und der Entwicklung von Familie in diesem Lebenslauf findet sich im Bild eines mäandernden „Fluss des Lebens“ gut verdeutlicht (Abb. 5), mit dem eine englische Therapeutengruppe, die sich mit Unterstützungsmaßnahmen und therapeutischen Konzepten für Familien in schwierigen Lebenslagen befasst, ihr Modell der Entwicklungsgeschichte eines Paares und einer Familie illustriert.

Abbildung 5: Die Verlaufspfade der Partnerschafts- und Familienentwicklung

Quelle: Relate, the relationship people (Großbritannien), Siebter Familienbericht, 2006, S. 179

In diesem Bild ist die Paargemeinschaft als „Eheweg“ dargestellt, der dem Lebenslauf folgt. Aber anders als im Familienentwicklungsmodell bewegen sich der Lebensverlauf oder der Fluss des Lebens zwar in manchen Punkten wie der Familienverlauf, es gibt aber, so die These, unendlich viele Möglichkeiten von Verzweigungen, Umwegen und Rückwegen, die aus der Sicht der handelnden Akteure ebenso plausibel, befriedigend, aber auch schwierig oder auch mit Selbstzweifeln behaftet und herausfordernd sein können wie jener Hauptzweck, den die Mehrheit der Bevölkerung mit dem „Hauptweg“ verfolgt. Die Perspektive, die Liebe, Leidenschaft und Familiengründung des Paares und die Entwicklung von Familienbeziehungen mit den Kindern sinnvollerweise unter einer zeitlichen Perspektive zu betrachten, wird nicht aufgegeben, sondern beibehalten, aber die einheitlich gestaltete Systematik der früheren Modelle aufgegeben. Bengtson und Allen haben versucht, diese Vielfalt in ein vielschichtiges Modell zu übersetzen; das hat aber in ein so komplexes Forschungsprogramm geführt, dessen Realisierung jedoch nur in Ausnahmen möglich ist, wenn nämlich die Lebensverläufe von Menschen nicht nur in einer historischen Epoche, sondern über mehrere verfolgt werden können (Bengtson & Achenbaum, 1993). Dieser komplexen Argumentation werden wir uns hier nicht anschließen, sondern einer Perspektive folgen, wie sie die Historikerin Tamara Hareven in ihren Untersuchungen zum historischen Wandel der Familie der Industriegesellschaft entwickelt hat (Hareven, 1977).

Um in einer spezifischen Gesellschaft den Wandel und die Entwicklung familiärer Lebensformen zu untersuchen, betrachtet man bei der Analyse vor allem den historische Wandel familiärer Lebensformen in Abhängigkeit vom jeweiligen gesellschaftlichen Wandel. Sinnvollerweise ist aber immer davon auszugehen, dass die Individuen zu unterschiedlichen historischen Zeiten jeweils als handelnde Akteure diesem Wandel nicht einfach blind gefolgt sind, sondern sehr wohl immer versucht haben, ihr individuelles Wohlbefinden und ihre individuelle Zufriedenheit gemeinsam mit den Menschen, die ihnen nahestehen, aktiv zu gestalten. Dieser eher historische Zugriff ermöglicht es auch, harmonisierende Bilder über die Vergangenheit kritisch zu hinterfragen, nicht um der Kritik willen, sondern um zu zeigen, dass Menschen zu ganz unterschiedlichen Zeiten immer versucht haben, ihr Leben aktiv zu entwickeln, was ebenso gelingen, wie aber auch, aus unterschiedlichen Gründen, scheitern konnte, zu früheren Zeiten ebenso wie auch heute. Darüber hinaus ist es auch sinnvoll, den Wandel der Entwicklung familiärer Lebensformen in einer vergleichenden Perspektive zu untersuchen, weil der Vergleich zwischen verschiedenen Nationen auch einen Teil jener kulturellen Kontexteffekte verdeutlichen kann, die auch erheblichen Einfluss auf die Familienentwicklungen haben können. Die Berücksichtigung einer historischen Perspektive und einer vergleichenden Perspektive schützt auch davor, spezifische Entwicklungen in der einen Nation als eine Besonderheit oder aber im Gegenteil als ein universelles Muster zu interpretieren. Denn viele familiensoziologische Analysen, besonders aus den Fünfziger und Sechziger Jahren, wie aber auch die Kritik an diesen Analysen aus den Achtziger und Neunziger Jahren des 20. Jahrhunderts, sind weder historisch noch vergleichend vorgegangen und haben ihre jeweiligen Modelle und ihre Kritik an den anderen Modellen immer als universelle Entwicklung von Familie generalisiert.

3.2. Haushalt, Familie und Privatheit

Auf der Basis des amerikanischen Zensus, dessen erste Erhebung Anfang des 19. Jahrhunderts durchgeführt wurde und dessen Daten heute noch vorliegen, hat Donald Hernandez die Entwicklung familiärer Lebensformen aus der Sicht der Kinder rekonstruiert (Hernandez & Myer, 1993).

Nach der bisherigen Argumentation ist es nicht verwunderlich, dass zu Beginn der amtlichen Statistik in den USA die überwältigende Mehrheit aller Kinder in Familien aufwuchs, deren ökonomische Basis die Landwirtschaft war. Das entsprach auch den Entwicklungen in Mitteleuropa. Mit dem Übergang in die Industriegesellschaft verlor die Landwirtschaft für den Haushalt mit Kindern an Bedeutung; an die Stelle des landwirtschaftlichen Haushalts trat der Familienhaushalt, der heute oft als „traditioneller Haushalt“ bezeichnet wird. Dieser Haushalt gründete seine ökonomische Basis auf das Einkommen des Ehemannes, das dieser außerhalb des Haushalts als Angestellter oder Arbeiter in einem Betrieb erzielte. Gleichzeitig zog sich die Mutter aus der Güterproduktion zur wirtschaftlichen Existenzsicherung des Haushalts zurück und widmete sich zunehmend den wirtschaftlichen Angelegenheiten, die innerhalb des Haushalts zu regeln sind; zudem konzentrierte sie sich zunehmend auf die Erziehung der Kinder.

Abbildung 6: Familiäre Lebensformen aus Sicht der Kinder (0 bis 17 Jahre) in den USA, 1790-1989

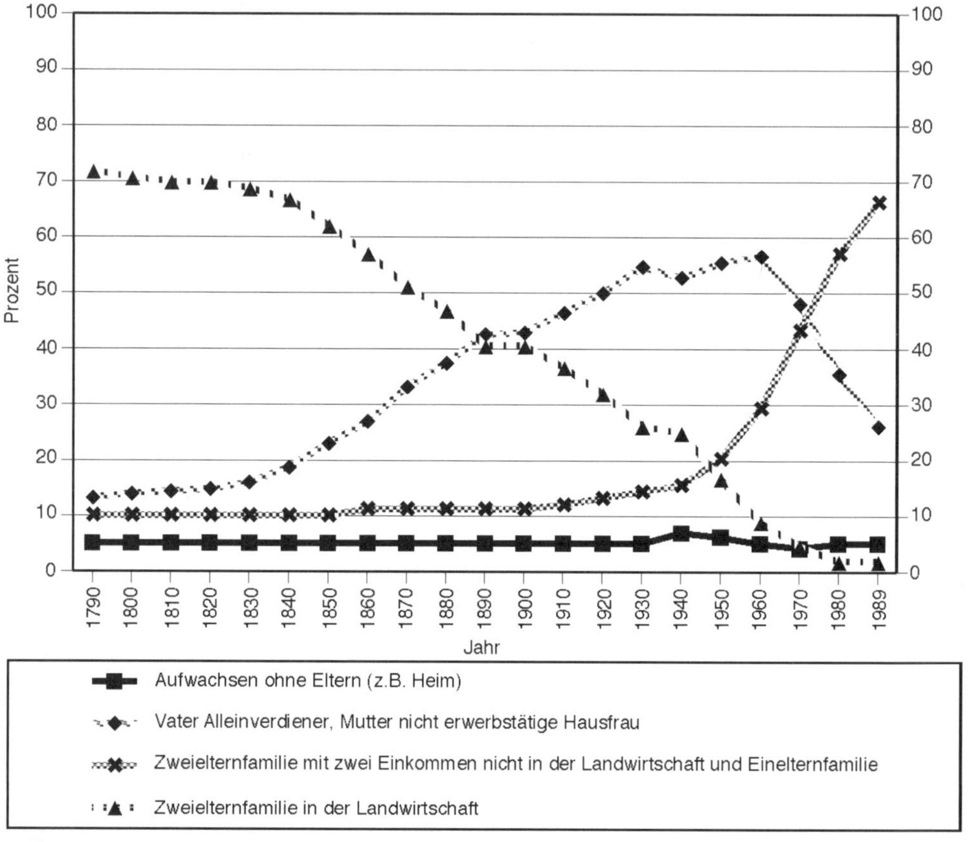

Quelle: Hernandez, D. J. und Myer, D. E. 1993, S. 130

Diese empirisch nachweisbare Veränderung der ökonomischen Basis des Haushalts hat erhebliche Konsequenzen auch für die innerfamilialen Beziehungen. Das dominante Merkmal der Industriegesellschaft und ihre Effizienzgewinne gegenüber der landwirtschaftlichen Güterproduktion liegen in der rigorosen Arbeitsteilung, der effektiven Organisation von Arbeitsabläufen und dem Einsatz des Arbeitspersonals. Diese arbeitsteilige Organisation der Industriegesellschaft findet sich in der nun entstehenden neuen Form des Familienhaushalts wieder. Weiterhin ist das Paar das entscheidend prägende Element des Haushalts, erweitert um die Kinder, aber es entwickelt sich nun eine klare Arbeits- und Aufgabenteilung zwischen den Ehepartnern, und zwar nicht mehr innerhalb der ökonomischen Sphäre, sondern zwischen der ökonomischen und der innerfamiliären Sphäre.

Diese Entwicklung ist keinesfalls nur in Amerika zu beobachten. Aries und Duby beschreiben als Historiker die Familie Cadbury, die zu Beginn des 19. Jahrhunderts als Teehändler in London tätig war, als Beispiel für diesen Prozess bei einer erfolgreichen bürgerlichen Handelsfamilie. Zunächst lebte die Familie oberhalb des Geschäfts in einem großen Haushalt zusammen mit allen Gesellen und Mitarbeitern des Geschäftes (Aries & Duby, 1999); Privatheit gab es in dieser Form des Haushalts nicht. Die Cadburys entschieden sich, am Stadtrand von London ein eigenes „Einfamilienhaus“ zu bauen, um privat unabhängig von Dienern und Gesinde mit ihren Kindern leben zu können. Dieser private Haushalt, der im wesentlichen nur noch von der Familie bewohnt wurde, hatte keine ökonomische Bedeutung mehr, ermöglichte aber jene Exklusivität, wie sie Hannah Arendt als eine Grundvoraussetzung von Liebe betrachtet. Ganz ähnlich beschreibt Stephanie Coontz diese historische Entwicklung als einen Prozess, in dem Liebe und Leidenschaft Teile der Ehe wurden. Damit Liebe und Leidenschaft und gefühlsmäßig enge Bindungen als Ausschlusskriterium für andere zum Tragen kommen können, werden entsprechende Haushaltsformen benötigt. Der Preis für diese neue Haushaltsform war allerdings die Trennung von Ökonomie und Haushalt, dessen ökonomische Funktion sich nun zunehmend nur noch auf die innerfamiliäre Ökonomie der Hauswirtschaft bezog, ohne darüber hinaus gehende Funktionen.

Ähnlich wie Aries und Duby hat Teutenberg die Entwicklung der bürgerlichen Wohnformen für Hamburg und das Auswandern zunächst des Handelsbürgertums aus der Innenstadt an den Stadtrand beschrieben (Teutenberg, 1985). Diese neue Privatheit war eine wesentliche Voraussetzung für die Exklusivität der Liebe und Leidenschaft. Sie konnte, auch das zeigen Aries und Duby, zunächst fast ausschließlich von jenen bürgerlichen Schichten gelebt werden, die über das Einkommen und die entsprechende ökonomische Unabhängigkeit verfügten, die einen solchen Lebensstil erst ermöglichten. In diesem Sinne war die bürgerliche Familie des 19. Jahrhunderts auch ein Freiheitsversprechen zur individuellen Lebensgestaltung innerhalb der eigenen vier Wände. Zugleich bedeutete sie auch zumindest für diese bürgerlichen Schichten eine enorme Entlastung der Mütter und Hausfrauen von der täglichen Arbeit, weil die damaligen Arbeitsbedingungen auch in den besser gestellten Kreisen innerhalb des Haushalts, der auch noch gleichzeitig als Arbeitszusammenhang organisiert war, für alle Beteiligten sehr aufwändig und belastend waren. Smelser hat dies am Beispiel der englischen Weberhaushalte dokumentiert, in denen die ganze Familie darauf angewiesen war, dass alle Familienmitglieder gemeinsam das von „Verlegern“ zugelieferte Material verarbeiteten und es nach Fertigstellung wieder denselben Verlegern abzuliefern hatten (Smelser, 1976). Für diese Familien war eine Lebensform, wie sie erfolgreiche und wohlhabende Tee- und Schokoladenhändler leben konnten, ein außerordentlich attraktives Lebensmodell.

Aus Abb. 6 wird aber auch deutlich, dass diese Lebensform des arbeitsteilig organisierten Familienhaushalts nur für etwa 60 Jahre die dominante Lebensform für Kinder war, nämlich etwa von 1890 bis 1950. Zugleich müssen neben dieser Lebensform auch noch andere Formen existieren, weil zu keiner Zeit in der Geschichte der familiären Lebensformen mehr als 60 Prozent der Kinder in dieser Familienhaushaltsform gelebt haben. Denn trotz der Attraktivität dieser Lebensform war es immer nur einem Teil der Gesellschaft möglich, so zu leben. Auf der einen Seite musste das Einkommen des Vaters ausreichend hoch sein, um der gesamten Familie die Existenz zu sichern. Zwar haben die Gewerkschaften für diesen Familienlohn gekämpft (Aries & Duby), aber es hat des Aufschwungs nach dem Zweiten Weltkrieg bedurft, um in Deutschland der Mehrheit der Familien diese Lebensform erst zu ermöglichen. Neben dieser Lebensform gab es immer weiterhin die familiäre Lebensform, in der das Paar gemeinsam die ökonomische Existenzsicherung der Familie gewährleistet, wie es auch immer Lebensformen gab, in denen nur ein Elternteil für die Kinder sorgte.

Daneben setzt eine solche Lebensform auch eine entsprechende Wohnform voraus. Auch wenn in den europäischen Ländern schon seit Mitte des 19. Jahrhunderts jene Vorortsiedlungen zu wachsen begannen, die mit einem großen Angebot an Einfamilienhäusern diese Form der privaten Lebensführung erst ermöglichten, dauerte es besonders in den großen Städten Europas teilweise bis nach dem Zweiten Weltkrieg, bis für die Mehrheit der Bevölkerung solcher Wohnraum in Mietwohnungen geschaffen werden konnte. Auch diese Wohnformen stammen in ihren Grundstrukturen und ersten Versuchen aus der Mitte des 19. Jahrhunderts und wurden in vielen Städten als Industriearbeitersiedlungen realisiert. Aber erst der industrielle Wohnungsbau des 20. Jahrhunderts ließ es zu, dass für die Privatheit und Intimität der bürgerlichen Familie fast allen, die so leben wollten, entsprechender Wohnraum zur Verfügung stand.

Denn diese neu entstehende Privatheit und Intimität mit der Möglichkeit, sich ganz auf die Kinder und ihre Entwicklung konzentrieren zu können, hatte einen Preis. Die wirtschaftliche Basis der Familie hing in dieser arbeitsteilig organisierten Welt ausschließlich vom Ehemann ab, und das innerfamiliale Wohlergehen und die Entwicklung der Kinder lagen in diesem Modell ausschließlich bei der Frau. Niemand hat dieses Modell besser beschrieben als der amerikanische Soziologe Talcott Parsons, der den Vater als „universalistisch-instrumentellen" Führer bezeichnet, der die Verbindung zwischen Familie und Ökonomie und damit zwischen Familie und Gesellschaft herstellt; gleichzeitig vermittelt er die allgemeinen gesellschaftlichen oder universalistischen Werte in die Familie hinein und artikuliert dabei besonders die Zweckrationalität (instrumentell) gesellschaftlichen Handelns gegenüber den Kindern (Parsons & Bales, 1953/55). Die Mutter bezeichnet Parsons als „partikular-expressive" Führerin, weil sie innerhalb der Familie nur jene Werte vertritt, die für den internen Zusammenhalt der Familie wichtig sind (partikular), und gleichzeitig für das emotionale Gleichgewicht innerhalb der Familie sorgt (expressiv).

Abbildung 7: Das Familienmodell von Talcott Parsons

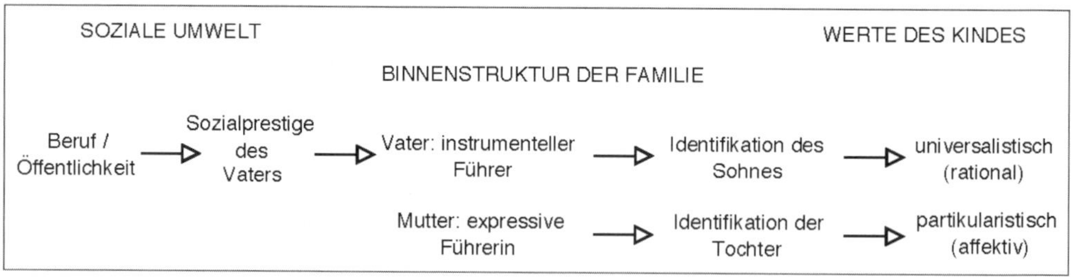

Quelle: Bertram, 1981, S. 63

Der Preis dieser Familienkonstruktion für dic Familienbeziehungen lag allerdings darin, dass die Kinder und auch die Ehefrau letztlich ausschließlich von der ökonomischen Leistungsfähigkeit des Mannes abhängig waren. Damit liegt diesem Modell eine strukturelle Asymmetrie zugrunde, die von Anfang an mit der Vorstellung kollidierte, dass

Liebe und Leidenschaft des Paares die Familie konstituieren. Denn Liebe und Leidenschaft lassen den Partner und die Partnerin als einzigartige Individuen erscheinen und sind ihrer Natur nach auf Gleichheit und nicht auf Unterordnung angelegt. Denn die Einzigartigkeit des anderen ist nur dann zu erleben, wenn er oder sie als gleich angesehen werden kann und nicht als untergeordnet.

Diese strukturelle Ungleichheit wurde schon im 19. Jahrhundert klar benannt und auch heftig diskutiert. So haben John Stuart Mill und seine Frau Harriet Taylor Mill dargelegt, dass nur die ökonomische Gleichheit von Mann und Frau und auch die gleiche Entscheidungsmöglichkeit hinsichtlich der Fortsetzung von Ehe und Partnerschaft die Gleichberechtigung innerhalb dieser Lebensform ermögliche (Mill & Taylor-Mill, 1991). Auch ohne hier die historischen Zusammenhänge im einzelnen darzustellen, war die Ungleichheit der Geschlechterbeziehung, die im Widerspruch zur Liebesbeziehung und Begründung einer Partnerschaft stand, nicht nur Philosophen deutlich. Denn anders sind kaum die vielfältigen Gesetzgebungen in Europa, wie etwa in Frankreich nach der französischen Revolution zur Begrenzung der Scheidungsmöglichkeiten, zu verstehen (Donzelot, 1987), was sehr wohl darauf hindeutet, dass die Gesetzgeber um den immanenten Widerspruch dieses Modells wussten.

Trotzdem hatte dieses Modell aus der industriegesellschaftlichen Perspektive wie auch aus der Perspektive der betroffenen Personen große Vorteile und besaß eine hohe Attraktivität. Ein Familienmodell, das sich im wesentlichen in seinen sozialen Beziehungen nur auf die im Haushalt zusammenlebenden Personen bezieht, von denen nur einer mit der Umwelt und hier besonders der Erwerbswelt verbunden ist, scheint geradezu prädestiniert als ein Modell für die industriegesellschaftliche Mobilität. Der Wechsel der Arbeitsstelle bedeutet in einem solchen Modell grundsätzlich nicht die Aufgabe privater und intimer Beziehungen, weil bei den Mobilitätserfordernissen dieser private Lebensraum mitgenommen werden kann. Darüber hinaus sollte auch nicht verkannt werden, dass die Bedürfnisse der Kinder nach Zuwendung und Fürsorge in diesem arbeitsteiligen Modell in einer Weise befriedigt werden konnten, wie es vorher nicht möglich war.

Denn der Rhythmus der Arbeitswelt in der Industriegesellschaft richtete sich im wesentlichen nach dem Dreischichtenbetrieb der industriellen Organisationen. Das Leben der Städte begann mit der Frühschicht, die Ämter und Schulen öffneten zwei Stunden später, und die Schulen schlossen vor Ende der ersten Schicht, was zumindest für die Frühschicht die gemeinsame Mittagsmahlzeit in der Familie ermöglichte. Der starre Rhythmus der Industriegesellschaft erlaubte nur eine geringe Rücksicht auf persönliche Wünsche, individuelle Zeitbedürfnisse oder Formen spontaner Zuwendung. All diese Elemente eines, wie Parsons sagt, expressiven Verhaltens, das sich nicht der Effizienz der Industriegesellschaft unterwerfen kann, konnten in der Familie gelebt werden. Arlie Hochschild nennt deswegen auch die Familie der Industriegesellschaft mit ihrer Fürsorgeerbringung „warm-traditionell", weil in dieser Lebensform die emotionale Bedürfnisbefriedigung durch die Arbeitsteilung zwischen Mann und Frau und die klare Abgrenzung der ökonomischen von der privaten Sphäre verhältnismäßig gut gesichert war (Hochschild, 1998).

Diese klare arbeitsteilige Organisation führte notwendigerweise auch zu einer effizienten Haushaltsführung, weil die zeitlichen Bedürfnisse und die organisatorischen

Anforderungen innerhalb des Haushalts sich nicht den zeitlichen Strukturen und Anforderungen der Arbeitswelt unterzuordnen hatten wie beispielsweise in einer landwirtschaftlichen Produktionsgemeinschaft. Denn die anderen Lebensformen, die immer schon neben dieser Familienform existiert hatten, nämlich die Paargemeinschaft, in der beide zum Lebensunterhalt des Haushalts und der Familie beitragen, und der Haushalt, in dem nur ein Elternteil mit den Kindern lebt, haben sich seit den späten Fünfziger Jahren bis in die Gegenwart zu den Lebensformen entwickelt, in denen die meisten amerikanischen Kinder aufwachsen. Das gilt inzwischen auch für Deutschland, und zwar sowohl für die alten wie für die neuen Bundesländer, wie es auch für den überwiegenden Teil der westeuropäischen Länder zutrifft.

Der Prozess des Niedergangs oder des Verschwindens jenes arbeitsteilig organisierten Haushaltstyps der Industriegesellschaft und der Wiederaufstieg des Haushalts der gemeinsam ökonomisch aktiven Paargemeinschaft und des Haushalts der Alleinverdienerfamilie wird zwar häufig als Form eines Wertewandels dargestellt, ist aber durch die strukturellen Veränderungen der ökonomischen Basis der Gesellschaft verursacht. Es entwickelt sich nun ein Haushaltstyp, bei dem beide Eltern zur ökonomischen Basis des Haushalts beitragen, wie schon zu den Zeiten der bäuerlichen Familien zu Beginn des 19. Jahrhunderts. Daneben entwickelt sich ein Haushaltstyp, in dem nur Mutter und Kinder leben und die Mutter die ökonomische Basis des Haushalts ohne Unterstützung des Mannes sichern muss (vgl. Kap. 8.4).

3.3. Die Fürsorge für die Kinder

Mit seinem Modell der innerfamiliären Arbeitsteilung hat Talcott Parsons das industriegesellschaftliche Familienmodell nachgezeichnet mit der klaren Rollendifferenzierung zwischen dem Vater als „universalistisch-instrumentellem" Führer und der Mutter als „partikular-expressiver" Führerin innerhalb der Familie, die für den internen Zusammenhalt und das emotionale Gleichgewicht der Familie zuständig ist. Das schließt die Verantwortung der Mutter für die Gestaltung des Entwicklungsprozesses der in der Familie heranwachsenden Kinder ein. Die Erklärung kindlicher Entwicklungsprozesse im familiären Kontext war eins der Hauptanliegen der Theoriebildung der Familien- und Sozialisationsforschung in den Fünfziger und Sechziger Jahren des 20. Jahrhunderts. Talcott Parsons und Robert Bales haben mit „Family, Socialization, and Interaction Process" versucht, die neolokale Gattenfamilie der Industriegesellschaft in ihren unterschiedlichen Facetten zu beschreiben und diesen Ansatz eines universalistisches Modells der Arbeitsteilung zwischen Mann und Frau auch für die kindlichen Sozialisationsprozesse zu verwenden, und konnten sich dabei auf eine ausdifferenzierte und umfangreiche Literatur stützen. So hatte die These von Max Weber, die puritanische Ethik als eine Ethik der Selbstbeschränkung und des Verzichts auf unmittelbare Bedürfnisbefriedigung zu Gunsten längerfristiger Ziele sei die Basis der kapitalistischen Wirtschaftsentwicklung gewesen, durch die Arbeiten von David McClelland (McClelland, 1948) zur Genese des Leistungsmotivs und der Leistungsgesellschaft inzwischen auch in die Psychologie und die beginnende Sozialisationsforschung Eingang gefunden. Auch die familienpsychologischen Arbeiten in der Tradition der Frankfurter Schule

(Horkheimer, 1988; Adorno & Horkheimer, 1987), die mit Hilfe psychoanalytischer Theorieansätze zu erklären versuchten, wie durch die Veränderung der Vaterrolle in der modernen Gesellschaft in der familialen Dynamik Prozesse in Gang gesetzt würden, die die autoritären Charakterzüge relativierend und abschwächend beeinflussten, fanden damals eine große Resonanz und Verbreitung (Miller & Swanson, 1958). Auch gab es inzwischen eine hoch differenzierte empirische Erziehungsstilforschung (Bronfenbrenner, 1953), die die Variationen von Erziehungseinstellungen und Erziehungspraktiken in den verschiedenen sozialen Schichten herausarbeitete. Letztlich folgen alle Autoren dieser Modelle der Vorstellung des einseitigen Einflusses der gesellschaftlichen Situation auf die familialen Sozialisationspraktiken, die ihrerseits zu bestimmten Persönlichkeitsstrukturen der Kinder führen, wie es als Denkfigur auf Max Weber zurückgeht, von David McClelland weiterentwickelt wurde und in weiten Teilen bis heute in vielen modernen soziologischen Theorien noch Bestand hat (Coleman, 1991).

Abbildung 8: Das Modell von David McClelland („Brückenprinzip“)

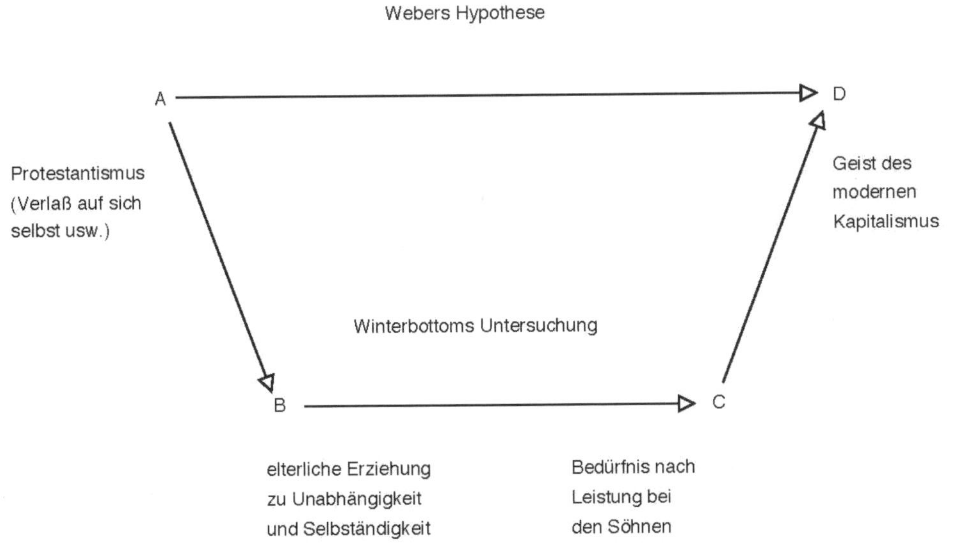

Quelle: Bertram, H. 1981, S. 94

Dieses Modell, das auch als „Brückenprinzip“ bezeichnet wird, geht davon aus, dass besondere gesellschaftliche Entwicklungen die Herausbildung einer bestimmten Werte- und Wirtschaftsordnung begünstigen, wie sie sich etwa in der protestantischen Ethik (Weber, 1993) darstellt. In dieser gesellschaftlichen Situation neigen die Subjekte, die in diese Wirtschafts- und Werteordnung eingebunden sind, dazu, die Werte und Einstellungsmuster, die diese Ordnung für den beruflichen und kulturellen Bereich vorgibt, auch auf den familiären Bereich zu übertragen. Wenn im beruflichen Bereich erwartet wird, das erzielte Einkommen möglichst sparsam auszugeben, weil eine Wiederanlage des Geldes über Zins- und Zinseszinseffekte für einen langfristigen Vermögensaufbau effektiver ist als der kurzfristige Konsum, dann wird man nach dieser These ein solches Einstellungsmuster auch an seine Kinder weitervermitteln. Wer Selbstständigkeit und Unabhängigkeit als wichtige Voraussetzungen für beruflichen Erfolg ansieht, wird diese Vorstellungen auch seinen Kindern gegenüber als Grundqualifikationen für schulischen Erfolg und späteren Berufserfolg vertreten.

Diese elterlichen Erziehungsvorstellungen und Erziehungspraktiken führen bei den Kindern zu einer Persönlichkeitsstruktur, die die beruflichen Werte und Einstellungen, die die Eltern als Erzieher vertreten haben, in die nächste Generation weiter vermitteln. Sowohl Max Weber wie David McClelland konnten zeigen, dass in einer historischen Perspektive das Zusammentreffen einer positiven wirtschaftlichen Entwicklung mit einer verstärkten Selbstständigkeitserziehung der Kinder und einer Erziehung, die auf Bedürfnisaufschub ausgerichtet ist, tatsächlich in der Folgegeneration einen positiven ökonomischen Effekt auslöste. Zudem konnte David McClelland nachweisen, dass dieser soziologische Zusammenhang zwischen den Prozessen auf der Makroebene der Gesellschaft, der von der puritanischen Ethik zum Geist des Kapitalismus mit einer entsprechend aufstrebenden wirtschaftlichen Entwicklung führt und auf der individuellen Ebene von der Selbstständigkeit und Bedürfnis aufschiebenden Erziehung zu einer entsprechenden kindlichen Persönlichkeit, auch auf der Ebene des Individuums psychologisch und physiologisch zu erklären ist.

Abbildung 9: Die „Schmetterlingskurve" als Motivationsmodell

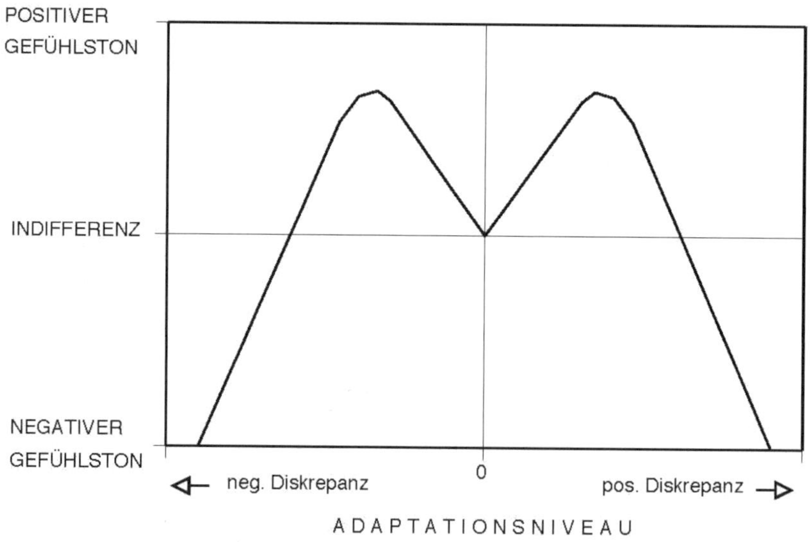

Quelle: Heckhausen, H. 2006, S. 112

Die „Schmetterlingskurve" veranschaulicht zunächst den psychologischen Effekt des Leistungsmotivs. Unabhängig davon, ob man einer Person etwas zu essen gibt oder sie bittet, sich mit einer Tätigkeit auseinanderzusetzen und sich dabei möglicherweise anzustrengen, so wird die Person, wenn die formulierten Erwartungen deren aktuelle Fähigkeiten in einer erreichbaren Weise übertreffen, versuchen, diese Erwartungen zu erfüllen und die Erfüllung dieser Erwartung als lustvoll erleben mit der Konsequenz, dass man in der nächsten Stufe etwas mehr erwarten kann. Der gleiche Prozess lässt sich auch in die andere Richtung zeigen: Wenn man eine Person wiederholt nur ein wenig unterfordert, wird sich langsam aber sicher die subjektive Einschätzung des eigenen Leistungsvermögens auch in diese Richtung bewegen. Dieser vielfach nachgewiesene Effekt (Heckhausen, 2006) wird heute vielfältig beim Training vieler menschlicher Fähigkeiten in Schule und Beruf eingesetzt.

Daneben konnte David McClelland aber auch zeigen, dass dieser psychologische Effekt auch auf der physiologischen Ebene nachzuweisen ist. Denn bei der Empfindung von Wärme tritt dieser Mechanismus ebenso auf wie bei Schmerz. Und selbst bei diesen physiologischen Reaktionen ist es bei der Einschätzung des eigenen Empfindens von großer Bedeutung, wie weit die Person als Subjekt das jeweilige Geschehen beeinflussen kann. Die Beobachtung von McClelland, dass die Eigenständigkeit und Selbstständigkeit für die eigenen Leistungserwartungen und die Hoffnung auf Erfolg ein wesentliches Element für die Bereitschaft ist, sich anzustrengen und dafür auch bestimmte Lasten und Gefahren oder Schmerzen auf sich zu nehmen, scheint ein Element der menschlichen Natur zu sein.

Diese Vorstellungen und empirischen Forschungsergebnisse wurden vermutlich von niemandem so nachhaltig theoretisch in das innerfamiliale Interaktionsgeschehen transferiert wie von Parsons und Bales. Denn ihre bereits oben skizzierte Annahme bestand darin, dass die beruflichen Leistungsvorstellungen und das damit verbundene selbstständige, zweckrationale und an allgemeinen Werten und Normen orientierte Handeln, das mit der männlichen Berufsrolle in der Industriegesellschaft verbunden war, in der Kombination von Berufsrolle und Vaterrolle als universalistische, allgemein gültige Werte in den familialen Interaktions- und Kommunikationsprozess eingebracht werden. Ergänzt wurden diese Annahmen hinsichtlich der Mutterrolle durch Ergebnisse der Kleingruppenforschung vor allem von Robert Bales. Hier hatte sich immer wieder gezeigt, dass die Funktionsfähigkeit aufgabenorientierter Kleingruppen nicht nur davon abhängt, dass die gesamte Gruppe sich an den universalistischen und leistungsorientierten Werten und Normen des instrumentellen Führers, das heißt des für die Aufgabenerfüllung der Gruppe Verantwortlichen, orientiert. Vielmehr ist offensichtlich eine zweite Rolle für diese Aufgabenerfüllung ebenso wichtig, nämlich die Rolle des expressiven Führers, der seine Aufgabe in Bezug auf die konkrete Gruppe vor allem im Wohlbefinden der Gruppenmitglieder als einem wesentlichen Element der Selbstinterpretation sieht. Diese Rolle des expressiven Führers, der bezogen auf die Gruppe partikulare Werte und Normen vertritt, die für den inneren Zusammenhalt einer Gruppe wichtig sind, verknüpft Parsons in der Tradition der arbeitsteiligen Familie der Industriegesellschaft logischerweise mit der Mutterrolle.

Mit dieser Argumentationslinie folgen Parsons und Bales hier einem wissenschaftstheoretischen Modell, das bis heute Gültigkeit beansprucht. Auf der Makroebene werden bestimmte Formen der gesellschaftlichen Arbeitsteilung als gegeben vorausgesetzt und angenommen, dass die Subjekte diese Formen der gesellschaftlichen Arbeitsteilung in ihr individuelles Handeln übernehmen und sich auch in ihrem privaten Bereich entsprechend dieser gesellschaftlichen Vorgaben verhalten. Die Theorie von Parsons und Bales hätte es bis zu diesem Punkt auch möglich gemacht, die Entwicklung der kindlichen Persönlichkeit durch ein lerntheoretisches Modell abzurunden. Stattdessen haben sie durch die Übernahme des psychoanalytischen Konzepts der Identifikation im Kontext des ödipalen Konflikts in ihr Modell gleichzeitig versucht, die Zuordnung unterschiedlicher Geschlechterrollen in der Industriegesellschaft als ein universalistisches oder allgemein gültiges Muster zu beschreiben. Denn der ödipale Konflikt wird in der psychoanalytischen Literatur als ein universelles Dilemma zwischen der Liebe des heranwachsenden Jungen zur eigenen Mutter und der von ihm wahrgenommenen Beziehung der Eltern zueinander dargestellt, das sich nur dadurch lösen lässt, dass der Junge, unabhängig vom Verhalten des Vaters dem Jungen gegenüber, versucht, die Lebensvorstellungen und Orientierungsmuster des Vaters als Teil seiner eigenen Geschlechtsrollenidentität zu übernehmen. Mit der Integration dieses psychoanalytischen Modells war der unbestreitbare Vorteil des Theoriemodells verbunden, gleichzeitig gut zu erklären, dass der Prozess der Identifikation des Jungen mit dem Vater bei gleichzeitiger Lösung von der Liebe zur Mutter die Eigenständigkeit und Selbstständigkeit des Jungen bei gelingender Sozialisation sicherstellt (Parsons & Bales, 1955).

Mit diesem hier nur knapp skizzierten Modell war es möglich, die gesellschaftliche Arbeitsteilung der Industriegesellschaft als Modell der innerfamilialen Kommunikation zu rekonstruieren und gleichzeitig zu erklären, warum Geschlechtsrollenübernahme, Unabhängigkeit und Leistungsorientierung Teile des männlichen Sozialisationsprozesses sind. Hinsichtlich der weiblichen Sozialisation weist dieses Modell jedoch ein erhebliches Defizit auf, wie in der Literatur vielfach kritisiert wurde. Noch in den Siebziger Jahren hat Nancy Chodorow versucht, dieses Modell unter einer feministischen Perspektive so neu zu interpretieren, dass die berechtigte Kritik an diesem Modell, einseitig die männliche Sozialisation zu erklären und die gesellschaftlichen Formen der Arbeitsteilung als universalistisch zu deuten, zumindest relativiert wurde (Chorodow, 1990).

Diese Konzeption hat die klare logische Struktur (vgl. Abb. 7), dass die gesellschaftlichen Bedingungen, wie die Wirtschaftsordnung und die Sozialstruktur, das kommunikative Handeln der Gruppen in Familie, Gemeinde und Nachbarschaft dadurch vorstrukturieren, dass die Subjekte in diesen Kommunikationszusammenhängen genau die Werte und Vorstellungen vertreten, die der übergeordneten gesellschaftlichen Ordnung geschuldet sind. Das Hineinwachsen der Kinder in diese Ordnung geschieht in der kommunikativen Auseinandersetzung mit den erwachsenen Interaktionspartnern in Familie, Nachbarschaft und Schule und reproduziert in der kindlichen Persönlichkeit genau jene Werte und Einstellungsmuster, die die Gesellschafts- und Wirtschaftsordnung der jeweiligen Gesellschaft repräsentieren. Dieser Argumentationszusammenhang ist vermutlich eins der wichtigsten und am längsten vertretenen modelltheoretischen Konstrukte, um den Einfluss der gesellschaftlichen Entwicklungen auf individuelles Handeln und individuelle Orientierungsmuster zu erklären. In den Siebziger Jahren wurde diese Denkfigur in der schichtspezifischen Sozialisationsforschung zum zentralen Modell für die Erklärung sozialer Ungleichheit in der modernen Gesellschaft und wurde explizit von einer ganzen Generation von Sozialwissenschaftlern vertreten, die heute zum Teil ganz anders argumentieren. So hat Ulrich Beck als einer der Hauptvertreter der modernen Individualisierungsthese dieses Modell ausführlich und überzeugend diskutiert, um später diesen Einflusszusammenhang in seinem Individualisierungsmodell infrage zu stellen (Beck, 1997).

3.4. Die „Zirkelhypothese" und die „Sozialisationsschwäche des Unterschichtenvaters"

Die psychoanalytische Interpretation der kindlichen Entwicklung durch Parsons stellt ein dynamisches Modell dar, indem sich die Kinder aktiv mit ihren Eltern auseinandersetzen und ihre eigene Persönlichkeit in dieser Auseinandersetzung strukturieren. In diesem Rahmen haben Miller und Swanson (1948/53) aufgezeigt, dass Väter nicht nur als positive Vorbilder wirken, die liebevoll mit ihrem Kind umgehen und die kindliche Persönlichkeit dadurch entwickeln, weil das Kind sich positiv aufgehoben fühlt und motiviert ist, sich mit dem Vater und der Mutter zu identifizieren. Vielmehr durchlaufen Kinder in der Familienkonstellation auch dann fortwirkende Identifikationsprozesse, wenn die Eltern ihnen gegenüber streng, ablehnend und möglicherweise sogar aggressiv sind. In der Tradition der psychoanalytischen Perspektive, die als dominante Denkfigur die Interpretation des gesellschaftlich beeinflussten Sozialisationsprozesses bestimmte, war eine Identifikation des Kindes mit dem Vater und der Mutter sowohl unter liebevollen wie auch unter aggressiven Bedingungen in allen sozialen Schichten und Gruppen denkbar. Miller und Swanson verwenden mit dem Begriff der defensiven Identifikation den Versuch, den Prozess der kindlichen Entwicklung auch unter schwierigen Bedingungen zu beschreiben.

Diese dominant psychoanalytische Interpretation gesellschaftlich bedingter Sozialisationsprozesse, die sich auch in den Studien zum autoritären Charakter (Adorno & Horkheimer, 1953) findet, wird in den Sechziger Jahren abgelöst durch ein eher einfaches Modell der kindlichen Übernahme von Einstellungen und Rollen. Dieses geht davon aus, dass die Werte und Einstellungen, die die Väter aus ihrer beruflichen Erfahrung in die Familie hinein vermitteln, auch in der Familie die Grundlage der Erziehungsvorstellungen der Väter und Mütter bilden und die Kinder diese im wesentlichen durch Imitationsprozesse und Anpassung an die familiären Strukturen übernehmen. Als wichtigster Vertreter dieses stark vereinfachten Modells kindlicher Sozialisation formulierte Melvin Kohn die These, dass in höheren sozialen Schichten aufgrund der besseren Bildung und der anspruchsvolleren Berufspositionen ein höheres Interesse an den intrinsischen Qualitäten der Arbeit und eine stärkere Gewichtung der eigenen Gestaltung der Arbeitsprozesse besteht. Diese berufliche Erfahrung, die durch eine qualifizierte Ausbildung verstärkt wird, führt zu Werten und Einstellungen, die den Einzelnen auch für sich selbst Werte von Selbststeuerung, Unabhängigkeit und Selbstbestimmung als besonders wichtig einschätzen und demgegenüber Unterordnung und Gehorsam als wenig wichtig betrachten lassen (Kohn, 1969). Demgegenüber führt nach diesem Modell die Lebenserfahrung in den unteren sozialen Schichten aufgrund der geringen Ausbildung und der wenig komplexen beruflichen Erfahrungen dazu, die extrinsischen Aspekte der Arbeit, wie Bezahlung oder angenehme Arbeitszeit, als besonders wichtig einzustufen und entsprechend der eigenen Lebenserfahrung Gehorsam, Unterordnung und Anpassungsleistung als wichtige Werte für sich selbst zu interpretieren. Denn bei einer wenig herausfordernden und wenig komplexen Arbeit bei einer relativ hohen Kontrolle durch den Vorgesetzten hängt die eigene Leistung vor allem davon ab, die spezifischen Anweisungen der Vorgesetzten genau zu befolgen.

Diese Werte für sich selbst als Autonomie auf der einen und Anpassung und Konformität auf der anderen Seite stellen damit nach Kohns Modell die Basis der Werte und Einstellungen dar, die die Väter im innerfamilialen Erziehungsprozess an ihre Kinder weitervermitteln. Friedhelm Neidhardt führt diese Überlegung weiter (1975): Wenn in der kindlichen Erziehung die Anpassung als Wert eine besonders große Rolle gespielt hat, ist die Wahrscheinlichkeit, dass sich das Kind in der Schule und später im Beruf durch Selbstständigkeit und Unabhängigkeit auszeichnet, relativ gering, so dass Väter, die aufgrund ihrer beruflichen Erfahrung vor allem solche Einstellungsmuster vertreten, ihren Kindern Werte und Einstellungen vermitteln, die es ihnen schwer machen, sich später in anspruchsvollen schulischen und beruflichen Situationen durchzusetzen. Die „Sozialisationsschwäche des Unterschichtenvaters" (Neidhardt) ist als Ergebnis beruflicher Sozialisationsprozesse einzuschätzen; zum einen werden dadurch in der Familie Werte und Einstellungen vermittelt, die für die spätere Entwicklung des Kindes eher hinderlich sind, und zum anderen stellt der Vater aufgrund seines bescheidenen beruflichen Erfolges nicht eine solche positive Identifikationsfigur dar, die in den Mittel- und Oberschichten die kindliche Entwicklung möglicherweise besonders befördert.

Die Schwächen der Interpretation von Kohn und Neidhardt sind evident. Beide Autoren unterstellen, dass sich die Arbeitsbedingungen unterschiedlicher sozialer Schichten eindeutig durch den Umfang und die Art der Kontrolle bei der Arbeit, die Komplexität der Arbeit und die Verschiedenartigkeit der Aufgaben differenzieren lässt. Ob aber die Arbeit eines Bauarbeiters etwa beim U-Bahn-Vortrieb als weniger komplex und weniger abwechslungsreich und differenziert und durch mehr Kontrolle durch andere zu beschreiben ist als die eines akademisch ausgebildeten hoch bezahlten Händlers im Handelssaal einer Bank, der Devisengeschäfte tätigt, ist eine Frage, die man im Rahmen dieses Modells zumindest hätte stellen müssen. Besonders problematisch an diesem Modell ist aber die Tatsache, dass es die gesellschaftliche Struktur auf zwei soziale Schichten reduziert, obwohl schon 1969 diese einfachen Schichten- und Klassenkonzepte erheblich kritisiert und infrage gestellt wurden. Als besonders problematisch an dieser Diskussion ist aber anzusehen, dass der bei Parsons noch relativ komplexe Sozialisationsprozess im Elternhaus auf ein einfaches Imitationslernen der Kinder reduziert wird, sich den elterlichen Werten und Einstellungen einfach anpassen.

Die Diskussion und Kritik an der damaligen schichtspezifischen Sozialisationsforschung fiel relativ harsch und überzogen aus. Beispielsweise hat sich Kohn in seinen späteren Arbeiten im wesentlichen auf den Zusammenhang von Beruf und Einstellungsentwicklung konzentriert, ohne die Frage der kindlichen Sozialisation weiter zu behandeln, weil er erkannte, dass seine empirischen Daten zu einer solchen Interpretation nicht ausreichten; eine angemessene Untersuchung von Sozialisationsprozessen und die Analyse elterlicher Effekte auf die Kinder setzen voraus, dass die Kinder in solchen Sozialisationsanalysen auch selbst untersucht werden. Das ist aber in der damaligen Forschung weit gehend unterblieben und man hat sich auf eher interpretative Zusammenhänge verlassen.

Schon in der damaligen Diskussion haben die Verfasser dieses Buches darauf verwiesen, dass neben den stark vereinfachten Gesellschaftsmodellen als nur unzureichenden Beschreibungen auch der damaligen Gesellschaft vor allem das dieser Diskussion zugrunde gelegte Modell des kindlichen Lernens nicht überzeugen kann (Bertram, 1978, 1981). Die meisten Autoren der schichtspezifischen Sozialisationsforschung mit ihrer Hypothese der „Vererbung sozialer Ungleichheit" haben in Bezug auf die Kinder angenommen, dass diese ihre Eltern imitieren und nur ihre Eltern als Modell hätten. Dieses Modell des „übersozialisierten Menschen" (Homans, 1948) sieht das Kind als Produkt des elterlichen Handelns und schließt eigene Aktivitäten, eigene Lebensvorstellungen und eigenständige Entwicklungsprozesse des Kindes quasi aus. Dabei war die damalige Entwicklungspsychologie erheblich durch die Arbeiten von Jean Piaget beeinflusst, wie auch die Erziehungswissenschaften unter dem Einfluss der Arbeiten von Urie Bronfenbrenner dieses Modell des Kindes als eines übersozialisierten Menschen längst infrage stellten. Denn die kognitiven Entwicklungstheorien, die Piaget als einer der ersten formulierte, zeigten Kinder von Geburt an als eigenständige Akteure in ihrer Umwelt, wobei ihre Entwicklung nie ein reiner Anpassungsprozess an die Umwelt ist, sondern Ergebnis einer Interaktion des Kindes mit der kindlichen Lebenswelt; diese Perspektive wird in ihren fortgeführten Modellannahmen später noch im Einzelnen diskutiert.

Aber die Autoren der schichtspezifischen Sozialisationsforschung entlarvten nicht nur ein Bild vom Kind, das weder damals noch heute mit den Kenntnissen der Entwicklungspsychologie und Entwicklungsbiologie übereinstimmt, sondern neigten darüber hinaus auch dazu, die bei den Eltern vermuteten Defizite dadurch ausgleichen zu wollen, dass der Kindergarten und die Schule das elterliche Versagen kompensieren sollten. In ihrem Ansatz war kompensatorische Erziehung ein Konzept zum Ausgleich der mangelhaften Sozialisation, die die Kinder in den Elternhäusern der Unterschichten erfahren hatten. Man könnte diese Diskussion als historisch und abgeschlossen vergessen, weil viele der damaligen Autoren, etwa Kohn, ihre Position deutlich geändert oder sich zum Thema nicht mehr geäußert haben. Leider ist dieses Modell aber aus der deutschen Diskussion bis heute nicht verschwunden, nur sind es heute nicht mehr nur die Väter der deutschen Unterschicht, die mutmaßlich ihre Kinder nicht angemessen sozialisieren, sondern zusätzlich die Eltern mit Migrationshintergrund, die ihre Kinder vorgeblich defizitär sozialisieren, weswegen diese in besonderem Maße einer kompensatorischen Erziehung bedürften. Die Kausalmodelle, die die Autoren der PISA-Studien 2000 und 2006 zur Analyse des elterlichen Einflusses auf die kindliche Entwicklung bei den Schulleistungen heranziehen, unterscheiden sich in ihrer Denkfigur praktisch nicht von dem klassischen Modell, wie es schon Melvin Kohn konstruiert hatte.

Abbildung 10: Pfadmodell zur Erklärung der Mathematikleistung

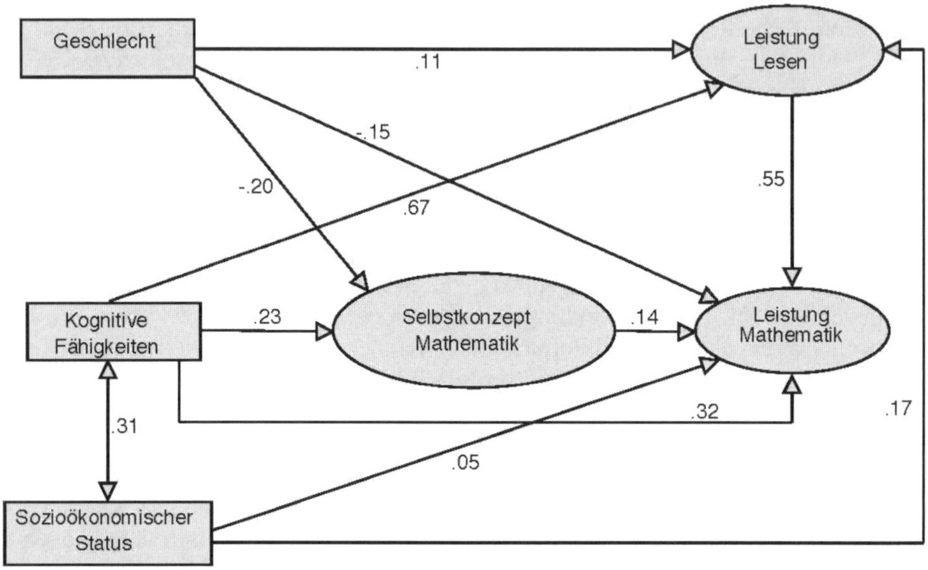

Dem Pfadmodell sind folgende Botschaften zu entnehmen:

- Die mathematische Grundbildung hängt eng mit der Lesekompetenz zusammen. Dies unterstreicht die zentrale Rolle, die das Lesen beim Wissenserwerb einnimmt.
- Auch der Einfluss des sozioökonomischen Status ist zum großen Teil über den Umgang mit Texten vermittelt. Will man den schulischen Leistungsrückstand von Schülerinnen und Schülern aus sozial schwachen Schichten reduzieren, muss man demnach primär bei der Lesekompetenz ansetzen.
- Eine wichtige Funktion hat ferner die Einschätzung der eigenen mathematischen Begabung, das Selbstkonzept. Ein Teil der Geschlechterunterschiede und des Einflusses kognitiver Grundfähigkeiten lässt sich auf Unterschiede im Selbstkonzept zurückführen. Daraus ergibt sich die pädagogische Aufgabe, mathematisches Selbstkonzept bei Mädchen sowie bei Schülerinnen und Schülern mit schwächeren kognitiven Grundfähigkeiten besonders zu fördern.

Quelle: Prenzel et al. 2003, S. 15

Nach diesem Kausalmodell beeinflusst die soziale Schicht der Eltern das Lernverhalten und das soziale Setting der Kinder, das diese wiederum in der Schule befähigt, bestimmte Kompetenzaufgaben besser oder schlechter zu lösen. Wir werden später noch zeigen, dass die Variationen zwischen den Bundesländern, das heißt die jeweiligen strukturellen Dimensionen, die eine Region beschreiben, eine größere Varianz erzeugen als die von Baumert und anderen gemessenen Schichtungsvariablen, so dass die Annahme, die Leistungsunterschiede der Kinder ließen sich allein auf die Sozialisation im Elternhaus zurückführen, zu kurz greift. Die Attraktivität dieses Modells liegt allerdings in seiner Schlichtheit, so dass die politische Therapie einfach ist: Ursache für die unzureichenden Leistungen der Kinder ist das mangelhafte Verhalten der Eltern, das am besten durch staatliches Handeln in staatlichen Institutionen auszugleichen ist.

Fragen zum Text

1. Beschreiben Sie den „Fluss des Lebens“ und versuchen Sie, moderne Lebensverläufe graphisch darzustellen, etwa Rush Hour, Patchwork-Familien, usw.

2. Formulieren Sie die Kritik von Stephanie Coontz am Familienideal der bürgerlichen Familie!

3. Beschreiben Sie den historischen Wandel von Familienformen und diskutieren Sie dies hinsichtlich der Konsequenzen für Geschlechterrollen und innerfamiläre Beziehungen!

4. Diskutieren Sie die These der „Pluralität familiärer Lebensformen“ unter einer historischen Perspektive!

5. X Beschreiben und diskutieren Sie das Familienmodell der Industriegesellschaft (Talcott Parsons) kritisch!

6. Vergleichen Sie die Konzepte von „Familie“ und „Privatheit“!

7. Wie stellt sich aus Sicht der Kinder der Wandel von Familienformen (in den USA) dar?

8. Erläutern Sie den Zusammenhang zwischen der ökonomischen Struktur einer Gesellschaft und den Konsequenzen für die Struktur der Familie!

9. Diskutieren Sie das Kompensationsmodell der Zirkelhypothese!

- Vor-Nachteile benennen, Frau + Mann -
- strukturelle Asymetrie in d. Partnerschaft
  Liebe - Gleichberechtigung
- Einkommen

4. Die demografische Revolution und ihre Folgen

4.1. Das sichere Leben: Wandel des Lebenslaufs

Susan M. Bianchi, eine der wichtigsten amerikanischen Familiendemografen, weist darauf hin, dass sich traditionellerweise die Familiendemografie (Bianchi, 2005) darauf beschränkt habe, demografische Wandlungsprozesse zu beschreiben. Aber das Ziel kann nicht allein eine sorgfältige Beschreibung solcher Veränderungen sein, wie die Verlängerung des Lebens, sondern wir müssen versuchen zu verstehen, was solche Veränderungen für das Leben von Menschen konkret bedeuten. Hier wird versucht, die die sozialen Konsequenzen der zunehmenden Lebenserwartung von Frauen und Männern und des längeren gemeinsamen Lebens von Eltern und Kindern zu interpretieren; dabei sind besonders die Arbeiten von Familienhistorikern wie Artur Imhof und Stephanie Coontz wichtig (Imhof, 1981; Coontz, 2005).

In Bezug auf die Rolle der Mutter im Leben einer Frau wie aber auch die Rolle des Vaters im Leben eines Mannes ist heute davon auszugehen, dass die seit Menschengedenken als Einheit erlebte Frauen- und Mutterrolle wie auch die Männer- und Vaterrolle zerbrochen sind und beide Rollen nur noch begrenzte Phasen in einem sehr langen Leben darstellen. Das bedeutet nicht, dass die Mutterrolle und auch die Vaterrolle in der Zeit, in der sie ausgeübt werden, nicht genauso intensiv und auch bedeutungsvoll erlebt werden wie zu jenen Zeiten, als die Zahl der Kinder nicht das Ergebnis der individuellen eigenen Lebensentscheidungen war, sondern ein Teil des Lebens, den man selbst kaum beeinflussen konnte. Das gilt auch für die Vaterrolle. Die ökonomische Fürsorge für die Ehefrau und die Kinder mag in der Zeit, in der man diese Rolle ausfüllt, genauso intensiv sein wie in früheren Zeiten. Ungeachtet dessen ist etwas Neues in den Lebensverlauf von Männern und Frauen getreten, dem sie sich stellen müssen. Die Rolle der Mutter und die Rolle des Vaters sind emotional nach wie vor vielleicht lebensbestimmend, aber nüchtern betrachtet sind sie nur noch eine begrenzte Phase im Leben. Durch die Beschränkung der Kinderzahl und besonders als Folge des deutlichen Rückgangs der Mehrkinderfamilie ist zudem der Zeitraum, in dem die Kinder eine besondere Fürsorge benötigen, im Lebensverlauf insgesamt kürzer geworden bei gleichzeitig verlängertem Leben. Kinder verlieren in diesem Sinne nicht ihre emotionale Bedeutung, jedoch einen Teil ihrer lebensbestimmenden Wirkung auf den Lebensverlauf von Mann und Frau. Man kann also mit tiefster Überzeugung die Mutterrolle und die Vaterrolle ausfüllen und weiß dennoch, dass nach dieser Phase andere und neue Herausforderungen zu bewältigen sind.

Dieser relative Bedeutungsverlust für die Vater- und Mutterrolle im Lebensverlauf gilt aber paradoxerweise auch für die Berufsrolle, und das besonders für den Mann.

Denn die gewonnenen Jahre beginnen für den Mann erst dann für seine Lebensgestaltung offen zu stehen, wenn die Berufsrolle beendet ist. Mit zunehmender weiblicher Erwerbsbeteiligung gilt diese Aussage auch für die Frauen. Das hängt damit zusammen, dass die soziale Organisation der Lebensläufe in unserer Gesellschaft an einem Bild des Lebens orientiert sind, das eine aktiv gestaltete Lebensphase nach der Mutterrolle und nach der Berufsrolle nicht kannte. Der sinnfälligste Beleg ist der Begriff des „Ruhestandes" für diesen Lebensabschnitt. Diesem Bedeutungswandel von Vater- und Mutterrolle gegenüber steht eine Zunahme der gemeinsamen Lebenszeit von Männern und Frauen. Damit wird Partnerschaft im Leben von Menschen wichtiger und lebensbestimmender als in früheren Generationen. Besonders gilt das für Deutschland, weil die beiden Weltkriege im 20. Jahrhundert die Überlebenswahrscheinlichkeit der Männer deutlich eingeschränkt hatten und es dadurch immer einen relativ großen Anteil an weiblichen Hinterbliebenen gab. Heute profitieren insbesondere die Männer von der verlängerten Lebenserwartung, so dass heute die Chancen für ein Paar, gemeinsam alt zu werden, enorm vergrößert sind (vgl. 4.3.).

Aus diesen einfachen demografischen Veränderungen ergeben sich eine Reihe von Fragen, wie eigentlich Familie und familiäre Entwicklung in einem solchen langen Leben gestaltet werden. Reicht für ein langes Leben die Vorstellung, dass die Liebe aus Leidenschaft das Paar von der Umwelt trennt und eine neue Gemeinschaft konstituiert? Bedeutet ein so langes Leben für die Partnerschaft nicht, dass möglicherweise andere Begründungen und andere Mechanismen erforderlich werden, als sie als Begründungen in den Fünfziger Jahre des 20. Jahrhunderts gewählt wurden? Oder gab es schon damals Vorstellungen, wie sich denn Partnerschaft in einem so langen Lebensverlauf mit ganz unterschiedlichen Lebensphasen gestalten lässt? Nach der Auffassung von Coontz sind heute die Ansprüche an Gemeinsamkeit und Partnerschaft auf der Basis der gemeinsamen Liebe als Startpunkt der Partnerschaft eher gestiegen.

Während heute viel darüber nachgedacht wird, wie sich diese veränderte Lebensperspektive von Frauen in eine neue Interpretation der Frauenrolle in der modernen Gesellschaft übertragen lässt, wird diese Frage viel seltener in Bezug auf die Männer diskutiert. Dennoch ist davon auszugehen, dass die Männerrolle ähnlichen Wandlungstendenzen unterliegt. Angesichts der wachsenden Bedeutung von Partnerschaft im Laufe des Lebens wird die Fürsorge, die gesellschaftlich traditionellerweise als weiblich gilt, auch zu einer männlichen Aufgabe werden (vgl. 5.1).

Die Rolle der Kinder wird sich vermutlich in dieser demografischen Veränderung über das lange Leben hinweg am stärksten wandeln. Kinder sind nicht mehr nur abhängige und unschuldige kleine Wesen, die der Fürsorge der Eltern bedürfen, sondern gewinnen im Laufe des langen Lebens auch als Partner der Eltern an Bedeutung (vgl. 5.3). Gleichzeitig sind die gesellschaftlichen Erwartungen an die Kinder deutlich gestiegen, so dass sich auch das Verhältnis der kindlichen Entwicklung zum Elternhaus, zur Schule und zu anderen Bildungsinstitutionen heute anders darstellt als noch vor 30 oder 40 Jahren.

Dieser strukturelle Wandel im Bereich der Demografie hat für die Individuen bestimmte nachhaltige Konsequenzen. Wie die Menschen mit diesen Konsequenzen umgehen, lässt sich an dieser Stelle noch nicht beantworten, weil neben den beschriebenen demografischen Veränderungen auch die ökonomischen Veränderungen in der Gesellschaft für die Neukonstitution von Familie und Familienbeziehungen mindestens ebenso bedeutungsvoll sind.

4.1.1. Das Auseinandertreten von Mutter- und Frauenrolle

Schon 1981 beschrieb der Demograf Arthur Imhof als Konsequenz der sich ändernden Lebenserwartungen die zunehmende Neuorganisation des Lebensverlaufs von Frauen und zeigte überzeugend, dass die quasi natürliche Gleichsetzung von Frauen- und Mutterrolle heute nicht mehr existiert (Imhof, 1981). In Abbildung 11 sind die Stadien eines Frauenlebens dargestellt mit den Perioden Beginn der Fruchtbarkeit, durchschnittliches Erstheiratsalter, Geburt des ersten Kindes, Geburt des zweiten und dritten Kindes bis zur Geburt letzten Kindes, Ende der Fruchtbarkeit, Tod des Ehemannes und Tod der Frau, so dass sich die Veränderung des weiblichen Lebensverlaufs seit dem 17. Jahrhundert nachvollziehen lässt.

Abbildung 11: Veränderungen in den Lebensphasen heiratender Frauen seit dem 17. Jahrhundert

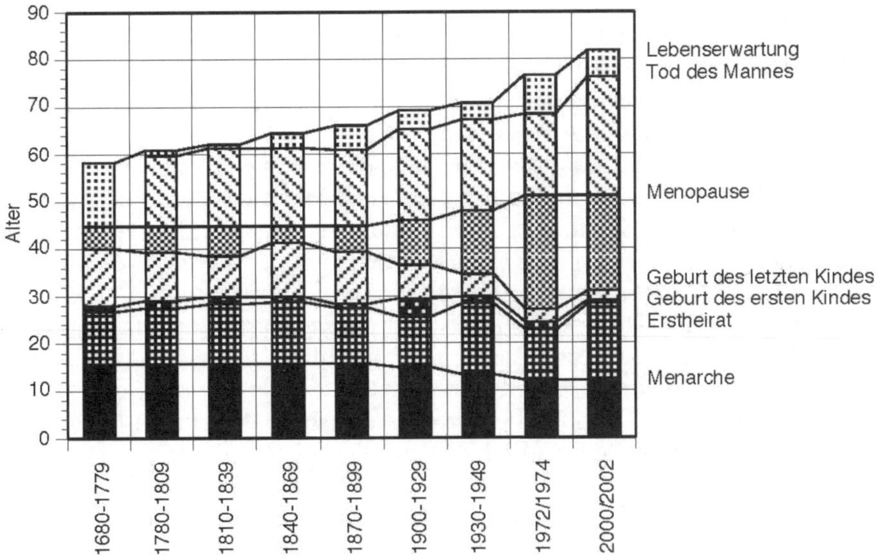

Quelle: Imhof, A. E. 1981, S. 164

Zu Beginn des 19. Jahrhunderts lag das Erstheiratsalter bei fast 30 Jahren und blieb etwa bis zu Beginn des Ersten Weltkriegs relativ unverändert, sank dann kurzfristig ab, um wieder anzusteigen; in den Sechziger Jahren des vorigen Jahrhunderts erreichte es mit etwa 23 bis 24 Jahren ein sehr niedriges Niveau, das inzwischen wieder deutlich angestiegen ist und in etwa dem alteuropäischen Durchschnitt entspricht. Die Sechziger und frühen Siebziger Jahre mit dem niedrigen Heiratsalter sind als eine relativ kurzfristige Ausnahme in einer relativ lang dauernden Periode hohen Heiratsalters der Frauen anzusehen. Unabhängig vom Heiratsalter ist das durchschnittliche Eintrittsalter der Fruchtbarkeit der Frau von 15 bis 16 Jahren auf etwa 12 Jahre heute gesunken. Gleichzeitig hat sich das Ende der Fruchtbarkeitsphase von etwa 45 Jahren auf über 50 Jahre verlängert. Diese biologischen Prozesse folgen, auch das wird aus der Abbildung deutlich, im Wesentlichen dem Anstieg der Lebenserwartung, die von knapp 60 Jahren auf über 80 Jahre gestiegen ist. Dabei sind die größten Alterungsgewinne erst in den letzten zwei bis drei Generationen erfolgt: Während der kontinuierliche Anstieg von knapp 60 auf etwa 70 Jahre fast 150 Jahre gedauert hat, sind die zweiten 10 Jahre Gewinne der letzten 50 Jahre. Heute schätzen Demografen, dass ein heute geborenes Kind eine 50-prozentige Wahrscheinlichkeit hat, 100 Jahre alt zu werden (Vaupel & Kristowski, 2007).

Dieser Prozess der „gewonnenen Jahre" ist noch nicht zum Stillstand gekommen. Obwohl sich die Fruchtbarkeitsphase der Frau verlängert hat, ihre Lebenserwartung deutlich gestiegen und ihr Heiratsalter in etwa gleich geblieben ist, ist die Zahl der Geburten und damit die Zeit, die im Leben der Frau mit dem Austragen und dem Stillen eines Kindes und dadurch der besonderen Fürsorge für ein kleines Kind ausgefüllt sind, deutlich rückläufig. Lag das durchschnittliche Alter bei Geburt des letzten Kindes Anfang des 19. Jahrhunderts noch bei 40 Jahren, ist dieses Datum heute auf etwa 32 Jahre gesunken, und das gilt in Deutschland auch für Frauen mit drei oder mehr Kindern. Das Leben einer verheirateten Frau zu Beginn des 19. Jahrhunderts war nach der Heirat im wesentlichen über die Zahl der möglichen Kinder bestimmt. Es ist leicht auszurechnen, dass eine Frau, die bei der Geburt des letzten Kindes etwa 40 Jahre alt war, bei einer durchschnittlichen Lebenserwartung von etwa 58 Jahren mit der Fürsorge und Erziehung dieses Kindes praktisch bis zu ihrem Tode beschäftigt war.

Manche Demografen (Sax, 2006) nennen diese Entwicklung „vom Zwang zur Wahl" und sehen den entscheidenden Unterschied zwischen dem Lebensverlauf der Frauen zu Beginn des 19. Jahrhunderts und heute darin, dass die Frauen nun selbst über den Zeitpunkt und die Zahl der Kinder entscheiden können. Diese jüngere Entwicklung ist nicht allein der Einführung der „Pille" zuzuschreiben, wie aus der Abbildung hervorgeht, sondern setzte schon zu Beginn des 20. Jahrhunderts beziehungsweise am Ende des 19. Jahrhunderts ein (Birg, 2001). Es gab schließlich auch andere Verhütungsmittel und Methoden (Duby & Perrot, 1993).

Das ist aber nur ein Aspekt der „gewonnenen Jahre". Mindestens ebenso wichtig ist eine weitere Tatsache. Selbst wenn sich eine Frau heute für vier oder fünf Kinder entscheidet und sie beim ersten Kind etwa 25 Jahre alt ist, was das durchschnittliche Erstgeburtsalter kinderreicher Frauen ist, und bei einem Geburtenabstand von etwa zwei Jahren das letzte von vier Kindern mit etwa 33 Jahren zur Welt bringt und wenn jene 15 Jahre zu Grunde gelegt werden, die Imhof als Sozialisationszeit oder Zeit der besonderen Fürsorge für Kinder veranschlagt, bleiben nach dem 48. Lebensjahr noch durchschnittlich 32 Lebensjahre für die Mutter, die es historisch in dieser Form nicht gegeben hat. Die Phase der aktiven Mutterschaft ist selbst bei einer Entscheidung für mehrere Kinder heute kürzer als die noch zu erwartende Lebenszeit nach dem 15. Lebensjahr des letztgeborenen Kindes.

Diese dramatischen Veränderungen erklären auch, warum ganz ähnliche Themen hinsichtlich der Frauen- und Mutterrolle auch in Ländern diskutiert werden, die eine höhere Geburtenrate haben als Deutschland, etwa Frankreich oder die USA. Die quasi natürliche Begründung für die Mutterrolle und die damit verbundene Rolle der Hausfrau, die sich um Kinder und Haushalt kümmert, ist durch diese Verkürzung als Lebensmodell entfallen. Heute ist es sogar schwierig, diese Rolle in den Lebensentwurf zu integrieren, weil jede junge Frau, die sich heute für eine solche Lebensrolle entscheidet, weiß, dass sie anders als ihre Mutter und Großmutter eine Lebensmodell vor sich hat, das inhaltlich durch die Mutterrolle nicht dauerhaft ausgefüllt werden kann. Aus der „natürlichen Einheit von Mutterschaft und Frauenrolle" ist eine bewusste Entscheidung für eine bestimmte Lebensperspektive geworden. Evolutionstheoretisch ist das eine völlig neue Situation, und niemand kann mit Bestimmtheit sagen, welche Konsequenzen sich aus dieser Entwicklung der letzten 50 Jahre auf Dauer ableiten lassen.

Vorgegebene Lebensrollen, die Kindheit, Jugend, Mutterschaft, Großmutterschaft, Alter und Tod als eine quasi natürliche Einheit der weiblichen Lebensrolle interpretierten, sind nicht durch den Wertewandel, die ökonomischen Entwicklungen oder gar durch die Emanzipationsbewegung infrage gestellt worden, sondern zerbrechen in ihrer Glaubwürdigkeit schlicht an den gewonnenen Jahren, die als Ergebnis des demografischen Wandels der letzten 30 bis 40 Jahre anzusehen sind. Evolutionär ist das eine völlig neue Situation, dass eine junge Frau schon bei einer Entscheidung für mehrere Kinder weiß, dass die Fürsorge für die eigenen Kinder keine auf Dauer angelegte Lebensrolle ist. Denn selbst bei drei bis vier Kindern ist das jüngste Kind 15 bis 16 Jahre alt, wenn die Mutter 47 bis 48 Jahre alt ist. Da die eigenen Töchter ihre Kinder auch erst jenseits des 30. Lebensjahrs bekommen, setzt eine Großmutterrolle frühestens mit 60 Jahren ein. Da die Töchter aber deutlich weniger Kinder bekommen als ihre Großmutter, kann eine solche Rolle keine ausreichende Teilhabe am Leben der Gesellschaft sicherstellen. Der demografische Wandel und die damit verbundene zunehmende Lebenserwartung erzwingt persönliche Entscheidungen darüber, wie das lange eigene Leben in einer Verlaufsperspektive zu gestalten ist. Damit werden Selbstbestimmung und eine eigenständige Lebensplanung und ein eigenständiger Lebensentwurf auf einmal zu einer zentralen Voraussetzung dafür, das eigene Leben auch für sich selbst subjektiv glücklich zu gestalten, weil die in historischen Zeiten biologisch vorgegebenen Rhythmen des Lebenslaufs heute nicht mehr existieren.

Mit Sicherheit ist diese Auflösung der untrennbaren Einheit des weiblichen Lebensverlaufs mit der Mutterschaft, im Fall der Verheiratung, als Folge der hier aufgezeigten Veränderungen in eine aktive persönlichen Entscheidung für eine nurmehr zeitlich begrenzte Lebensphase transformiert worden. Es ist eine der Paradoxien der gewonnenen Jahre, dass ausgerechnet in einer Zeit, in der die lange Lebenserwartung es tatsächlich ermöglicht, entsprechend der Lebenstreppe auch zu leben, weil das Leben tatsächlich 80 bis 90 Jahre dauert, genau diese Lebenstreppe als Idealbild eines erfüllten Lebens ihren Sinn verliert, weil es in dieser Lebenstreppe nun Jahre gibt, die ohne inhaltliche Bedeutung für ihr inhaltliches Konzept sind. Eine der großen Herausforderungen für die Vorstellung, wie sich Familie, Partnerschaft und die Beziehung des Paares zueinander in Zukunft weiterentwickeln, liegt darin, sich klar zu machen, dass das Modell quasi natürlicher Beziehungen im Lebensverlauf, wie sie in der Lebenstreppe dokumentiert waren, heute allenfalls als Wahlentscheidungen gelebt werden kann.

4.1.2. Fürsorglichkeit als Teil der männlichen Rolle

Das Auseinanderbrechen von Frauen- und Mutterrolle ist ein inzwischen gut dokumentiertes Thema der Familienforschung (Bertram, 1997). Demgegenüber werden die Konsequenzen der längeren Lebenserwartung und die tief greifenden Veränderungen im Reproduktionszyklus der Frauen für die Lebensperspektive von Männern und Vätern eher selten diskutiert. Dabei gilt die Veränderung des Lebensverlaufs, die am Beispiel des weiblichen Lebenszyklus gezeigt wurde, in analoger Weise ebenso für die Männer. Wurde das Leben einer verheirateten Frau im wesentlichen durch die Geburt und das Aufziehen der Kinder bestimmt, definierte sich das Leben des Mannes im wesentlichen durch die Sicherung der ökonomischen Existenz der Familie. So argumentiert die französische Akademie der Wissenschaften (Flandrin, 1978) schon 1835, dass es für den Staat die kostengünstigste Lösung sei, den Müttern und ihren Kindern Wohnraum zur Verfügung zu stellen und zugleich dafür Sorge zu tragen, dass die Männer die Wohnung und den Lebensunterhalt der Mütter und Kinder auch tatsächlich finanzieren.

Die schon mehrfach erwähnte Dreiteilung des Lebenslaufs war möglicherweise für die Männer noch stärker ausgeprägt als für die Frauen. Denn in der männlichen Lebensperspektive stand nach der Lehre und dem Militär ein 45-jähriges Arbeitsleben als zentrales Element der Lebensgestaltung im Mittelpunkt; die wenigen Männer, die das Pensionsalter von 65 Jahren erreichten, spielten in der Diskussion um die Strukturierung eines Lebenslaufs keine Rolle, denn viele der über 65-jährigen Männer haben weitergearbeitet, sei es aus ökonomischen Gründen oder weil sie es wollten. Nur ein kleiner Teil der Bevölkerung kam überhaupt in den Genuss der sozialen Sicherungssysteme. So war 1888 zum Zeitpunkt, in dem die heute gängigen sozialen Sicherungssysteme in Deutschland entwickelt wurden, nur ein gutes Drittel der erwerbstätigen Bevölkerung in der Industrie beschäftigt. Demgegenüber ist heute die große Mehrheit der gesamten Bevölkerung im Alter in den verschiedenen sozialen Sicherungssysteme abgesichert. Zwar liegt die Lebenserwartung der Männer etwas unter dem Niveau der Frauen, aber auch die Männer haben beachtliche Gewinne an Lebensjahren zu verzeichnen. Das gilt besonders für Deutschland, weil die zwei Weltkriege im 20. Jahrhundert die männliche Lebenserwartung deutlich eingeschränkt haben; demgegenüber unterscheiden sich die nach dem Zweiten Weltkrieg geborenen Männer in ihrer Lebenserwartung nur noch zwei bis drei Jahre von den Frauen.

Im europäischen Durchschnitt ist bei den Männern seit 1980 die Lebenserwartung nach der Pensionierung mit 65 Jahren von 13 auf 17 Jahre gestiegen, und Deutschland liegt mit 16,5 Jahren etwas unter dem europäischen Durchschnitt. Allerdings zeigen die europäischen Vergleiche auch eine relative Angleichung der Lebenserwartung zwischen Männern und Frauen auf einem sehr hohen Niveau wie in Dänemark mit einer Lebenserwartung der Männer von 17,5 und der Frauen von 18 Jahren, oder gar wie in den Niederlanden mit einer Lebenserwartung von 18,5 Jahren für die Männer und 19 Jahren für die Frauen. In noch früheren Jahrzehnten, etwa Anfang der Sechziger Jahre bei der Einführung der dynamischen Alterssicherung, lag die männliche Lebenserwartung bei knapp 70 Jahren.

Abbildung 12: Die unterschiedliche Lebenserwartung von 65-jährigen Männern und Frauen in Europa, 1990 und 2005

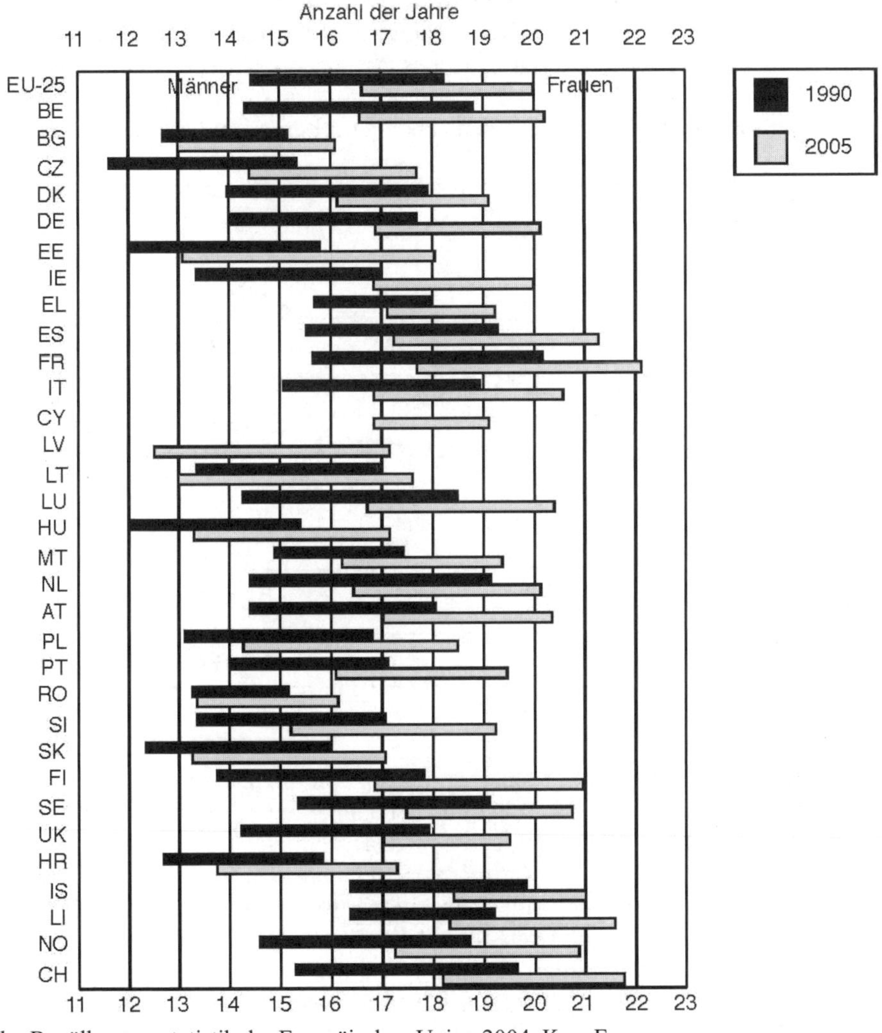

Quelle: Bevölkerungsstatistik der Europäischen Union 2004, Kap. E

Parallel zu dieser deutlichen Erhöhung der Lebenserwartung ist aber völlig gegenläufig das Renteneintrittsalter deutlich gesunken (Deutsche Bundesbank, 2003). Gingen die meisten Männer in den Siebziger Jahren noch zum vorgesehenen Pensionsalter von 65 Jahren in den Ruhestand, liegt das Renteneintrittsalter heute in Westdeutschland bei etwa 61 Jahren und in Ostdeutschland bei 59 Jahren. Dieser Prozess aus steigender Lebenserwartung und sinkendem Renteneintritt, was die verschiedenen Rentenreformen zu ändern versuchen, führt im Leben des Mannes zu 20 Lebensjahren, die sich ebenso gut als „gewonnene Jahre“ bezeichnen lassen, da noch die Elterngeneration der heute 60- bis 65-Jährigen einen solchen langen Lebensabschnitt des „Ruhestandes“ nicht kannte.

Für die gemeinsame Partnerschaft von Mann und Frau haben diese Entwicklungen ganz überraschende und fast paradoxe Effekte, die bisher weder in der Wissenschaft und noch in der Öffentlichkeit diskutiert werden. In dem europäischen Vergleichprojekt FELICIE wurde versucht, die Konsequenzen der langen Lebenszeit für die Lebensformen älterer Menschen auf europäischer Basis herauszuarbeiten (vgl. Abb. 13).

Abbildung 13: Entwicklung der Familienstände der älteren Bevölkerung bis 2030

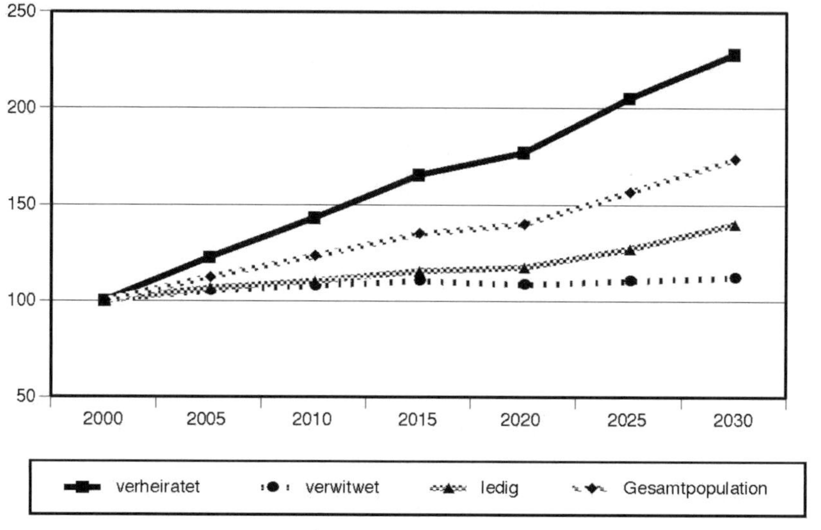

Quelle: FELICIE 2006, S. 2

Nach Abb. 13 wird für die älteren Menschen über 75 Jahren die am schnellsten wachsende Gruppe die der Verheirateten sein, und die Zunahme dieser Gruppe ist größer als das Wachstum der älteren Bevölkerung insgesamt. Das mag zunächst überraschen, ist aber angesichts der steigenden Lebenserwartung von Männern und Frauen gut nachzuvollziehen. Diese Prognose gilt besonders für Deutschland, weil hier in den früheren Jahrzehnten ein hoher Anteil an Kriegerwitwen allein lebte, deren Männer im Zweiten Weltkrieg gefallen waren. Zwar wird nach der Argumentation der Autoren die Gruppe der Verheirateten auch aus denen bestehen, die geschieden und wieder verheiratet sind, jedoch wird das Zusammenleben von Paaren auch jenseits von 75 Jahren ein relativ reguläres und weit verbreitetes Phänomen sein. Bei aller gebotenen Vorsicht bei Prognosen bedeutet das für die Männerrolle in der modernen Gesellschaft aber, dass die frühere Dominanz der Erwerbstätigkeit im Lebensverlauf des Mannes deutlich gemindert wird. Besonders bei höher qualifizierten Männern mit vielen Ausbildungsjahren relativiert sich die aktive Phase der Erwerbstätigkeit gegenüber der langen Phase nach der Erwerbsarbeit deutlich. Selbst wenn ein junger Mann heute durch die geänderten Altersgrenzen zum Rentenbeginn nicht mit 61, sondern mit 65 Jahren oder mit 67 Jahren in die Rente geht, hat er rund 35 Jahre aktive Arbeitszeit und danach noch etwa 17 bis 20 Jahren weitere Lebenszeit.

Schon heute sind verheiratete Männer, wenn ihre Frau pflegebedürftig ist, eine der wichtigsten Bezugspersonen für die Fürsorge ihrer Frauen (Bundesamt, 2004). Angesichts der hier skizzierten Entwicklung werden diese Elemente im Leben eines Mannes noch deutlich an Bedeutung gewinnen. Bisher ist aber diese Art von Fürsorglichkeit in den männlichen Lebensentwürfen und den Vorstellungen zur Sozialisation von Jungen noch nicht vorgesehen, weil sich kaum jemand mit der zukünftigen Gestaltung dieser gewonnenen Jahre bei den Männern auseinandersetzt.

Die Verkürzung der Reproduktionsphase bei den Frauen und die geringere Kinderzahl hat aber auch eine erhebliche Bedeutung für die Rolle des Mannes als Haupternährer der Familie, wie dies die französische Akademie der Wissenschaft schon vor fast 200 Jahren beschrieben hat. Die ökonomische Unterstützung der Kinder, selbst wenn diese studieren, endet im Lebensverlauf des Mannes im Durchschnitt mit dem 58. bis 60. Lebensjahr. Die Begründung zu arbeiten, um für die Familie und die Kinder zu sorgen, die ein wesentliches Motivationselement des Modells des Vaters als Haupternährer war und mit der lebenslangen Mutterrolle korrespondierte, wird zu einer begrenzten Phase im Leben des Mannes, ohne dass diese Phase die nachfolgende Phase tatsächlich legitimieren kann. Völlig unabhängig von sonstigen Faktoren, die im späteren noch behandelt werden, hat sich ein Bedeutungsverlust der Rolle des Haupternährers beim Mann und Vater ergeben, der dem Bedeutungsverlust der Mutterrolle entspricht. Nur wenige Autoren (Gillis, 2002) haben sich bis heute mit dieser Frage auseinandergesetzt, doch ist die Gestaltung der gewonnenen Jahre im Lebensverlauf des Mannes mit einem viel höheren Anteil an Fürsorglichkeit eine mindestens ebenso große Herausforderung wie die Frage der Gestaltung der gewonnenen Jahre der Frau.

4.2. Erwachsenwerden heute: Die Rush Hour des Lebens

Die Mutter- und die Vaterrolle sind also nur noch begrenzte Sequenzen im Leben und müssen als solche aus der Sicht der betroffenen Individuen so in den individuellen Lebensverlauf integriert werden, dass dieser insgesamt auch subjektiv Sinn macht. Aber diese veränderte Bedeutung von Mutter- und Vaterrolle im Lebensverlauf setzt heute nicht nur eine andere Konstruktion von Partnerschaft im Lebensverlauf und eine neue Konstruktion der Versorgergemeinschaft voraus, sondern hat in noch gravierenderer Weise die Genese von gemeinsamer Partnerschaft und Familie in Deutschland wie in vielen Teilen Westeuropas verändert.

Als ein zentrales Element heutiger Lebensverläufe haben sich die Bildungsabschlüsse für Männer wie für Frauen deutlich erhöht. Beim Vergleich des Bildungsverhaltens verschiedener Altersgruppen in West- wie in Ostdeutschland galt noch 2004, dass die Mehrzahl aller 55- bis 65-jährigen Männer und Frauen mit 60 beziehungsweise 65 Prozent über ein Hauptschulabschluss verfügten. Die Mehrheit der Bevölkerung in dieser Altersgruppe war mit 18 Jahren, das heißt mit der Volljährigkeit, auch in der Lage, ökonomisch für sich selbst zu sorgen, weil sie über alle Qualifikationen verfügten, die vor 40 Jahren für einen qualifizierten Einstieg in die Berufswelt erforderlich waren. Von den heute 55- bis 65-Jährigen verfügen etwa 17 Prozent über einen Hochschulabschluss, während es heute bei den 30- bis 35-jährigen Männern 30 Prozent sind und bei der Frauen dieser Altersgruppe 20 Prozent. Damals war der Anteil derjenigen hoch, insbesondere bei den Frauen, die die Schule ohne eine weitere Ausbildung verließen, um als angelernte Arbeiter und Arbeiterinnen zu arbeiten.

Abbildung 14: Männliche und weibliche Bevölkerung 2004 nach Altersgruppen und ausgewählten Bildungsabschlüssen

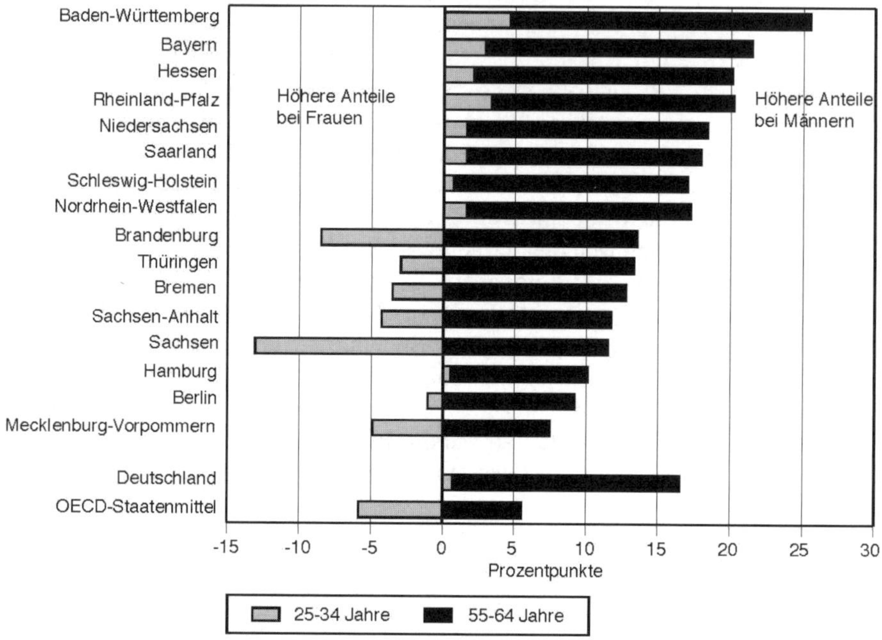

Hinweis: Die Anordnung der Länder erfolgt in absteigender Reihenfolge der Unterschiede zwischen Männern und Frauen im Anteil der Bevölkerung mit Abschluss im Tertiärbereich bei den 55- bis 64-jährigen.

Quelle: KMK und BMBF 2006, S. 30

Hier ist, ähnlich wie bei den gewonnenen Jahren, festzustellen, dass innerhalb einer Generation die klassischen Muster des Eintritts in das Erwerbsleben und die Möglichkeit, früh ökonomisch selbstständig zu werden, für einen großen Teil der jungen Bevölkerung ersetzt worden sind durch einen zunehmend längeren Prozess von Bildung und Ausbildung, der zudem noch verknüpft ist mit einer wachsenden Unsicherheit, so paradox das klingen mag, auch mit einer qualifizierten Ausbildung eine angemessene und einigermaßen sichere berufliche Position zu finden. Der hier nur knapp beschriebene Prozess dokumentiert den Übergang von der Industriegesellschaft, die stark auf die Qualifikation von Facharbeitern und die mittlere Qualifikation von Angestellten gesetzt hat, zu einer wissensbasierten Dienstleistungsgesellschaft mit ungemein höheren Qualifikationsanforderungen als in der Industriegesellschaft. Das hängt möglicherweise nicht damit zusammen, dass die Aufgaben eines Facharbeiters in einem Industriebetrieb der Sechziger Jahre nicht komplex und anspruchsvoll waren. Vielmehr ist heute die Art des Lernens zur Berufsvorbereitung in der Wissensgesellschaft eine andere geworden. Im klassischen dualen System konnte man davon ausgehen, dass die Kombination von theoretischem Lernen in der Berufsschule und dem praktischen Lernen im Betrieb auch ein Muster von anwendungsbezogenem Lernen ermöglichte und die Weiterbildung bei technischen Änderungen im Betrieb aufgrund der früheren Erfahrungen in der Art des Lernens erleichterte. In der Wissensgesellschaft gehen wir heute aber davon aus, dass theoretisches und abstraktes Wissen dem anwendungsbezogenen Lernen im Betrieb vorausgehen muss, weil das theoretische Lernen und der Stand des damit erworbenen Wissens auch unabhängig von der jeweiligen konkreten Tätigkeit in ganz unterschiedlichen Situationen und Arbeitsplätzen Anwendung finden muss.

Alle Prognosen (Kultusministerkonferenz, 2006) gehen davon aus, dass der Anteil der Absolventen mit allgemeiner Hochschulreife und die dann ein Studium aufnehmen, in Zukunft eher steigen als sinken wird. Das bedeutet aber auch, dass sich die Lebenszeit, in der man ökonomisch noch nicht selbstständig ist, weil man noch lernt, deutlich ausgedehnt hat. Gleichzeitig hat dadurch auch die ökonomische Abhängigkeit von den Eltern in den letzten 30 Jahren erheblich zugenommen. Der Fünfte Familienbericht zeigte schon (1994), dass Eltern heute für zwei Kinder, ökonomisch betrachtet, genauso viel investieren müssen wie Eltern Anfang der Sechziger Jahre für drei Kinder. Denn heute ist die ökonomische Abhängigkeit der Kinder in der Regel erst nach dem 20. Lebensjahr beendet, zum Teil erheblich später, während damals ein großer Teil der Kinder zumindest ab dem 15. bis 16. Lebensjahr zum Familieneinkommen, wenn auch bescheiden, beisteuern konnte.

Abbildung 15: Häufigkeit der Berufswechsel bis zum 30. Lebensjahr für Männer und Frauen im Zeitvergleich

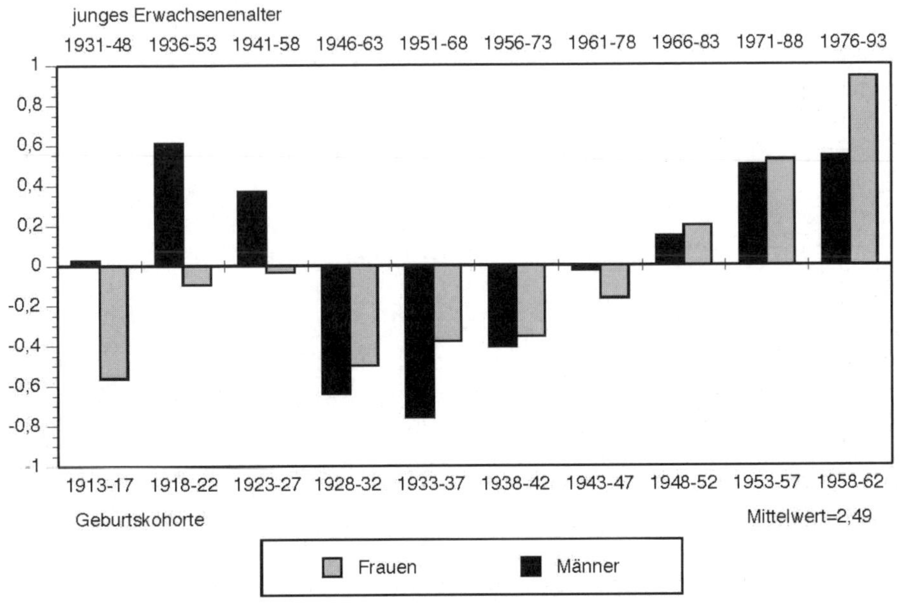

Quelle: Biedenkopf, K. et al. 2005, S. 47

Die eher abstrakte Struktur des Lernens an den Universitäten führt aber auch dazu, dass die konkrete Passung zwischen den im Studium erworbenen Qualifikationen und der Berufswelt viel schwieriger ist als die Passung zwischen Lehre und Berufswelt. Folglich sind die Chancen, unmittelbar nach einem Studienabschluss in eine sichere Berufsposition zu kommen wie ein Lehrling, der nach erfolgreicher Prüfung häufig im selben Betrieb verbleiben konnte, eher selten. Daher sprechen wir heute von der „Generation Praktikum", um zu dokumentieren, dass mit steigender Zahl von hoch und höchst qualifizierten jungen Erwachsenen gerade diese jungen Erwachsenen nach einer langen Ausbildung relativ lange brauchen, bis sie eine Berufsposition finden, die ihren spezifischen Qualifikationen entspricht. Oft wird das Finden einer solchen Berufsposition durch eine Kette von Praktika vorbereitet mit einer relativ geringen ökonomischen Sicherheit dieser jungen Erwachsenen (Statistisches Bundesamt, 2004).

Für junge Erwachsene, die versuchen müssen, und zwar anders als ihre eigene Elterngeneration, überhaupt erst einen Fuß in die Tür des Arbeitsmarktes zu bekommen, fehlt in dieser Lebensphase die ökonomische Basis für eine gemeinsame Haushaltsführung und eine Versorgungsgemeinschaft, weil in dieser Lebensphase vor allem Anpassungsbereitschaft, Mobilität und die Akzeptanz kurzfristiger und vergleichsweise schlecht bezahlter Beschäftigungsverhältnisse eine Voraussetzung dafür ist, später möglicherweise in dem Beruf unterzukommen, den man sich vorgestellt hat. Daneben sinkt in einer wissensbasierten Dienstleistungsgesellschaft im Gegensatz zur Industriegesellschaft tendenziell die Zahl derjenigen, die dauerhaft in einer großen Organisation beschäftigt sind, was sich am rückläufigen Anteil der Beschäftigten an allen sozialversicherungspflichtig Erwerbstätigen deutlich dokumentiert. Das bedeutet nicht, dass sich junge Erwachsene mit einer guten Qualifikation nicht auf Dauer im Erwerbsleben etablieren und sich auch gegen andere mit geringerer Qualifikation durchsetzen können, jedoch ist heute der Einstieg in eine komplexen Wirtschaftsstruktur mit heterogenen Wirtschaftsbereichen schwieriger zu bewältigen als in der Elterngeneration in der Industriegesellschaft (vgl. Abb. 15).

Als eine weitere Konsequenz der verlängerten Ausbildungszeiten bleibt die ökonomische Abhängigkeit vom Elternhaus viel länger bestehen, und damit ist die Möglichkeit einer eigenen Haushaltsgründung eher gering, solange man sich in einer solchen Abhängigkeit befindet. Denn in Deutschland mit seiner spezifischen Struktur der akademischen Ausbildung und den langen Ausbildungszeiten hat ein großer Teil der jungen Erwachsenen mit akademischer Ausbildung erst jenseits von 27 Jahren das erste Mal die Chance, ökonomisch selbstständig zu werden. Dadurch verkürzt sich die Zeit, um eine sexuelle Dauerbeziehung auch in eine Versorgergemeinschaft und Haushaltsgemeinschaft zu überführen und sich für Kinder zu entscheiden, auf die sehr kurze Lebensspanne von etwa fünf Jahren. In diesen knappen fünf Jahren müssen sich die jungen Erwachsenen beruflich etablieren, einen gemeinsamen Hausstand gründen, sich für Kinder entscheiden und bei der Entscheidung für Kinder auch noch sicherstellen, den Bezug zum Beruf nicht zu verlieren. Freilich ist die ökonomische Basis des gemeinsamen Haushalts in der Dienstleistungsgesellschaft nicht mehr allein durch das Einkommen des Ehemannes zu gewährleisten, weil die ökonomische Situation auch bei qualifizierten jungen Erwerbstätigen im Durchschnitt nur eine solch geringe Höhe erreicht und damit die gemeinsame Haushaltsführung oberhalb der gesetzlichen Ansprüche nach dem Arbeitslosengeld II nur ermöglicht, wenn beide verdienen. Neben diesem ökonomischen Argument gilt aber auch, dass die jungen Männer ebenso wie die jungen Frauen viel Zeit und Energie in ihre Ausbildung und ihre persönliche Kompetenz investiert haben mit der Konsequenz, dass auch beide in gleicher Weise und mit gleicher intrinsischer Motivation diese Kompetenzen in der Arbeitswelt nutzen wollen.

Die Schwierigkeit der Familiengründung aufgrund dieser Kumulation wichtiger Lebenselemente im Lebensverlauf auf den sehr kurzen Zeitraum von etwa fünf bis sieben Jahre ist unter Bezug auf die verlängerte Lebensperspektive in unserer Gesellschaft nicht plausibel. Sie ist aber Ausdruck der Tatsache, dass zwar auf der einen Seite die ökonomische Basis der Gesellschaft sich weit gehend den neuen Gegebenheiten der Wissensgesellschaft in einer globalisierten Wirtschaft angepasst hat, aber weder das Ausbildungssystem noch die sozialen Sicherungssysteme oder aber die soziale Organisation der Lebensverläufe auf diese neuen Gegebenheiten hin umstrukturiert wurden. Hinsichtlich der Familiengründung hängt das vermutlich auch damit zusammen, dass in der Politik wie in der Wissenschaft häufig die irrige Meinung vorherrscht, Partnerschaft und Familiengründung seien etwas rein Privates, was sich quasi von selbst ergäbe. Das ist aber der gleiche Irrtum, der schon Konrad Adenauer in Bezug auf die Frage der Kinderzahlen in modernen Gesellschaften zugeschrieben wird. Auch Adenauer, so wird berichtet, ging davon aus, dass die Entscheidung für Kinder und für die Zahl der Kinder in einer Familie eben nicht durch gesellschaftliche Rahmenbedingungen beeinflusst würden („Kinder kriegen die Menschen immer!“) – ein Irrtum, der heute in Deutschland relativ gut wahrzunehmen ist.

Dabei zeigt die historische Familienforschung (Flandrin, 1978; Aries, 1980), dass nicht nur in den meisten Ländern im 18., 19. und frühen 20. Jahrhundert intensiv um die Familie und die Lebensformen der Familie diskutiert wurde, sondern dass die Konstruktion der gesellschaftlichen Rahmenbedingungen für familiäres Zusammenleben die Entscheidung für Familie und familiäres Zusammenleben erheblich beeinflusst hat. Die Menschen sind diesen Rahmenbedingungen nicht einfach gefolgt, aber sie haben darauf reagiert. Auch die Familie der Industriegesellschaft mit ihrer rigorosen Arbeitsteilung zwischen Mann und Frau und der Trennung zwischen Haushalt und Arbeitsplatz und der Konzentration der Sozialisation der Kinder in der Familie sind Ergebnis der Konstruktion von Familie und familialer Sozialisation in den jeweiligen Gesellschaften. Auch hier gilt die Einsicht von Max Weber, dass die Variationen der Versorgergemeinschaft und der Haushaltsgemeinschaft der Familie Ergebnis der kulturellen und politischen Rahmenbedingungen der jeweiligen Gesellschaft sind. Familie und familiäre Lebensformen sind eben nicht das spezifische Produkt dieser Rahmenbedingungen, sondern, wie weiter oben beschrieben, Teil der menschlichen Konstitution. Nichtsdestotrotz ist die konkrete Form des Zusammenlebens und der Sicherung der ökonomischen Basis und der Sozialisation der Kinder Ausdruck der spezifischen politischen, ökonomischen und kulturellen Leistung der jeweiligen Gesellschaft.

Es lässt sich jedenfalls die These formulieren, dass besonders in Deutschland wie auch in anderen europäischen Ländern, die ihre Rahmenbedingungen nicht den neuen ökonomischen und politischen Verhältnissen angepasst haben, im Lebenslauf der jungen Erwachsenen eine Art Rush Hour entstanden ist. Denn plötzlich müssen die jungen Leute in einer vergleichsweise kurzen Zeit Entscheidungen organisieren, die ihr gesamtes Leben in allen verschiedenen Lebensbereichen bestimmen. Über den Bildungsabschluss und den Berufseintritt wird in Deutschland stärker als in anderen Ländern die Berufskarriere eines jungen Erwachsenen für praktisch sein gesamtes Berufsleben vorstrukturiert. Gleichzeitig muss der junge Erwachsene eine möglicherweise schon bestehende Partnerschaft in eine ökonomische Versorgungsgemeinschaft und möglicherweise in einen Haushalt mit Kindern überführen, was wesentlich über die zukünftigen privaten sozialen Beziehungen des jungen Erwachsenen mit entscheidet. Gleichzeitig soll er diese ökonomische Versorgergemeinschaft zusammen mit seinem Partner möglichst so gestalten, dass beide eine eigenständige Alterssicherung aufbauen; denn die öffentliche Debatte thematisiert immer wieder, dass die gesetzlichen Regelungen und Ansprüche für die Alterssicherung, die die jungen Erwachsenen heute erwerben, für sie selbst im Alter vermutlich nicht mehr reichen werden.

Man mag nun argumentieren, dies alles habe keinerlei Konsequenzen für die Partnerschaft und die Familienbildung. Demgegenüber lässt sich jedoch empirisch quantitativ zeigen, dass ausgerechnet Deutschland ähnlich wie die südeuropäischen Länder, die ähnlich wie Deutschland nicht auf die hier skizzierten Phänomene reagiert haben, gerade hinsichtlich der Bildung von Partnerschaften und beim Auszugsverhalten der jungen Männer aus ihrem Elternhaus gegenüber anderen Ländern weit ins Hintertreffen geraten ist. Das hat zur Konsequenz, dass sich besonders die jungen Männer zunehmend der Familiengründung, der Heirat und der Entscheidung für Kinder entziehen. So hat Kiernan auf der Basis des Family Fertility Survey (FFS) gezeigt, dass eine junge Französin bis zum 29. Lebensjahr ungefähr doppelt so häufig in einer festen Partnerschaft von mehr als einem Jahr mit einem jungen Mann zusammengelebt hat bzw. zusammenlebt wie eine junge Deutsche (Kiernan, 1992).

Das ist gut verständlich, weil inzwischen in Deutschland junge Männer zwischen 24 und 25 Jahren immer noch zu 50 Prozent bei ihren Eltern leben mit eher steigender Tendenz. Diese Tendenz wird durch eine Vielzahl politischer Maßnahmen auch noch gefördert, wie etwa das elterliche Unterhaltsrecht, das Kindergeld oder die BAföG-Regelungen. Das gilt besonders für diejenigen, die eine hoch qualifizierte Ausbildung durchlaufen, weil zum einen die Abschlüsse in Deutschland sehr lange dauern und zum anderen, im Gegensatz etwa zu Frankreich oder Finnland, weder sozialpolitische Maßnahmen dafür vorgesehen sind, dass junge Erwachsene selbstständig sein können, noch die Ausbildung durch Stipendien unterstützt wird. Vermutlich werden wir in Deutschland genauso lange warten wie in Italien, wo das Auszugsalter junger Männer im Durchschnitt jenseits von 30 Jahren liegt und die italienische Regierung inzwischen „Auszugsprämien“ zahlt, weil offensichtlich wird, dass die von ihr geschaffenen Rahmenbedingungen ähnlich wie in Deutschland einer eigenständigen Haushaltsführung junger männlicher Erwachsener ziemlich entgegenstehen. Ob die inzwischen auch in Deutschland eingeführten Bachelor- und Masterstudiengänge hier eine Veränderung bringen werden, ist gegenwärtig nicht abzuschätzen.

Abbildung 16: Die Häufigkeit von Zusammenleben bzw. Paarbeziehungen bei Frauen im Alter von 20 bis 39 Jahren

	Österreich (1995-96)	**Finnland (1989-90)**	**Belgien (1991)**	**Deutschland (1992)**	**Ungarn (1992-93)**	**Italien (1992-93)**	**Litauen (1995)**	**Polen (1991)**	**Spanien (1994)**
Familienstatus der Frauen in %									
verheiratet	52,2	50,9	69,9	54,1	70,4	54,2	58,5	73,5	59,3
zusammen lebend	16,2	16,7	7,6	10	5,2	2,2	8,2	0,1	4,4
LAT (*)	13,7	12,8	13,3	13,2	9,5	20,5	14,4	2,8	13,2
keine Partnerschaft	18	19,6	9,3	22,7	14,9	23,1	18,9	23,5	23,1
Anteil der Frauen in %, derzeit in LAT									
die LAT möchten	52,7	43,9	–	69,2	48,8	43,4	–	–	29,8
die LAT müssen	34,3	47,8	–	30,8	32,1	36,2	–	–	49,5
Anteil der Frauen in %, derzeit in LAT, die beabsichtigen in den nächsten zwei Jahren zusammen zu leben									
ja	56,6	50,7	34	30,3	16,1	11	12,9	–	18,7
weiß nicht	–	15,6	14,9	45,1	35,1	8,6	32,3	–	20,8
in den nächsten zwei Jahren zu heiraten									
ja	20,3	12	51,6	10,8	32,8	40,7	13,8	–	34,5
weiß nicht	–	40,9	8,3	42	28,8	14,1	37,5	–	23,5
weder heiraten noch zusammen leben	46,2	28,5	38,5	22,2	21,4	38	42,2	–	26,4

*LAT (living apart together): in fester Partnerschaft getrennt lebend

Quelle: Hoffmann-Nowotny, H. J., Fux, B. 2001, S. 19

4.3. Das lange Leben und seine Konsequenzen für die Familie im Lebensverlauf

Die sorgfältige Beschreibung von demografischen Wandlungsprozessen, wie sie Susan M. Bianchi als die traditionelle Aufgabe der Familiendemografie (Bianchi, 2005) benannt hat, reicht für das Verständnis der Konsequenzen dieses Wandels nicht aus, da sie nicht nur die Veränderungen im privaten Leben der Familie betreffen, sondern auch das Verhältnis zu Beruf und zu anderen Bereichen des Lebens. Zudem gilt der oben diskutierte relative Bedeutungsverlust von Vater- und Mutterrolle im Lebensverlauf paradoxerweise auch für die Berufsrolle, und das gilt besonders für den Mann. Denn die gewonnenen Jahre beginnen für den Mann erst dann für seine Lebensgestaltung offen zu stehen, wenn die Berufsrolle beendet ist. Mit zunehmender weiblicher Erwerbsbeteiligung gilt diese Aussage nun aber auch für die Frauen. Das hängt damit zusammen, dass die soziale Organisation der Lebensläufe in unserer Gesellschaft an einem Bild des Lebens orientiert ist, das eine aktiv gestaltete Lebensphase nach der Mutterrolle und nach der Berufsrolle nicht kannte, was mit dem Begriff des

„Ruhestandes" für diesen Lebensabschnitt sinnfällig belegt wird. Diesem Bedeutungswandel von Vater- und Mutterrolle gegenüber steht eine Zunahme der gemeinsamen Lebenszeit von Männern und Frauen. Damit wird Partnerschaft im Leben von Menschen wichtiger und lebensbestimmender als in früheren Generationen, und das gerade im höheren Lebensalter.

Dieser strukturelle Wandel im Bereich der Demografie hat für die Individuen nachhaltige Konsequenzen. Wie die Menschen mit diesen Konsequenzen umgehen, lässt sich an dieser Stelle nicht abschließend beantworten, weil neben dem beschriebenen demografischen Wandel auch die ökonomischen Veränderungen in der Gesellschaft für die neue Konstitution von Familie und Familienbeziehungen mindestens ebenso bedeutungsvoll sind. So reguliert der Staat zum einen durch eine Fülle von Gesetzen den Lebensverlauf des Einzelnen wie aber auch die Entwicklung von Familien. Darüber hinaus strukturieren in einer pluralen Gesellschaft mit einer Vielzahl unterschiedlicher Wertvorstellungen aber auch bestimmte fortwirkende Wertvorstellungen die Handlungsoptionen von Paaren und Kindern, wie auch die ökonomische Struktur einer Gesellschaft einen erheblichen Einfluss auf Entwicklungen im Lebensverlauf hat.

Am deutlichsten lässt sich dieses am Beispiel der noch heute existierenden Dreiteilung des Lebensverlaufs zeigen, die wie in früheren Jahrhunderten davon ausgeht, dass in Kindheit und Jugend gelernt wird, im Erwachsenenalter die Familie gegründet wird und die Arbeit im Zentrum steht und erst im Alter der verdiente Ruhestand erreicht ist. Die verschiedenen gesetzlichen Regulierungen schreiben im Einzelnen vor, wie lange zu lernen ist, wie viele Jahre lernen und studieren erforderlich sind, um bestimmte Berufe mit bestimmten Einkommenschancen zu ergreifen, wie lange zu arbeiten ist, bevor man in den Ruhestand eintreten kann; im Detail sind auch Unterbrechungsphasen der Berufstätigkeit etwa für die Kindererziehung geregelt oder in welchem Umfang solche Unterbrechungen im späteren Ruhestand zu berücksichtigen sind; weiterhin ist noch im Einzelnen geregelt, in welchem Umfang der Einzelne aufgrund bestimmter körperlicher oder psychischer Einschränkungen schon früher aus der Erwerbstätigkeit ausscheiden kann. Meist fallen uns diese sehr strikten Regulierungen des Lebensverlaufs durch den Staat nicht auf, weil sich die Mehrzahl der Beteiligten an diese Regeln hält und die Dreiteilung des Lebenslaufs kollektiv als quasi natürlich erlebt wird. Wie schon bei der Veränderung der Lebenserwartung betont, stimmt unter einer eher biologischen Perspektive der Lebenslauf besonders der Frauen mit dieser herkömmlichen Organisation des Lebenslaufs in unserer Gesellschaft nicht mehr überein, weil es im Lebenslauf von Frauen immerhin etwa 25 bis 30 Jahre gibt, die sich nicht so ohne weiteres in das Raster des dreigeteilten Lebenslaufs einfügen lassen.

Wir werden später noch auf neuere Vorstellungen des Lebenslaufs eingehen (vgl. 9.5). An diesem Beispiel lässt sich verdeutlichen, dass die Wirksamkeit der sozialen und politischen Strukturierung des Lebensverlaufs, die im Exosystem der Gesellschaft verankert ist, selbst dann fortwirkt, wenn kulturell die eigenständige Gestaltung des eigenen Lebens akzeptiert wird und gleichzeitig die Verlängerung des Lebens dafür spricht, dieses traditionelle Modell des Lebenslaufs durch ein neues zu ersetzen. So sprechen die Alternsforscher seit langem von vier Lebensaltern, weil sie die „jungen Alten" zwischen 55 und 75 Jahren als noch sehr aktive und auf Teilhabe hin orientierte Individuen von den „alten Alten" jenseits von 75 Jahren deutlich unterscheiden. Die politische und soziale Organisation des Lebensverlaufs nimmt auf diese Veränderung bis heute keine Rücksicht. Aber nicht nur die Strukturierungen des politischen Systems, die im Exosystem weiterwirken, selbst wenn sich auf der Makroebene längst tief greifende Veränderungen vollzogen haben, nehmen Einfluss auf die Entwicklungsprozesse des Einzelnen und der Familie. Auch fortwirkende Interpretationen dessen, was Selbstständigkeit und Unabhängigkeit in einer Gesellschaft bedeutet, beeinflussen erheblich sehr private Entscheidungen, wie die Entscheidung für Kinder oder auch die Entscheidung, eine eigene Partnerschaft auch unabhängig von den Eltern zu leben.

Die ökonomische Unabhängigkeit des Einzelnen war schon im 19. Jahrhundert eine der Grundvoraussetzungen dafür, um mit einem Partner oder einer Partnerin zusammenzuziehen (Borscheid, 1983), und sie ist es auch in den meisten Fällen heute noch. Die Freundin oder der Freund zieht nicht in das elterliche Haus ein, sondern man zieht mit dem Freund oder der Freundin aus dem elterlichen Haus aus und versucht, auch ökonomisch unabhängig von den Eltern dieses gemeinsame Leben zu gestalten. Diese sehr europäische Vorstellung, die sich Jahrhunderte zurückverfolgen lässt (Mitterauer, 1991), ist auch heute noch so wirkungsmächtig, dass sich die Mehrzahl der jungen Erwachsenen in den meisten europäischen Ländern daran orientiert. In manchen Ländern, wie beispielsweise in der früheren DDR oder noch heute in Frankreich (Konrad Adenauer Stiftung), macht sich der Staat dies mit einer pronatalistischen Politik zu Nutze: Angebote für eine eigene Wohnung und ökonomische Unterstützung bis zur ökonomischen Selbstständigkeit bei der Entscheidung für Partnerschaft und Kinder waren und sind durchaus effektive Mittel, um die Entscheidung für Kinder zu beeinflussen (Chesnais, 2005).

Diese wenigen Beispiele machen deutlich, dass auch in einer pluralen Gesellschaft mit konkurrierenden Werten und Vorstellungen auf den unterschiedlichen Ebenen des Systems eine Fülle von Regulierungen existieren, die die Entwicklung des Kindes, die Entwicklung der Beziehung des Paares, die Entwicklung der Familienbeziehung im Lebensverlauf wie auch die Lebensverläufe selbst beeinflussen. Das Bild vom Strom des Lebens, das wir als Paradigma für die Veränderungen familiärer Lebensformen in der Gegenwart benutzt haben, gewinnt nun an Präzisierung und auch an analytischer Kraft. Denn wenn man auch davon ausgehen kann, dass dieser Fluss des Lebens in hohem Maße von der Entwicklung des Individuums und der Entwicklung der Interaktionspartner des Individuums beeinflusst wird und daher eine Fülle unterschiedlicher Wendungen nehmen kann, wie dies in diesem „lernenden Bild“ zum Ausdruck kommt, so sind offenkundig gleichzeitig in diesen Strom des Lebens und seinen Entwicklungen eine Fülle von Regelungen, Beschränkungen und Strukturen eingebettet, die mit dazu beitragen, dass bei aller Individualität der Entwicklungen eine Menge an Gemeinsamkeiten erkennbar wird. Die Veränderungen sind nicht allein Ausdruck der versinkenden Industriegesellschaft, sondern gleichzeitig auch Vorboten neuer gesellschaftlicher Strukturen, mit denen sich die Individuen und Familien in ihren Entwicklungsprozessen auseinandersetzen müssen. Dabei verlaufen diese Entwicklungen nicht unbedingt gleichzeitig oder synchron. Vielmehr müssen Wandlungsprozesse auf der kulturellen Ebene nicht notwendigerweise auf der Ebene des Exosystems oder des Mesosystems gleichartige Wandlungstendenzen hervorrufen, sondern können dort auch ohne weitere Folgen bleiben. Ein spannendes Beispiel, das später noch diskutiert wird, ist die Verteilung der häuslichen Arbeit zwischen den Geschlechtern. Obwohl sich in den meisten europäischen Ländern die ökonomische Basis der Familie tief greifend geändert hat und es mehr oder minder selbstverständlich ist, dass beide Partner zur ökonomischen Existenzsicherung der Familie beitragen, ist die geschlechtsspezifische Arbeitsteilung im Haushalt, selbst in Ländern mit einer langen Tradition von Gleichstellungspolitik wie Schweden, nur wenig von Deutschland zu unterscheiden (Eurostat, 2005).

Fragen zum Text

1. Diskutieren Sie die die Konsequenzen der „sicheren Lebenszeit"!
2. Diskutieren Sie das Auseinandertreten von Mutter- und Frauenrolle in der Moderne!
3. Diskutieren Sie die These kritisch „vom Zwang zur Wahl" für die Rolle der Frau!
4. Beschreiben und diskutieren Sie das Modell der „gewonnenen Jahre" für die Rollen von Frauen und Männern hinsichtlich der verlängerten Lebenserwartung!
5. Wie verändert sich die Rolle der Kinder über den Lebensverlauf durch die lange gemeinsame Lebenszeit?
6. Beschreiben Sie die „Rush Hour des Lebens" und diskutieren Sie ihre Konsequenzen für die Situation der jungen Erwachsenen heute!
7. Diskutieren Sie die Konrad Adenauer zugeschriebene These „Kinder kriegen die Leute immer!" kritisch unter der Perspektive gesellschaftlicher Rahmenbedingungen!
8. Beschreiben Sie das Modell des dreigeteilten Lebensverlaufs und diskutieren Sie es!

5. Der Aufstieg der Dienstleistungsgesellschaft und die Erosion der Familie der Industriegesellschaft

Die Ungleichzeitigkeit der Wandlungsprozesse auf der Makroebene der Gesellschaft mit all diesen kulturellen, ökonomischen und politischen Umbrüchen und den Tendenzen im Exosystem, institutionelle Strukturen auch dann beizubehalten, wenn sie nicht mehr mit den Prozessen auf der Makrostruktur kompatibel sind, und dies bei der gleichzeitigen aktiven Entwicklung individueller Beziehungen innerhalb der Familien, erhöht notwendigerweise die Komplexität in der Beschreibung von Familienentwicklungen in modernen Gesellschaften und macht es daher schwieriger, sie darzustellen, als für Gesellschaften in historischer Betrachtung. Denn diese lassen sich im Nachhinein in ihrer klaren Struktur rekonstruieren, während gegenwärtige Entwicklungen und besonders zukünftige Entwicklungen in dieser Klarheit kaum zu beschreiben sind. Um dieses Dilemma zu lösen und dennoch zu einer angemessenen Beschreibung gegenwärtiger Entwicklungen zu kommen und einige Aussagen zur zukünftigen Entwicklung zu formulieren, werden wir im folgenden die Lebensverlaufsperspektive von Urie Bronfenbrenner auf der Basis seiner Struktur des Mehrebenenmodells mit Makro-, Exo-, Meso- und Mikrossystem so rekonstruieren, dass bestimmte Wandlungstendenzen im Kontrast zu den Strukturen der Industriegesellschaft deutlich werden. Gleichzeitig werden wir aber auch versuchen, diese Beschreibungen in einen internationalen Kontext einzubetten, um in etwa abzuschätzen, welche dieser Entwicklungen auch in anderen Ländern zu beobachten sind, unter der Annahme, damit möglicherweise bestimmte Aspekte einer zukünftigen Entwicklung in Deutschland zu benennen.

5.1. Quo vadis, Familie?

Diese Ungleichzeitigkeit von Veränderungsprozessen auf der Makro- und der Mikroebene ist sicherlich eine Erklärung auch dafür, dass die Medien in Deutschland in ihrer Berichterstattung über Familie die Ehe und das Leben mit Kindern als „traditional" bezeichnen, was schnell mit nicht-modern gleichgesetzt wird, während das Alleinleben („Single") als „modern" gilt. Übersehen wird dabei nur, dass die Lebensform des Alleinlebens keinesfalls eine neue und damit „moderne" Lebensform ist, sondern genauso alt ist wie das Leben in Partnerschaft mit Kindern. Auch hier wird nicht hinreichend zwischen Haushalt und dem Zusammenleben im Haushalt auf der einen und Familie und Familienbeziehungen auf der anderen Seite unterschieden. Theodor Geiger hat in seiner Analyse der Schichtung der deutschen Bevölkerung 1929 fast 4 Millionen „Hausmädchen“ erfasst (Geiger, 1932). Diese jungen Frauen lebten zwar mit im Haushalt, waren aber nicht Mitglied der Familie, sondern alleinstehend und wären in unserer modernen Terminologie „Singles“.

Aber gerade am Beispiel der alleinlebenden Frauen und Männer in den Zwanziger, Dreißiger und Fünfziger Jahren des 20. Jahrhunderts lässt sich verdeutlichen, wie schwierig es ist, Lebensformen neutral zu klassifizieren und als persönliche Wertentscheidungen derjenigen zu betrachten, die diese Form gewählt haben. Alleinlebende Frauen wurden als „Fräulein“ bezeichnet oder – unfreundlicher und besonders bei hoher Qualifikation – als „Blaustrumpf“. Denn in den Fünfziger Jahren des 20. Jahrhunderts, als das Ideal der Hausfrau und Mutter mit ihren Kindern und dem treu sorgenden Vater besonders ausgeprägt war, wurden hoch qualifizierte Frauen, die einen entsprechend qualifizierten Beruf anstrebten, fast immer vor die Wahl gestellt, sich entweder für die Familie mit Kindern zu entscheiden oder aber unverheiratet den eigenen Berufsweg fortzusetzen. Elisabeth Pfeil, die berufstätige Mütter in den Sechziger Jahren untersucht hat, trägt Äußerungen von qualifizierten Frauen zusammen, die zwar für sich in Anspruch nahmen, Beruf und Familie vereinbaren zu können, aber der Auffassung waren, dass alle anderen Mütter es eigentlich nicht könnten (Pfeil, 1961). Alleinlebenden Männern ging es damals mit der eher abfälligen Bezeichnung „Hagestolz“ nicht viel besser.

Heute hat die Bezeichnung „traditionelle Familie“ häufig die gleiche Funktion wie damals die Begrifflichkeit „Fräulein“ oder „Blaustrumpf“. Aus der bisherigen Diskussion wird aber deutlich, dass die Familie mit dem Vater der Haupternährer und der Mutter, die sich als Hausfrau um die Kinder kümmert, eine relativ junge Lebensform ist, die sich erst Mitte des 19. Jahrhunderts allmählich entwickelt hat und die Voraussetzung dafür schuf, dass die Lebensführung auf der Basis einer persönlichen Lebensentscheidung des Paares in Privatheit leidenschaftlich und von Liebe geprägt und ohne Kontrolle durch andere gelebt werden konnte, und gleichzeitig die Kinder die Chance bekamen, als geliebte Individuen die Fürsorge der Eltern zu erfahren, die notwendig ist, um sich in der Gesellschaft entsprechend zu entwickeln.

Diese Familienform ist allerdings in ihrer Grundkonstruktion hinsichtlich der Gleichheit der Partner in der Paarbeziehung asymmetrisch und enthält eine klare ökonomische Abhängigkeit, die mit dem Liebesideal jener Zeit und auch unseres heutigen Liebesideals nicht übereinstimmt. Diese unter einer historischen Perspektive eher junge Lebensform hat aber heute aufgrund des ökonomischen Wandels der modernen Gesellschaft ähnlich wie die Familie der Agrargesellschaft als Produktionsgemeinschaft die sie tragende ökonomische Struktur verloren. Doch auch hier gilt es wiederum, sorgfältig zu analysieren, was die Ursachen für diese Asymmetrie in der Paarbeziehung sind beziehungsweise waren, denn nur eine sorgfältige Analyse dieser Asymmetrie lässt auch Aussagen über Weiterentwicklungen zu. Die asymmetrische Machtverteilung zwischen Mann und Frau in der Familie der Industriegesellschaft bezieht sich nicht auf das private Verhältnis von Mann und Frau, sondern wesentlich auf die Organisation der ökonomischen Basis des Haushalts.

Diesen Unterschied hat vermutlich als eine der ersten Alva Myrdal in Schweden benannt und deswegen konsequenterweise Maßnahmen gefordert und auch in politische Konzeptionen umgesetzt, die die ökonomische Basis des Haushalts auf eine gleich berechtigte Arbeit beider Partner stellt (Myrdal et al., 1960). Daraus folgen eine Reihe von Konsequenzen in Bezug auf die Organisation der kindlichen Betreuung, der kindlichen Entwicklung und der Organisation des Haushaltsalltags, wie später noch im einzelnen dargestellt wird. Wichtig scheint in diesem Kontext zunächst, dass auch in solchen Konzeptionen jenes Liebesideal, nämlich der Glaube, durch die Exklusivität in einer leidenschaftlichen Beziehung einen gleich berechtigten Partner zu finden, mit dem bzw. der man gemeinsam diese Beziehung lebt und sich durch die Kinder mit der Welt verbindet, in solchen Konzepten nicht aufgegeben wird. Vielmehr beginnt eine Suche, wie sich die ökonomische Basis des Haushalts mit den strukturellen Veränderungen der sich entwickelnden Dienstleistungsgesellschaft verknüpfen lässt, die aufgrund ihrer internen Struktur für die ökonomische Entwicklung auf alle Humanressourcen der Gesellschaft unabhängig vom Geschlecht zurückgreifen muss und gleichzeitig doch mit dem Problem konfrontiert ist, dieses Kernelement von Beziehungen aufrechterhalten zu können.

Elisabeth Beck-Gernsheim hat nun in einer etwas anderen und kurzfristigeren Betrachtung der historischen Entwicklung die Perspektive entwickelt, die familiären Lebensformen hätten sich von der Notgemeinschaft zu Wahlverwandtschaften entwickelt (Beck-Gernsheim, 1994). Die bürgerlichen Familien des 19. und 20. Jahrhunderts waren bei den entsprechenden ökonomischen Voraussetzungen durchaus Wahlverwandtschaften, in denen aber bestimmte gesellschaftliche Zwänge steckten, die aus einer freien Wahl ungleiche Beziehungen entstehen ließ. Aus den oben beschriebenen Entwicklungstendenzen moderner Wissensgesellschaften ist das in der gegenwärtigen gesellschaftlichen Lage kaum eine Lösung, die für alle oder doch zumindest für die Mehrheit der Paare akzeptabel ist. Wir können zunächst nur festhalten, dass die ökonomische Basis der industriegesellschaftlichen Familie ähnlich wie die Lebensverlaufsperspektive einer lebenslangen Mutter- und Vaterrolle mehr oder minder ins Wanken geraten ist, weil die strukturellen Bedingungen, die die Voraussetzungen für diese Lebensmuster und diesen Familientypus waren, nicht mehr vorhanden sind.

Damit stehen wir heute vor einer ganz ähnlichen Herausforderung wie die Paare und Familien in der ersten Hälfte des 19. Jahrhunderts, als die Agrargesellschaften in den meisten europäischen Staaten an Bedeutung verloren und sich neue Formen industriegesellschaftlicher Produktion entwickelten. Die ökonomische Basis der damaligen Lebensformen passten nicht mit den neu entwickelten Konzepten der industriegesellschaftlichen Produktionsweise zusammen. Heute gibt es ein ähnliches Missverhältnis zwischen den industriegesellschaftlichen Lebensformen und der Struktur und Organisation einer wissensbasierten Dienstleistungsgesellschaft. Es wird eine Herausforderung sein, im Folgenden einerseits die hier beschriebenen Wandlungstendenzen in ihren Konsequenzen weiter auszudifferenzieren und gleichzeitig zu fragen, wie sich unter diesen veränderten Bedingungen sowohl die ökonomischen Strukturen familiärer Lebensformen wie aber auch die Beziehungen der Menschen zueinander auf der Basis unseres heutigen empirischen Wissens beschreiben lassen, nämlich die des Paares zueinander, die der Eltern zu ihren Kindern, die der erwachsen gewordenen Kinder zu ihren noch älter gewordenen Eltern und zudem die zwischen den nachgeborenen Enkeln und den aufgrund der langen Lebenserwartung heute zahlreichen Großeltern.

5.1.1. Untergang oder Krise der Familie?

1929 beauftragte der damalige amerikanische Präsident Hoover die beiden Soziologen Ogburn und Tippitts damit, einen Report zur Zukunft der amerikanischen Familie zu schreiben. Denn die zurückgehenden Kinderzahlen infolge der Weltwirtschaftskrise, die steigenden Scheidungszahlen, die zunehmende Verwahrlosung von Kindern in den Großstädten und der Anstieg der Jugendkriminalität beunruhigten die damalige amerikanische Öffentlichkeit sehr. Die beiden Autoren lieferten 1932 ihren Bericht ab (Ogburn & Tippitts, 1933) und kamen zu dem Ergebnis, die damalige amerikanische Familie befinde sich in einer tief greifenden Krise. Denn die steigenden Scheidungszahlen, vor allem in den Großstädten zu beobachten, war für sie auch das Ergebnis der Abwanderungstendenzen vieler junger Leute und Familien aus den ländlichen Regionen und der Zuwanderung in die großen Städte, weil dort die Möglichkeiten, Bindungen zu Verwandtschaft und Nachbarschaft aufrechtzuerhalten oder auch neu zu entwickeln, viel schwieriger seien und daher die Familien mehr auf sich allein gestellt seien ohne die Unterstützung, die sie in den ländlichen Regionen erhalten hätten. Dies führte ebenso zu einer Überforderung der Familie, wie die zunehmende außerhäusliche Erwerbstätigkeit der Mütter auch die Erziehungsfähigkeit der Familie zunehmend infrage stellte, was als eine der Ursachen der zunehmenden Jugendkriminalität angesehen wurde. Diese Diagnose einer Krise der damaligen amerikanischen Familie leiteten Ogburn und Tippitts aus einem Bild der „heilen Familie“ des ländlichen Amerikas ab. Sie gingen davon aus, dass die amerikanische Farmfamilie mit ihren klaren Ordnungsstrukturen, ihrer Einbettung in die Nachbarschaft und Verwandtschaft und der sicheren ökonomischen Basis von Grund und Boden den bisherigen Familientyp darstellt, der nun durch die großstädtische Familie abgelöst wird, die ohne diese sozialen Unterstützungen und ohne diese ökonomische Basis als fragil und zerbrechlich angesehen wurde.

1953, also gut 20 Jahre später, publizierten Parsons und Bales ihre berühmte Studie zu Familie, Sozialisation und den sozialen Beziehungen von Familien. Im Gegensatz zu der Krise 20 Jahre zuvor können die Autoren nun auf steigende Geburtenzahlen, sinkende Scheidungszahlen und auf eine relativ geringe Erwerbsbeteiligung der Mütter verweisen. Sie kommen vor dem Hintergrund dieser aus ihrer Sicht positiven Entwicklung zu dem Ergebnis, dass der Familientypus der „isolierten Kernfamilie“, in der sich die Mutter ausschließlich auf den Haushalt und die Erziehung der Kinder konzentriert, der Vater die ökonomische Basis der Familie sichert und gleichzeitig die allgemeinen Leistungswerte einer modernen arbeitsteiligen Gesellschaft in der Familie vertritt, eine optimale Anpassung der familiären Lebensformen für die Industriegesellschaft darstellt. Denn dieser Familientyp, in dem die sozialen Beziehungen der Familienmitglieder sich im wesentlichen auf die Beziehungen zwischen dem Paar und den Kindern konzentrieren und die ökonomische Basis der Familie im wesentlichen durch den Beruf des Vaters gesichert ist, entspricht nach Auffassung von Parsons den Mobilitätserfordernissen einer modernen Industriegesellschaft, weil bei einem Wechsel des Berufs die ökonomische Basis der Familien nicht infrage gestellt wird, weil etwa die Mutter einen Beruf aufgeben müsste und gleichzeitig die emotionalen Beziehungen innerhalb der Familie Bestand haben können, weil die Familie mit dem Vater mitwandern kann. Die

Sozialisation der Kinder entspricht im wesentlichen der arbeitsteiligen Organisation der Industriegesellschaft, weil über die Identifikation des Sohnes mit dem Vater die allgemein universellen Leistungswerte der Berufswelt weitervermittelt werden, während durch die Identifikation der Tochter mit der Mutter jene wichtigen Werte emotionaler Beziehungen und Nähe auch weitergegeben werden und damit die Formen der industriellen Arbeitsteilung auch innerhalb der Familie aufgabenorientiert in die nächste Generation tradiert werden kann.

Fragt man sich nun, wie die bisher gegensätzlichen Einschätzungen der Familienentwicklung zustande kommen, so ist zunächst festzuhalten, dass in der Krise der späten Zwanziger Jahre des 20. Jahrhunderts viele Verhaltensweisen und Entwicklungen in der amerikanischen Gesellschaft im Übergang von einer Agrar- zur Industriegesellschaft als Ausdruck des Verlustes einer als sicher und klar strukturiert wahrgenommenen Welt der Agrargesellschaft interpretiert wurden. Darüber hinaus war Ende der Zwanziger Jahre auch nicht vorhersehbar, dass die neolokale Kernfamilie der Industriegesellschaft in den USA sich seit Ende des Zweiten Weltkrieges zunehmend weniger in den großen Städte ansiedelte, sondern zunehmend an den Stadtrand in die bis heute dominierenden ausgedehnten Vororte mit Eigenheimsiedlungen wanderten, wo es offenkundig Unterstützungsleistungen, soziales Leben und Engagement für Nachbarschaft und Gemeinde gab (Gans, 1968).

Entscheidend war, dass Parsons mit seiner Theorie der Familie die Vergangenheit nicht verklärte, sondern mit seiner Interpretation einer sich entwickelnden arbeitsteiligen Industriegesellschaft zu zeigen versuchte, wie die verschiedenen gesellschaftlichen Institutionen so miteinander verbunden sind, dass ein gewisses Maß an Stabilität der Gesellschaft in allen ihren Bereichen erreicht werden kann. In seiner Sicht erfüllte die Familie der Industriegesellschaft wichtige und zentrale Funktionen nicht nur für die Sozialisation der Kinder, sondern auch für die Regeneration der Arbeitskraft des Vaters im familialen Nahraum; und in dieser Familie wurde durch die Reproduktion die Existenz der Gesellschaft insgesamt gesichert. Die Familie erfüllte in der Auffassung von Parsons nicht nur wichtige Funktionen zur Stabilisierung der gesamten Gesellschaft, sondern sie war auch wie alle anderen gesellschaftlichen Organisationen und Institutionen nach dem Prinzip der Arbeitsteilung der Industriegesellschaft strukturiert, weil diese arbeitsteilige Organisation zwischen Vater und Mutter auch zu einer Effizienzsteigerung von Familie und Gesellschaft beitrugen.

Lesen wir heute Beschreibungen zur aktuellen Situation der Familie, so entsprechen sie überwiegend den Einschätzungen zur Krise der Familie in den Dreißiger Jahren in den USA: Es gibt eine Fülle von Literatur über die steigenden Scheidungszahlen von Familien in Deutschland und Westeuropa (vgl. Abb. 17), es gibt eine umfassende Literatur über die negativen oder positiven Konsequenzen von Scheidungen für Kinder (vgl. 8.3), es gibt eine intensive Diskussion, ob die heutige Familie, besonders in ökonomisch benachteiligten Lebenslagen, in der Lage sei, ihre Kinder so zu erziehen, wie dies in modernen Gesellschaften erforderlich sei. Es wird die mangelnde Wertevermittlung beklagt (Winterhoff, 2008), und es wird genau der Verlust jener stabilen und heilen Welt der Familie der Fünfziger und Sechziger Jahre als „goldenes Zeitalter" der Familie (Hradil 1995) beschworen, um die Krise der Familie und den Verlust jener sicheren Bindungen der Vergangenheit zu beklagen.

Abbildung 17: Anzahl der von Scheidung betroffenen minderjährigen Kinder in Deutschland seit 1950

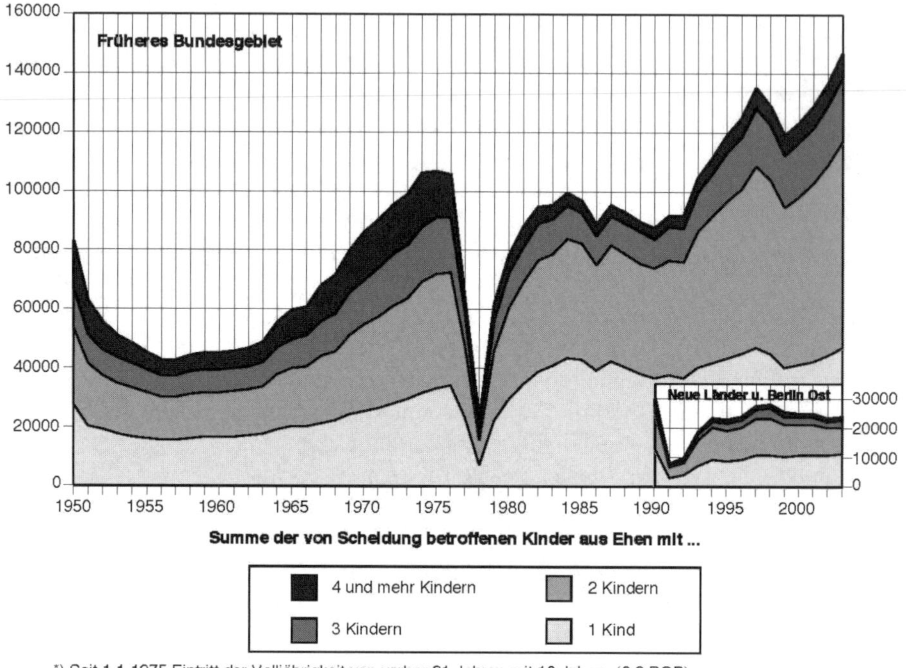

*) Seit 1.1.1975 Eintritt der Volljährigkeit von vorher 21 Jahren mit 18 Jahren (§ 2 BGB)

Quelle: eigene Darstellung, Daten des Statistischen Bundesamtes

Richard Sennett hat die These entwickelt, dass im modernen flexiblen Kapitalismus die Mobilitätserfordernisse der erwerbstätigen Bevölkerung, die Unsicherheit der Beschäftigungsverhältnisse in der modernen Dienstleistungsgesellschaft, die Globalisierung der Ökonomie und der damit verbundene Untergang traditioneller Wertorientierungen dazu geführt haben, dass jene familiäre Lebensform der industriegesellschaftlichen Familie, wie sie Parsons beschrieben hat, heute ernsthaft gefährdet sei und vermutlich keine Zukunft habe (Sennett, 1998). Sennett beschreibt sehr anschaulich das Leben eines Vaters und seines Sohnes, die in zwei unterschiedlichen Welten leben. Der Vater, ein italienischer Einwanderer in einer amerikanischen Großstadt, arbeitet den größten Teil seines Lebens als Hausmeister bei einer Wohnungsbaugesellschaft in einem Stadtviertel, in dem er selbst lebt und in dem auch ein Teil seiner Verwandten lebt. Er ist ein angesehenes Mitglied der örtlichen Kirchengemeinde, kennt einen großen Teil seiner Mieter, hat engen Kontakt mit den Verwandten und den Nachbarn und ist auch am Wohlergehen seiner unmittelbaren Gemeinde interessiert. Die Beziehungen zu anderen konzentrieren sich eng begrenzt auf diese Gemeinde, die Nachbarschaft und die eigene Verwandtschaft, die damit auch sein eigenes Lebensgefühl, seine Werte und seine Zukunftsorientierung stützen.

Demgegenüber ist sein Sohn sehr gut qualifiziert als internationaler Finanzdienstleister schon an vielen unterschiedlichen Orten weltweit im Einsatz gewesen; seine Freunde leben verstreut in ganz unterschiedlichen Großstädten, die aufgebauten Beziehungen sind weniger stabil, weil sie immer wieder unterbrochen werden, seine Bindungen zur Nachbarschaft, etwa der Herkunftsgemeinde, sind eher gering, schließlich hat er schon an vielen verschiedenen Orten gelebt; das Schicksal und das Wohlergehen von Menschen an diesen unterschiedlichen Orten interessiert ihn weniger als das seiner Freunde, die aber eben nicht in einer spezifischen Nachbarschaft und Gemeinde in seiner Nähe leben. Durch diese Art der Lebensführung wie auch durch seine viel bessere Qualifikation gegenüber seinem Vater verfügt er natürlich auch über viel mehr Optionen, um sein privates Leben an unterschiedlichen Orten so zu gestalten, wie er das selbst für sich selbst möchte, weil ihn bestimmte Bindungen, die er möglicherweise früher eingegangen ist, nicht in der Weise eingrenzen, wie dies bei seinem Vater der Fall ist. Auch führt der häufige Wechsel zu unterschiedlichen Arbeitgebern und unterschiedlichen Orten dazu, dass er selbst viel mehr Möglichkeiten hat, auch seinen eigenen Lebenslauf selbst zu gestalten, weil er nicht auf eine bestimmte Berufsrolle auf Grund einer bestimmten Qualifikation und einer bestimmten beruflichen Erfahrung in einem konkreten sozialen Kontext, in dem man ihn kennt, festgelegt ist.

Beck und Beck-Gernsheim haben herausgestellt, dass die so entstehende Optionsvielfalt in einer globalisierten Welt auch erhebliche Risiken mit sich bringt (Beck & Beck-Gernsheim, 1994). Der von ihnen geprägte Begriff der „riskanten Freiheiten" macht die Ambivalenz dieser Optionsvielfalt deutlich. Denn wenn auch der Einzelne aufgrund seiner größeren Qualifikation eine größere Breite möglicher beruflicher Chancen vor sich sieht, ist es vermutlich trotz dieser größeren Chancen viel schwerer, sich auch in einem bestimmten Berufsfeld zu etablieren und durchzusetzen. Die höhere Mobilität, der häufige Wechsel des Arbeitgebers und mögliche damit verbundene häufigere Wechsel der Beziehungen führen aber auch dazu, dass der Einzelne, teilweise relativ unabhängig von klaren und festen Wertorientierungen und weniger eingebettet in feste Bindungen, viel stärker gefordert ist, sein eigenes Leben und seinen eigenen Lebenslauf auf der Basis von einer Vielzahl von Zufälligkeiten zu konstruieren. Wenn das gelingt und gut geht, ergeben sich daraus konsistente und befriedigende Biografien. Für diejenigen aber, die mit diesen Risiken einer globalisierten Welt und den Flexibilitätsanforderungen der eigenen Arbeitswelt nicht so gut zurechtgekommen sind, ergeben sich eher „Bastelbiografien".

Die Zufälle des Lebens ohne eine klare und fest gefügte Ordnung geben dem einen aufgrund seiner Fähigkeiten oder auch seines „Glücks" Freiheitsspielräume, die er optimal nutzen kann, führen jedoch bei einem anderen möglicherweise zu Risiken, die einen erfolgreichen Lebenslauf kaum möglich erscheinen lassen. Ähnlich wie schon bei Ogburn und Tippitts erscheinen bei Sennett sowie Beck und Beck-Gernsheim die Unwägbarkeiten des sozialen Wandels als wesentliche Ursache des Niedergangs tradierter und stabiler Lebensformen. Orientierten sich Ogburn und Tippitts an der intakten, aber zu ihrer Zeit bereits versunkenen amerikanischen Farmfamilie, um aus diesem Idealbild einer intakten Familie als Kontrast die Krise der zu ihrer Zeit stark wachsenden amerikanischen Großstadtfamilie zu diagnostizieren, orientieren sich Sennett und Beck und Beck-Gernsheim am Ideal der industriegesellschaftlichen Familie, wie es theoretisch von Parsons und Bales in den Fünfziger Jahren beschrieben wurde, um die Krise der modernen Familie in der sich entwickelnden Dienstleistungsgesellschaft mit ihren größeren Unwägbarkeiten und den erkennbaren Globalisierungstendenzen zu begründen. Dabei muss man ganz klar sehen, dass diese Autoren keinesfalls Einzelmeinungen formulieren, sondern im Gegenteil ganz unabhängig von der theoretischen Orientierung die Auffassung vieler Sozialwissenschaftler wiedergeben, die die gegenwärtige Situation familiärer Lebensformen und die Lebensweise moderner Gesellschaften kritisch beschreiben.

So behauptet Richard Münch sogar, dass die Familie der Industriegesellschaft mit ihren engen Beziehungen zwischen dem Paar und den Beziehungen zwischen Eltern und Kindern in einer flexibleren Arbeitswelt ökonomisch kaum überlebensfähig sein könne, weil selbst nur im Kontext eines europäischen Arbeitsmarktes nur der gut qualifizierte, beruflich mit überdurchschnittlicher Erfahrung ausgestattete flexible Single die notwendige Mobilität mitbringt, um sich in einem solchen Arbeitsmarkt überhaupt durchzusetzen (Münch, 1998). Auch James Coleman beschreibt in seiner „asymmetrischen Gesellschaft", dass die moderne Familie kaum noch in der Lage sei, ihre Kinder angemessen auf die Zukunft vorzubereiten, weil die notwendige Unterstützung durch die Nachbarschaft, die Verwandten und die Gemeinde fehle, die es in der Industriegesellschaft aber immer gegeben habe (Coleman, 1986).

Ähnlich wie schon Ogburn und Tippitts in den Dreißiger Jahren basieren auch die heutigen Krisendiagnosen auf der Feststellung, dass die traditionellen Unterstützungssysteme für Familien, wie Nachbarschaft, Verwandtschaft und Gemeinde, entweder zerbrochen sind oder aber doch zumindest ihre Funktion gegenüber der Familie nicht mehr erfüllen können. Der Verlust der „Gemeinschaft" (community; Wellman, 1999) wird als eine der wesentlichen Ursachen für die zunehmende Schwierigkeit der Subjekte, als Familie zusammenzuleben, angesehen. Die Gegenüberstellung von Vater und Sohn bei Richard Sennett macht diese Argumentation besonders deutlich. Denn der Vater kann seine Lebensführung in Familie und Nachbarschaft und die damit verbundenen Bindungen und Beziehungen nur durchhalten, weil er Teil eines festen sozialen Netzwerks ist, das auch räumlich auf eine konkrete Gemeinde oder einen konkreten Bezirk in einer Stadt bezogen ist. Daneben wird darauf verwiesen, dass es heute immer schwieriger wird, klar strukturierte Berufsverläufe zu leben, weil an die Stelle von klaren Karrieren und festen Betriebszugehörigkeiten temporäre Beschäftigungsverhältnisse mit einer Vielzahl von Neueinstiegen in unterschiedliche Berufsfelder getreten ist.

Der Verlust fester Wertorientierungen führt dazu, dass der Einzelne für sich selbst entscheiden muss, ohne sich an anderen orientieren zu können, welche Lebensform er wählt, mit wem und möglicherweise auch wie lange er mit jemandem zusammenlebt. Das Subjekt kann zwar individuell für sich selbst entscheiden, aber es fehlen ihm klare und verbindliche Vorgaben. Die damit verbundenen Gewinne von Freiheit und die Zunahme von Optionen sind nun zwar für manche eine Chance, aber ohne klare Werte und ohne klare Bindungen (Dahrendorf, 1994) besteht immer auch das Risiko, dass man sich selbst verliert, ohne Ziel und ohne Perspektive dahinlebt und sich möglicherweise auch in der komplexen Welt nicht mehr zurechtfindet, bis hin zu dem möglichen Ergebnis, sich Sekten und anderen Gruppen anzuschließen, die vorgeblich Sicherheit und Bindungen versprechen.

Dieser Prozess des Sich-Herauslösens aus einer fest gefügten Ordnung von Familie, Nachbarschaft und Gemeinde, des Entstehens beruflicher Bastelbiografien und der Vielfalt von unterschiedlichen Möglichkeiten, das private Leben zu organisieren, und der Emanzipation von den Werten und Vorstellungen der Elterngeneration hat auch etwas damit zu tun, dass die jetzt aufwachsende Generation viel mehr Bildungserfahrung, Chancen zur Mobilität und Chancen, andere Kulturen kennenzulernen, hat als frühere Generationen. Bei denjenigen, die vor allem die negativen Konsequenzen dieser Entwicklung für die Familie sehen, werden die Vorteile einer solchen Entwicklung und die damit verbundene Emanzipation des Individuums deutlich gesehen; sie wollen auch keine Rückkehr zu jener „heilen" Welt des goldenen Zeitalters der Familie. Sie legen die positiven Chancen für das Individuum dar, wie es Sennett gut beschrieben hat, aber sie vermuten gleichzeitig, dass diese Chancen für das Individuum einen hohen Preis haben, nämlich den Verlust von dauerhaften Beziehungen und Bindungen, Unterstützung und Hilfeleistung in schwierigen Situationen, und das vor allem dann, wenn sie nicht über die sozialen, kulturellen und ökonomischen Ressourcen verfügen, um in dieser neuen Welt zu bestehen, wenn sie mit persönlichen Risiken konfrontiert sind, die sie nur teilweise oder gar nicht bewältigen können. Die Emanzipation des Individuums hat in diesen Krisendiagnosen einen sehr hohen Preis: Für viele Einzelne eröffnen sich zwar neue Chancen, um Erfahrungen zu sammeln, die für die Elterngeneration gar nicht vorstellbar waren, aber die Risiken dieses Prozesses, gerade für private Lebensformen und auf Dauer angelegte Bindungen, sind für diese Autoren unübersehbar und führen zu einer dauerhaften Krise der Familie.

Anders als noch in den Dreißiger Jahren des 20. Jahrhunderts liegen heute aber sowohl national wie international vielfältige empirische Daten vor, in denen die Lebensverläufe, die Familienentwicklung sowie das Zusammenleben von Eltern und Kindern über mehrere Generationen hinweg empirisch analysiert wurden. So haben Sozialwissenschaftler während der Weltwirtschaftskrise in den Zwanziger Jahren begonnen, Kinder und Familien empirisch untersucht, die von der großen Depression betroffen waren, also genau jene Familien in genau jener Zeit, die für Ogburn und Tippitts Anlass ihrer großen Krisendiagnose der Familie waren. Diese empirischen Untersuchungen sind mit denselben Personen im Rahmen eines Längsschnitts durch andere Forscher immer weiter bis heute fortgesetzt worden (Elder, 1999). Solche Untersuchungen ermöglichen es nun, sehr genau einzuschätzen, wie eigentlich solche Krisensituationen und gesellschaftlichen Entwicklungen auf Familien und Familienmitglieder wirken und wie diese damit im Einzelnen umgehen. Elder zeigt zunächst, dass die Weltwirtschaftskrise bei den untersuchten Familien erhebliche Konsequenzen bei den Erwachsenen und den Kindern und Jugendlichen hinterlassen hat: Arbeitslosigkeit, erhöhte Scheidungszahlen, Alkoholmissbrauch in der Familie, Schulversagen der Kinder sowie Schwierigkeiten der Kinder und Jugendlichen, nach dieser Krisenerfahrung in der Gesellschaft wieder Fuß zu fassen, machen deutlich, dass solche ökonomischen Entwicklungen einer Gesellschaft tief greifende Spuren auch im Leben der einzelnen Menschen hinterlassen.

Nur zeigt Elder auch, dass das Leben nicht nur weiter geht, sondern dass die herangewachsenen jungen Erwachsenen im mittleren Lebensalter sehr wohl versuchen, trotz aller Krisenerfahrungen und trotz aller Erfahrungen des Scheiterns in ihrer Kindheit und Jugend ihren Platz in der Gesellschaft zu finden. Das gelingt der Mehrheit von ihnen recht gut, selbst bei relativ schlechten Startchancen. Besonders gut, so Elder, gelang es jenen jungen Erwachsenen, die nach dem Koreakrieg 1953, also im Alter von etwa 23 Jahren, die Möglichkeit hatten, ein College zu besuchen, unabhängig davon, ob sie zuvor den entsprechenden Schulabschluss hatten. Er verweist in diesem Zusammenhang auf ein spezifisches Gesetz in den USA, das es denjenigen, die aus dem Krieg zurückkamen, ermöglichte zu studieren. Auch wenn dies ein sehr spezifischer Fall ist, hat er doch eine bestimmte generelle Bedeutung. Die Ergebnisse von Elder, aber auch von anderen Autoren (Snarey, 1993; Clausen, 1995) lassen sich so interpretieren, dass Krisen und krisenhafte Entwicklungen zwar das individuelle Leben von Menschen beeinflussen, aber die Menschen konkret versuchen, ihr Leben auf der Basis eigener Lebensvorstellungen so zu gestalten, wie sie das für richtig halten.

Das ist keine neue Einsicht. Die Historikerin Tamara Hareven hat an verschiedenen Beispielen gezeigt, dass der eigenständige Gestaltungswillen der Individuen, auch ein bestimmtes Leben zu leben, bei der Analyse von Umwälzungsprozessen nicht gering geschätzt werden sollte. Die Aktivität des Einzelnen mag zunächst zwar nur den konkreten Einzelfall bestimmen, doch wenn sich viele ähnlich verhalten, haben solche Prozesse erhebliche Konsequenzen für die gesellschaftliche Entwicklung insgesamt. Dafür ist in Deutschland beispielsweise der Zweite Weltkrieg und seine Folgen für Familien ein außerordentlich interessantes Beispiel. Denn der Zusammenbruch der staatlichen Ordnung, der Wegfall fast aller institutionellen Regulierungen und die große ökonomische Not durch den Ausfall fast aller Produktionsmittel führten ja gerade dazu, dass plötzlich die privaten Netze von Familie und Verwandtschaft eine Vielzahl von Unterstützungsleistungen übernahmen, die vorher staatlich reguliert waren (Meyer & Schulze, 1986).

Ob in krisenhaften Entwicklungen oder in Umbruchsituationen nur Verluste und die Auflösung privater Beziehungen und familiärer Bindungen zu beobachten sind, hängt keineswegs nur von diesen strukturellen Veränderungen ab, sondern auch davon, ob und inwieweit die Individuen in ihrem privaten Lebensbereich Beziehungen und Bindungen unter diesen veränderten Voraussetzungen konstruieren oder herstellen, wie es der Siebte Familienbericht formuliert (2006).

Das gilt auch für die Behauptung, dass Nachbarschaft und Gemeinde oder auch die Verwandtschaft nicht mehr jene stützende Funktion wahrnähmen, wie sie in der Vergangenheit geleistet worden sein soll. Denn möglicherweise ist dieser Verlust ja ersetzt worden durch andere Formen von Unterstützungsleistungen und Beziehungen. Lüschen hat in einem 10-Jahre-Abstand 1958 und 1968, also genau im Umbruch des Übergangs von der Familie der Industriegesellschaft zur Gesellschaft mit riskanten Freiheiten, das Interaktionsverhalten von Familien in vier europäischen Großstädten verglichen (Lüschen et al., 1985). Natürlich zeigt er, dass die Mobilität durch die zunehmende Verfügbarkeit von Autos in den Großstädten deutlich zugenommen hat, dass die Verbreitung des Telefons neue Kommunikationsmöglichkeiten geschaffen hat, ähnlich wie heute das Internet neue Kommunikationsmöglichkeiten eröffnet. Er zeigt aber auch, dass ein großer Teil dieser neuen Mobilität und Kommunikationsmedien im wesentlichen dazu genutzt wurde, die jetzt entfernter wohnende Verwandtschaft zu besuchen bzw. mit ihr zu kommunizieren. Das mag sich heute geändert haben; aber Lüschen formuliert damit eine These, die auch andere Stadtforscher für eine mögliche Perspektive einer modernen Entwicklung von Unterstützungssystemen nicht ausgeschlossen haben. Statt der unmittelbaren Nachbarschaft und statt der Familie, die in nächster Nähe wohnt, werden nun Unterstützungsleistungen gesucht und auch gefunden, die räumlich möglicherweise viel weiter auseinander liegen als in der traditionellen Industriegesellschaft. Der Stadtforscher Barry Wellman stellt der Verlustthese enger familiärer und verwandtschaftlicher Beziehungen denn auch die These entgegen, dass möglicherweise die weiteren Beziehungen bei der nun gegebenen Möglichkeit, auch größere Entfernungen zu überbrücken, nicht nur eine Befreiung gewesen sind, und statt zu einem Verlust der personalen Bindungen zu führen, sie möglicherweise zur Konstruktion neuer Bindungen beigetragen haben. Selbst der Verlust der engen Bindungen an kulturelle Traditionen und Werte muss nicht bedeuten, nun auf einmal nur noch verschiedene Optionen zu sehen, ohne eine Orientierung zu haben. Vielmehr kann diese „stille Revolution" der Werte (Inglehart, 1977) auch dazu beigetragen haben, dass andere Werte, die in diesem traditionellen Kontext kaum entfaltet werden konnten, nun voll zur Geltung kommen können.

Liebe und Leidenschaft, so haben wir dieses Buch angefangen, schaffen eine Exklusivität des Paares gegenüber der Welt, die durch die Kinder wieder aufgebrochen wird und das Paar mit der Welt verbindet. Wenn aber in einer Gesellschaft wie Ende der Fünfziger Jahre in Deutschland zwar akzeptiert wurde, dass Liebe und Leidenschaft wesentliche Elemente der Konstruktion des Paares waren, so stellten gesetzliche Regelungen aber auch sicher, dass die Fortdauer der Paargemeinschaft unabhängig von Liebe und Leidenschaft bis zum Tode eines Partners gesichert wurde. Die Ehe, die die Paargemeinschaft gesellschaftlich legitimierte, konnte nur gelöst werden, wenn einer der beiden Partner „schuldhaft" gegen seine Pflichten als Ehepartner verstieß. Inwieweit in einer solchen auf Dauer angelegten Gemeinschaft des Ehepaares Liebe und Leidenschaft als Elemente der Beziehung länger erhalten werden können als in einer Ehe, bei der beide Partner von vornherein wissen, dass dann, wenn einer der beiden die Beziehung als nicht mehr befriedigend und zerrüttet erlebt, die Ehe gelöst werden kann, oder ob möglicherweise jene Vorstellung von Intimität, Exklusivität und Liebe sich besser realisieren lässt, weil die Verantwortung für den Fortbestand der Beziehung im aktiven Handeln beider Personen liegt, als in der institutionell festgefügten Ehebeziehung der Sechziger Jahre, ist eine Frage, die man sich zumindest stellen muss, bevor man die Sechziger Jahre als „goldenes Zeitalter" der Familie beschreibt. Denn wer die Ehe- und Familienkritik der Siebziger und Achtziger Jahre liest (Cooper, 1987), findet gerade diesen fest gefügten Rahmen vielfach als bedrückend, bedrohlich und manchmal auch als Gefängnis dargestellt und empfunden.

Die Analyse des Wandels und der Entwicklung von Familie kann also nicht einfach dabei stehen bleiben, die Emanzipation des Individuums als Krise oder Bedrohung der familiären Lebensformen zu interpretieren. Vielmehr ist es erforderlich, eine Perspektive zu entwickeln, die die Frage von Bindungen und Beziehungen unter den geänderten Bedingungen der Gegenwart so entwickelt, dass die Veränderungen und Verluste, die vielfältig beschrieben wurden, berücksichtigt werden. Dabei ist aber eben auch zu prüfen, wie diese Veränderungen von den Individuen aktiv gestaltet werden, ob sich neue Kontexte entwickelt haben und ob sich nicht möglicherweise unter den neuen Bedingungen bestimmte Ideale und Vorstellungen mit der ursprünglichen Vorstellung als einer Liebesbeziehung des Paares zueinander und einer Liebesbeziehung zu den Kindern möglicherweise besser zu realisieren ist als in einer gesellschaftlichen Phase, in der Staat und Gesellschaft versuchten, das private Leben von Menschen so zu regulieren, dass ihre persönlichen Optionen relativ gering waren und die Bindungen als eng erlebt werden konnten.

5.1.2. Von der neolokalen Gattenfamilie zur multilokalen Mehrgenerationenfamilie

Unter einer historischen Perspektive ist als eine der wichtigsten Veränderungen für die familiären Lebensformen der Übergang von der neolokalen Gattenfamilie der Industriegesellschaft zur multilokalen Mehrgenerationenfamilie in der postindustriellen Gesellschaft zu sehen. Der amerikanische Wissenschaftler Vern Bengtson hat in jahrzehntelangen Studien die Familienbeziehungen zwischen den Generationen untersucht (Bengtson, 2001). Aus seiner Sicht ist ein spezifisches Charakteristikum moderner Familien die Tatsache, dass Familienbeziehungen und die Solidarität dieser Beziehungen, die in der Vorstellung von Max Weber, aber auch bei Talcott Parsons noch auf die Versorgungsgemeinschaft des Haushalts konzentriert waren, in modernen Familien nicht mehr an den Haushalt gebunden sind. Vielmehr werden diese besonderen Formen der wechselseitigen Unterstützung auch auf Familienmitglieder ausgedehnt, die nicht (mehr) im Haushalt wohnen. Ursache für diese Entwicklung ist nach Bengtson und Allan vor allem die gestiegene Lebenserwartung der älteren Generation, die zwar in eigenen Haushalten lebt, sich aber auf die Unterstützung und Hilfeleistung durch die nachwachsende Generation verlassen kann (Bengtson & Allan, 1993).

Der österreichische Altersforscher Leopold Rosenmayr bezeichnet die Beziehung zwischen alt gewordenen Eltern und ihren Kindern, die zumeist in eigenen Haushalten leben, als eine „Intimität auf Distanz" (Rosenmayr, 1978). Damit meint er, dass trotz des Lebens in unterschiedlichen Haushalten die erwachsenen Kinder ihren Eltern die notwendigen Unterstützungsleistungen geben, wie auch umgekehrt die Eltern solche Unterstützungen erwarten. Die seit Anfang der Siebziger Jahre laufende demografische Veränderung der Alterspyramide in den fortgeschrittenen postindustriellen Gesellschaften führt notwendigerweise zu einer Vertikalisierung der familiären Beziehungen. Dafür sind zwei Prozesse verantwortlich. Auf der einen Seite führt die steigende Lebenserwartung dazu, dass Eltern und Kinder heute eine gemeinsame Lebenszeit von 55 bis 60 Jahre haben (Lauterbach, 1995). Selbst bei einem durchschnittlichen Heiratsalter von 28 bis 30 Jahren können Großeltern davon ausgehen, noch die Hochzeit ihrer Enkel zu erleben. Durch diese Langlebigkeit überlappen sich die Biografien mehrerer Generation für einen sehr langen Lebensabschnitt. Bengtson hat auf der Basis dieser Beobachtung die These formuliert, dass Beziehungen zwischen mehr als zwei Generationen sowohl für die Individuen wie für die Familien an Bedeutung gewinnen (Bengtson, 2001). Diese These ist eine klare Absage an Parsons' Modell der isolierten Kernfamilie. So sieht dies auch Bengtson, wenn er formuliert, dass für viele Amerikaner die Mehrgenerationenbeziehungen eine größere Bedeutung für das eigene Wohlbefinden und die

Unterstützung im Lebensverlauf bekommen werden als die Kernfamilie allein. Für ihn bedeutet klarerweise die Zunahme der Jahre „geteilten Lebens" auch eine Zunahme an Möglichkeiten und Notwendigkeiten für Beziehungen, Unterstützungen und Einfluss über mehr als zwei Generationen. Daraus leitet er als Konsequenz ab, dass zum einen die intergenerationale Solidarität zunimmt und andererseits auf Grund der steigenden Scheidungszahlen auch wahrscheinlich ist, dass solche Verwandtschaftsbeziehungen über mehrere Generationen für den Sozialisationsprozess von Kindern an Bedeutung gewinnen und nach seiner Meinung für die Familienfunktionen im 21. Jahrhundert von grundlegender Bedeutung sein werden.

Dieses Phänomen, das hier Solidarleistungen zwischen Familienmitgliedern auch außerhalb des Haushalts und der gemeinsamen Versorgungsgemeinschaft erbracht werden, gilt im übrigen nicht nur für die Generationsbeziehungen, sondern gilt heute auch für viele Lebensformen junger Erwachsener. Hoffmann-Nowotny hat schon früh darauf hingewiesen, dass Paare, die aus beruflichen Gründen und auch auf der Basis persönlicher Lebensentscheidungen nicht zusammen leben, sehr wohl wechselseitige Bindungen und auch sexuelle Dauergemeinschaften im Sinne Max Webers entwickeln, ohne in einem gemeinsamen Haushalt zu wohnen und ohne verheiratet zu sein; diese Lebensform als typisches Beispiel moderner Lebensführung nennt Hoffmann-Nowotny „Living-apart Together" (Hoffmann-Nowotny & Fux, 2001).

Sowohl für die Überlegungen von Bengtson wie von Hoffmann-Nowotny zeigen inzwischen eine Reihe von empirischen Untersuchungen, dass diese Formen wechselseitiger familiärer Unterstützung, die nicht mehr an den Haushalt gebunden sind, zumindest in den meisten hoch entwickelten Industrieländern und auch in Deutschland definitiv ein Teil der privaten Beziehungen geworden sind. Familie wird unter dieser Perspektive nicht mehr allein als etwas erlebt, das sich nur auf die Paargemeinschaft mit dem gemeinsamen Kind oder den gemeinsamen Kindern in einem gemeinsamen Haushalt bezieh. Vielmehr bezieht sich Familie in diesem Sinn manchmal auf unterschiedliche Orte und ist daher als „multilokal" zu bezeichnen, und bezieht sich auch auf mehrere Generationen. Nach den Daten des Familien-Surveys kann man davon ausgehen, dass heute in Deutschland im Durchschnitt die Hälfte aller alt gewordenen Eltern in einer Nähe von etwa 15 Minuten Fußweg zu einem ihrer Kinder leben (Bertram, 1995). Aus den USA wissen wir inzwischen, dass ein großer Teil der Altersmobilität, das heißt ein Umzug der Menschen über 70 Jahren, familienorientiert ist, indem die alt gewordenen Eltern ihren Kindern hinterher ziehen.

Abbildung 18: Wohnentfernung von Eltern und Kindern nach Bildung

	Eltern-Kinder				**Kinder-Eltern**			
	Hauptschule	Realschule	Abitur	Gesamt	Hauptschule	Realschule	Abitur	Gesamt
Weiter entfernt	8	11	20	10	6	14	23	16
and. Ort bis 2 Std.	25	33	44	30	37	35	40	36
Gleicher Ort	32	29	18	29	30	28	21	27
Nachbarschaft	18	19	13	18	17	14	10	14
Haus	16	8	6	13	10	9	6	8
	100	100	100	100	100	100	100	100

Quelle: BMFSFJ, Siebter Familienbericht 2006, S. 138

Die Lebensform des „Living-apart Together“ in ihrer Bedeutung und ihrem Umfang zu schätzen, ist außerordentlich schwierig, weil die amtliche Statistik, ganz in der Tradition von Weber und Parsons, Familien als Haushaltsgemeinschaften definiert und insofern Paare, die nicht zusammenleben, als Singles zählt, obwohl sie eine sexuelle Dauergemeinschaft bilden, sich wechselseitig unterstützen und in vielem auch eine ökonomische Versorgergemeinschaft darstellen, aber eben keinen gemeinsamen Haushalt führen. Schlemmer schätzt diese Gruppe bei den jungen Erwachsenen bis zum 30. Lebensjahr auf immerhin etwa 12 Prozent bei den 20- bis 30-Jährigen (Schlemmer, 1995).

5.2. Die Familie als „Netz des Lebens“: Fürsorge im Lebensverlauf

Während moderne Individualisierungstheoretiker wie Sennett oder Beck davon ausgehen, dass die Innovationsprozesse postmoderner Gesellschaften zur Auflösung dauerhafter Bindungen beitragen und ursächlich für die Krise der modernen Familie sind, beschreibt der Familienforscher René König schon 1974 den Prozess der Individualisierung von Ehe und Familie als Folge der Entwicklung der modernen Ökonomie und des kulturellen Wandels moderner Gesellschaften. Anders als aber die heutigen Individualisierungstheoretiker sieht er in diesen Prozessen der Individualisierung von Ehe und Familie keine grundsätzliche Gefährdung familiärer Lebensformen. Denn zum einen kann er darauf hinweisen, dass in der uns bekannten Geschichte von Ehe und Familie ökonomische, kulturelle und politische Krisen zwar dazu beigetragen haben, dass sich familiäre Lebensformen ständig wandeln, aber eine Auflösung oder gar ein Untergang familiärer Lebensformen ist auch mit den tief greifenden Krisen der europäischen Geschichte nicht eingetreten. Die Erfahrungen nach dem Zweiten Weltkrieg zeigen im Gegenteil, dass beim Untergang politischer, kultureller und ökonomischer Ordnungen ausgerechnet die Familie und auch die Verwandtschaftssysteme sich als dauerhafter und stabilisierender für die Menschen erweisen als die staatliche Ordnung. Diese Erfahrung lässt sich auch aus früheren, historisch belegten politischen Brüchen und Übergängen aufzeigen (König, 1974).

Diese Widerstandsfähigkeit familiärer Lebensformen führt König darauf zurück, dass sich familiäre Lebensformen einschließlich Paarbeziehungen nicht nur bei vielen Tierpopulationen finden, sondern vermutlich doch auch Teil unseres anthropologischen Erbes sind. Dieses klassische anthropologische Argument lässt sich heute auch durch die Arbeiten von modernen Anthropologen (Tomasello, 2002), wie aber auch von Entwicklungstheorikern der kognitiven und sozialen Entwicklung des Menschen stützen. Paarbeziehungen, Mutter-Kind-Beziehungen und Verwandtschaftsbeziehungen sind in vielfältigen Variationen ebenso universell wie beispielsweise unterschiedliches Prestige in einer Gesellschaft, ungleiche Machtverteilung wie aber auch die Bereitschaft, sich eher für Verwandte einzusetzen als für Fremde (Pinker, 2002). Viele dieser anthropologischen Argumente finden heute, wie später noch gezeigt wird, eine nachprüfbare Begründung in der empirischen Längsschnittforschung zur kindlichen Entwicklung, wohingegen Überlegungen zur frühzeitigen Entwicklung von familiären Lebensformen für einen empirischen Sozialforscher kaum nachprüfbar sind.

Selbst wenn diese Argumente richtig sind, wofür vieles spricht, sind sie aber zur Erklärung des Wandels und der Entwicklung von Lebensformen in modernen Gesellschaften und für Überlegungen zur zukünftigen Entwicklung ebenso wenig geeignet wie die Feststellungen über die generelle Krise der Familie aufgrund von Individualisierungsprozessen. Denn so wie die einen Individualisierungstheoretiker aus ihren Analysen lediglich eine Krise konstatieren, kann man aus den anthropologischen Argumenten lediglich ableiten, dass die Widerstandsfähigkeit der Familie offenkundig nicht nur dazu führt, dass familiäre Lebensformen sich auch unter gewandelten gesellschaftlichen Bedingungen immer wieder neu formieren, sondern dass sie auch in ihrer Stabilität, bisher jedenfalls, alle staatlichen und institutionellen Ordnungen überdauert haben. Daraus ist jedoch nicht abzuleiten, warum sich in einer konkret überschaubaren Phase der sozialen und kulturellen Entwicklung in einer Gesellschaft gerade spezifische Lebensformen von Familien herausbilden, wie man auch wenig darüber sagen kann, wie die weitere Entwicklung familiärer Lebensformen verlaufen könnte. So können anthropologische Theorien eben gerade nicht erklären, warum in Westeuropa anders als beispielsweise in Arabien und Teilen Südeuropas die moderne, auf das Paar gegründete Gattenfamilie (conjugal family) entstanden ist, die auch zur neuen Haushaltsgründung des sich neu formierenden Familienkerns (neolokale Kernfamilie) führt, während in manchen Regionen Südosteuropas, aber auch der Türkei, dem vorderen Orient und anderen Regionen die patriarchale Abstammungsfamilie viel wichtiger ist, bei der die Eltern (der Vater) nicht nur bei der Auswahl des Partners oder der Partnerin ein gewichtiges Wort mitreden, sondern das junge Paar auch bei den Eltern im gemeinsamen Haushalt wohnt.

Diese anthropologischen Überlegungen sind außerordentlich wichtig, weil sie deutlich machen, dass die Gestaltungsmöglichkeiten familiärer Lebensformen auch von den anthropologischen Voraussetzungen menschlicher Entwicklung abhängig sind. Sie sind aber nicht geeignet, um die Variationen und Entwicklungen familiärer Lebensformen der letzten 50 oder nur 20 Jahre zu beschreiben oder gar zu erklären. Denn die Entwicklungen, die Hernandez für die USA beschrieben hat (Kap. 3.2), von der arbeitsteiligen, haushaltsbasierten Einverdiener-Kernfamilie zur Zweiverdienerfamilie oder zur Familie der Alleinerziehenden sind unter einer anthropologischen Perspektive Varianten desselben Familientypus der neolokalen Gattenfamilie, selbst wenn bei den alleinerziehenden Eltern die Partnerschaft entweder nicht dazu geführt hat, zusammenzuziehen, oder aber zerbrochen ist. Denn in einer Gesellschaft mit der Abstammungsfamilien als dominanter Form würde die alleinstehende Frau entweder zurück ins Elternhaus gehen und aber von den Eltern schnellstmöglich wieder verheiratet werden.

Besonders dann aber helfen die anthropologischen Überlegungen nicht weiter, wenn es darum geht, die Familienentwicklung auf der Basis eines sehr langen Lebens zu beschreiben und mögliche Entwicklungsperspektiven zu skizzieren. Denn der lange Lebensverlauf in Kombination mit einer verkürzten Reproduktionsphase der Frau bei gleichzeitiger Ausdehnung der Fruchtbarkeitsphase der Frau ist historisch, aber auch evolutionär vollständig neu. Das Auseinanderbrechen von Frauen- und Mutterrolle mit der Konsequenz, dass die Mutterrolle in einem langen Lebenslauf selbst bei mehreren Kindern nur eine begrenzte Sequenz im Leben der Frau ist, wobei die Frau aufgrund sicherer Verhütungsmittel in eigener Verantwortung unabhängig von anderen entscheiden kann, ob und wie viele Kinder sie haben will, ist ohne jedes Beispiel sowohl in der Geschichte der Menschheit wie aber auch bei den höheren Primaten, bei denen auch familiäre Lebensformen in unterschiedlichen Variationen zu beobachten sind. Diese Trias eines langen Lebenslaufs, einer verkürzten Reproduktionsphase und einer unabhängigen und selbstständigen Entscheidung der Frau für Kinder lässt sich nicht mehr in die bekannten klassischen Muster familiärer Lebensformen einordnen. Denn es gibt dafür keine historischen Beispiele.

Die meisten Autoren, die sich mit den Krisentendenzen moderner familiärer Lebensformen auseinandersetzen, tendieren dazu, aus den Individualisierungstendenzen in modernen Gesellschaften abzuleiten, dass dauerhafte Bindungen zunehmend infrage gestellt werden und damit auch familiäre Lebensformen zunehmend weniger gelebt werden können. Hingegen sind jene Autoren, die die Widerstandsfähigkeit familiärer Lebensformen gegenüber dem sozialen Wandel betonen und auf die Wandlungsfähigkeit der Familie abheben, theoretisch nicht in der Lage, die Bedeutung der strukturellen Veränderungen im Lebensverlauf wie aber auch die Konsequenzen des Übergangs von der Industriegesellschaft zur Dienstleistungsgesellschaft zu erklären. Angesichts dieser Tatsache scheint es sinnvoll zu sein, unter Berücksichtigung beider Positionen herauszuarbeiten, welche Aspekte familiären Lebens auch unter extrem krisenhaften Bedingungen gesellschaftlicher und politischer Entwicklungen fortbestehen und welche durch die Macht sozialer und ökonomischer Veränderungen an Bedeutung verlieren. Dabei ist auch nicht auszuschließen, dass in diesem Prozess auch neue Aufgaben innerhalb der familiären Lebensformen in einer neuen Gestaltung durch die Familienmitglieder entwickelt werden. Ein klassisches Beispiel für einen solchen Prozess war die Entdeckung der kindlichen Entwicklung und die Verlagerung der primären Sozialisationsprozesse in die fast ausschließliche Verantwortung der Mutter im 19. Jahrhundert (Donzelot, 1987). Natürlich haben sich schon vor dem 19. Jahrhundert die Mütter um ihre Kinder gekümmert, ihnen das Überleben gesichert und sie dabei unterstützt, selbstständig zu werden. Doch die Einsicht, dass eine emotional enge Beziehung und tiefe Bindung des Kindes zur Mutter für die sozial-kognitive und sozial-moralische Entwicklung des Kindes von großer Bedeutung ist und auch die erwachsene Persönlichkeit erheblich beeinflussen kann, wurden als Einsicht erst am Ende des 19. und Beginn des 20. Jahrhunderts entwickelt und dann mit dem entsprechenden Familienmodell der Industriegesellschaft verbunden.

Eine solche theoretisch ambivalente Situation, dass die Familienforschung auf der einen Seite viele Autoren findet, die die Krise und die Auflösung familiärer Lebensformen thematisieren, und auf der anderen Seite andere Autoren die Stabilität und die Widerstandsfähigkeit der Familie hervorheben, ist für die Familienforschung keinesfalls neu, sondern geradezu typisch für Zeiten des sozialen Wandels, wie etwa im Übergang von der Agrargesellschaft zur Industriegesellschaft oder heute im Übergang von der Industriegesellschaft zur wissensbasierten Dienstleistungsgesellschaft. Denn in diesen Übergängen werden ja nicht nur die ökonomische Ordnung einer Gesellschaft, kulturelle Gegebenheiten und politische und institutionelle Lösungen und Mechanismen infrage gestellt, sondern eben auch die privaten familiären Lebensformen, die von diesen Veränderungen betroffen sind. Während aber in der Ökonomie oder in der Politik solche Veränderungen als eine Herausforderung begriffen werden, die von vielen

Krisen begleitet sein können, die sich aber durch gesellschaftliches und politisches Handeln und die Entwicklung neuer ökonomischer Strukturen auch überwinden lassen, neigen wir im Bereich der Familie häufig dazu, solche Wandlungstendenzen mit ihren krisenhaften Erscheinungen und Entwicklungen als Untergangsszenarien (Cooper, 1987) zu interpretieren oder aber immer wieder darauf zu pochen, dass all diese Wandlungstendenzen den familiären Lebensformen nur wenig anhaben könnten.

Dabei lassen sich aus beiden Positionen heraus Perspektiven entwickeln, weil sich ähnlich wie in der Ökonomie der Unterschied zwischen der Industriegesellschaft und der Dienstleistungsgesellschaft genau beschreiben lässt und es daher auch möglich ist, den oder die Unterschiede zwischen der Familie der Industriegesellschaft und den familiären Lebensformen einer wissensbasierten Dienstleistungsgesellschaft zu beschreiben und mittelbar sogar in der Lage zu sein, bestimmte Veränderungen zu erklären. Wir haben unter Bezug auf René König schon darauf hingewiesen, dass die Autoren, die die Widerstandsfähigkeit familiärer Lebensformen auch in Krisensituationen betonen, zunächst einmal für die westeuropäische Familie davon ausgehen, dass für sie die individuelle und selbst bestimmte Partnerwahl konstitutives Elemente der Familiengründung sei und dass die gemeinsame Gestaltung eines eigenen Hausstandes unabhängig von den Eltern ein wesentliches Charakteristikum der modernen Gattenfamilie ist. Auch die Erziehung der Kinder innerhalb einer solchen Familie richtet sich nicht nach gesellschaftlichen Vorgegebenheiten, sondern orientiert sich an den individuellen kindlichen Entwicklungsmöglichkeiten, wie wir später noch zeigen werden. Der Emanzipationsprozess der jungen Erwachsenen vom Elternhaus, um als Paar eigenständig für sich allein nur mit den Kindern zusammenzuleben, ist daher auch Ausdruck der Individualisierungsprozesse moderner Gesellschaften. Demgegenüber werden, wie am Beispiel von Sennett beschrieben, Individualisierungsprozesse und das Zerbrechen von Bindungen geradezu als Auslöser der Krise der Familie gesehen.

Hier gehen wir davon aus, dass beide Positionen die Bedeutung der Entwicklung von personalen Bindungen und Beziehungen im Lebensverlauf nicht angemessen sehen. Vielmehr wird im einen Fall davon ausgegangen, dass die freie Entscheidung eines Paares, das Leben gemeinsam zu gestalten, nur dann auf Dauer gestellt werden kann, wenn eine ökonomische Basis wie der gemeinsamer Haushalt und institutionelle und rechtliche Sicherungen entwickelt werden, die eine solche Beziehung auf Dauer stellen. Die anderen vermuten, dass man dann nicht mehr in einem eng umgrenzen Kontext von Nachbarschaft und Gemeinde lebt, sondern sich Bindungen und Beziehungen weltweit erstrecken, so dass diese Bindungen und Beziehungen nicht mehr die Dichte und Enge haben können wie bei den Menschen, die in einem Haushalt zusammenleben. Bei René König wird diese These sehr deutlich. Er vermutete schon 1946, dass eine familiäre Lebensform, die nur auf den personalen Beziehungen von Mann und Frau besteht und die Außenbeziehungen dieser familiären Lebensform wesentlich nur durch den Mann hergestellt werden, nicht dauerhaft existieren könne. Denn die Exklusivität des Paares war für ihn eben nicht die Basis von Leidenschaft und Bindung, sondern Ausgangspunkt der „Desintegration der Familie" in der Gesellschaft, die als Konsequenz letztlich die Desorganisation als eine Gefahr für die Familie mit sich brächte. Desintegration nannte König diese Form deswegen, weil für eine solche Familie nur die personalen Beziehungen zwischen dem Paar und den Kindern konstitutiv sind und andere Elemente, etwa das gemeinsame Wirtschaften, zu Gunsten einer getrennten Organisation der männlich strukturierten Arbeitswelt und des weiblich organisierten Haushalts aufgegeben werden. Das entspricht in etwa der Argumentation von Max Weber, der auch davon ausging, dass nur der gemeinsame Haushalt mit dem gemeinsamen Wirtschaften der Familie die notwendige Stabilität verleihe, um sie auf Dauer zu stellen. Sennett und Beck sehen in der Auflösung des Haushalts, der zunehmenden Mobilität und der unstrukturierten Organisation der Lebensläufe gleichzeitig eine Auflösung von Bindungen und Beziehungen und damit letztlich eine Auflösung familiärer Lebensformen.

Obwohl beide Perspektiven hinsichtlich der zukünftigen Entwicklung und Familie zu unterschiedlichen Einschätzungen kommen, sehen sie in den Individualisierungstendenzen moderner Gesellschaften eine Gefährdung für das familiäre Zusammenleben. Dabei gehen die einen davon aus, dass eine Familie, die im wesentlichen auf personalen Bindungen aufbaut, ein zu geringes Maß an Integration in die Gesellschaft aufweist, weil ohne die entsprechenden institutionellen Unterstützungen individuelle Bindungen als labil und gefährdet angesehen werden. Die anderen stellen grundsätzlich infrage, ob in einer individualisierten Gesellschaft solche dauerhaften Bindungen überhaupt eingegangen und aufrechterhalten werden können.

Damit ist ein zentrales theoretisches Problem von Familie und Familienentwicklung thematisiert: Sind die Bindungen, die ein Paar in Liebe und Leidenschaft zusammenführt, eine dauerhafte Basis für Paarbeziehungen und stellen die Kinder in diesem Kontext eine Verstärkung dieser Bindungen dar? Oder bedeuten solche Bindungen lediglich flüchtige Beziehungen, die an unterschiedenen Orten immer wieder neu eingegangen werden können? Diese Frage ist aber nicht nur von Bedeutung, weil Gesellschaften ein hohes Maß an Individualisierung aufweisen, sondern weil lebenslange Bindungen heute eine andere quantitative Bedeutung haben als noch zu der Zeit, als René König über den Zusammenhang von Desintegration und Desorganisation der Familie schrieb. Denn in der damaligen Nachkriegszeit war nicht nur der Anteil derjenigen sehr hoch, die einen Partner durch den Tod verloren hatte, sondern es gehörte zur Lebenserfahrung in der Gesellschaft, dass die Säuglingssterblichkeit und die Müttersterblichkeit erst langsam sanken. Wie schon berichtet hat Hernandez für die USA nachgewiesen, dass ein Drittel aller Kinder bis in die Zwanziger Jahre des 20. Jahrhunderts den Tod eines Elternteils vor dem 18. Lebensjahr erlebte (Hernandez, 1993); die Heirats-Floskel „bis dass der Tod euch scheidet" entsprach in der ersten Hälfte des 20. Jahrhunderts aus unterschiedlichen Gründen für viele Menschen immer noch der Lebensrealität. Heute stellt sich eher die Frage, ob die Bindungen, die man in jungen Jahren eingeht, eine verlässliche Basis sind, um ein sehr langes Leben gemeinsam mit einem Partner oder einer Partnerin zu verbringen, da sicher nicht nur die Beziehung des Paares, sondern auch jeder einzelne Partner sich im Laufe des Lebens auch persönlich ändert.

Wie wenig eine solche Fragestellung in den Fünfziger und Sechziger Jahren, aber noch heute in der Familienforschung diskutiert wurde und wird, lässt sich daran sehen, dass in der Familientheorie von Parsons nur über die Beziehungen der Eltern zu kleinen Kindern diskutiert wurde, jedoch Großeltern-Enkel-Beziehungen ebenso wenig eine Rolle spielten wie die Fürsorge der älteren Kinder für die alt gewordenen Eltern.

Die Ordnung der Familie konzentrierte sich wesentlich auf die Beziehungen der jungen Familie, was ausgerechnet die Theorien zum Familienzyklus verdeutlichen, wie René König (1974) zeigt. Die Familienzyklustheorien haben explizit den Anspruch erhoben, den Wandel und die Entwicklung der Familie im Lebensverlauf darzustellen und sich somit deutlich von anderen Ansätzen zu unterscheiden, die sich statisch nur auf eine bestimmte Phase im Familienzyklus konzentrierten. Wie aber aus der Abbildung der „Lebenstreppe" deutlich wird, beginnen alle Theorien mit der Familie, wie es Hannah Arendt beschrieben hat: Das Paar konstituiert die Familie, und das Alter des ältesten Kindes definiert den Familienzyklus, der in allen Modellen mit dem Austritt der Kinder aus dem Elternhaus endet, was sinnfälligerweise als „empty nest" bezeichnet wird. Wenn, wie in den Sechziger Jahren üblich, mit etwa 25 Jahren geheiratet wurde, war die Familie in diesen Ansätzen etwa mit 55 Jahren der Mutter zu Ende. Ein Paar, das in den Sechziger Jahren mit 25 Jahren geheiratet hat und heute Mitte 60 ist, hat noch eine Lebenserwartung von etwa 19 Jahren vor sich, kommt aber in diesen Theorien nur als „älteres Paar" vor, ohne die Eltern des Paares als Familie mitzudenken. Auch Geschwisterbeziehungen gibt es in diesen Darstellungen nicht, als ob nur der Lebenslauf des Paares und der eigenen Kinder die Familienentwicklung bestimmten.

Erst in jüngerer Zeit wird Familie als Beziehungsgefüge zwischen dem Paar, den Kindern und den Eltern des Paares gedacht (Bengtson, 1993). Das hängt möglicherweise auch damit zusammen, dass Liebe heute nicht mehr nur die Bedeutung hat, die Hannah Arendt und viele Familienforscher ihrer Zeit in ihr sahen, nämlich als wesentliches Element der Partnerauswahl zur Begründung der Zweisamkeit des Paares. Vielmehr wird Liebe heute auch unter der Perspektive der Fürsorglichkeit für die eigenen Eltern und in den Beziehungen zu den Eltern thematisiert, ein Element, das Parsons aber auch Max Weber oder anderen Klassikern der Soziologie völlig fremd war. Im englischen Ausdruck „Care", den Arlie Hochschild oder auch Nancy Folbre benutzen, kommt dieser Bedeutungswandel gut zum Ausdruck. Familienbeziehungen, auch wenn sie in der Liebe (Love) des Paares ihre Begründung finden und auch wenn diese Liebe zur Exklusivität der Paargemeinschaft beiträgt, die dann durch die Kinder erweitert wird, bedeuten nicht, dass deswegen die Liebe („Care") zu den Eltern aufgehoben ist (Hochschild, 1998; Folbre, 2002).

In diesem Sinne sind Familien ein soziales Netz, das ein Leben lang die eigenen privaten Beziehungen strukturiert, wobei diese Beziehungen durch Liebe und Fürsorglichkeit geprägt sind, aber durchaus auch ein hohes Maß an Ambivalenz haben können (Lüscher & Pillemer, 1996). Wir werden noch zeigen, dass selbst der „mobile Nomade" als moderner Großstädter, der nicht mehr in der Nähe seiner Familie wohnt, in dieses Netz eingebunden ist. Dieses soziale Netz des Lebens, das sich wesentlich aus den Familienbeziehungen zur Herkunftsfamilie wie aus den Familienbeziehungen in der gegenwärtigen Familie, aber auch aus möglichen Beziehungen zu früheren Familien, die der Einzelne gegründet haben mag, ergibt, hat möglicherweise eine größere Festigkeit und Stabilität, als es diejenigen vermuten, die Familienbeziehungen nur durch institutionelle Stützung als beständig einschätzen, oder wie jene vermuten, dass der moderne Individualismus diese Beziehungen infrage gestellt hat. Damit ist auch schon die theoretische Perspektive skizziert, die im Folgenden, gestützt auf empirische Befunde, entwickelt wird, um die Familienentwicklung unter den geänderten Bedingungen eines sich verändernden Lebensverlaufs in einer postmodernen wissensbasierten Dienstleistungsgesellschaft angemessen zu beschreiben.

So zufällig zunächst die Entwicklung familiärer Beziehungen in der Metapher vom Fluss des Lebens (siehe Abb. 5) aussieht und so eindeutig auch klar ist, dass das Modell der Lebenstreppe den heutigen Lebensverläufen nicht mehr entspricht, so führen Entscheidungen und Entwicklungen im familiären Kontext zu einem Netzwerk und einer Beziehungsstruktur, der sich nicht leicht zu entziehen ist und der man sich möglicherweise auch gar nicht entziehen will. Familie in diesem Sinne beinhaltet gelebte Paar- und Generationenbeziehungen, die einerseits durch Liebe und Fürsorglichkeit geprägt sind, die andererseits aber auch Bindungen und Verknüpfungen mit anderen Menschen in einem sozialen Netz führen, das einen das ganze Leben begleitet. Ein solches Netz ändert sich ständig, weil im Lebensverlauf manche Menschen hinzutreten, andere Menschen aus dem Leben heraustreten. Aber die Stärke und Kontinuität dieses Netzes wird nicht nur durch die personalen Bindungen, die der Einzelne freiwillig eingeht, bestimmt, sondern eben auch durch die geteilten Lebenserfahrungen mit anderen, die an ihn bestimmte Erwartungen formulieren, denen er sich nicht ohne weiteres entziehen kann, weil möglicherweise diese Erwartungen sich auf Bindungen zu anderen Personen in diesem Netz konzentrieren. Das ist typischerweise der Fall, wenn es etwa um die Fürsorge und Unterstützung für die alt gewordenen Eltern und Schwiegereltern geht. Selbst bei außerordentlich schwierigen Familienverhältnissen und gespannten Beziehungen gibt es offenkundig hier Obligationen, denen man sich verpflichtet fühlt, ohne dass es dafür institutionelle gesellschaftliche Sanktionen oder Regeln geben muss. Ein anderes Beispiel sind die Geschwisterbeziehungen, denen man auch nicht ohne weiteres entrinnt, weil auch die eigene Interpretation der Beziehung zu anderen Menschen sich im Kontext dieser Erfahrung mit den Geschwistern herausgebildet hat. Nun entwickeln sich solche Beziehungen auch in einer Gesellschaft, die hinsichtlich der privaten Lebensführung sehr liberal ist, nicht völlig frei von gesellschaftlichen Normen und Erwartungen. Diese Normen und Erwartungen werden zunächst in dem Kontext erfahren, in dem sich das Paar, das Individuum oder auch die ganze Familie bewegen. In einer pluralen Gesellschaft sind solche Kontexte aber sehr unterschiedlich, weil das Leben in einer klassischen Vorortgemeinde ein solches Netz sozialer Beziehungen ganz anders stützt als beispielsweise in einem Stadtteil, der vorwiegend durch eine alternative Lebensführung gegenüber der traditionellen Familie geprägt ist.

Um die hier skizzierten Entwicklungslinien systematisch zu entfalten und mit empirischem Material zu illustrieren, orientieren wir uns in der Darstellung im Folgenden in etwa am Lebensverlauf und beginnen mit der Jugendphase, die heute auch schon vor der Paarbildung und einer eigenständigen und neuen Paargemeinschaft unabhängig vom Elternhaus eine erhebliche Bedeutung hat. Wir folgen dem Lebenslauf im Prozess des Selbstständigwerdens, auch als „Rush Hour des Lebens" bezeichnet. Die kindliche Entwicklung als Teil der familiären Entwicklung wird nicht nur als Eltern-Kind-Beziehung beschrieben, sondern als Teil der Ausdifferenzierung familiärer Lebensverläufe in unterschiedlichen gesellschaftlichen und sozialen Kontexten. Auch die Weiterentwicklung einschließlich der Verzweigungen im Strom des Lebens mit dem Aufbrechen und dem Neuknüpfen des sozialen Netzes werden in diesen Kontext eingebettet. Damit soll verdeutlicht werden, dass eben nicht nur das Paar und das Kind die Beziehungen in ihrer Welt strukturieren, sondern darüber hinaus auch Eltern, Nachbarn und andere Menschen das familiäre Leben erheblich beeinflussen.

5.3. Familie als Herstellungsleistung ihrer Mitglieder

Die dominante Familienform im Norden und Westen Europas und den USA war die Gemeinschaft eines Paares mit seinen Kindern, die eine Versorgungsgemeinschaft in einem gemeinsamen Haushalt bildeten. Die Teilhabe an den Ressourcen dieses Haushalts ergab sich aus der Mitgliedschaft in dieser Gemeinschaft und nicht auf der Basis spezifischer Leistungen für diesen Haushalt. In den dominant landwirtschaftlich geprägten Gesellschaften des 18. und frühen 19. Jahrhunderts erwirtschaftete das Paar gemeinsam die ökonomische Basis einer solchen Hausgemeinschaft. Haushalt und wirtschaftliche Aktivitäten des Paares waren häufig nicht getrennt und die Haushalte waren eher klein mit vier bis fünf Personen. Die industriegesellschaftliche Familie unterschied sich von dieser Haushaltsführung vor allem dadurch, dass Haushalt und ökonomische Basis des Haushaltes getrennt wurden und innerhalb des Haushalts eine klare Arbeitsteilung zwischen Mann und Frau erfolgte. Diese industriegesellschaftliche familiäre Lebensform war für etwa 90 bis 100 Jahre die häufigste Lebensform, in der Kinder aufwuchsen; abgelöst wurde sie im letzten Drittel des 20. Jahrhunderts von der Lebensform eines Haushaltes, in dem beide Elternteile zur ökonomischen Basis des Haushalts beitragen und oder nur ein Elternteil mit den Kindern zusammenlebt.

Diese Veränderungen der ökonomischen Basis des Haushalts von der Agrar- und Industrie- zur Dienstleistungsgesellschaft haben notwendigerweise erhebliche Konsequenzen für die Beziehungen und Abhängigkeiten innerhalb der Familie. Das Gleiche gilt auch für die Außenbeziehungen der Familien und ihre Einbettung in ihre Umwelt, die sich grundsätzlich anders darstellt, wenn beide Elternteile außerhäuslich erwerbstätig sind, als wenn nur ein Elternteil für die ökonomische Basis der Familie sorgt. Darüber hinaus haben sich die Außenbeziehungen von Familien gegenüber der Familie der Industriegesellschaft auch deswegen gewandelt, weil durch die Zunahme der älteren Generation und die lange gemeinsame Lebenszeit von Eltern und Kindern jene Leistungen, die traditionellerweise nur innerhalb eines Haushaltes aufgebracht wurden, um sich wechselseitig zu unterstützen, nun auch außerhalb des Haushalts innerhalb eines Generationenverbundes erbracht werden. Die Intimität des Haushalts kann auf mehrere Haushalte übertragen werden („Intimität auf Distanz"), und das gilt nicht nur für Generationsbeziehungen, sondern vor allem auch für Paare, die aus beruflichen oder anderen Gründen zwar eine Paargemeinschaft und auch ökonomisch teilweise eine Versorgungsgemeinschaft bilden, aber dennoch in getrennten Haushalten leben.

Es ist nicht einfach, die Struktur und die Muster gegenwärtiger und zukünftiger familiärer Lebensformen in der postindustriellen Gesellschaft zu beschreiben, weil sich die Veränderungen der ökonomischen Basis der Industriegesellschaft zu einer Dienstleistungs- und Wissensgesellschaft so schnell vollzogen haben, dass die sich nun neu herausbildenden Formen von Versorgungs- und Haushaltsgemeinschaften oder anderen Formen von Lebensgemeinschaften nicht jetzt schon ohne weiteres relativ sicher beschrieben werden können. Viele Autoren behelfen sich in dieser Situation mit der These der Pluralisierung von Lebensformen, um deutlich zu machen, dass sich die Gegenwart im Gegensatz zu früheren Zeiten vor allem durch viel mehr unterschiedliche Lebensformen auszeichnet. Diese zwar elegante und plausible Argumentation hilft aber nicht weiter. Denn einerseits hat die historische Familienforschung auch schon in früheren Zeiten ein hohes Maß an Vielfalt der familiären Lebensformen und Haushaltsgemeinschaften nachgewiesen. Zum anderen ist die These der Pluralisierung von Lebensformen relativ inhaltsleer, weil sie von nur geringer Erklärungskraft in Bezug auf die Bedeutung familiärer Lebensformen für die Personen ist, die diese Lebensform leben. Auch sagt sie wenig darüber aus, welche Bedeutung familiäre Lebensformen und Formen familiärer Solidarität innerhalb solcher Lebensformen gesamtgesellschaftlich haben. Parsons konnte aus seinem Modell nicht nur ableiten, dass in dieser arbeitsteiligen Versorgungsgemeinschaft der industriegesellschaftlichen Familie die ökonomische Existenz der nicht in den Arbeitsmarkt integrierten Personen, nämlich Mütter und Kinder, gesichert war. Zudem konnte er erklären, wie in einer solchen familiären Konstellation die Sozialisation der Kinder hinsichtlich Geschlechtsrollen und späteren Rollen als Staatsbürger erfolgte.

Auch ohne den Anspruch zu haben, hier ein allgemein gültiges Konzept familiärer Lebensformen in der Dienstleistungsgesellschaft zu entwickeln, ist es theoretisch sinnvoll, über die These der Pluralisierung von Lebensformen hinauszugehen und auf der Basis der bisherigen Kenntnisse des Wandels und der Entwicklung von Lebensformen moderner Gesellschaften jene Entwicklungslinien zu skizzieren, die zur Präzisierung der Pluralisierungsthese beitragen können. In diesem Buch wird nun die These entwickelt, dass die Vielfalt familiärer Lebensformen in der Gegenwart das Ergebnis zweier Entwicklungsprozesse ist, die ihrerseits selbst aber dann auch zur Strukturierung auch der Lebensformen in einer Wissensgesellschaft beitragen. Zum einen hat die heutige Wissensgesellschaft eine vielfältige und hoch ausdifferenzierte ökonomische Struktur und umfasst sowohl traditionelle Industriebetriebe, landwirtschaftliche Produktions- und soziale Dienstleistungsbetriebe, sowie staatliche, ökonomische und gemeinnützige, große und kleine Verwaltungsorganisationen und darüber hinaus eine völlig neu entstandene und in sich vielfältig strukturierte Medienindustrie, aber auch technisch-akademische Dienstleister, große und kleine Forschungseinrichtungen sowie eine Reise- und Tourismusindustrie mit ungewöhnlich heterogenen Anforderungsprofilen. Die ökonomische Basis einer Familie muss notwendigerweise dieser Vielfalt der unterschiedlichen Möglichkeiten der ökonomischen Existenzbedingungen in der Wissensgesellschaft entsprechen. Daraus leitet sich die These ab, dass im Übergang zur Dienstleistungsgesellschaft mit ihrer hoch ausdifferenzierten und pluralen ökonomischen Struktur das ökonomische Fundament einer Familie nicht mehr aus dieser Pluralität der ökonomischen gesellschaftlichen Struktur abgeleitet werden kann. Im Gegenteil wird das ökonomische Fundament einer Familie zunehmend zu einer gemeinsamen Herstellungsleistung des Paares, das sich zwar in seiner Liebesbeziehung, wie es Hannah Arendt beschreibt, weg von der Welt auf den Partner hin konzentriert, gleichzeitig aber, anders als in der Industriegesellschaft, schon um die gemeinsame ökonomische Basis nicht zu gefährden, diese Welt nie ganz ausschließen kann und in sofern auch vor ganz anderen Herausforderungen steht, eine Versorgungs- und Haushaltsgemeinschaft zu konstruieren als noch die Elterngeneration. Diese Herstellungsleistung, die dem Paar abverlangt wird, ist gleichzeitig eingebettet in lang dauernde Generationenbeziehungen mit der Eltern- und Großelterngeneration, die die Abgrenzung des Paares und die Konstitution einer eigenen Gemeinschaft nicht ohne weiteres erleichtern. Diese These wird später im Einzelnen belegt.

Zudem hat die Gemeinsamkeit des Paares, soll sie ein Leben lang dauern, eine ganz andere zeitliche Dimension als in der Generation der Eltern. Damit kommt ein drittes Element der Strukturierung ins Blickfeld. Lebensverläufe, die sich heute über 80 bis 90 Jahre erstrecken, sind historisch in dieser Menge und Selbstverständlichkeit etwas völlig Neues. Auch hierauf gilt es zu reagieren, so dass die Herausforderungen für die Konstitution einer gemeinsamen Familie aus der Sicht des Paares als eine Herstellungsleistung zu bezeichnen sind, bei der das Paar unterschiedliche ökonomische Erfahrungen und Beziehungen und unterschiedliche Lebensverläufe synchronisieren muss, um die für die Familie notwendige Beziehungsstruktur im beruflichen Kontext eines jeden Partners ebenso aufrechtzuerhalten wie im Umgang mit Eltern und Großeltern; zudem ist noch eine gemeinsame Zukunft zu konstruieren, die sich in einen sehr langen Lebensverlauf einbetten lässt.

Fragen zum Text

1. Beschreiben Sie den Wandel der Gesellschaftsformen (Agrar-/Industrie-/Dienstleistungs-/Wissensgesellschaft) mit seinen historischen Begründungen!
2. Diskutieren Sie die asymmetrische Struktur der Macht in der Familie der Industriegesellschaft!
3. Beschreiben und diskutieren Sie die These „Von der Not- zur Wahlgemeinschaft“ (Elisabeth Beck-Gernsheim)!
4. Erläutern Sie die Argumente zum Niedergang oder der Krise der Familie und diskutieren Sie diese kritisch!
5. Was meint Stefan Hradil mit dem „goldenen Zeitalter“ der Familie?
6. Beschreiben Sie den Übergang von der neolokalen Gattenfamilie zur multilokalen Mehrgenerationenfamilie!
7. Erläutern Sie die These der „Intimität auf Distanz“!
8. Beschreiben Sie den Prozess der Individualisierung von Ehe und Familie und diskutieren Sie die Konsequenzen daraus!
9. Was meint René König mit „Desintegration der Familie“?

10. Beschreiben Sie Familie als soziales Netz unter Berücksichtigung der Rolle von Bindungen!

11. Erläutern Sie die These der „Pluralisierung der Lebensformen“ und verknüpfen Sie diese mit dem Konzept von „Familie als Herstellungsleistung ihrer Mitglieder“!

+ Argumentation des Bengtson-Textes darstellen

6. Die innere Dynamik der Familie

6.1. Das Paar: Die Suche nach Gleichheit

Während für Weber Versorgungsgemeinschaft, Haushaltsgemeinschaft und sexuelle Dauerbeziehung zwischen den Partnern konstitutive Merkmale der Familie waren und auch zwischen jener von Hannah Arendt beschriebenen romantischen Liebe des Paares und der Erweiterung um Kinder und einer solchen als Versorgergemeinschaft gegründeten Familie unter einer historischen Perspektive kein Gegensatz bestand, neigen heute viele Autoren, die sich mit den modernen Paarbeziehungen auseinandersetzen, zu der Auffassung, zwischen Geld und Liebe bestehe ein Gegensatz, denn die romantische Liebe, die die Subjekte in ihren persönlichen Eigenschaften miteinander verbindet, entsteht „unter Absehung jeglicher ökonomischer Rationalität" (Wimbauer & Schneider, 2006). Aus der historischen Familienforschung weiß man allerdings, dass Geld und Liebe ganz im Sinne Max Webers sehr wohl und auch sehr gut eine stabile Verbindung zum Wohle der Familie eingehen konnten. So hat Peter Borscheid nachgewiesen, dass parallel zur Entwicklung des Ideals der bürgerlichen und romantischen Liebe im 19. Jahrhundert die Homogamie in Bezug auf Herkunft und Vermögen deutlich zugenommen hat (Borscheid, 1983). Auch die mehrfach zitierten Autoren der „Geschichte des privaten Lebens" zeigen für die verschiedenen Familienformen im 19. Jahrhundert, dass Romantik und romantische Liebesbeziehung und die Entwicklung einer Versorgergemeinschaft kein Gegensatz sein müssen (Ariès & Duby, 1993). Und auch die Ergebnisse, die Blossfeld in vielen empirischen Untersuchungen europaweit nachgewiesen hat, dass junge Männer und junge Frauen mit gleichem Ausbildungshintergrund und ähnlichen Einkommenserwartungen heute eher häufiger ein gemeinschaftliches Paar und eine Familie bilden als möglicherweise früher, spricht nicht dafür, dass das romantische Liebesideal als Ausdruck einer sexuellen Dauergemeinschaft und einer ökonomisch fundierten Versorgergemeinschaft tatsächlich einen Gegensatz bilden müssen (Blossfeld et al., 1998).

Viele soziologische Autoren, die einen Gegensatz von romantischer Liebe und Ökonomie konstruieren, betrachten die modernen Partnerschaftsbeziehungen nicht unter einer Lebensverlaufs-Perspektive. Unter Einbeziehung einer solchen Perspektive wird deutlich, dass das Auseinandertreten von sexueller Dauerbeziehung und der Versorgergemeinschaft im wesentlichen darauf zurückzuführen ist, dass die Jugendphase im Leben der jungen Erwachsenen eine eigenständige Lebensphase geworden ist, in der die jungen Erwachsenen ökonomisch noch nicht selbstständig sind, also auch keine Versorgergemeinschaft bilden können, aber sehr wohl Liebe und romantische Beziehungen entwickeln und auch sexuelle Paargemeinschaften eingehen.

Abbildung 19: Die Entwicklung der Homogamie, (West-)Deutschland und USA im Vergleich

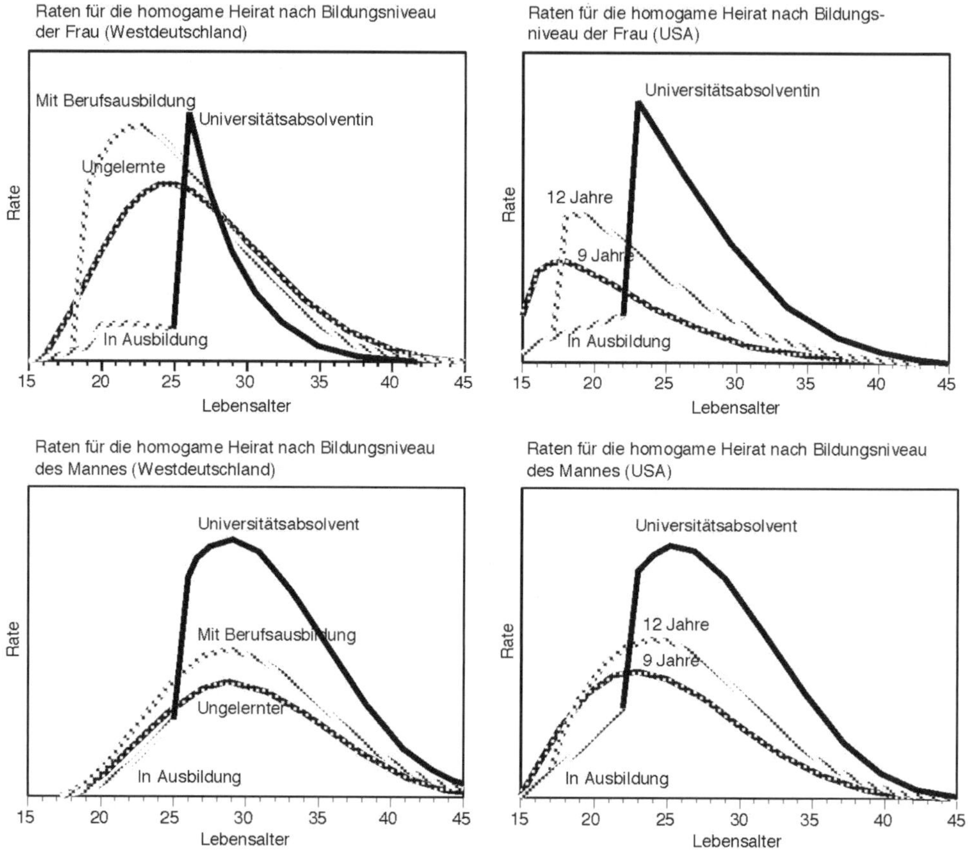

Quelle: Blossfeld, H.-P. et al. 1998, S. 129

Gunter Schmidt zeigt, dass bei den Geburtsjahrgängen 1935 bis etwa 1949 nur etwa 8 bis 12 Prozent der jungen Frauen ihren ersten Geschlechtsverkehr vor dem 18. Lebensjahr hatten, während diese Zahl ab den Geburtsjahrgängen 1950 auf über 60 Prozent emporgeschnellt ist; der Wandel bei den Männern war nicht ganz so dramatisch und ist von etwa 20 Prozent auf etwa 50 Prozent angestiegen. Dieser eher kurze Zeitraum macht deutlich, dass es tatsächlich so etwas wie eine „stille Revolution" gegeben hat, die zu einer Enttraditionalisierung der vormals typischen männlichen und weiblichen Formen der sexuellen Erfahrung geführt hat (Schmidt et al., 2003). Schmidt spricht in diesem Zusammenhang von einer zunehmenden Angleichung der Geschlechter durch den Prozess der sexuellen Selbstbestimmung. War Sexualität im Modell der bürgerlichen Familie mit der Vorstellung der romantischen Liebe zwischen den Geschlechtern immer damit verbunden, dass die sexuelle Dauerbeziehung in eine Haushalts- und Versorgungsgemeinschaft eingebettet war, so löst sich dieser Zusammenhang zumindest in der Phase der jungen Erwachsenen weit gehend auf. Schmidt spricht auch von einer Entwicklung, die von dieser eingebetteten sexuellen Dauerbeziehung zu einer „Beziehung pur" wird, die weder um Kinder erweitert wird noch unbedingt auf Dauer angelegt ist.

Abbildung 20: Durchschnittliche Anzahl der festen Beziehungen bis zum Alter von 20, 30, 45 und 60 Jahren, nach Generation und Stadt

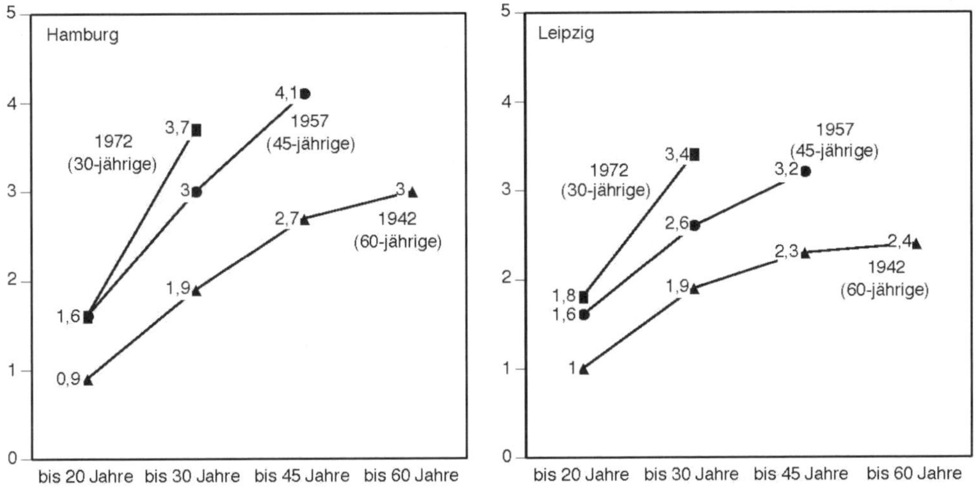

Quelle: Schmid, G. 2003, S. 13

Wie Abb. 20 zeigt, haben junge Erwachsene heute (1972 geboren) bis zum Alter von 30 Jahren durchschnittlich knapp 4 Partner, während von den 60-Jährigen bis zum Alter von 30 Jahren durchschnittlich nur 1,9 Partner genannt werden (Schmidt et al., 2003). Diese Daten stimmen gut mit den Ergebnissen des Familiensurveys überein (Kreher, 1995), wo bei einer älteren Alterskohorte die gleiche Entwicklung nachgewiesen werden konnte.

Diese Entwicklung hat sicherlich eine Reihe von unterschiedlichen Ursachen. Mit Sicherheit ist aber davon auszugehen, dass in der Lebensphase Jugend eine sexuelle Beziehung nicht mehr wie im klassisch-bürgerlichen Modell der romantischen Liebe eine privat-intime Liebesbeziehung mit dem ökonomischen Fundament eines gemeinsamen Haushalts zum gemeinsamen Wirtschaften zusammenbringt. Vielmehr sind solche Liebesbeziehungen als Sequenzen angelegt, die weder notwendigerweise um Kinder erweitert werden noch aber ihrem Ziel nach als Teil der Konstruktion eines gemeinschaftlichen Lebenslaufs angesehen werden. Die Partnerschaften zumindest in dieser Lebensphase, für die Schmidt Daten vorlegen kann, entsprechen dem Diktum von Max Weber, der sexuelle Dauerbeziehungen ohne die Basis einer Versorgungsgemeinschaft für eher instabile Formen von Beziehungen hielt.

Diese Daten zeigen zum einen, dass sich der Zusammenhang zwischen Liebe und Ökonomie, wie er für die bürgerliche Ehe typisch war, offenkundig aufgelöst hat, wobei sicherlich die „stille Revolution" der Sechziger und frühen Siebziger Jahre mit ursächlich war (Inglehart, 1977). Aber auch die nun zunehmend längere ökonomische

Abhängigkeit und Unselbstständigkeit der jungen Erwachsenen hat hier eine Rolle gespielt, so dass sich die Frage stellt, wie denn heute unter solchen Bedingungen ein Zusammenhang zwischen der Liebesbeziehung und einer fortdauernden Gemeinschaft entstehen kann. Der entscheidende Unterschied zwischen einer romantischen Liebesvorstellung, wie sie Hannah Arendt formulierte, und den heutigen Vorstellungen liegt nicht in der Idee der Exklusivität und Einzigartigkeit der Paarbeziehung, sondern im Auseinandertreten der romantischen Liebeswahl und der ökonomisch abgesicherten Versorgergemeinschaft. Anders als viele heutige Soziologen annehmen, waren in früherer Zeit die Beziehungen und die daraus hervorgehenden Ehen und Familien Wahlgemeinschaften und keine Notgemeinschaften, wie es Elisabeth Beck-Gernsheim vermutet (Beck-Gernsheim, 1994). Historiker wie Peter Gay haben eindrücklich gezeitigt, welche große Bedeutung auch in jenen Haushalts- und Versorgergemeinschaften die romantische und personale Liebe der Partner schon im 19. Jahrhundert gespielt hat (Gay, 1997). Und Helge Pross, die neben René König vermutlich wichtigste Familienforscherin in den frühen Sechziger Jahren, hat zu Recht darauf hingewiesen, dass das bürgerliche Gesetzbuch, das Anfang des 20. Jahrhunderts die meisten Ehehindernisse beseitigte, eine Demokratisierung der Ehe bedeutete, weil nun auf der Basis individueller persönlicher Entscheidungen ein Partner ausgewählt werden konnte (Pross, 1975).

Gerade in den Hochzeiten der industriegesellschaftlichen Familie war diese Entscheidung eine freie Wahlentscheidung, die auch von der überwältigenden Mehrheit der betroffenen Männer und Frauen individuell gutgeheißen wurde. Die aus jener Zeit vorliegenden empirischen Befunde von Elisabeth Pfeil oder Helge Pross in Deutschland und Helen Lopata in den USA lassen keinen anderen Schluss zu (Znaniecki-Lopata, 1978). Selbst die möglicherweise prüden Sexualnormen der Fünfziger und Sechziger Jahre entsprachen dem subjektiven Lebensgefühl der Mehrheit der Bevölkerung, wenn man der Analyse von Edward Laumann folgt, der diese Ergebnisse der Fünfziger Jahre auch als eine Gegenreaktion auf die Erfahrungen in der NS-Zeit und der Nachkriegszeit zurückführt (Laumann et al., 1994). Der entscheidende Unterschied war nicht die Bedeutungsveränderung personaler Liebesbeziehungen, sondern das Auseinandertreten von romantischer Liebesbeziehung, Sexualität und ökonomischer Versorgergemeinschaft als Familie. Dieses Auseinandertreten hat aber weniger mit der Einstellung zu Ehe und Familie zu tun als mit der Ausdifferenzierung einer eigenständigen Lebensphase Jugend bzw. junges Erwachsenenalter, die nicht mehr von allen Beteiligten als lediglich eine Vorbereitung auf das Erwachsenenalter interpretiert und gelebt wird. Einher mit dieser Ausdifferenzierung des jungen Erwachsenenalters als eigener Lebensphase geht die zunehmende Toleranz der Eltern gegenüber der Sexualität ihrer Kinder im frühen Jugendalter, die diese Trennung erheblich mit begünstigt hat.

Dieses Auseinandertreten der beiden Bereiche der personalen romantischen Liebe und des gemeinsamen Aufbaus einer ökonomischen Versorgergemeinschaft hat aber dazu geführt, dass die Rollenmuster, die in der Industriegesellschaft innerhalb der Familie traditionellerweise geschlechtsspezifisch unterschiedlich konstruiert waren, wie weiter oben gezeigt, in der Phase des jungen Erwachsenenalters bedeutungslos geworden sind.

6.2. Sexualität

Kaum jemand hat diesen Entwicklungsprozess, der sich in den letzten 30 Jahren vollzogen hat, so genau dokumentiert wie die empirisch orientierte Sexualforschung. Wurde in den Siebziger Jahren vielfach diskutiert, ob und inwieweit die prüde Sexualmoral der Fünfziger Jahre durch freie sexuelle Beziehungen mit häufigem Wechsel der Partner – man denke an die Aufregung um die Versuche in der Kommune I und II, neue Formen sexueller Beziehungen zu entwickeln – abgelöst würde, so ist 30 Jahre später auf der Basis der vorliegenden empirischen Ergebnisse eigentlich nur festzustellen, dass intime sexuelle Beziehungen für die meisten jungen Erwachsenen nicht als etwas erlebt werden, was mit häufig wechselnden Partnern ohne Bindungen an den jeweiligen Partner praktiziert wird, sondern auch bei jungen Erwachsenen heute Liebe, Zuneigung und Treue eine erhebliche Rolle spielen, wenn man sich auf sexuelle Beziehungen einlässt. Wesentlicher Unterschied zur Elterngeneration scheint nicht zu sein, dass mit vielen Partnern gleichzeitig intime Beziehung bestehen, sondern man sich ganz entsprechend dem Modell der romantischen Liebe nur mit einem Partner einlässt, aber die Beziehung zu diesem Partner nicht als die einzige Beziehung im Lebensverlauf interpretiert. Die Einzigartigkeit der Beziehungen wird verzeitlicht, so dass nacheinander Sequenzen von Monogamiebeziehungen entstehen, was auch als „sequenzielle Monogamie“ bezeichnet wird.

Wie in Abb. 20 schon gezeigt wurde, ist die Zahl der Partner seit etwa 20 Jahren relativ stabil. Bei den bis zu 30-Jährigen sind es durchschnittlich drei bis vier Partner bzw. Partnerinnen, was natürlich eine deutliche Veränderung gegenüber der Vorstellung einer lebenslangen intimen Beziehung darstellt, sich aber im Muster zunächst vor allem durch die Zeitlichkeit von den Beziehungsmustern früherer Kohorten unterscheidet. Diese Form der Zeitlichkeit solcher Beziehungen ist aber auch im späteren Lebensverlauf typisch; aus den Studien von Laumann und seinen Mitarbeitern wissen wir, dass auch Erwachsene, die sich scheiden lassen, vor oder während der Scheidung häufig eine neue sexuelle Beziehung aufnehmen, nicht aber mehrere Beziehungen nebeneinander unterhalten (Laumann et al., 1994).

Bei den jungen Erwachsenen ist diese Form intimer und romantischer Beziehungen als Teil der eigenen Lebensphase „Jugend“ nicht eine Neugestaltung romantischer Beziehungen, sondern eine Neugestaltung dieser Lebensphase. Denn vergleicht man Studenten vom Beginn des 20. Jahrhunderts mit denen um 1968, so liegt der entscheidende Unterschied darin, dass die männlichen Studenten auch schon um die Jahrhundertwende vom 19. zum 20. Jahrhundert ein hohes Maß an vorehelicher Sexualität praktizierten, dies aber typischerweise nicht mit Frauen aus der gleichen sozialen Schicht, sondern mit Frauen aus den unteren sozialen Schichten. Dagegen galt für die jungen Frauen jener Zeit die Jungfräulichkeit bis zur Heirat als ein hohes Gut. Der entscheidende Unterschied zu heute ist nun die Veränderung der Interpretation der Jugendphase. War die Jugendphase in jener Zeit eine Vorbereitung für das Erwachsenenalter und auch eine Vorbereitungsphase für die Gründung von Ehe und Familie, so ist sie heute eine Lebensphase eigenen Rechts geworden, die auch in ihren Lebensäußerungen von der erwachsenen Generation in der Form, wie die Jugendlichen sie gestalten, weit gehend akzeptiert wird.

Dass heute die Sexualität von Jugendlichen von den eigenen Eltern weit gehend akzeptiert wird, ist auch an den Ergebnissen abzulesen, dass Eltern oft auch über die sexuellen Beziehungen ihrer Kinder informiert sind, und zudem die Sexualität der heranwachsenden Jungendlichen im Familienkontext sozialisiert wird, was Schmidt und Starke als „Familiarisierung der Jugendlichensexualität“ bezeichnen (Schmidt & Starke, 1993); diese kann neben allen positiven Aspekten von Akzeptanz und Offenheit auch kritische Aspekte von elterlicher Kontrolle und mangelnder Intimität aufweisen. Die Aufnahme intimer Beziehungen ist in diesem Sinne nicht mehr ein klares Abgrenzungskriterium von der Herkunftsfamilie, sondern Teil der Lebensgestaltung der Jugendphase, die von den Eltern nicht nur akzeptiert ist, sondern teilweise auch im familiären Kontext gelebt wird.

Diese Veränderungen haben offenkundig bestimmte Veränderungen im Verhältnis von Jungen und Mädchen zueinander mit sich gebracht. Sexualität wird nach den Ergebnissen von Schmidt und Starke nicht mehr als so triebhaft und intensiv erlebt, wie das besonders für die jungen Männer noch Anfang der Sechziger und Siebziger Jahre galt. Gleichzeitig sind die Rollenmuster bei der Entwicklung intimer Beziehungen offenkundig heute nicht mehr so festgelegt, wie sie es in der Darstellung der früheren Erhebungsgruppen noch waren. War das klassische Muster der Fünfziger Jahre in der Familie der Industriegesellschaft das Muster, dass der junge Mann die junge Frau eroberte und sie sich ihm hingab, so sind diese Prozesse heute viel egalitärer konstruiert, weil hier zwischen den Jungen und den Mädchen beziehungsweise den jungen Männern und jungen Frauen eher Aushandlungsprozesse stattfinden, wie man mit der gemeinsamen Sexualität umgeht.

Diese Ergebnisse lassen sich dahingehend interpretieren, dass beim Aufbau intimer sexueller Beziehungen, die eins der wichtigsten Elemente auch einer romantischen Liebesbeziehung darstellen, keine bestimmte Vorgaben bestehen, nach denen diese Beziehungen entwickelt werden. Vielmehr müssen diese Beziehungen, selbst wenn sich das Paar schon verliebt hat, gemeinsam besprochen, entwickelt und hergestellt, eben ausgehandelt werden. Dass Schmidt und Starke dabei gleichzeitig berichten, dass diese Beziehungen sowohl von den jungen Männern wie von den jungen Frauen viel rationaler erlebt werden, ist angesichts der Notwendigkeit, eine sehr offene Situation gemeinsam zu konstruieren, sehr gut nachzuvollziehen.

Es scheint aber plausibel zu sein, dass in dem Maße, wie selbst im privatesten und intimsten Bereich der Beziehung eines Paares eigene konstruktive Leistungen an die Entwicklung der Beziehung geknüpft sind, dies auch für die meisten anderen Bereiche einer gemeinschaftlichen, wenn auch zeitlich befristeten Lebensführung gilt. Weiter bei den Eltern zu leben mit gleichzeitig einer romantischen Liebesbeziehung zu einem Freund oder einer Freundin, funktioniert nur dann, wenn sich alle Beteiligten einschließlich der Eltern auf eine solche Situation einlassen und zumindest ein Mindestmaß an wechselseitigem Verständnis aufbringen. Unter solchen Bedingungen wird eine Ablösung vom Elternhaus kaum vollzogen werden. Vermutlich setzt eine solche Situation ganz andere Verhaltenstrategien des Paares voraus, als wenn das Paar jeweils über eine eigene Wohnung verfügt, möglicherweise an verschiedenen Orten, und diese auch aufrechterhält, weil es dafür Ausbildungs- oder berufliche Gründe gibt. Wiederum ganz andere Strategien sind zu entwickeln, wie die Paargemeinschaft strukturiert wird, wenn man in einer Wohngemeinschaft mit anderen jungen Erwachsenen zusammenlebt und dennoch in dieser Wohngemeinschaft eine Paargemeinschaft bilden will.

Wenn die Paare dann in einem Haushalt zusammenziehen, und dies hat Jean-Claude Kaufmann in seinem Buch „Schmutzige Wäsche" eindrücklich beschrieben, entstehen in diesen Dauerbeziehungen früher oder später durchaus doch wieder, funktional gut nachvollziehbar, traditionale Muster der Geschlechterrollen und der Arbeitsteilung innerhalb der Paargemeinschaft, was Kaufmann auf die unterschiedlichen, jahrhundertelang dauernden kulturellen Prozesse der Sozialisation von Jungen und Mädchen zurückführt (Kaufmann, 2005).

Aus diesen wenigen Ergebnissen zur Gestaltung einer zu entwickelnden Sexualerziehung im Jugendalter ist jedenfalls abzuleiten, dass die Entwicklung einer romantischen Liebesbeziehung nicht mehr notwendigerweise, wie Hannah Arendt das noch beschrieb, den Ausschluss aller anderen Beziehungen und die Konzentration des Paares auf die exklusive Zweierbeziehung bedeuten muss. Vielmehr kann es auch bedeuten, dass die romantische Liebesbeziehung eingebettet wird in das gemeinsame Zusammenleben mit der eigenen Herkunftsfamilie; ebenso wenig ergibt sich aus dieser romantischen Beziehung notwendigerweise die Entwicklung einer gemeinsamen Entscheidung für Kinder und die Bildung einer Versorgergemeinschaft. Demgegenüber entstehen in der Lebensphase Jugend eine Reihe neuer Optionen, die aufgrund ganz unterschiedlicher Ausgangsbedingungen auch in unterschiedlicher Weise realisiert werden. So scheint der entscheidende Unterschied zwischen der Paarbeziehung der Familie der Fünfziger Jahre und möglicherweise auch des ausgehenden 19. Jahrhunderts darin zu bestehen, dass der relativ verbindliche Zusammenhang zwischen der romantischen Liebesbeziehung und der Erweiterung dieser Liebesbeziehung um Kinder und den Aufbau einer ökonomischen Versorgergemeinschaft als Teil eines gemeinsamen Lebensprojekts, das in den gemeinsamen Lebensverlauf integriert wird, kein zentrales Thema in der Entwicklung von Beziehungen in der Jugendphase ist.

Möglicherweise haben sich nicht die Romantik der Liebesbeziehung und der Exklusivitätsanspruch an den Partner während dieser Liebesbeziehung geändert, sondern die Bedingungen des Erwachsenwerdens haben sich in der postmodernen Gesellschaft so verändert, dass heute die Verknüpfung zwischen romantischer Liebe, der Entscheidung für ein Kind, ökonomischer Versorgergemeinschaft und Haushaltsgemeinschaft nur noch eine Option unter vielen möglichen Optionen darstellt. Möglicherweise steht diese Option nicht einmal allen jungen Menschen zur Verfügung, sondern nur jenen, bei denen die klassischen Muster des Ineinandergreifens von Ausbildungsabschluss, ökonomischer Selbstständigkeit, romantischer Liebe und gemeinsamer Lebensplanung auch in der heutigen Gesellschaft noch vorhanden sind. Wir werden später die empirischen Belege für diese These zeigen.

6.3. Eltern und Kinder: Vom „unschuldigen" Kind zum Lebenspartner

Aktuell sind die sinkenden Kinderzahlen in Deutschland und Europa ein intensiv diskutiertes Thema. Die Perspektive in diesen Diskussionen ist fast immer die Perspektive der Erwachsenen, denn die Demografen berechnen entweder die durchschnittliche Kinderzahl aller Frauen im gebärfähigen Alter zwischen dem 15. bis 45. Lebensalter der Frauen (TFR = Total Fertility Rate), oder auch die Fertilität einer bestimmten Altersgruppe, die so genannte Kohortenfertilität (CTFR = Cohort Total Fertility Rate). Beide Maße sind erforderlich, weil die TFR die Veränderung der Geburtenrate unterschiedlicher Perioden in einer Gesellschaft wiedergibt; die Kohortenfertilität ist hingegen dazu geeignet, auch den Wandel der Fertilität innerhalb der Lebensverläufe von Frauen zu dokumentieren. Wenn etwa für Deutschland festgestellt wird, dass heute die Fertilität bei etwa 1,3 Kinder pro Frau liegt, ist damit die durchschnittliche Zahl der Geburten aller 15- bis 45-jährigen Frauen gemeint oder die Zahl von 130 Geburten pro 100 Frauen zwischen 15 und 45 Jahren.

Abbildung 21: Veränderung der Familiengrößen in Deutschland 1961 bis 2003

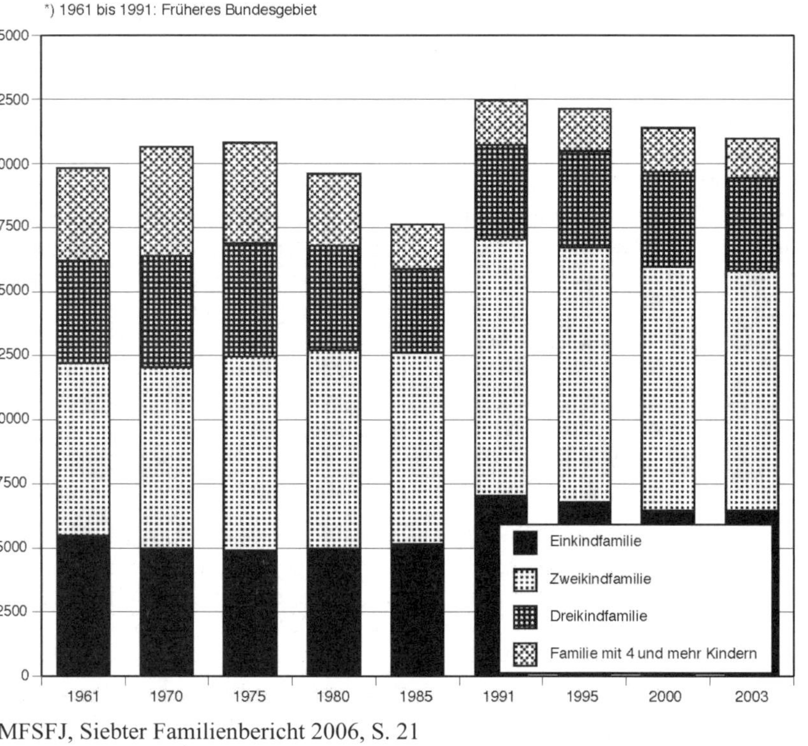

Quelle: BMFSFJ, Siebter Familienbericht 2006, S. 21

Damit ist aber nichts darüber ausgesagt, wie diese durchschnittliche Geburtenrate und der Wandel der Geburtenrate zustande kommen. Denn eine solche durchschnittliche Geburtenrate kann dadurch entstehen, dass es auf der einen Seite viele kinderlose Frauen gibt und die übrigen Frauen diese Kinderlosigkeit nicht ausgleichen können. Es ist aber auch möglich, dass alle Frauen durchschnittlich weniger Kinder gebären. Diese Fragestellung ist bei erwachsenenzentrierten Diskussionen etwa um die Sicherung der Rente oder der Innovationsfähigkeit Deutschlands wenig bedeutungsvoll, und es kommt bei solchen Fragestellungen nur auf die durchschnittliche Zahl der Kinder an. Wechselt man aber die Perspektive und betrachtet die Entwicklung aus der Sicht der Kinder, ist es zum Beispiel wichtig zu wissen, ob die meisten Kinder als Einzelkinder aufwachsen, wie es die niedrige Geburtenrate von 1,3 Kindern pro Frau nahe legt, oder liegt die Ursache dafür in der höheren Kinderlosigkeit, so dass es zwar mehr kinderlose Frauen gibt, sich aber für die aufwachsenden Kinder die Lebensverhältnisse gegenüber den Kindern früher kaum geändert haben. Daher hat der Siebte Familienbericht auch die Entwicklung des Geburtenrückgangs in Deutschland aus der Kinderperspektive dargestellt (Siebter Familienbericht, 2006).

1961 lebten in der Bundesrepublik Deutschland knapp 20 Millionen Kinder, deren Zahl bis 1975 auf etwa 21 Millionen stieg. Heute lebt diese Zahl an Kindern in ganz Deutschland. Als entscheidender Unterschied zu 1975 haben sich die Familienzusammensetzung und die Geschwisterkonstellationen deutlich verändert. Lebten 1975 gut 8 Millionen Kinder in Drei- und Vier-Kinder-Familien, sind es heute in ganz Deutschland nur noch etwas mehr als die Hälfte. Demgegenüber gibt es heute viel mehr Einzelkinder, nämlich etwa 6 Millionen gegenüber 5 Millionen Kinder im Jahr 1975.

Auch hat sich im geeinten Deutschland die Zahl der Zwei-Kinder-Familien von 7,5 Millionen auf gut 10 Millionen Kinder erhöht. War es bis Mitte der Siebziger Jahre des 20. Jahrhunderts für fast 40 Prozent aller Kinder üblich, mit zwei, drei oder mehr Geschwistern aufzuwachsen, gilt das heute nur noch für etwa 20 Prozent. Dabei zeigt der Vergleich der Zahlen von 1975 mit den Zahlen von 1985 für die alten Bundesländer, dass nicht die Ein-Kind-Familie zugenommen hat, weil es auch zu diesem Zeitpunkt nur etwa 5 Millionen Ein-Kind-Familien in Westdeutschland gab, vielmehr ist der Rückgang von 20 Millionen auf 17,5 Millionen Kinder in Westdeutschland ausschließlich auf den deutlichen Rückgang der Drei- und Vier-Kinder-Familien zurückzuführen. Die gesamtdeutsche Statistik für alle Kinder verbirgt die Tatsache, dass es in Ostdeutschland schon vor der Wende viel seltener Drei- und Vier-Kinder-Familien gab als in Westdeutschland, jedoch die Kinderlosigkeit geringer war als in Westdeutschland.

Nach diesen Zahlen wachsen auch heute noch die meisten Kinder zumindest mit einem Geschwister auf, und ein Einzelkind ist in Deutschland kaum häufiger anzutreffen als Kinder aus Drei- und Vier-Kinder-Familien. Die Zunahme der Einzelkinder, die in der Öffentlichkeit immer wieder debattiert wird, ist aus der Perspektive der Kinder zunächst nicht so dramatisch, wie es manchmal dargestellt wird. Aber die Lebenserfahrung, mit mehreren Geschwistern aufzuwachsen, sich in einer altersheterogenen Gruppe bewähren zu lernen, Solidarität in einer Gruppe ebenso zu entwickeln wie teilen zu lernen oder auch gemeinsam Spielregeln zu konstruieren, an die sich alle halten, all dies sind Aspekte einer Lebenserfahrung, die für Kinder innerhalb der Familie heute seltener ist als für die Kinder in den Sechziger und Siebziger Jahren des letzten Jahrhunderts.

Die Sozialisation durch Geschwister und die Entwicklung sozialer Kompetenzen in einer altersgemischten Gruppe sind aber Erfahrungen, die für die Entwicklung einer reifen Persönlichkeit im Erwachsenenalter von großer Bedeutung sind. Auch ohne so weit zu gehen wie Harris, die die Sozialisation durch die Geschwister für wichtiger hält als die Sozialisation durch die Eltern, so stimmen doch die meisten klassischen Entwicklungstheorien, wie etwa die Theorie der moralischen Entwicklung von Jean Piaget, aber auch die Konzepte von Urie Bronfenbrenner zur Interaktion zwischen kindlicher Entwicklung und Umwelt darin überein, dass die Erfahrung in altersgemischten Gruppen von erheblicher Bedeutung für die Entwicklung von Kindern und Jugendlichen ist. Je kleiner Familien werden, umso schwieriger wird es aber für Familien, ihren Kindern genau diese Erfahrung, die für sie von so großer Bedeutung ist, zu ermöglichen.

Aus Kindersicht bedeutet der Rückgang der Mehrkinderfamilie, dass einem zunehmend größeren prozentualen Anteil von Kindern ein Sozialisationsumfeld fehlt, das für die kindliche Entwicklung von zentraler Bedeutung ist, weil in der Frühphase der kindlichen Entwicklung ja nicht nur die kognitive Entwicklung stimuliert wird, sondern auch die sozialen Kompetenzen von Kindern grundlegend beeinflusst werden.

Betrachtet man aber nicht nur die unmittelbare Ebene der Sozialisation von Kindern und die Veränderung ihres Sozialisationsumfeldes, sondern die gesamtgesellschaftliche Entwicklung, so kann die zunehmende Kinderlosigkeit, besonders bei qualifizierten Frauen, auch direkt und indirekt das Leben der Kinder in Familien beeinflussen. Darauf hat Franz-Xaver Kaufmann aufmerksam gemacht und formuliert eine These der Polarisierungstendenzen zwischen denjenigen, die Kinder haben, und denjenigen ohne Kinder (Kaufmann, 1995). In Gesellschaften mit zunehmender Kinderlosigkeit besteht in seinen Augen die Gefahr, dass diejenigen, die sich für Kinder entscheiden, zunehmend in eine Position geraten, in der sie die Interessen ihrer Kinder gegen die Interessen der Kinderlosen durchsetzen müssen. Denn bei zunehmender Kinderlosigkeit verschwinden Kinder auf der einen Seite häufig aus den Planungsvorstellungen in den Kommunen, und andererseits dient der Geburtenrückgang zur Begründung der Reduktion von Leistungen im Bereich der vorschulischen und schulischen Bildung oder zur Begründung, die Universitäten nicht auszubauen, weil in Zukunft die Studentenzahlen zurückgehen. Als Folge verschlechtern sich die Lebensumstände der jetzt lebenden und aufwachsenden Kinder zunehmend, weil sie in den gesellschaftlichen Planungsentscheidungen immer weniger berücksichtigt werden.

Die demografische Dividende, die dadurch entsteht, dass die Zahl der Kinder geringer wird und dadurch insgesamt weniger Leistungen für die nachwachsende Generation aufgebracht werden müssen, wird in einer Gesellschaft mit solchen Polarisierungstendenzen dazu genutzt, andere Altersgruppen, die etwa wie die Rentner an Zahl zunehmen, zu unterstützen, statt die demografische Dividende dazu zu nutzen, die Lebenssituation und Lebensperspektiven der weniger werdenden Kinder zu verbessern. Das ist nicht nur eine Spekulation. Vergleicht man etwa die Kinderarmut in Europa mit der Armutsgefährdung im Alter, so ist für ganz Europa festzustellen, dass das Risiko von Kindern, unter die Armutsgrenze zu sinken (Kap. 8.4), viel größer als für die ältere Generation (Bradshaw, 2005). Man kann Kaufmann dahingehend interpretieren, dass Kinder und Familien in modernen Gesellschaften zunehmend in eine Minderheitenposition geraten, die ihre Interessen nur schwer durchsetzen können (Zinnecker, 2001).

Das Verschwinden der Mehrkinderfamilie als Veränderung für die Lebenserfahrung von Kindern wie auch die von Kaufmann beschriebenen Polarisierungstendenzen sind sicherlich Gefahren, die sich aus dem demografischen Wandel, wie er in den vorhergehenden Abschnitten beschrieben wurde, ergeben. Doch darf man nicht verkennen, dass aus der Sicht einer Familie die Beschränkung der Kinderzahl auch im Interesse der Kinder sein kann. Darauf hat als einer der ersten der Nobelpreisträger Gary S. Becker hingewiesen (Becker, 1982). Denn wenn Eltern die Zahl ihrer Kinder beschränken, das heißt die Quantität, besteht die Möglichkeit, dass sie ihre persönlichen und ökonomischen Ressourcen stärker auf die verbleibenden Kinder konzentrieren und in diesem Sinne stärker in die Qualität ihrer Kinder investieren. Für dieses Argument von Becker gibt es mindestens zwei gewichtige empirische Belege. Zum einen zeigen viele Forschungen, dass große Familien mit vier und mehr Kindern, selbst bei Kontrolle der sozialen Herkunft, ihren Kindern nicht die gleichen Bildungschancen ermöglichen wie kleinere Familien (Schneewind & Ruppert 1995). Das ist relativ gut nachvollziehbar, weil die vorhandenen Ressourcen der Eltern, selbst bei einer größeren Effizienz der Eltern mit mehreren Kindern, einfach auf mehrere Kinder verteilt werden müssen. Das gilt eben nicht nur für finanzielle Ressourcen, sondern auch für die Aufmerksamkeit, die Möglichkeit, sich um ein einzelnes Kind zu kümmern oder auch gemeinsam in der Gruppe zu kommunizieren. Bei einer größeren Gruppe bedeutet das einfach, dass der Einzelne seltener zu Wort kommt.

Der Fünfte Familienbericht hat sich schwerpunktmäßig mit der Frage der Entwicklung des Humankapitals in modernen Gesellschaften auseinandergesetzt. Er zeigt, dass Eltern heute, selbst wenn sie nur zwei Kinder bis zum 18. Lebensjahr unterstützen, rund 250.000 Euro aufwenden müssen (Fünfter Familienbericht, 1994). Dabei zeigt dieser Familienbericht auch, dass die Kosten mit zunehmendem Alter der Kinder höher werden. Vergleicht man diese Aufwendungen, die bei studierenden Kindern ja noch viel länger dauern als bis zum 18. Lebensjahr, mit den Aufwendungen der Generation der heutigen Eltern, waren diese Investitionen damals, bezogen auf das einzelne Kind, viel geringer. Wenn Mitte der Sechziger Jahre etwa 5 Prozent eines Altersjahrgangs studierten (Picht, 1964) und 35 Prozent eines Jahrgangs gleich nach Beendigung der Volksschule mit 14 Jahren zu arbeiten begannen, dann haben die Eltern damals zwar mehr Kinder gehabt, aber die finanziellen Aufwendungen waren zeitlich viel begrenzter als heute. Mit einiger Sicherheit lässt sich sagen, dass die Eltern, die sich heute in der Kinderzahl begrenzen, offenkundig viel mehr in die Entwicklung dieser einzelnen Kinder investieren, als das früher üblich war.

Die Polarisierungsthese von Kaufmann macht aber auch deutlich, dass dieses Verhalten der Eltern nicht notwendigerweise mit dem Verhalten der gesamten Gesellschaft korrespondiert. Wenn etwa heute 40 bis 50 Prozent eines Jahrganges das Abitur ablegen und 40 Prozent eines Jahrganges studieren sollen, dann müsste ja entsprechend dieser deutlichen Steigerung gegenüber den 5 Prozent Abiturienten eines Altersjahrgangs in den Sechziger Jahren trotz des Rückgangs der Kinderzahlen viel mehr im schulischen Bereich und bei den Hochschulen investiert werden als damals. Wir werden später noch darauf zurückkommen, aber können hier schon feststellen, dass Deutschland im Bereich der vorschulischen Bildung und in der Entwicklung von Konzepten für die Ganztagsschule oder auch in der Entwicklung von angemessenen Studiengängen in kleinen intensiven Gruppen weiter entfernt ist als andere Länder.

Abbildung 22: Bevölkerung mit Hochschulabschluss nach Altersgruppen (in Prozent der Altersgruppe)

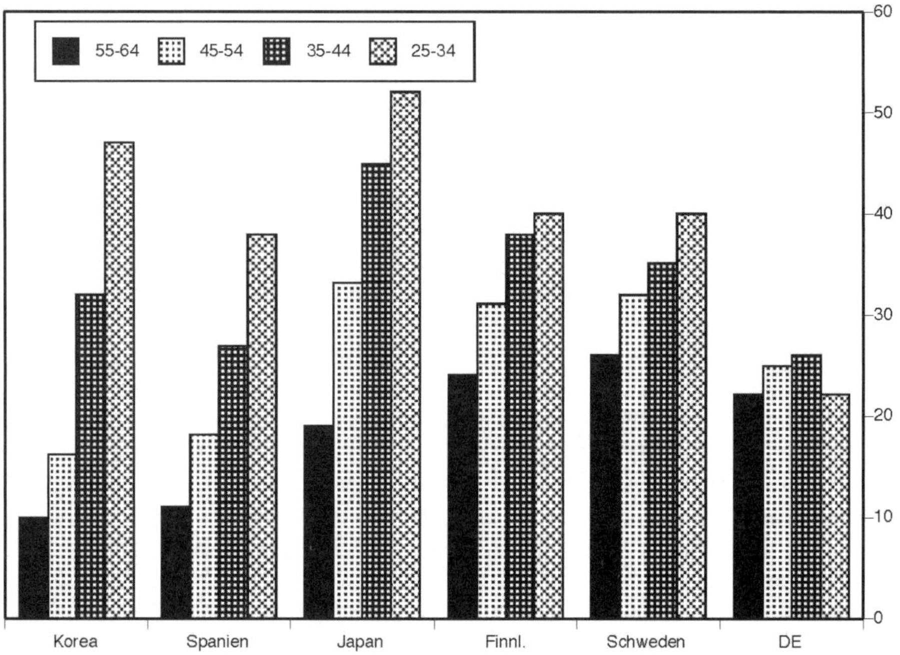

Quelle: Bergheim, S. 2006, S. 9

Nach Abb. 22 haben Japan, Korea oder Spanien, die in ähnlicher Weise mit dem Geburtenrückgang konfrontiert sind wie Deutschland, die eingesparten Mittel in Folge der geringeren Kinderzahlen dazu genutzt, mehr in die vorhandenen Kinder zu investieren, und dies mit den entsprechenden Erfolgen, wie es diese Abbildung ausweist. Leider ist Deutschland bis heute diesen Beispielen nicht gefolgt.

Aus Sicht der Kinder ergibt sich aus dem demografischen Wandel eine paradoxe Situation. Auf der individuellen Ebene der Familie ist die Bereitschaft der Eltern, in die Entwicklung ihrer Kinder mehr zu investieren und sich dafür bei der Zahl der Kinder zu beschränken, deutlich gewachsen mit der Konsequenz, dass sich die Lebenschancen vieler Kinder, sich aus dieser Perspektive heraus in unserer Gesellschaft zu entwickeln, deutlich verbessert haben. Auf der gesamtgesellschaftlichen Ebene ist jedoch festzustellen, dass die demografische Dividende der zurückgegangenen Kinderzahlen in Deutschland nicht genutzt wurde, um entsprechend diesem größeren Investment der Eltern auch bessere Bedingungen im vorschulischen und schulischen Bereich zu schaffen. Vermutlich wird gehofft, dass sich die höheren Qualifikationen der Kinder quasi natürlich in der Gesellschaft entwickeln werden. Aus diesem Missverhältnis heraus, auch darauf werden wir noch zu sprechen kommen, lässt sich relativ gut erklären, warum sich ausgerechnet in Deutschland die sozialen Differenzierungen bei den Lebens- und Bildungschancen seit den Sechziger Jahren kaum geändert haben. Denn wenn es im wesentlichen auf die Eltern ankommt, welche Chancen Kinder im Leben haben, dann wird als logische Konsequenz die Bedeutung der Eltern immer stärker, je größer die Qualifikationserwartungen der Gesellschaft an die nachwachsende Generation sind.

Der demografische Wandel hat aber aus der Sicht der Kinder noch zwei weitere Veränderungen ihrer Position in der modernen Gesellschaft mit sich gebracht. Das „unschuldige Kind" des 19. Jahrhunderts bedurfte vor allem des Schutzes der Familie, nämlich der fürsorglichen Zuneigung der Mutter und der ökonomischen Unterstützung durch den Vater, um sich entsprechend seiner Möglichkeiten zu entwickeln. Als Konsequenz dieser gesellschaftlichen Vorstellung wurden Kinder zunehmend aus der Welt der Erwachsenen entfernt und wuchsen in eigenen, von den Erwachsenen getrennten Räumen auf (Zinnecker, 2001). Das war auf der einen Seite die Familie, in der sie vor allem mit der Mutter zusammen waren, die ebenso wie die Kinder vom ökonomischen Leben getrennt war, und auf der anderen Seite die Schule und die weiteren für Kinder sich entwickelnden Institutionen, wie der Kindergarten, die sicherstellen sollten, dass sich die Kinder unabhängig von den Verhältnissen des Lebens möglichst lange ihre Unschuld bewahren konnten. Dieses Bild vom Kind hat sich parallel zu den höheren Qualifikationserwartungen an Kinder und den höheren Investitionen in die Qualifikation von Kindern gewandelt. Heute dominiert in den wissenschaftlichen Diskursen die Sicht, dass Kinder Entdecker ihrer Umwelt sind, dass es eine frühe und intensive Förderung ihrer sprachlichen und kognitiven Fertigkeiten ihnen erleichtert, die gestiegenen Anforderungen, die die Gesellschaft heute an ihren Nachwuchs stellt (Waldfogel, 2006), auch tatsächlich zu erfüllen. Kinder werden heute nicht mehr als unschuldige Subjekte gesehen, sondern als eigenständig handelnde Subjekte interpretiert, die zwar des Schutzes ihrer Eltern bedürfen, die enge Beziehung zu ihren Eltern brauchen und von ihnen gefördert werden müssen. Dennoch ist das Bild des Kindes heute stärker von der selbstständigen Entdeckerfähigkeit des Kindes bestimmt. Entsprechend versuchen die öffentlichen Debatten um die Förderung von Kindern viel stärker als früher, diese Einsichten miteinander zu verknüpfen. Diese Veränderung lassen sich beispielsweise an den aktuellen Diskussionen um die Rolle der Frühförderung von Kindern in Krippe und Kindergarten ablesen. Der Zwölfte Kinder- und Jugendbericht weist diesen Einrichtungen entsprechend diesem Wandel einen eigenständigen Bildungsauftrag zu, um eben die Kinder hier nicht nur zu betreuen und zu verwahren (Zwölfter Kinder- und Jugendbericht, 2005).

Diese Veränderung des Bildes vom Kind bezieht sich aber nicht nur auf die frühkindliche Entwicklung, sondern hat auch etwas mit den Veränderungen der Lebensverläufe in der Gesellschaft zu tun. Kinder und Eltern verbringen heute eine längere Zeit miteinander als die meisten Partner und Ehepaare. Zwischen 55 und 60 Jahren dauert das gemeinsame Leben eines erstgeborenen Kindes mit seiner Mutter und zwischen 50 und 55 Jahren mit seinem Vater. Nach den Analysen von Lauterbach lag noch zu Beginn des 20. Jahrhunderts aufgrund des Ersten Weltkrieges die gemeinsame Lebenszeit von Eltern und Kindern, gemessen am erstgeborenen Kind und dem Vater, bei 17 Jahren (Lauterbach, 1995). Die gewonnenen Jahre in den Lebensverläufen von Vater und Mutter bedeuten gleichzeitig eine längere gemeinsame Lebenszeit von Eltern und Kindern.

Als Ergebnis dieses veränderten Prozesses zeichnet sich auch ein neues Verhältnis zwischen Eltern und Kindern im Laufe eines solchen langen gemeinsamen Lebens ab.

Sind die Kinder zunächst abhängig und schutzbedürftig, können Eltern nicht ausschließen, dass sie selbst später die Hilfe und Unterstützung ihrer Kinder benötigen. Kinder sind nicht mehr nur unschuldige und schutzbedürftige Geschöpfe, die erwachsen werden müssen, sondern sie werden in einem langen Lebensverlauf auch zu den Partnern ihrer Eltern. So gut wie keine Sozialisationstheorie der Fünfziger und Sechziger Jahre hat diesen Wandel in den Eltern-Kind-Beziehungen angemessen berücksichtigt, wie wir später noch diskutieren. Denn bei einer nur kurzen gemeinsamen Lebenszeit mussten die Eltern früher viel daran setzen, dass ihre Kinder möglichst bald auf eigenen Beinen stehen, weil sie nicht sicher sein konnten, überhaupt das Erwachsenwerden ihrer Kinder zu erleben. Demgegenüber müssen Eltern heute darüber nachdenken, wie sie ihr Leben und das Leben ihrer Kinder so gestalten, dass sie ein Leben lang miteinander umgehen können. Aus unschuldigen Kindern, die zur Selbstständigkeit geführt werden müssen, werden lebenslange Partner.

Die Entwicklung einer eigenständigen Jugendphase, die Verzeitlichung der romantischen Liebesbeziehungen in dieser Lebensweise ohne gleichzeitigen Aufbau einer Haushaltsgemeinschaft und Versorgungsgemeinschaft hat auch erhebliche Auswirkungen auf die Eltern-Kind-Beziehungen. Da die Kinder, auch wenn sie rechtlich volljährig sind, überwiegend von den Eltern ökonomisch abhängig sind und die jungen Männer erst mehrheitlich nach dem 24. bis 25. Lebensjahr aus dem Elternhaus ausziehen, sind die Eltern heute ökonomisch in vielen Fällen die Garanten für diese Lebensführung der nachwachsenden Generation und gleichzeitig auch diejenigen, die weiterhin mit ihren inzwischen erwachsenen Kindern eine Hausgemeinschaft bilden. Nach den Zahlen des Fünften Familienberichts investieren Eltern heute in zwei heranwachsende Kinder bis zum Abschluss des Studiums genauso viel oder sogar mehr Geld als Eltern in den Sechziger Jahren für das ökonomische Selbstständigwerden ihrer drei oder vier Kinder investieren mussten (Fünfter Familienbericht, 1994). Denn in diesem Modell war die ökonomische Eigenständigkeit eines jungen Mannes spätestens mit dem Abschluss der Lehre erreicht, also mit 19 bis 20 Jahren, ebenso war die ökonomische Selbstständigkeit einer jungen Frau, wenn sie eine Lehre absolvierte, zum gleichen Zeitpunkt erreicht, obwohl ein großer Prozentsatz besonders der Mädchen nach dem Abschluss der Volksschule als ungelernte Arbeiterinnen eine Fabrikarbeit aufnahm, um für die Aussteuer zu sparen. Ludwig von Friedeburg konnte in seinen Jugenduntersuchungen noch Anfang der Sechziger Jahre zeigen, dass die Mehrheit der Eltern der Meinung war, eine Ausbildung sei eigentlich nur für Jungen erforderlich, für die jungen Frauen hingegen die Aussteuer, damit sie in die gemeinsame Ehe und zu gründende Haushaltsgemeinschaft etwas einbringen können (Friedeburg, 1968).

Heute sind die Vorstellungen und Erwartungen an junge Männer und junge Frauen hinsichtlich ihrer Ausbildung völlig verändert und deutlich gestiegen, und damit haben sich für einen großen Teil der jungen Erwachsenen die Möglichkeiten zu einer frühen ökonomischen Selbstständigkeit verringert. Diese Entwicklung konnte durch die Summe der ökonomischen Investitionen der Eltern bis in das junge Erwachsenenalter aufgefangen werden. Allerdings ist aus Untersuchungen zu Eltern-Kind-Beziehungen bekannt (Bertram, 1978), dass junge Erwachsene frühzeitig beginnen, selbst auch Einkommen zu erwirtschaften, um einen Teil ihrer eigenen Lebensführung zu finanzieren. Die jungen Erwachsenen handeln ebenso wie ihre Eltern in dieser neuen Situation mit den veränderten Übergangsbedingungen in das Erwachsenenalter ökonomisch ebenso verantwortlich wie ihre Eltern und versuchen, die Situation durch befristete Arbeitsverhältnisse und kleinere Jobs aufzufangen. Aber der Tatbestand bleibt bestehen, dass für einen großen Prozentsatz junger Erwachsener die Versorgergemeinschaft und die Haushaltsgemeinschaft weiterhin auf die Eltern bezogen ist und nicht auf einen Partner oder Partnerin, dem oder der man in romantischer Liebe verbunden ist.

Die Beziehungen zwischen Eltern und Kindern sind heute viel mehr durch das längere Zusammenleben von weniger Kinder mit ihren Eltern geprägt als in der Generation der Großeltern und Eltern, in der das familiäre Zusammenleben stärker durch viele jüngere Kinder mit ihren Eltern bestimmt war, weil die heranwachsenden Geschwister relativ frühzeitig das Elternhaus verließen. Diese Veränderung der Familienzusammensetzung und Familienbeziehungen ist einhergegangen mit einer grundsätzlichen Veränderung der elterlichen Erziehungsvorstellungen und des elterlichen Erziehungsverhaltens gegenüber ihren Kindern. Die Shell-Jugendstudien (Hurrelmann & Albert, 2002) als Replikation von Jugendstudien aus den Sechziger, Achtziger und Neunziger Jahren (Allerbeck & Hoag, 1985) zeigen, dass Jugendliche und junge Erwachsene das Verhältnis zu den eigenen Eltern heute viel positiver einschätzen als in den Fünfziger Jahren. Ähnliches kommt in den Studien zur Jugend- und Studentensexualität zum Ausdruck (Schmidt, 1993); hier hat sich bei den Eltern seit etwa Anfang der Siebziger Jahre eine deutliche Liberalisierung der Erziehungsvorstellungen und Erziehungsstile durchgesetzt. Dieser Liberalisierungsschub ist keinesfalls nur in Deutschland zu beobachten, sondern hat offenkundig sowohl in den USA wie in vielen Ländern Europas, und zwar sowohl in West- wie in Osteuropa, das Verhältnis der heranwachsenden Kindern zu ihren Eltern auf eine neue Basis gestellt, die mit dazu beigetragen hat, dass die jungen Erwachsenen nicht mehr, wie in den Fünfziger und Sechziger Jahren, möglichst schnell aus dem Elternhaus ausziehen wollen, sondern den Übergang vom Elternhaus in andere Wohnformen eher als einen kontinuierlichen Prozess gestalten.

Auch wenn die Sozialisationsforschung sich bisher nur wenig um die Konsequenzen der veränderten elterlichen Erziehungseinstellungen für die jungen Erwachsenen beziehungsweise Jugendlichen und für deren weiteren Lebensweg interessiert hat, weil die elterlichen Erziehungseinstellungen immer nur Bezug auf sehr kleine Kinder untersucht werden, so gibt es doch inzwischen eine Reihe von Längsschnittstudien, die die Konsequenzen dieses epochalen Wandels aufzeigen. So zeigten Snarey und Vaillant in einer Vier-Generationenstudie, dass das Verhältnis der Eltern zu ihren Kindern im Übergang von der Kindheit zum Jugendalter für den späteren Lebensverlauf und das Verhältnis der Eltern zu ihren Kindern und der Kinder zu ihren Eltern von erheblicher Bedeutung ist (Snarey & Vaillant, 1993). Wenn Eltern in dieser Phase, die lange Zeit auch als Latenzphase bezeichnet wurde, bereit sind, den Lebensvorstellungen und den individuellen Entscheidungen ihrer Kinder jenen Respekt entgegenzubringen, den sie auch ihren eigenen Entscheidungen gegenüber entwickeln, und wenn sie ihre Kinder in diesem Alter als Personen betrachten, die durchaus schon selbstständig ihre eigenen Entscheidung treffen können, dann sind offenkundig die Chancen, dass die Eltern-Kind-Beziehungen über den Lebensverlauf auch dann noch gut sind, wenn die Kinder erwachsen sind, recht gross. Versuchen sie aber, ihre eigenen Vorstellungen durchzusetzen und respektieren die kindlichen Lebensentwürfe und Lebensvorstellungen eher nicht, so sind die Spannungen, die in dieser Lebensphase zwischen den Eltern und den Kindern entstehen, so tief greifend, dass sie sich auch noch im späteren Leben auf das Verhältnis von Eltern und Kindern auswirken. Ganz offenkundig hat der Liberalisierungsschub in den Erziehungsvorstellungen der Eltern in den Siebziger Jahren mit dazu beigetragen, dass Eltern und Kinder heute noch zu einer Zeit zusammenleben und im wechselseitigen Erleben angemessen miteinander umgehen, zu der die eigene Elterngeneration sich längst von den eigenen Eltern getrennt und ein neues, von diesen unabhängiges Leben aufgebaut hatte.

Vermutlich erklären diese Veränderungen im Eltern-Kind-Verhältnis auch, dass besonders für viele junge Männer das „Hotel Mama“ ein Lebensort geworden ist, an dem es sich attraktiv leben lässt, selbst wenn man ökonomisch schon auf den eigenen Füßen steht. Noch in den Siebziger Jahren thematisierte die Literatur zur Sozialisationsforschung (Caesar, 1972) das autoritäre Verhalten der Väter besonders gegenüber den Söhnen und die damit verbundenen Konflikte, was sich als Thema heute kaum noch findet. Die Liebesbeziehung zu einem Partner oder einer Partnerin, der oder die in einen solchen familiären Kontext eingebunden lebt, führt jedenfalls nicht zu jener Exklusivität, die Hannah Arendt meinte, und sie ist auch nicht Anlass, um mit dem Partner oder der Partnerin eine ökonomische Versorger- und Haushaltsgemeinschaft zu begründen. Schon gar nicht gibt es in einer Liebesbeziehung, die in einen solchen Kontext eingebettet ist, Anreize, diese Beziehung mit dem Partner um Kinder zu erweitern, sondern der Anreiz in einer solchen Beziehungen ist es lediglich, die Beziehung als solches aufrechtzuerhalten, was unter den gegebenen Umständen durch ein Kind eher gefährdet würde, weil dann die Versorgergemeinschaft mit den Eltern aufgegeben werden müsste. Daher ergibt sich für eine Liebesbeziehung in einem solchen Kontext zunächst nichts anderes als das subjektive und persönliche Beziehungsgefüge zu einem geliebten Menschen, das aber strukturell eingebettet ist in die Herkunftsfamilie und den Freundeskreis. Eine darüber hinaus wirkende Bedeutung wie in der Familie der Industriegesellschaft kommt einer solchen Beziehung nicht mehr zu. In der industriegesellschaftlichen Familie war die Partnerschaft zu einer geliebten Person ein wichtiger Antrieb, um sich aus dem Elternhaus zu lösen und mit dem Partner nun eine gemeinsame eigene Zukunft zu gestalten, während die Liebesbeziehung in dem hier geschilderten Kontext eine Ergänzung zu bereits bestehenden anderen befriedigenden sozialen Beziehungen wird.

6.4. Die Bedeutung der Geschwister

Zwar hat die Zahl der Familien mit drei und vier Kindern abgenommen, dennoch wachsen auch heute noch die große Mehrzahl aller Kinder mit einem oder zwei Geschwistern auf. Dabei geht Hullen in seiner Prognose der Entwicklung der Kinderzahlen sogar davon aus, das der zukünftige Rückgang der Kinderzahlen eher auf die Familien mit einem oder zwei Kindern zurückzuführen sein wird (Hullen, 2005). Dies Annahme lässt sich theoretisch mit der Polarisierungshypothese begründen. Denn Eltern, die sich für Kinder entschieden haben, tun das sehr bewusst und sind dann auch mehrheitlich der Meinung, dass Kinder mit Geschwistern aufwachsen sollten. Diese

Gruppe unterscheidet sich in der Lebensführung und Lebensperspektive deutlich von denjenigen, die ihr Leben ohne Kinder gestalten.

Die Bedeutung der Geschwister für die Sozialisation der Kinder wird evident, wenn man nicht den Haushalt als Einheit zugrundelegt, sondern die im Haushalt lebenden Kinder zur Bezugsgröße nimmt. Denn selbst wenn nur in 8 Prozent der Familienhaushalte drei oder mehr Kinder aufwachsen, sind dies aus Kindersicht etwa 24 bis 30 Kinder auf 100 Familien. Wenn zudem noch in etwa 60 Prozent der Familien zwei Kinder aufwachsen, sind das aus der Sicht der Kinder wiederum 120 Kinder auf 100 Familien, die im Geschwisterverbund aufwachsen, und nur die letzten rund 30 Prozent oder 30 Kinder auf 100 Familien wachsen ohne Geschwister auf. So ist die These sicher richtig, dass die Bedeutung der Familie in derselben Altersgruppe, das heißt in der horizontalen Verwandtschaft, an Bedeutung verloren hat (Nave-Herz, 2002), aber gleichzeitig durch das längere Zusammenleben im Familienverband die Bedeutung der Geschwisterbeziehung im Lebensverlauf deutlich zugenommen hat. Daher sind auch die Thesen, durch die Pluralisierung der Lebensverhältnisse und infolge der vielen Scheidungsfamilien und Alleinerziehenden sei die Bedeutung der Geschwister für die kindliche Entwicklung und die Entwicklung der Jugendlichen und jungen Erwachsenen zurückgegangen, mit erheblicher Skepsis zu betrachten. Carr zeigt in einem internationalen Vergleich von unterschiedlichen Alterskohorten, dass Geschwister hinsichtlich ihrer beruflichen Entwicklung, ihres Einkommens und ihrer gesellschaftlichen Position in den von ihnen untersuchten Alterskohorten jeweils hochgradig gleichförmige Ergebnisse aufwiesen (Carr et al., 2002). Die internationale Forschung zeigt immer wieder, dass sich Geschwister aus denselben Familien hinsichtlich ihrer Entwicklung im späteren Leben ähnlicher sind als Kinder aus unterschiedlichen Familien mit gleichem sozialen und ethnischen Hintergrund.

Abbildung 23: Entwicklung der Familien mit einem, zwei und mehr Kindern (Makrosimulation bis 2030)

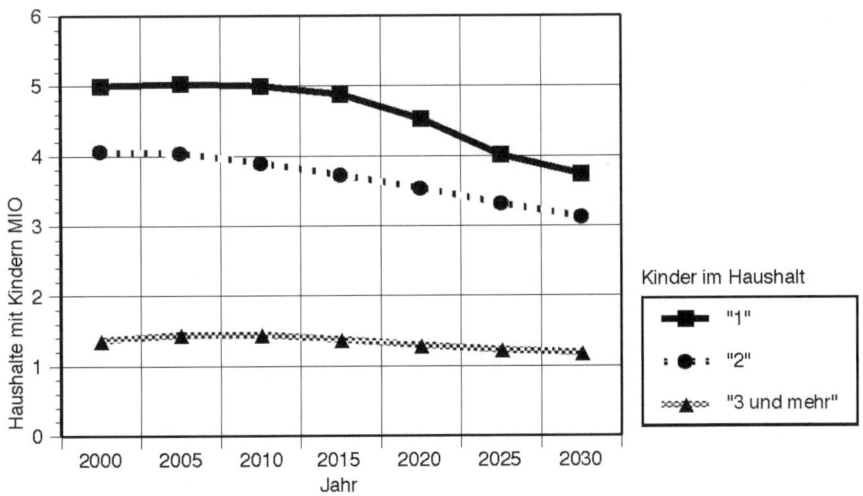

Quelle: Hullen, G. 2005, S. 28

Andere Forschungsergebnisse zeigen, dass die Familiengröße einen tendenziell eher negativen Effekt auf die berufliche Entwicklung von Kindern aus größeren Familien hat, was sich in Längsschnittuntersuchungen bei Kontrolle des sozialen Hintergrunds empirisch bestätigen lässt (Iacovou, 2001). Aus solchen Untersuchungen wird allerdings auch deutlich, dass diese Effekte auch von dem Ausmaß abhängen, ob und wie gut diese Familien und ihre Kinder in den umgebenden sozialen Kontext integriert sind. Je besser die Einbindung der Kinder in die Umwelt ist und je mehr solche familiären Lebensformen unterstützt werden, um so geringer fallen die negativen Effekte von größeren Familien aus (Borgers et al., 1995).

Ruigrok, Donkers und Mach haben die Bedeutung der Geschwister und die Stellung der Geschwister innerhalb der beruflichen Struktur einer Gesellschaft in Polen untersucht unter der expliziten Fragestellung, ob und inwieweit der Einfluss der kommunistischen Gesellschaftsordnung beziehungsweise der Orientierung der Eltern an dieser Gesellschaftsordnung durch ihre Mitgliedschaft in der kommunistischen Partei Polens sich auf den beruflichen Erfolg von Geschwistern auswirkt. Sie finden zunächst ähnliche Ergebnisse wie in anderen Ländern, dass sich nämlich Geschwister hinsichtlich ihres Erfolges ähnlicher sind als Kinder mit gleichem sozialen Hintergrund, die aber keine Geschwister sind (Ruigrok et al., 1996). Sie zeigen aber darüber hinaus, dass die Entscheidung der Eltern, sich politisch eindeutig zu positionieren, auf diesen Effekt keinen Einfluss hat. Allerdings finden sie in der jüngsten Geschichte gegenüber den Kriegs- und Nachkriegszeiten eine viel stärkere Ähnlichkeit mit den älteren Geschwistern als in den älteren Generationen, was sie als ein Hinweis darauf interpretieren, dass die Bedeutung der Familie auch davon abhängt, wie stabil eine Gesellschaft jeweils erlebt wird: In schwierigen und unsicheren Zeiten scheint die Bedeutung der Familie eher zu wachsen als zu sinken. Diese Forschungsergebnisse ließen sich noch fortsetzen und bestätigen viele Untersuchungen, die Robert Hauser und andere in den Siebziger und Achtziger Jahren vorgelegt haben (Hauser, 1998; Kasten 1993a,b).

Diese soziologische Betrachtungsweise der Bedeutung der Geschwister für den gemeinsamen Lebensweg wirft natürlich die Frage auf, wie dieser geschwisterliche Einfluss aufeinander entsteht und wie er zu interpretieren ist. Diese Fragestellung wird von Psychologen und in jüngerer Zeit auch zunehmend von Entwicklungsbiologen bearbeitet. Während die soziologische Literatur mit geringen Abweichungen die oben berichteten Zusammenhänge für unterschiedliche kulturelle Kontexte und zu unterschiedlichen historischen Zeitpunkten reproduzieren kann, ist die Frage der innerfamilialen Geschwisterbeziehungen und ihrer Bedeutung für die Entwicklung des Einzelnen im Lebensverlauf wie aber auch für die weitere Entwicklung der Beziehungen der Geschwister zueinander ein aktuell kontroverses Thema der Familienforschung.

Auf der einen Seite hat Frank Sulloway auf der Basis einer Fülle von historischem Material versucht herauszuarbeiten, dass die Geschwisterposition in der Familie ganz erhebliche Konsequenzen für das soziale Handeln der Kinder und auch für ihre Entscheidungen im späteren Lebensweg hat (Sulloway, 1997). Sulloway fand in komplexen Datenanalysen zunächst heraus, dass Darwins zum damaligen Zeitpunkt unkonventionelle Vererbungstheorien überwiegend von solchen Wissenschaftlern akzeptiert wurden, die selbst ebenso wie Darwin Nachgeborene in ihrer eigenen Geschwisterreihe waren. Er folgerte daraus, dass die nachgeborenen Kinder mit ihren älteren Geschwistern um die Aufmerksamkeit der Eltern konkurrieren, und da in einer solchen Geschwisterkonstellation die Rolle desjenigen, der sich mit den Eltern besonders identifiziert und es ihnen besonders gleichtun will, durch den oder die Erstgeborenen besetzt ist, bleibt den Nachgeborenen nur die Möglichkeit, sich in anderer und eben eher unkonventioneller Weise die Aufmerksamkeit der Eltern zu sichern („born to rebel"). Er versuchte diese Thesen auf einer breiten empirischen Basis zu belegen unter Mitarbeit auch von historischen Fachkollegen, die mit ihm die Lebensläufe von Wissenschaftlern und Politikern aus früheren Jahrhunderten klassifizierten.

Als ein aber wesentlich empirisch-historisch arbeitender Wissenschaftler erhielt er auf der einen Seite von Fachkollegen aus diesem Bereich eine Fülle von Unterstützungen für seine Forschungen, aber mindestens ebenso viel, zum Teil heftige Kritik (Townsend, 1997, 2000). Das hat zwei Ursachen. Auf der einen Seite vertreten inzwischen eine Reihe von Autoren die Auffassung, dass die Ähnlichkeiten zwischen Geschwistern nicht den Einfluss der Eltern oder den Einfluss der Geschwister während des Zusammenlebens und der kindlichen Sozialisation widergeben, sondern schlicht Ausdruck der Tatsache sind, dass die genetischen Dispositionen dieser Kinder aus einer biologisch gemeinsamen Familie einander ähnlicher sind als die genetischen Dispositionen von Kindern aus Familien der gleichen sozialen Lage, aber unterschiedlichen Familien. Das heißt, der von Soziologen gefundene Effekt, dass Geschwister ein höheres Maß an beruflicher Ähnlichkeit und Erfolg oder Misserfolg aufweisen, selbst bei statistischer Kontrolle vieler soziologischer Variablen, wird als Hinweis darauf gewertet, dass diese Ähnlichkeit nichts mit dem konkreten Handeln der Eltern oder auch der Geschwister zu tun habe, sondern die gemeinsame genetische Basis die zentrale Ursache sei (Pinker, 2002; Harris, 1999). Dabei stützen diese Autoren ihre Argumentation auf eine Reihe von empirischen Studien, die die konkrete Interaktion innerhalb von Familien und Geschwistergruppen untersuchten und hier nur geringe oder gar keine Effekte der Geschwisterposition und Ähnlichem fanden.

Auf der Basis seiner Analysen von historischen Lebensverläufen einer Vielzahl von Wissenschaftlern und anderen bekannten historischen Persönlichkeiten arbeitet Sulloway etwa heraus, dass nachgeborene Kinder häufiger dazu neigen, aus familiären und gesellschaftlichen Vorgegebenheiten auszubrechen und auf unterschiedliche Weise zu rebellieren und auch eher bereit sind, sich neuen und unkonventionellen Dingen zu öffnen. Hingegen orientieren sich die Erstgeborenen stärker an ihren Eltern und deren Wertvorgaben und Perspektiven und entwickeln einen eher konventionellen Habitus. Er erklärt das mit der Stellung in der Geschwisterfolge: Besonders Erstgeborene haben oft die Rolle des elterlichen Lieblings inne und versuchen, sich vor allem die Vorstellungen und Perspektiven der Eltern anzueignen und zu realisieren. Dagegen kommen für die Nachgeborenen, besonders die dritten und vierten Kinder, solche Rollen nicht mehr infrage, um mit dem Erstgeborenen um die elterliche Aufmerksamkeit zu konkurrieren. Daher müssen sie sich im Konzert der Familie anders positionieren; sie versuchen das häufig durch nicht konformes Verhalten zu erreichen, von der Rolle des Clowns und anderen nichtkonformen Rollen bis zum „Nesthäkchen", die wir alle aus unserer Alltagserfahrung kennen. Solche familiäre Rollen können nach Sulloway auch dazu führen, dass die Nachgeborenen besonders innovationsfreudig sind und sich dadurch hervortun, besonders unkonventionelle Lebenswege einzuschlagen oder revolutionäre Ideen zu entwickeln. Auch wenn Sulloway seine These durch eine eindrückliche Liste von Wissenschaftlern, etwa Darwin, empirisch untermauern kann, ist eine solche Sichtweise auf die Rollenkonstellation von Familien heute vielleicht nicht mehr so angemessen wie in historischen Zeiten.

Kasten geht davon aus, dass die von Sulloway in den Mittelpunkt gestellte Konkurrenz der Kinder um die Aufmerksamkeit der Eltern lediglich einen Faktor innerfamiliärer Beziehungen und der Persönlichkeitsentwicklung der Geschwister darstellt, der bei der Analyse zur Bedeutung der Geschwisterkonstellation um andere Faktoren zu ergänzen ist (Kasten, 1993a,b). So sind in einer Leistungsgesellschaft Kinder, ob sie wollen oder nicht, in der Schule oder auch im Sportverein einem ständigen Leistungsvergleich und Bewährungsprozess mit anderen unterworfen. Diese Leistungskonkurrenz ist besonders ausgeprägt bei Kindern, die täglich in eng vertrauter Umgebung zusammen sind, weil hier viele Leistungsvergleiche auch außerhalb schulischer und anderer gesellschaftlicher Kontexte möglich sind. Zudem können Eltern solche Vergleiche durch ihre Erziehungsmethoden auch noch verstärken. Da Geschwister heute viel länger als noch in der Generation ihrer Eltern zusammenleben, dauern diese engen und teilweise rivalisierenden Beziehungen auch länger und prägen diese Kinder und Jugendlichen und jungen Erwachsenen möglicherweise länger als in früheren Generationen.

Gleichzeitig aber sind die Familie und damit auch die Geschwister natürlich auch Basis gemeinsamen Handelns und gelebter Solidarität. Das bedeutet wiederum, dass auch die wechselseitige Unterstützung, die man durch Familie und Geschwister erfährt, heute in langer und vermutlich intensiver Weise die eigene Lebensentwicklung beeinflusst. Denn ähnlich wie bei der Interpretation der länger dauernden Eltern-Kind-Beziehungen bedeutet die Entwicklung einer neuen Partnerschaft auch in Bezug auf die Geschwister nicht unbedingt, sich nun klar von der Herkunftsfamilie und damit auch den eigenen Geschwistern abzugrenzen, um eine neue Gemeinschaft und eine neue Familie zu gründen, vielmehr wird das bestehende Beziehungsgefüge erweitert. So bedeutet die Exklusivität der Liebesbeziehung heute nicht mehr, sich von der Herkunftsfamilie zu trennen, sondern diese in die Beziehungen zur Herkunftsfamilie zu integrieren, so dass die jetzt entstehenden Familienbeziehungen ihrer Struktur nach eine erweiterte Herkunftsfamilie darstellen, wenn auch in dieser Erweiterung nicht notwendigerweise auf Dauer angelegt; jedoch ist eine Lösung von den Geschwistern unter diesen Umständen ebenso wenig zu erwarten wie die von den Eltern.

6.5. Die Großeltern

Die länger dauernden Beziehungen zwischen Eltern, heranwachsenden Kindern und ihren Geschwistern bei gleichzeitiger Verkleinerung der Kinderzahl, sowie die Einbeziehung von Partnerschaftsbeziehungen bei jungen Erwachsenen, wenn sie noch Mitglied der Versorgergemeinschaft ihrer eigenen Herkunftsfamilie sind, machen deutlich, dass in dieser Lebensphase die Familie der Eltern nicht dem Muster der isolierten Kernfamilie entspricht, sondern auch bei bestehender Versorgungsgemeinschaft der Herkunftsfamilie intime Beziehungen und persönliche Solidarität bestehen, die über den Haushalt und die Versorgergemeinschaft deutlich hinausweisen.

Dieser Wandel dokumentiert die Veränderungen der Lebensphase „Jugend“ (Achter Jugendbericht, 1990; Böhnisch et al., 1988; Gaiser et al., 1985), in der sich heute offensichtlich die ökonomische Abhängigkeit vom Elternhaus mit dem Aufbau neuer Beziehungen außerhalb der Haushaltsgemeinschaft des Elternhauses vereinbaren lässt. Die Lebensphase der Jugend oder der jungen Erwachsenen entspricht in ihrer eigenständigen Struktur nicht dem klassischen Modell des dreigeteilten Lebensverlaufs und zeigt, dass Familiengründung und Loslösung von der Herkunftsfamilie nicht mehr notwendigerweise die Elemente für die Eigenständigkeit der jungen Erwachsenen darstellen wie noch in den Fünfziger und Sechziger Jahren.

Die zu beobachtenden fließenden Übergänge von familialen Beziehungen innerhalb der Herkunftsfamilie zu Personen auch außerhalb der Herkunftsfamilie zeigen sich in anderer Weise auch bei den Beziehungen zwischen den Eltern, den Kindern und den Großeltern. In Kapitel 3.2 wurde bereits der Begriff der „Intimität auf Distanz“ eingeführt, um zu verdeutlichen, dass zwischen den inzwischen erwachsenen Kindern und den alt gewordenen eigenen Eltern Beziehungen von wechselseitiger Unterstützung bestehen, die nicht mehr an den individuellen Haushalt der Familie der Kinder oder der alt gewordenen Eltern gebunden sind. Die Bedeutung dieser Beziehungen wird in unserer Gesellschaft schon deswegen unterschätzt, weil wir, noch ganz in der Tradition von Max Weber und anderer Klassiker aus Philosophie, Jurisprudenz und Soziologie, die Familie mit der Versorgergemeinschaft im Haushalt und dem wechselseitig Füreinander-Einstehen als Einheit begreifen, ohne zu erkennen, dass der Staat diese Einheit selbst aufgebrochen hat, ohne aber die Beziehungen zerstören zu können. Die eigenständige Haushaltsführung der älteren Generation, die selbst nicht mehr erwerbstätig ist, war nur möglich, weil mit der Dynamisierung der Renten seit Ende der Fünfziger Jahre das Einkommen der Rentnergeneration nicht mehr von den Erträgen der eigenen Lebensarbeit abhängt, sondern als Umlagesystem der wirtschaftlichen Entwicklung und Prosperität der Bundesrepublik Deutschland geschuldet ist. Diese ökonomische Selbstständigkeit der Rentnergeneration hat zusammen mit der deutlich gestiegenen Lebenserwartung überhaupt erst dazu geführt, dass auch die nicht mehr erwerbstätigen alten Menschen ein eigenständiges und selbst bestimmtes Leben unabhängig von ihrer Familie führen können.

Diese Selbstständigkeit und die damit verbundene Möglichkeit zu individueller Lebensführung unabhängig von den eigenen Kindern hat auf der einen Seite die Zahl der Ein-Personen-Haushalte deutlich erhöht, aber die Beziehungen zwischen den Generationen auf der anderen Seite nicht infrage gestellt. Diese Einsicht ist nicht neu, vielmehr hat Hans-Paul Bahrdt schon 1967 am Beispiel der damals steuerlich geförderten Einliegerwohnungen herausgearbeitet, wie der Staat Rahmenbedingungen zu Individualisierung und Singularisierung schafft, die von den Menschen dann entsprechend, möglicherweise anders als vom Staat intendiert, genutzt werden. Denn viele der Einliegerwohnungen in den damals neu entstehenden Stadtrandsiedlungen, so zeigt Bahrdt, wurden von den Familien genutzt, um das ersehnte Eigenheim im Grünen zu bauen und gleichzeitig die mit dieser Regelung verknüpften steuerlichen Vorteile zu nutzen, aber in diesen Wohnungen die eigenen Eltern oder den jeweiligen Hinterbliebenen unterzubringen (Böhnisch et al., 1988; Bahrdt, 1967). Statistisch waren viele dieser Einliegerwohnungs-Haushalte Ein-Personen-Haushalte und wurden als Ausdruck jenes vielfältig beschriebenen Individualisierungsschubs gewertet, obwohl es sich hierbei eigentlich um Ein-Personen-Haushalte in einem direkten Beziehungsverbund zur Familie handelte.

So haben auch die verschiedenen Familiensurveys (Bertram, 1991; 1992; 1995; Bien & Marbach, 2003) gezeigt, dass 1988 wie 1995 und 2000 der Prozentsatz der Eltern, die in der Nähe ihrer Kinder, aber im eigenen Haushalt wohnte, die Angaben des Statistischen Bundesamtes zu den Mehr-Generationen-Haushalten weit übersteigen. Aber nicht nur die räumliche Nähe ist ein klarer Hinweis darauf, dass die Beziehungen zwischen den Generationen in den letzten Jahrzehnten eher zu- als abgenommen haben, sondern auch die bestehenden Kommunikations- und Interaktionsstrukturen zwischen der Enkel-, der Eltern- und der Großelterngeneration. In einer groß angelegten Studie mit 4000 Befragten über 65 Jahren (Bertram, 1995) konnte nicht nur gezeigt werden, dass die Beziehungen zwischen den alt gewordenen Eltern und ihren Kindern sowie den Enkeln den größten Teil der Beziehungsmuster der Altengeneration ausmacht, sondern dass auch die Erwartungen, wer im Pflege- und Unterstützungsfall die entsprechenden Leistungen erbringen solle, ganz eindeutig familiär konzentriert sind.

Abbildung 24: Kontakthäufigkeit zu Familienmitgliedern nach Wohnentfernung

Beziehungskategorie	**Wohnentfernung**					
	Haushalt	**gleiches Haus**	**Nachbarschaft**	**gleicher Ortsteil**	**gleicher Ort**	**Gesamt**
Partner	6814 98%	121 97%	128 95%	189 91%	228 90%	8204
Kinder	8180 99%	302 94%	226 80%	278 61%	273 49%	11721
Eltern	2246 97%	888 96%	801 80%	975 59%	726 39%	13221
Schwiegereltern	183 95%	552 97%	488 67%	564 41%	401 24%	9453
Großeltern	127 98%	104 93%	89 76%	55 47%	46 27%	1220
Enkel	31 100%	40 100%	57 87%	94 73%	62 59%	508

Die Zahlenangaben beziehen sich auf die im Familien-Survey von den befragten Personen (ca. 10000) jeweils benannten Familienmitglieder, zu denen sie mindestens „mehrmals pro Woche oder häufiger" Kontakt haben; „Gesamt" entspricht der Summe der in der jeweiligen Kategorie benannten Familienmitglieder; die Prozentangaben beziehen sich auf die Anteile der Kontaktkategorien. Lesebeispiel: Wenn die Kinder im selben Haushalt mit dem Befragten leben, besteht zu 99% ein häufiger Kontakt, mindestens mehrmals pro Woche oder häufiger; wenn die Kinder in der Nachbarschaft leben, trifft das in 80% der Fälle zu, wenn sie weiter entfernt, aber im selbst Ort wohnen, zu 49%.

Quelle: Bertram, H. 1991, S. 35

Interessanterweise wird dabei diese Erwartung nicht nur von der älteren Generation auf die jüngere bezogen, sondern umgekehrt ist auch die jüngere Generation bereit, diesen Erwartungen zu genügen. Allerdings ist diese Erwartung, wie im Siebten Familienbericht deutlich formuliert wurde, nicht notwendigerweise auf eine dauerhafte Pflege hin konzentriert; vielmehr werden die wechselseitigen Unterstützungsleistungen eher in Notfällen erwartet, bei denen man gewiss sein möchte, dass jemand da ist, der sich um einen kümmert. Auch die Kommunikations- und Interaktionsstrukturen bei Hochbetagten (Dannenbeck, 1995) sind stark auf die nachwachsende Generation konzentriert, denn in dem Maße, wie diejenigen sterben, mit denen man im Lebensverlauf in der gleichen Altersgruppe kommuniziert hat, und keine neue Beziehungen aufgebaut werden, erfolgt ein deutlicher Rückgriff auf die eigene Familie.

Die verschiedenen Alterns-Studien (Kohli & Kühnemund, 2003; Tesch et al., 2002) zeigen zudem, dass auch die ältere Generation in erheblichem Umfang bereit ist, die Enkel und die eigenen Kinder ökonomisch zu unterstützen, selbst wenn sie nicht Teil des Haushalts und der Versorgungsgemeinschaft sind. Diese Multilokalität familialer Beziehungen zeigt zum einen, dass der Haushalt als Versorgungsgemeinschaft nicht mehr in allen Fällen als Definitionskriterium von Familie und familialer Solidarität herangezogen werden kann. Gleichzeitig wird aber auch deutlich, dass hier zwischen den Generationen Bindungen und Beziehungen bestehen, die natürlich auch die Frage aufwerfen, ob und inwieweit die alt gewordene Generation der Eltern sich über diese Bindungen und finanziellen Transferleistungen Einfluss auf die nachwachsende Generation der Kinder oder der Enkel „erkaufen" will.

Frank Furstenberg ist dieser Frage nachgegangen; er fasst die Ergebnisse seiner Studie für die USA dahingehend zusammen, dass der Liberalisierungsschub der letzten 30 Jahre, der sich im Verhalten der Eltern zu ihren heranwachsenden Kindern zeigt, auch vor der älteren Generation nicht Halt gemacht hat (Furstenberg, 1996). Auf der Basis von qualitativen Interviews zeigt Furstenberg, dass die Eltern sehr genau wissen, dass die Beziehungen zu ihren erwachsenen Kindern und auch zu ihren Enkelkindern nur dann zufrieden stellend funktionieren, wenn darin für beide Seiten Reziprozität erkennbar ist. Möglicherweise ist das nicht nur darauf zurückzuführen, dass innerhalb des familiären Kontextes heute ein höheres Maß an liberalen Wertvorstellungen herrscht, sondern auch darauf, dass für die heutige Rentnergeneration durch ihre ökonomische Selbstständigkeit ein hohes Maß an individueller und selbstständiger Lebensführung möglich ist. Ohne sich täglich im Familienkontext in den Kleinigkeiten des Alltags arrangieren zu müssen, lässt sich recht genau aushandeln, wo wechselseitig Anpassungsleistungen zu erbringen sind und wo nicht. Indem die Umlagerente die Partizipation an der wirtschaftlichen Entwicklung ermöglicht, werden damit möglicherweise die staatlich induzierten Individualisierungsprozesse als wichtige Voraussetzung dafür geschaffen, dass die familiären Beziehungen im liberalen Wertekontext der modernen Gesellschaft eben als „Intimität auf Distanz" überhaupt zu realisieren sind. Einschränkend ist zu diesen Ergebnissen allerdings zu sagen, dass wir bisher im Detail nur wenig über die kommunikativen Beziehungen zwischen den Generationen wissen, weil entsprechende Forschungsstrategien von Mehrgenerationenuntersuchungen und Netzwerkanalysen, die genauere Kenntnisse über solche Prozesse ermöglichten, bis heute noch sehr selten sind.

6.6. Familie und Solidarität zwischen den Generationen

Dieses Buch ist wesentlich auf die Entwicklung im Kindes- und Jugendalter ausgerichtet, so dass hier die Entwicklung der Lebensrolle im Alter nicht im Einzelnen diskutiert werden kann. Allerdings kann die Rolle der älteren Generation auch in Bezug auf die nachwachsende Generation neu interpretiert werden. Lange ging man davon aus, dass Eltern mit Kindern im Alter zwischen 15 und 20 Jahren in einer „Sandwich"-Position seien, indem sie einerseits noch für ihre Kinder zu sorgen, aber andererseits auch Verpflichtungen zur Pflege der älteren Generation zu übernehmen hätten. Der Siebte Familienbericht (2006) zeigte, dass diese Annahme durch den Anstieg der Lebenserwartung und die damit auch verbundenen Vitalitätsgewinne der 55- bis 70-Jährigen nicht den empirischen Tatsachen entspricht. Denn Pflege- und Unterstützungsleistungen für die ältere Generation werden erst im höheren Lebensalter nachgefragt, etwa nach dem 75. bis 80. Lebensjahr. Die Wahrscheinlichkeit, die eigenen Eltern zu unterstützen und auch möglicherweise zu pflegen, tritt heute unter einer Lebensverlaufsperspektive zu einem Zeitpunkt ein, zu dem die eigenen Kinder schon relativ selbstständig ihre eigenen Wege gestalten. Zudem ist die ökonomische Situation der Generation über 65 Jahren heute besser als in deren Elterngeneration, da der Anteil in dieser Altersgruppe, der unter der relativen Armutsgrenze lebt, heute erheblich geringer ist als bei den Kindern oder auch der mittleren Altersgruppe (Eggen, 2003).

Leopold Rosenmayr hatte schon in den Siebziger Jahren vermutet, dass die sozialen Sicherungssysteme, die den Großeltern die ökonomische Unabhängigkeit von der nachwachsenden Generation gewährleisten, viel dazu beitragen, dass das Verhältnis der Generationen zueinander in Deutschland und in anderen Ländern mit ähnlichen Sicherungssystemen verhältnismäßig entspannt ist. Jedenfalls liegen keine empirischen Ergebnisse vor, die Generationenkonflikte als Frage eines ökonomischen Verteilungskampfes zwischen den Generationen nachweisen (Bertram, 1997).

Auch Rosenmayrs Argument der Intimität auf Distanz, die es den Großeltern ermöglicht, mit ihren Kindern und Enkeln Kontakt zu halten, ohne sich im alltäglichen Umgang ständig abstimmen und anpassen zu müssen, gewinnt auch dadurch Plausibilität, weil aus Sicht der alt gewordenen Eltern, selbst bei großer Mobilität der Kinder, eins der Kinder in relativ geringer Distanz zu den eigenen Eltern lebt, so dass auch ein unkomplizierter Umgang und ein häufiges Treffen möglich ist (Kohli & Szydlik, 2007). Die ökonomische Unabhängigkeit der Großeltern und das eigenständige Wohnen bei relativ besserer Gesundheit macht es dieser Großelterngeneration nicht nur möglich, ein relativ selbstständiges und autonomes Leben zu führen, sondern auch aktiv und unterstützend am Leben der Kinder und Enkel teilzuhaben. Diese aktive Teilhabe drückt sich nicht nur in erheblichen ökonomischen Transfers von der Großelterngeneration insbesondere auf die Elterngeneration aus, der auf einen zweistelligen Milliardenbetrag jährlich geschätzt wird (Kohli, 2007), sondern auch darin, dass Großeltern ihre Kinder bei der Betreuung der Enkel vor allem dann unterstützen, wenn die Kinder plötzlich krank werden oder die Eltern eine reguläre Betreuung kurzfristig nicht organisieren können. Das gilt für Eltern in Westdeutschland ebenso wie in Ostdeutschland, wie in einem Städtevergleich von Berlin, Hamburg und Stuttgart gezeigt werden konnte (Hennig, 2006).

Aber die Großeltern ergänzen und unterstützen die Eltern und die kindliche Entwicklung ihrer Enkel nicht nur in den privaten Beziehungen in einer für die Beteiligten meist sinnvollen Weise, sondern engagieren sich auch über den privaten Bereich hinaus. Das geschieht etwa in Lesepatenschaften, um Kinder mit Schwierigkeiten bei der deutschen Sprache zu unterstützen, oder als Mentoren für Jugendliche im Übergang von der Schule zum Beruf. Solche Aspekte zivilgesellschaftlichen Handelns zeigen, dass die ältere Generation inzwischen für die Enkelgeneration Formen eines gesellschaftlichen Engagements entwickelt, die in dieser Form historisch relativ neu sind. Unsere überkommenden Vorstellungen von Teilhabe an der Gesellschaft sind mehr oder weniger ausschließlich über die ökonomische und berufliche Teilhabe definiert und konnten bislang noch nicht abgelöst werden durch neue Vorstellungen der Teilhabe von Menschen, die nicht mehr beruflich engagiert, aber noch leistungsfähig und auch leistungsbereit sind, um sich gesellschaftlich sinnvoll zu engagieren (Zukunftsbericht Baden-Württemberg, 2004).

Insoweit ist zunächst für die Generationenbeziehungen in unserer Gesellschaft festzuhalten, dass die viel beschworenen Generationenkonflikte bisher jedenfalls nicht einmal im Ansatz erkennbar sind. Diese wurden als Verteilungskonflikte antizipiert in der Befürchtung, dass die nachwachsende Generation nicht bereit sei, die entsprechenden Leistungen für die Rente der älteren Generation aufzubringen, und die ältere Generation in eine Verteidigungssituation gebracht würde. Ganz im Gegensatz zu diesen Vorstellungen ist das Verhältnis zwischen den Generationen von den Großeltern zu den Enkeln eher als unterstützend zu interpretieren, wobei aus Sicht der Enkel die Beziehung zu den Großeltern deutlich als Gewinn interpretiert wird (Szydlik, 2007).

Fragen zum Text

1. Diskutieren Sie die Konzepte von Leidenschaft und Ökonomie in der Paargemeinschaft!
2. Was meint Gunter Schmidt mit „Enttraditionalisierung“ der bürgerlichen Ehe?
3. Welche Konsequenzen hat die „Enttraditionalisierung“ für die innerfamiliären Rollenmuster?
4. Erläutern Sie das Konzept der „sequenziellen Monogamie“!
5. Wie unterscheidet sich die Sexualität junger Erwachsener heute von der ihrer Großeltern?
6. Diskutieren Sie die „Familialisierung der Jugendlichensexualität“ kritisch!
7. Welche Konsequenzen hat der Rückgang der Mehrkinderfamilie, gesamtgesellschaftlich und individuell für die Kinder und die Eltern?

8. Beschreiben Sie den Wandel vom „unschuldigen Kind“ zum „Kind als Entdecker seiner Umwelt“ und diskutieren Sie die Konsequenzen für das Verhältnis zwischen Eltern und Kindern!

9. Diskutieren Sie die Polarisierungsthese von Franz-Xaver Kaufmann!

10. Diskutieren Sie das geänderte Verhältnis von horizontalen und vertikalen Verwandtschaftsbeziehungen im Familiensystem!

11. Beschreiben Sie die Bedeutung der Geschwisterbeziehung über den Lebensverlauf!

12. Diskutieren Sie die Konsequenzen der Geschwisterposition in der Familie für das Handeln der Kinder und ihre Entscheidungen im späteren Lebensweg (Frank Sulloway)!

7. Kindliche Entwicklung in sozial-ökologischer Perspektive

Die Vorstellung von Familie als einer gemeinsamen Herstellungsleistung aller Familienmitglieder im Lebensverlauf in unterschiedlichen verwandtschaftlichen und nachbarschaftlichen Kontexten widerspricht dem klassischen Modell familiärer Sozialisation, wie es Talcott Parsons entwickelt hat. Denn in seinem Modell wird angenommen, dass der Vater die beruflichen Werte, die er im Rahmen seiner eigenen beruflichen Sozialisation entwickelt hat, an seinen Sohn weitergibt, wohingegen die Werte innerfamiliärer Solidarität und Fürsorge von der Mutter an die Töchter vermittelt werden. In einer sich stark wandelnden Gesellschaft ist ein solches Modell schon deswegen unplausibel, weil die beruflichen Wertvorstellungen der Väter etwa als Facharbeiter kaum den Anforderungen der modernen flexiblen und mobilen Arbeitswelt entsprechen. Das gilt nach 25 Jahren Bildungsreform und der Emanzipation der jungen Frauen aus tradierten Mustern der klassischen Hausfrauen- und Mutterrolle noch viel stärker für die heutigen jungen Frauen, die in der Berufswelt ebenso wie die jungen Männer Flexibilität, Durchsetzungsfähigkeit und zweckrationales Verhalten zeigen müssen, um sich dort zu bewähren.

Aber nicht nur die Tradierung beruflicher Werte und Einstellungen von der Elternauf die Kindgeneration ist in einer sich stark wandelnden Gesellschaft kritisch zu hinterfragen. Vielmehr stellt sich auch die Frage, ob denn die Väter und Mütter, die selbst in ihrem Lebensverlauf mit ganz unterschiedlichen familiären Lebenssituationen und beruflichen Herausforderungen fertig werden müssen, solche beruflichen Werte und familiären Einstellungen entwickelt haben, die sie völlig unabhängig von den unterschiedlichen Herausforderungen im Lebensverlauf immer in gleicher Weise vertreten. Obwohl die Annahme des sozialen Wandels und der Ausdifferenzierung von Lebensverläufen es wenig plausibel macht, dass berufliche Werte und familiäre Einstellungen in einer Weise tradiert werden, wie es noch Parsons vermutete, erfreut sich das dahinter liegende Modell, die soziale Herkunft der Eltern beeinflusse entscheidend den schulischen und beruflichen Lebensweg ihrer Kinder, bis heute in der Wissenschaft und der Öffentlichkeit einer großen Akzeptanz. Das klassische Modell der schichtspezifischen Sozialisationsforschung geht davon aus, dass die Ausbildung, das Prestige und das Einkommen der Eltern, und damit ihr soziales Kapital, ihr Humankapital und ihr ökonomisches Kapital sich durch die berufliche Sozialisation der Eltern zu ihrem Sozialcharakter herausgebildet haben, der seinerseits zu bestimmten Erziehungs- und Sozialisationsstilen führt, die nun wiederum den Schul- und Berufserfolg der Kinder erheblich beeinflussen. Begabungsfaktoren werden in diesen Modellen ebenso wie die Einflüsse anderer Kontexte eher gering eingeschätzt.

Abbildung 25: Mehrebenenmodell der schichtspezifischen Sozialisationsforschung

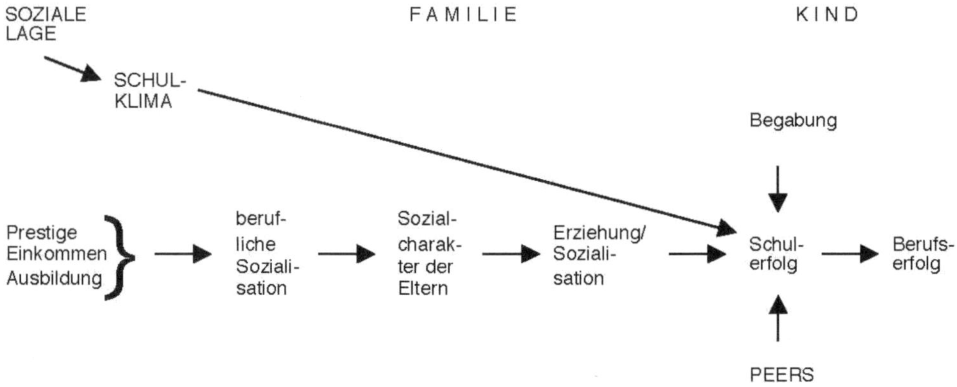

Quelle: Bertram, H. 1981, S. 94

Abbildung 26: Die Mathematikleistungen und der soziokulturelle Hintergrund 15-jähriger Schüler

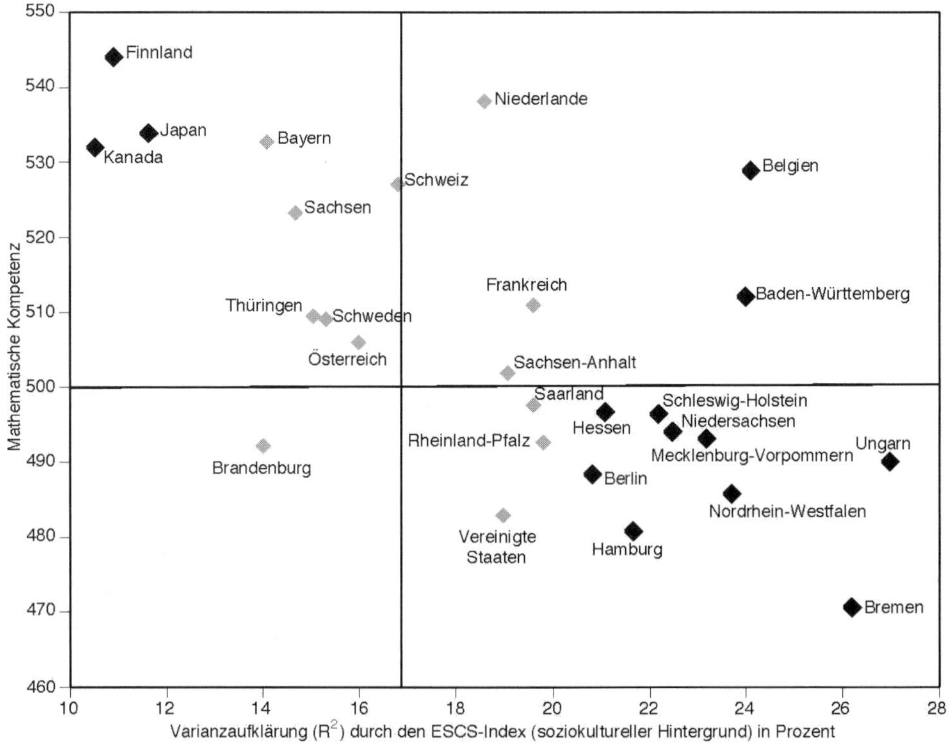

Anmerkung: Dunkel hinterlegte Datenpunkte unterscheiden sich bezüglich der Varianzaufklärung durch den ESCS signifikant vom OECD-Durchschnitt

Quelle: Prenzel, M. et al., 2005, S. 31

Dieses klassische Modell der schichtspezifischen Sozialisationsforschung mit der Betonung der sozialkulturellen und sozio-ökonomischen Ressourcen der Eltern wird auch noch in den PISA-Studien verwandt (Prenzel et al., 2004; Prenzel et al., 2005). Ihre Autoren weisen darauf hin, dass im internationalen Vergleich etwa 17 Prozent der Unterschiede in der mathematischen Kompetenz bei 15-jährigen Schülern auf den soziokulturellen Hintergrund des Elternhauses zurückgeführt werden können (2004: 31), wobei dieser Zusammenhang in Deutschland mit 22,9 Prozent besonders eng sei (vgl. Abb. 26).

Allerdings macht die von ihnen selbst publizierte Abbildung diese Aussage zunichte, weil drei Bundesländer, nämlich Bayern, Sachsen und Thüringen, einen eher schwach ausgeprägten Zusammenhang zur sozialen Herkunft aufweisen, der sich kaum von den Spitzenreitern Finnland, Japan und Kanada unterscheidet. Die regionalen Variationen zwischen den Bundesländern Bayern und Baden-Württemberg mit überdurchschnittlichen Kompetenzleistungen, aber einer ganz unterschiedlichen Bedeutung der sozialen Herkunft bei sonst relativ gleicher Sozialstruktur zeigt eindrücklich, dass Modelle, die dem klassischen Modell der schichtspezifischen Sozialisationsforschung folgen, kaum geeignet sind, diese Variationen zu erklären. Die Autoren der PISA-Studie sehen dieses Problem auch und konzentrieren sich entsprechend ihrer pädagogischen Orientierung im wesentlichen auf Fragen der innerschulischen Organisation beziehungsweise der Schulform. Diese kann aber nur eine einzige Variable darstellen, weil auch die Variationen zwischen den Ländern mit ähnlicher Schulstruktur, wie Bayern und Baden-Württemberg oder auch Finnland und Schweden, augenfällig darauf verweisen, dass noch weitere Faktoren eine Rolle spielen müssen.

Dieses Beispiel verdeutlicht aber das Anliegen der bio-ökologischen Ansatzes von Urie Bronfenbrenner. Dieser hat seinen Ansatz in den Siebziger Jahren entwickelt, also zu den Hochzeiten der schichtspezifischen Sozialisationsforschung, auf der Basis der Erkenntnis, dass die kindlichen Reaktionen auf die Vielzahl der damals entwickelten Interventionsprogramme zur Verbesserung der Bildungsbeteiligung von Kindern und Jugendlichen aus benachteiligten Schichten auf diese Programme ganz unterschiedlich waren, je nachdem, in welchem familiären, nachbarschaftlichen, ethnisch heterogenen oder homogenen Kontext die Kinder, die an diesem Programm teilnahmen, lebten (Bronfenbrenner, 1953; Bronfenbrenner, 1979; Moen et al., 2001). Die Ergebnisse dieser Programme wurden nach Bronfenbrenners Auffassung durch die Lebensumwelt der Kinder und die dynamische Veränderung dieser Lebensumwelt sowie die Auseinandersetzung der Kinder mit diesen Änderungen und der Lebensumwelt beeinflusst. Konsequenterweise versuchte er ein Modell zu formulieren, das die Komplexität der Lebensumwelt der Kinder und ihre Aktivität in dieser Lebensumwelt zu erfassen versucht, gleichzeitig aber so strukturiert ist, dass auch noch empirische Analysen der Wirkungen bestimmter Maßnahmen möglich sind wie auch Empfehlungen für die pädagogische Praxis.

Bronfenbrenner geht von der Erkenntnis aus, dass die menschliche Entwicklung nur dann angemessen verstanden werden kann, wenn die Beziehungen des Individuums zu anderen Menschen wie aber auch die Einbettung des Individuums und seiner Beziehungen in den sozial-kulturellen Kontext ebenso berücksichtigt werden wie die natürlichen physiologischen und biologischen Bedingungen der Entwicklung und der Lebensumwelt (Bronfenbrenner, 2001). Diese Perspektive schafft aber auch die Möglichkeit, die unterschiedlichen Disziplinen, die sich mit der menschlichen Entwicklung auseinandersetzen, zu integrieren, und stellt sicher, dass die Dynamik der individuellen Entwicklung, der Familienentwicklung, des sozialen und institutionellen Kontextes, in dem sich die Entwicklung vollzieht, so berücksichtigt wird, dass auch die wechselseitigen Beeinflussungen thematisiert und theoretisch wie empirisch berücksichtigt werden können (Griffore & Phenice, 2001).

7.1. Das „Person-Prozess-Kontext-Zeit"-Modell (PPCT)

Das „Prozess-Person-Kontext-Zeit"-Modell (Person-Process-Context-Time) von Urie Bronfenbrenner beschreibt diese Wechselwirkungen sehr genau und ermöglicht es damit auch, die Wandlungsprozesse, wie sie in den vorhergehenden Kapiteln beschrieben wurden, angemessen zu berücksichtigen, ohne diese Prozesse von vornherein als Krisenphänomene zu interpretieren oder aber die Stabilität familiärer Beziehungen unter Rückgriff auf anthropologische Voraussetzungen der menschlichen Existenz allein zu rechtfertigen (Bronfenbrenner, 1977; Bronfenbrenner, 1979; Bronfenbrenner & Morris, 1998).

Unter Prozess versteht Bronfenbrenner den Entwicklungsprozess, der die menschliche Entwicklung ermöglicht und voranbringt. Dieser Entwicklungsprozess ist teilweise biologisch vorgegeben, weil die menschliche Entwicklung, und zwar nicht nur die körperliche Entwicklung, sondern auch die emotionalen, die sprachlichen und kognitiven Aspekte bestimmten allgemeinen Entwicklungsregulationen unterliegen. Dieser Prozess wird aber auch durch die dynamische Beziehung zwischen individueller Entwicklung und Umwelt gesteuert. Ein Kind, dessen Eltern wenig Wert auf Sprache und Sprachentwicklung legen und ihm deswegen nur wenig vorlesen, wird ohne Zweifel zu sprechen beginnen und auch die Muttersprache beherrschen, denn das ist Teil des allgemeinen oder universellen Entwicklungsprozesses. Dennoch sind die Entwicklungsmöglichkeiten in diesem Kontext anders als bei Eltern, die viel Wert auf Sprache legen, die ihre Kinder sprachlich fordern und fördern, ihnen viel vorlesen und mit ihnen intensiv kommunizieren (Brooks-Gunn et al., 1993; Britto & Brooks-Gunn, 2001).

Damit leitet Bronfenbrenner auch einen Perspektivenwechsel bei der Diskussion um die Bedeutung von Anlage und Umwelt ein. Während in der klassischen Diskussion um die Bedeutung biologischer Faktoren für die kindliche Entwicklung vor allem die Frage gestellt wurde, in welchem Umfang anlagebedingte Faktoren die kindliche Entwicklung bestimmen, führt die Prozessperspektive von Bronfenbrenner zu der Frage, wie anlagebedingte Faktoren, die Lebensumwelt des Kindes, seine Interaktionspartner und seine wachsende Lebenserfahrung den kindlichen Entwicklungsprozess vorantreiben. Der Umgang des Kindes mit Menschen, Objekten und Symbolen beruht auf der Interaktion zwischen Organismus und Umwelt, was aber als wechselseitiger Prozess zu sehen ist. Oder in Bronfenbrenners Formulierung: „Von Anfang an ändert der Organismus die Umwelt, das Interne wird extern und wird in diesem Prozess transformiert" (Bronfenbrenner, 2005, S. 176).

Die Ressourcen des Individuums, sich zu entwickeln, hängen also nicht nur davon ab, dass dem Individuum bestimmte kognitive, emotionale oder motivationale Potenziale mitgegeben sind, sondern sie ergeben sich auch daraus, inwieweit die soziale Umwelt dem sich entwickelnden Kind und Jugendlichen wiederum Gestaltungsmöglichkeiten einräumt und wie es der sich entwickelnden Persönlichkeit gelingt, diesen Prozess so zu gestalten, dass er mit den Anforderungen der Umwelt und den unterschiedlichen Herausforderungen im Lebensverlauf aus eigener Sicht erfolgreich umgehen kann und die Möglichkeit findet, auch die Umwelt aktiv zu gestalten.

Kontext ist in dieser Perspektive eben nicht nur eine Umwelt, die auf die Person und den Entwicklungsprozess einwirkt, sondern ist seinerseits auch ein Element, das als Umwelt auch von der Person mit beeinflusst wird. Ein Kind, das in eine Familie hineinwächst und etwa mit einem großen Potenzial an Sprachfähigkeit oder auch anderen kognitiven Fertigkeiten ausgestattet ist, wird die Beziehungen zu seinen Eltern, Geschwistern, Freunden, Lehrern und später zu Kollegen und Partnern in anderer Weise gestalten und strukturieren als ein Kind, das über andere Fähigkeiten und Perspektiven verfügt.

Zeit ist in einer solchen Verschränkung zwischen individuellen Entwicklungsprozessen im Lebensverlauf, des Einflusses des Kontextes auf das Individuum und des Individuums auf den Kontext sowohl jene zeitliche Entwicklung, die das Individuum auf Grund biologischer und kontextueller Vorgaben selbst durchläuft. Diese individuelle Zeit ist aber selbst eingebettet in Entwicklungsprozesse, die sich auch im Kontext vollziehen. Familien mit sehr kleinen Kindern zeigen beispielsweise andere Formen der Kommunikation und Interaktion mit anderen als Familien mit größeren Kindern. Beide zeitliche Prozesse sind eng miteinander verwoben, beziehen sich aber auf ganz unterschiedliche Faktoren. Denn der Entwicklungsprozess einer Familie, so wie er als „Fluss des Lebens" dargestellt wurde, ist durch eine Fülle äußerer Faktoren, aber auch durch den Wandel der Beziehungen zwischen dem Paar, zwischen den Geschwistern und zwischen Eltern und Kindern beeinflusst, und dies wiederum bestimmt teilweise auch den individuellen Entwicklungsprozess.

Die zeitliche Entwicklung des Individuums und die zeitliche Entwicklung des Kontextes, etwa der Familie, sind ihrerseits aber wiederum eingebettet in die Dynamik gesellschaftlichen Wandels und gesellschaftlicher Brüche. Der Umbruch 1989 in den ostdeutschen Bundesländern hat tief greifende Effekte auf das Leben und die Entwicklung vieler Familien gehabt und etwa dazu geführt, dass die Entscheidungen für ein erstes Kind im Lebensalter der jungen Erwachsenen deutlich auf einen späteren Zeitpunkt verschoben wurden. Dieser zeitliche Effekt eines historischen Ereignisses und der Folgen dieses historischen Ereignisses beeinflussen nicht nur die Beziehung der Partner zueinander, die jetzt möglicherweise für eine längere Zeit zunächst ohne Kinder zusammen sind. Vielmehr ist die zeitliche Synchronisierung zwischen der Entwicklung des Paares und der Familie und der Entwicklung des Kindes in einer solchen Konstellation völlig anders als bei sehr jungen Eltern. Aus den Studien von Glen Elder wissen wir, dass die Kinder, die als Babys die Weltwirtschaftskrise erlebten, selbst bei einschneidenden ökonomischen Folgen für die Familien im Lebensverlauf mit diesen Folgen besser umgehen konnten als die älteren Kinder, die die Weltwirtschaftskrise und ihre Folgen sehr bewusst erlebt haben (Elder, 1974; Elder, 1999).

Dieses Modell der Integration von Entwicklung als Prozess, Person, Kontext und Zeit steht in klarem Widerspruch zum Sozialisationskonzept von Parsons, aber auch zu Modellen, wie sie die schichtspezifische Sozialisationsforschung vertreten hat und wie sie sich noch heute als theoretisches Grundmodell in so prominenten Studien wie PISA wiederfinden, dass nämlich das sich entwickelnde Kind und der sich entwickelnde Jugendliche in ihrer Persönlichkeit und in ihren Lebensperspektiven nicht schlicht das Ergebnis von vorgegebenen Strukturen, sondern dass Entwicklung auch auf der individuellen Ebene eine aktive Herstellung oder Konstruktion der eigenen Lebensperspektive und der eigenen Bewältigungsstrategien und damit die selbst gestaltende Entwicklung der eigenen Identität darstellt. Bronfenbrenner argumentiert hier hinsichtlich der kindlichen Entwicklung ganz ähnlich, wie es in diesem Buch auch bei der Entwicklung von Familie geschieht, dass nämlich Bindungen und Beziehungen im Lebensverlauf und die Bereitschaft, für andere Fürsorge zu leisten, eine aktive Konstruktion und Herstellung der jeweils handelnden Subjekte in dem Versuch darstellt, die eigene Lebensperspektive mit der Lebensperspektive anderer im Lebensverlauf zu verknüpfen. Ob sich aus diesem wechselseitigen Bezug Stabilität, Wandel oder Krise bei den Entwicklungsprozessen oder auch den familiären Entwicklungen ergeben, ist in diesem Ansatz eine empirisch zu klärende Frage. Man kann also nicht ohne weiteres unter Verweis auf die historische Entwicklung der Familie oder auf die anthropologischen Voraussetzungen menschlicher Existenz die Stabilität angemessener Entwicklungsprozesse und familiärer Beziehungen vermuten, sondern ist in diesem Modell aufgerufen, das empirisch zu überprüfen.

In dieser Perspektive ist aber auch denkbar, dass die hier charakterisierten Entwicklungsprozesse dazu führen, dass das System Person-Prozess-Kontext-Zeit sowohl auf individueller wie auf familiärer Ebene, aber auch auf gesamtgesellschaftlicher Ebene zerbrechen kann. Andererseits macht das Modell auch deutlich, dass Individualisierungsprozesse geradezu konstitutiv für die menschliche Entwicklung sind, weil jede Person in dieser Perspektive immer einzigartig, das heißt als Individuum agiert. Aber auch hier gilt wiederum, dass es eine empirische Frage ist, ob eine bestimmte Ausprägung des Individuums in einem spezifischen Kontext dazu führt, dass der Kontext das Individuum nicht mehr stützen kann oder das Individuum dem Kontext mehr oder minder hilflos ausgeliefert ist und bestimmte Formen von Bindungen nicht mehr eingehen kann. Damit eröffnet der Ansatz die Möglichkeit, Entwicklungen, wie sie heute in unserer Gesellschaft beobachtet werden und die in Bezug auf Familie entweder als Krise der Familie oder aber als Ausdruck nur des Wandels von Familie thematisiert werden, so darzustellen und zu behandeln, dass sie nicht mehr als Gegensatz, sondern als Teile eines gleich laufenden Prozesses zu interpretieren sind. Das erreicht Bronfenbrenner nicht allein dadurch, dass er die wechselseitige dynamische Beeinflussung von Entwicklungsprozessen auf der individuellen, der familiären und der gesellschaftlichen Ebene thematisiert, sondern dass in seinem Modell die unterschiedlichen analytischen Ebenen von Entwicklung deutlich unterschieden und ausformuliert sind.

7.2. Das „Person-Prozess-Kontext-Zeit"(PPCT)-Modell als Mehrebenenmodell

Schon bei der Einführung dieses Person-Prozess-Kontext-Zeit-Modells wurde zwischen unterschiedlichen Entwicklungsebenen unterschieden. Auf der einen Seite wurden die individuelle Entwicklung und die Entwicklung sozialer Beziehungen und auf der anderen Seite die strukturellen Entwicklungsprozesse oder Brüche zwar aufeinander bezogen dargestellt, aber deutlich voneinander unterschieden, weil sie jeweils eigenen Entwicklungsdynamiken und möglicherweise auch eigenen Entwicklungslogiken folgen. Wenn auch die Entwicklung der Person einen starken Einfluss auf die Entwicklung von Familienbeziehungen hat, so entwickeln sich Familienbeziehungen dennoch auf der Basis anderer Muster als die individuelle Entwicklung. Das Gleiche gilt für institutionelle und kulturelle Entwicklungen. Daher ist das Modell von Bronfenbrenner als ein klar ausformuliertes Mehrebenenmodell anzusehen (Bertram, 1982; Bertram, 1981).

Paare und Kinder in einer Familie beeinflussen sich nicht nur wechselseitig in Abhängigkeit von ihrer jeweiligen individuellen Entwicklung und ihren individuellen Erfahrungen, sondern dieser Einfluss hängt auch davon ab, wie sich die Beziehungen zwischen den jeweils anderen Personen innerhalb der Familie darstellen. Enge Bindungen zwischen den Kindern und den Eltern und daraus folgend die Entwicklung von Vertrauen in die Verlässlichkeit von Erwachsenen hängen nicht nur davon ab, dass zwischen Vater und Mutter und den Kindern entsprechende emotionale Beziehungen bestehen, sondern auch davon, ob und inwieweit die Beziehungen zwischen den Eltern als Paar aus der Sicht der Kinder als verlässlich und unterstützend erlebt werden. Mit seinem Entwurf eines Mehrebenenmodells menschlicher Entwicklung nimmt Bronfenbrenner die Perspektive von Max Weber wieder auf, der auch versuchte, wie schon beschrieben, den Wandel der gesellschaftlichen Entwicklung von einem individualistisch-leistungsbezogenen, puritanischen Wertesystem zu einem kapitalistischen Wertesystem durch den Wandel elterlicher Erziehungsprozesse mit der besonderen Betonung der kindlichen Selbstständigkeit zu erklären. Während aber in diesem eher klassischen Konzept nur zwischen der Makroebene gesellschaftlicher Entwicklung (Kapitalismus) und der Mikroebene des sozialen Handelns der Individuen (Selbstständigkeitserziehung) unterschieden wird, versucht Bronfenbrenner, unterschiedliche Ebenen auszudifferenzieren. Er geht davon aus, dass auch bei einer Abhängigkeit zwischen den Ebenen des Modells nicht nur ein Einfluss von der Makroebene auf die Mikroebene möglich ist, sondern auch umgekehrt von der untersten Ebene auf die höheren Ebenen Einfluss ausgeübt werden kann. Diese Annahme ergibt sich schon aus der Einsicht, dass ein Kind nicht als „unbeschriebenes Blatt" („blank slate", Pinker, 1994; Pinker, 2002) auf die Welt kommt, sondern ein aktiver Mitgestalter seiner Lebensumwelt und seiner eigenen Entwicklung ist.

Da alle Akteure in der kindlichen Lebensumwelt aktiv diese Lebensumwelt mitgestalten, ist nicht nur die direkte Interaktion zwischen dem Kind und seiner Umwelt teilweise unabhängig von den darüber liegenden Systemstrukturen, sondern die Lebensumwelt eines jeden Kindes in einer Familie ist aus der Sicht des Kindes und der anderen Familienmitgliedern unterschiedlich. Das gilt aber nicht nur für die innerfamiliale Entwicklung, sondern auch für die Interaktion des Kindes, der Familie und anderer Interaktionspartner in der Schule und in der Nachbarschaft. Daher sind auch die der Familie und den unmittelbaren Interaktionen übergeordneten Mesosysteme, in denen sich die Beziehungen zwischen verschiedenen Interaktionskontexten der Familie zu Freunden oder auch in der Schule widerspiegeln, nicht statisch vorgegeben, sondern unterliegen ihrerseits der Dynamik alltäglicher Interaktion. Die sozialen Netze, die Kinder, Familien und Nachbarschaften ausdifferenzieren, hängen von diesen alltäglichen Interaktionen ab. Wilson beschreibt in seiner Analyse benachteiligter Nachbarschaften, welche Bedeutung solche konkreten Interaktionen von einzelnen Personen haben können (Wacquant & Wilson, 1989). Nachbarschaften, die nach ökonomischen und sozialen Kriterien in gleicher Weise als benachteiligt einzuschätzen waren, konnten sich auf die kindliche Entwicklung ganz unterschiedlich auswirken, je nachdem wie die jeweilige Peer-Kultur in diesen Nachbarschaften ausgeprägt war. Gab es in der Nachbarschaft vor allem für Jungen positive männliche Vorbilder, mit denen sich die Jungen identifizieren konnten, war ihre Anfälligkeit für abweichendes Verhalten viel geringer als in Nachbarschaften, in denen solche Vorbilder fehlten oder möglicherweise die Vorbilder, die diese Peer-Kultur beeinflussten, selbst in hohem Maße abweichendes Verhalten zeigten.

Diese Einflussebene bezeichnet Bronfenbrenner als Exosystem, weil es nicht unmittelbar durch die aktive Rolle des Individuums beeinflusst wird, aber die Erfahrungen in diesem Kontext doch erheblichen Einfluss auf die eigene Entwicklung nehmen können. Denn es geht nicht nur um positive oder negative Vorbilder in den Peer-Gruppen der Nachbarschaft, sondern gilt auch für Lebenserfahrung, die die Eltern etwa durch ihren Beruf in die Interaktion mit ihren Kindern einbringen, ebenso für den Zugang zu Angeboten der Gemeinde für die eigene Freizeitgestaltung, aber natürlich auch für die Organisation der jeweiligen Schule, die Zusammensetzung der Schülerpopulation, der der einzelne Schüler zwar als Individuum angehört, die er aber in ihrer Struktur kaum beeinflussen kann.

Das darüber liegende Makrosystem beinhaltet die kulturellen Muster, die die jeweilige Gesellschaft und Kultur beeinflussen und die sich indirekt über die darunter liegenden Systeme auch auf das soziale Handeln des Individuums auswirken. Für die Bedeutung der langfristigen Wirkung solcher kultureller Kontexte ist in Deutschland die bis heute erkennbar unterschiedliche Einstellung und Bewertung zur Bedeutung von Familie und zur Vereinbarkeit von Familie und Beruf in Ost- und Westdeutschland ein spannendes Beispiel, das jedoch in der wissenschaftlichen Forschung kaum angemessen berücksichtigt wird. Obwohl der Mauerfall nun 20 Jahre vorbei ist, gibt es hinsichtlich der Einschätzung zur Berufstätigkeit von Müttern bei kleinen Kindern auch bei jüngeren Frauen in Ostdeutschland Einstellungsmuster, die sich von den westdeutschen Einstellungsmustern mehr unterscheiden als von nordeuropäischen Mustern (Chisholm et al., 2003). Zwar sind viele Ideologien und kulturellen Muster, die das Makro-System der DDR geprägt haben, verschwunden, aber viele dieser Muster in den Lebensvorstellungen, Lebensentwürfen und der alltäglichen Kommunikation bestehen auf den unteren Systemebenen fort und werden, folgt man Bronfenbrenners Argumentation, auch nicht verschwinden. Denn die Individuen werden auch unter den geänderten Bedingungen der neuen politischen und wirtschaftlichen Ordnung ihre Lebenserfahrungen auf dem Mikro-, Meso- und Exosystem gestaltend einbringen, so dass auch für zukünftige Generationen keine gänzliche Assimilierung an die westdeutschen Muster zu erwarten ist. Die Pluralität einer Gesellschaft ist eben auch Ergebnis der unterschiedlichen Lebenserfahrungen und Lebensentwürfe der Menschen, die sich in ihren Lebensentwürfen eben nicht, wie es die traditionelle Sozialisationsforschung vermutet und Parsons theoretisch expliziert hat, einfach den Wirkungen des Makrosystems unterwerfen. Diese Einsicht Bronfenbrenners deckt sich mit der historischen Familienforschung. Tamara Hareven hat immer wieder darauf hingewiesen, dass Menschen zu allen Zeiten, mal mehr, mal weniger erfolgreich, versucht haben, ihre Lebensperspektiven und Lebensentwürfe auch unter widrigen Umständen zu realisieren, so dass die Vorstellung der Determination des sozialen Handelns des Individuums durch die sozialen Umstände empirisch keine Begründung findet (Hareven, 1977).

Alle diese Systemebenen sind eingebettet in das Chronosystem, nämlich die Zeitstruktur, die zum einen die zeitlichen Änderungen im Lebensverlauf und zum anderen sozialhistorische Wandlungsprozesse umfasst. Als Beispiel für die zeitlichen Änderungen im Lebensverlauf wurde oben die „Rush Hour des Lebens" skizziert, die junge Erwachsene heute häufig zwingt, sich zwischen Partnerschaft und Kindern und beruflicher Entwicklung zu entscheiden, eine Alternative, die viele junge Erwachsene für wenig plausibel halten, die ihnen aber auf Grund der mangelnden zeitlichen Abstimmung zwischen den unterschiedlichen Lebensbereichen aufgezwungen wird. Aber auch hier gilt, dass die jungen Erwachsenen sich sehr unterschiedlich hinsichtlich dieses zeitlichen Übergangs verhalten, weil sie ihre je individuellen Lebensperspektive und ihre individuellen Lebensentwürfe zu realisieren versuchen.

Besonders die Einführung der Chronosystemebene macht deutlich, dass das Individuum nach Bronfenbrenners Auffassung sowohl als Kind oder als Jugendlicher und später als Erwachsener selbst noch im Alter aktiv seine Lebensumwelt gestaltet und letztlich auch gestalten muss. Denn aus der Sicht des Individuums stellt sich die Lebensumwelt je nach Interaktionspartnern in den unterschiedlichen Bereichen sehr unterschiedlich dar, und ein passives Hinnehmen ist vermutlich nur in totalen Institutionen möglich. Nicht nur die Interaktionspartner bringen unterschiedliche Erfahrungen und unterschiedliche Anforderungen in die Interaktionen ein, gleichzeitig führt auch der Wandel in der Gesellschaft dazu, dass auf frühere Erfahrungen immer nur begrenzt zurückgegriffen werden kann.

Daher ist nicht nur die Familie eine Herstellungsleistung ihrer Mitglieder, sondern jeder Einzelne ist in Bronfenbrenners Perspektive auch der Konstrukteur seiner Lebensumwelt und seines Lebensverlaufs, zwar vielen Einflüssen ausgesetzt, aber auch in aktiver Teilhabe daran. In Abbildung 27 ist Bronfenbrenners sozial-ökologisches Modell mit den hier beschriebenen Zusammenhängen und Systemebenen grafisch dargestellt. Dabei wird deutlich, dass ein solch komplexes System von unterschiedlichen Systemebenen, die sich wechselseitig beeinflussen, im Rahmen empirischer Forschungen kaum in dieser Komplexität hinreichend zu berücksichtigen und abzubilden ist.

Abbildung 27: Das sozial-ökologische Modell nach Bronfenbrenner als Mehrebenenmodell

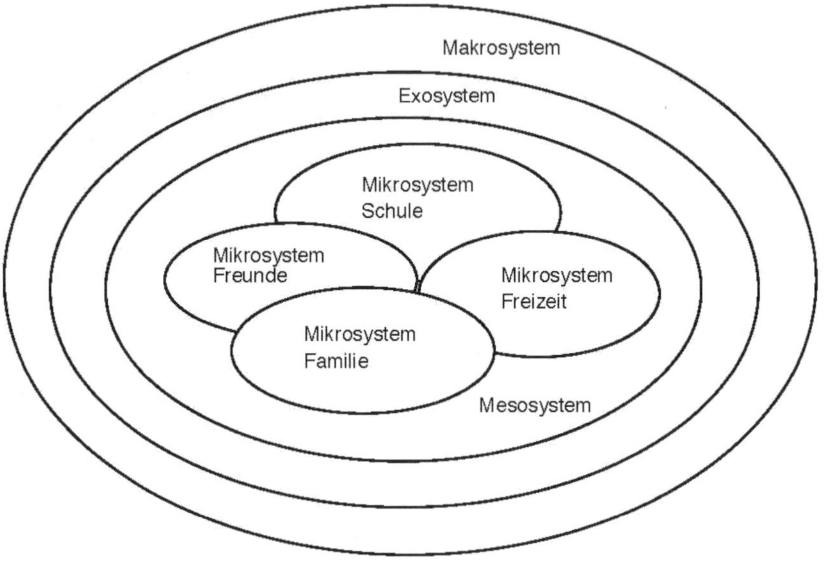

Quelle: eigene Darstellung

Trotz dieses Einwandes zur empirischen Umsetzbarkeit eignet sich das Modell jedoch recht gut, um einige Schwächen der Diskussion um die Ergebnisse von PISA zu verdeutlichen. So wird als erstes deutlich, dass die von den PISA-Autoren vorgenommene Zusammenfassung der Einflussfaktoren des sozialen Hintergrundes zu einer einzigen Variablen unter einer sozial-ökologischen Perspektive theoretisch falsch ist. Denn die Zusammenfassung des Einflusses der sozialen und kulturellen Ressourcen des Elternhauses und der Nachbarschaft ist schon deswegen wenig plausibel, weil sich diese Variablen in der Konstruktion eines sozial-ökologischen Modells wechselseitig sehr unterschiedlich beeinflussen können. Das ist keine neue Einsicht. Schon Glen Elder konnte in seiner Studie über die Entwicklung von Kindern, die kurz vor der Weltwirtschaftskrise 1929 geboren wurden und deren Familien davon intensiv betroffen waren, zeigen, dass die Bewältigung von langfristigen Effekten, etwa des Auseinanderbrechens oder der Verarmung von Familien oder der entstehenden innerfamiliären Konfliktpotenziale auch davon abhingen, in welchem Lebensalter die Kinder dieses sozio-ökonomische Unglück erlebten (Elder, 1974), indem für kleinere Kinder, die weniger von dieser familiären Situation bewusst mitbekommen hatten, die langfristigen Folgen weniger bedeutungsvoll waren als für die älteren Kindern. Auch die klassische Studie von Marie Jahoda zu den Konsequenzen von Arbeitslosigkeit und ihrer Bewältigung in der Weltwirtschaftskrise in Deutschland (Jahoda et al., 1975) zeigte deutlich, dass die individuellen Reaktionsmuster von Familien, mit dieser Krise umzugehen, erhebliche Konsequenzen für die Entwicklung dieser Familien und der einzelnen Familienmitglieder hatte. Damit fallen Studien, die wie PISA einfach eine simple Kausalrelation zwischen zusammengefassten sozialen Herkunftsfaktoren, schulischer Institution und kindlicher Entwicklung herstellen, theoretisch auf das Modell der schichtspezifischen Sozialisationsforschung zurück und sind nicht in der Lage, die Komplexität unterschiedlicher Umwelteinflüsse angemessen wiederzugeben. Wir werden später noch diskutieren, dass diese kritische Modellspezifikation auch erhebliche sozialpolitische Konsequenzen hat.

7.3. Vom „übersozialisierten" Konzept zum „Kind als Entdecker"

Auch wenn das Mehrebenenmodell von Bronfenbrenner wie auch seine Konstruktion als „Person-Prozess-Kontext-Zeit"-Modell (PPCT) in sich gut nachzuvollziehen ist, gilt auch für die theoretische Bewährung eines solch komplexen Modells, dass es entweder Perspektiven aufzuzeigen vermag, die in bisherigen Modellen vernachlässigt wurden, oder als eine empirisch fundierte Kritik an vorliegenden Forschungsergebnissen dienen kann. Beides leistet dieses Modell, wie sich an verschiedenen empirischen Arbeiten zu dieser Thematik verdeutlichen lässt. Wir haben schon oben die Logik in der Argumentation der PISA-Autoren skizziert; beim Vergleich dieser Argumentation mit Bronfenbrenners Modell fallen erhebliche Mängel im PISA-Konzept auf. Die von den PISA-Autoren gemessene mathematische Kompetenz, Lesekompetenz oder auch naturwissenschaftliche Kompetenz stellen ein Konstrukt dar, das im Widerspruch zur Vorstellung der Entwicklungsdynamik der kindlichen Persönlichkeit im PPCT-Modell steht. Denn dieses geht davon aus, dass Kinder in intensiver Auseinandersetzung mit ihren Eltern, Geschwistern, Freunden und anderen Erwachsenen in Familie, Kindergarten und Schule ihre Kompetenzen auf der Basis ihrer natürlichen Möglichkeiten und ihrer Umwelt entwickeln.

Demgegenüber stellen die gemessenen Konstrukte in der PISA-Studie Elemente dar, die dem Kind „ansozialisiert" werden, und damit verfolgen die Autoren ein Konzept, das Kinder in ihrer Entwicklung als ein „unbeschriebenes Blatt" (blank slate) interpretiert. Dabei kann es sowohl in Bezug auf die intellektuelle wie die sprachliche Entwicklung oder die Entwicklung physikalischer Vorstellungen als relativ gesichert gelten, dass diese Kompetenzen lediglich einen Teil der Möglichkeiten der menschlichen Entwicklung ausmachen. Die Idee des unbeschriebenen Blatts als Ausgangspunkt kindlicher Entwicklung kann zwar auf eine lange Geschichte zurückblicken, aber sowohl die Sprachforschung (Pinker, 2008; Chomsky, 1969) wie auch die neurobiologische Forschung haben nachgewiesen, dass Kinder mit vielen Voraussetzungen aktiv in die Welt eintreten und versuchen, sie von Anfang an aktiv zu gestalten. Daher folgen die PISA-Autoren implizit und explizit dem Konzept des „übersozialisierten Menschen", der sich letztlich durch Umwelteinflüsse entwickelt, ohne dass die aktive Interaktion zwischen den Möglichkeiten des Kindes und der Umwelt angemessen reflektiert wird.

Die statische und einseitige Betrachtungsweise der kindlichen Entwicklung wird aber auch bei der Analyse des Einflusses der Eltern deutlich. Eltern werden in der PISA-Studie so behandelt, als ob sie eine Person seien. Unterschiedliche Einflüsse des Vaters auf die Söhne oder der Mutter auf die Töchter, wie es so mindestens noch bei Neidhardt und Parsons angedacht war, finden sich hier nicht mehr. Auch sagt der gemessene Einfluss so genannter „elterlicher Hintergrundvariablen" im Alter von 15 Jahren überhaupt nichts darüber aus, ob der Einfluss der Eltern insgesamt nicht möglicherweise größer oder kleiner in Bezug auf die kindliche Entwicklung ist. Denn mit dem PISA-Modell können rund 20 Prozent der Kovarianz zwischen den kindlichen Kompetenzvariablen und dem elterlichen Hintergrund etwa in Deutschland erklärt werden. Das heißt aber nicht, dass nicht zu einem früheren Zeitpunkt in der kindlichen Entwicklung möglicherweise der Einfluss der Eltern auf die kindliche Entwicklung und die kindlichen Kompetenzen größer gewesen ist und im Laufe des Prozesses an Bedeutung verloren hat, weil andere Faktoren, etwa die Peer-Gruppe, die Schule oder andere Faktoren an Bedeutung gewonnen haben. Denn woher das aktuell gemessene Kompetenzniveau stammt, kann in der spezifischen Form der empirischen Querschnitts-Untersuchung von PISA gar nicht erfasst werden.

Die großen Variationen im Leistungsniveau kindlicher Kompetenzen und in der Erklärungskraft der elterlichen Herkunftsvariablen führen auch zu der Frage, ob diese Variationen nicht auch Ausdruck der Tatsache sind, dass der Einfluss unterschiedlicher Umweltfaktoren, wie der Nachbarschaft, der ökonomischen Entwicklung einer Region oder anderer kultureller Faktoren nicht hinreichend berücksichtigt wurde. Unter einer sozialpolitischen Perspektive ist es besonders kritikwürdig und auch ärgerlich, dass die Bedeutung der kindlichen Kompetenzen mit 15 Jahren für den späteren Lebensweg und den späteren Berufserfolg im Dunkeln bleibt. Nun ließe sich eine solche Kritik mit dem Argument abtun, eine genauere Analyse des Zusammenhangs von kindlichen Kompetenzen, die für die Schule wichtig sind, und externen Faktoren, wie den elterlichen Einflüssen, sei heute nicht besser zu realisieren. Das ist aber nicht der Fall, da sich in der Tradition Bronfenbrenners in den USA eine sehr ausdifferenzierte Forschungsliteratur zur Frage ungleicher Lebenschancen auf der Basis des familiären Hintergrunds und des ökonomischen Erfolgs entwickelt hat, wie es auch in der Sprach- und Intelligenzforschung inzwischen sehr ausdifferenzierte Modelle gibt, die auf die hier gestellten Fragen recht plausible Antworten geben können.

Auch wenn der ökonomische Erfolg im Lebensverlauf nur einen spezifischen Aspekt ungleicher Lebenschancen in einer Gesellschaft erfasst, so hat die Analyse des ökonomischen Erfolgs den unbestreitbaren Vorteil, dass ökonomische Differenzen innerhalb und zwischen Ländern gut zu vergleichen sind. Während Berufe und Bildungsgänge häufig national und auch innerhalb von Nationen kulturell sehr spezifisch variieren – so ist in den USA der Abschluss an einer privaten hoch renommierten Universität ganz anders einzuschätzen als der Abschluss an einer staatlichen Universität -, sind ökonomische Differenzen sowohl innerhalb von Ländern wie aber auch zwischen Ländern relativ gut zu vergleichen.

Bowles und Gintis zeigen ganz in Bronfenbrenners Tradition, dass es bei der Analyse ungleicher Lebenschancen sinnvoll ist, die Potenziale von Kindern und Eltern von den institutionellen Gegebenheiten innerhalb eines Landes wie aber auch von den konkreten Lebensverhältnissen in einer Nachbarschaft zu differenzieren (Bowles & Gintis, 2006). Ökonomische Erfolge oder Misserfolge im Lebensverlauf hängen davon ab, und damit folgen sie Bronfenbrenner, wie sich die Akteure in den unterschiedlichen nachbarschaftlichen und gemeinschaftlichen Kontexten und den institutionellen Strukturen entsprechend ihres Vermögens und der Unterstützung durch andere entwickeln können. Dabei ist nicht von vornherein davon auszugehen, dass der Einfluss elterlicher Ressourcen auf die kindliche Entwicklung nur in der Form eines Modells wie bei der

PISA-Studie vorzustellen ist, sondern es gibt verschiedene Möglichkeiten. Die PISA-Autoren gehen bei ihrem Modell des elterlichen Einflusses auf die kindliche Entwicklung davon aus, dass alle elterlichen Ressourcen, alle elterlichen Persönlichkeitsmerkmale, alle elterlichen Einstellungen und Lebenserfahrungen zusammen genommen die kindliche Persönlichkeit insgesamt beeinflussen, und dass dieser globale Einfluss die kindlichen Kompetenzen insgesamt in unterschiedlichen Bereichen fördert oder hemmt. Nach Duncan stellt dies aber nur ein mögliches Modell elterlichen Einflusses neben anderen dar mit unterschiedlichen Konsequenzen für das politische Handeln (Duncan et al., 2005).

Abbildung 28: Modell A: Die Beeinflussung der kindlichen Persönlichkeit und das kindliche Wohlbefinden

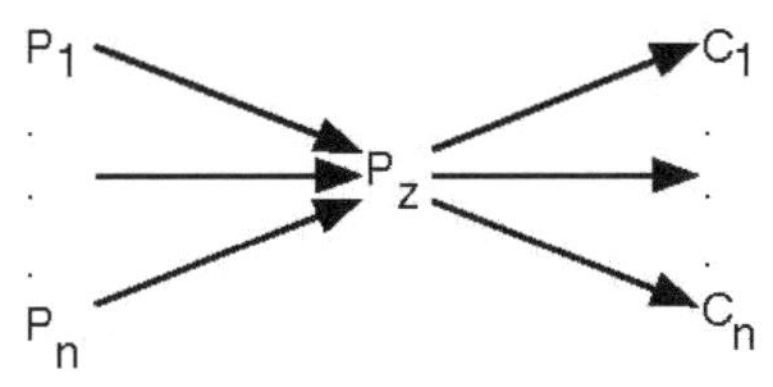

Quelle: Duncan, G. J. 2005, S. 24

Das erste Modell A führt zu recht einfachen sozialpolitischen Folgerungen. Eine direkte Beeinflussung der kindlichen Persönlichkeit und eine mögliche Verringerung des Einflusses der Eltern auf die Kinder befördert in diesem Modell das kindliche Wohlbefinden am meisten. Hier reduziert der Ausbau der Kinderbetreuung und die Ausdehnung der Zeit ausserhalb der Familie zumindest theoretisch den potenziell unterschiedlichen Einfluss der Eltern. Duncan hält es aber auch für denkbar, dass die Eltern mit ihren Ressourcen möglicherweise nicht die gesamte Persönlichkeit des Kindes beeinflussen, sondern nur in einzelnen sehr spezifischen Aspekten, und dass diese spezifischen Beeinflussungen auch noch von den jeweils unterschiedlichen Ressourcen von Vater und Mutter in unterschiedlicher Weise abhängen (vgl. Modell B).

In diesem zweiten Modell B ist der erste sozialpolitische Ansatz kaum erfolgversprechend, weil die Einstellungen, Kompetenzen und Verhaltensmerkmale der Kinder so vielfältig sein können, dass die besonderen Effekte elterlichen Verhaltens auf die kindliche Entwicklung durch entsprechende sozialpolitische Interventionen in einem solchen Modell kaum zu erfassen sind. Ein hoch begabtes Kind wird sich auch durch noch so viel Unterricht nicht unbedingt davon abbringen lassen, sich für den Beruf des Vaters zu entscheiden, wenn es die spezifische Welt des väterlichen Berufes gut findet. Denn es handelt sich nicht um einfache Prägungen, die sich wie die Bleistiftschrift von einem blanken Papier auslöschen lässt, sondern es sind aktive Wahlentscheidungen der Kinder.

Abbildung 29: Modell B: Die spezifische (Einzel-)Beeinflussung durch unterschiedliche Ressourcen der Elternteile

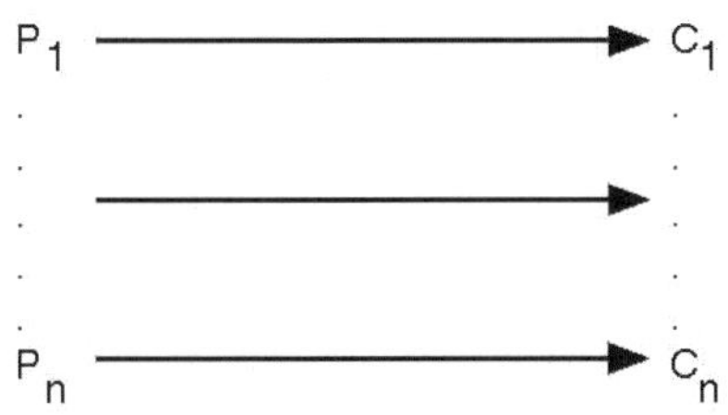

Quelle: Duncan, G. J. 2005, S. 24

Zudem können beide Modelle theoretisch auch noch in Mischformen auftreten, nämlich dass sich eine allgemeine Beeinflussung der kindlichen Persönlichkeit mit spezifischen Merkmalen mischt oder aber dass Vater und/oder Mutter in ganz unterschiedlicher Konstellation nur einzelne Merkmale der kindlichen Entwicklung beeinflussen.

Abbildung 30: Modell C: Die allgemeine Beeinflussung gemischt mit spezifischen Merkmalen der Elternteile

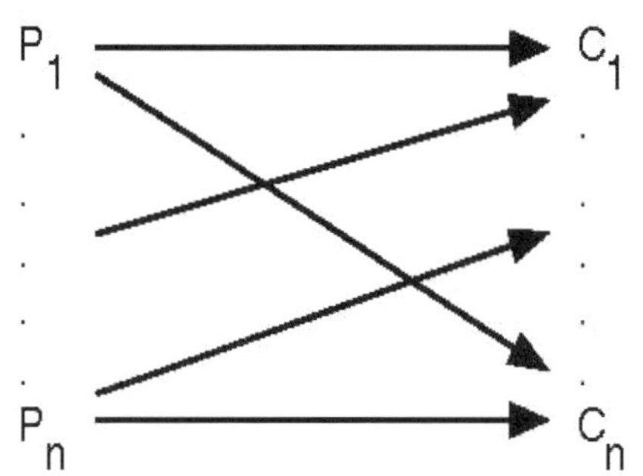

Quelle: Duncan, G. J. 2005, S. 24

Abbildung 31: Modell D: Die Wechselwirkungen zwischen kindlicher Entwicklung und elterlicher Persönlichkeit im schulischen und nachbarschaftlichem Kontext nach Bronfenbrenner

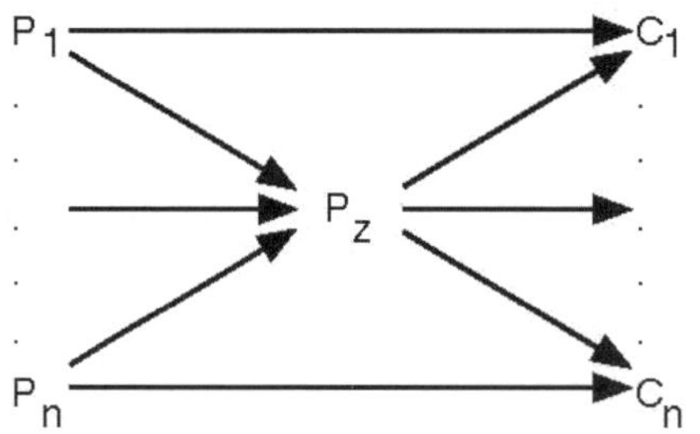

Quelle: Duncan, G. J. 2005, S. 24

Modell C führt nun aber zu einer ganz anderen sozialpolitischen Konsequenzen. Sowohl im Modell A der Einzelbeeinflussung kindlichen Verhaltens wie aber auch in den gemischten Modellen B und C kann eine sozialpolitische Intervention zur Verbesserung von Chancengleichheit nur dann Erfolg haben, wenn die Eltern von vornherein als interaktiver Teil des kindlichen Entwicklungsprozesses begriffen werden. Unter einer methodischen Perspektive heißt das, Wechselwirkungen zwischen kindlicher Entwicklung, elterlicher Persönlichkeit und schulischem und nachbarschaftlichem Kontext zuzulassen. Ein solches Modell der wechselseitigen Beeinflussung im Sinne Bronfenbrenners hätte folgende formale Struktur (s. Modell D). Wechselwirkungen lassen sich aber nur dann messen, wenn mehrere Zeitpunkte der Messung zur Verfügung stehen. Querschnittsuntersuchungen wie bei PISA sind hierfür nicht geeignet, weil sie eine Momentaufnahme wiedergeben, aus der nicht hervorgeht, wie die gemessenen Einflüsse selbst zustandegekommen sind. Diese methodischen Erörterungen haben erhebliche Konsequenzen für die Interpretation der Ergebnisse. So kann PISA bis heute nicht erklären, warum deutsche Grundschüler relativ gut lesen können und auch im internationalen Vergleich besser abschneiden als 15-jährige Schüler (IGLU: Bos et al., 2003; Bos et al., 2004). Diese Frage ist aber von großer Bedeutung, weil durch ihre Beantwortung entschieden werden kann, ob das dreigliedrige Schulsystem mit seiner Ausdifferenzierung der schulischen Lebensumwelten nicht die wesentliche Ursache sein kann, weil es auch im Ganztagsbetrieb die Einflüsse der Eltern stärkt, indem die Schulumwelt und die Lebensumwelt der Kinder homogenisiert werden. Wir werden später bei der Diskussion der Erblichkeit intellektueller Kompetenzen noch diskutieren, dass allein die Berücksichtigung solcher Wechselwirkungen viele der Aussagen über die Erblichkeit der Intelligenz relativiert.

Sowohl die Ausdifferenzierung von Bowles und Gintis wie auch die Modelldifferenzierung von Duncan entsprechen dem sozialökologischen Konzept von Bronfenbrenner. Darüber hinaus können die Autoren für ihre Überlegungen nun auch empirische Daten vorlegen, die über die Wahrscheinlichkeit der einzelnen Modelle auf den Einfluss der Einzelfaktoren Auskunft geben. Duncan und seine Kollegen haben in Längsschnittuntersuchungen die elterlichen Persönlichkeiten und Erziehungseinstellungen, die kindliche Persönlichkeit und die kindlichen Leistungen in der Schule und den elterlichen ökonomischen Erfolg gemessen. Sie legen Belege dafür vor, dass die sehr einfachen Modelle des Einflusses des sozialen Hintergrunds auf die Persönlichkeitsentwicklung des Kindes und damit auf den Schulerfolg zumindest für die USA als widerlegt gelten können. Zunächst zeigen sie, dass die Korrelation zwischen den Jahren im Bildungssystem, die ein Vater und die sein Sohn dort verbringen, .35 beträgt und damit nicht sehr stark ausgeprägt ist. Auch die Schätzungen für die Korrelationen zwischen väterlichem Einkommen und dem Einkommen des Sohnes schwanken in den USA zwischen .10 und .50. Schon aus diesen großen Differenzen wird deutlich, wie schwierig eine einheitliche Schätzung des Einflusses der Väter auf den Lebenserfolg der Söhne ist. Diese doch erheblichen Schwankungen in der Enge des Zusammenhangs hängen damit zusammen, dass bei manchen Messungen ein bestimmter Zeitpunkt genommen wird, um die Einkommen von Vater und Sohn zu erheben, manchmal wird jedoch das Lebenseinkommen des Vaters zugrunde gelegt, ohne jedoch gleichzeitig das Lebenseinkommen des Sohnes zu kennen und daher zu schätzen, weil der Sohn logischerweise noch jünger ist und sein Lebenseinkommen nicht erreicht hat. Daher gehen Bowles und Gintis in Anlehnung an Hauser (Hauser, 1998) von einer mittleren Schätzung von .30 bis .35 aus. Auf der Basis ihrer Jugendlängsschnitt-Daten in den USA mit insgesamt mehr als 12.000 Personen kommen sie zu dem Ergebnis, dass die ökonomische Lage der Familie, gemessen als Familieneinkommen, keinesfalls als Hauptfaktor für den Zusammenhang zwischen elterlichen Persönlichkeitsvariablen und der Persönlichkeit der Kinder oder auch deren Schulleistungen herangezogen werden kann. Sie weisen zwar nach, dass bestimmte Persönlichkeitsvariablen wie Depression oder auch Frustrationstoleranz und bestimmte Einstellungen zwischen Müttern und Töchtern korrelieren, aber das Familieneinkommen beeinflusst diese Beziehungen so gut überhaupt nicht.

Zwar sind die Unterschiede des Einflusses der Mütter auf die Kinder unabhängig vom Geschlecht der Kinder relativ ähnlich, aber es sind nicht die generellen Ressourcen und Persönlichkeitsmerkmale, die die kindliche Persönlichkeit beeinflussen, sondern es scheinen sehr spezifische Merkmale der Mütter zu sein, die bei den Kindern zu einem geringen Einkommen führen und wiederum ein ähnliches Verhalten bei den Kindern hervorrufen mit einem ähnlich geringen Einkommen. Zunächst bestätigen Bowles und Gintis damit das Modell C, bei dem sich ein direkter Einfluss der Eltern auf die Kinder in Bezug auf spezifische Einstellungen vermischt mit einer generellen

Beeinflussung der kindlichen Persönlichkeit, die aber wiederum nur in geringem Umfang vom Familieneinkommen abhängt. So hat die Einstellung der Mutter zur Schule – gemessen durch das Merkmal, ob die Mutter selbst während ihrer Schulzeit mal von der Schule suspendiert wurde – einen erheblichen Effekt auf die Entwicklung ihrer Söhne und Töchter; ihr eigener Umgang mit Sexualität – gemessen als sexuell aktiv vor dem 15. Lebensjahr – wirkt sich sowohl auf ihren Umgang mit Sexualität bei den Töchtern aus wie auch auf andere Verhaltensmerkmale der Töchter, weniger bei den Söhnen. Es ist hier nicht möglich, die Ergebnisse dieser sehr differenzierten Analyse im Einzelnen darzustellen; es handelt sich um vielfältige Beziehungen von Persönlichkeitsmerkmalen und Verhaltensweisen der Mütter zu einem Zeitpunkt, als sie selbst noch Jugendliche waren und keine Kinder hatten, sowie um spezifische Einstellungen und ihre ökonomische Situation im Verhältnis zur Entwicklung ihrer Kinder in der Schule, aber auch deren späterer ökonomischer Entwicklung. Die Ergebnisse insgesamt sprechen eindeutig für die These, dass spezifische Verhaltensweisen der Eltern auch zu spezifischen Einstellungen und Verhaltensweisen bei den Kindern führen. Jedenfalls ist nicht davon auszugehen, dass sich der elterliche Einfluss insgesamt kumulativ auf die kindliche Persönlichkeit insgesamt auswirkt.

Das führt natürlich zu der Frage, wie sich in einem solchen Modell der elterliche Einfluss auf die kindliche Entwicklung überhaupt theoretisch fassen lässt. Das klassische Sozialisationsmodell von Parsons, wie es später von Neidhardt und anderen zum Standard-Erklärungsmodell von Soziologie, Psychologie und Pädagogik erklärt wurde, geht davon aus, dass Eltern ihre Lebenserfahrungen in spezifische Erziehungsstile übersetzen und damit eine häusliche Lebensumwelt schaffen, die es den Kindern nahelegt, bestimmte Verhaltensweisen und Einstellungen der Eltern von diesen zu übernehmen (Schneewind & Ruppert, 1995). Eines der bekanntesten Beispiele ist das Modell von Diana Baumrind, das einen linearen Effekt des elterlichen Einflusses unterstellt, dass nämlich Eltern, die ihre Elternschaft positiv-unterstützend ausüben, auch positive Effekte auf die kindliche Entwicklung erreichen, während Eltern, die ihre Elternschaft nicht positiv gestalten können oder wollen, entsprechend negative Effekte auf die kindliche Sozialisation haben. Konsequenterweise wird dann angenommen, dass Eltern ohne eine entsprechende Kompetenz und Lebenserfahrung nicht in der Lage sind, ihre Rolle als Eltern richtig auszufüllen und dass diese Eltern ihr unzulängliches soziales Verhalten auf ihre Kinder transferieren.

In der aktuellen öffentlichen Debatte in Deutschland über Eltern und ihre Erziehungskompetenz findet sich genau dieses Modell wieder. Wann immer problematische Entwicklungen von Kindern und Jugendlichen öffentlich diskutiert oder auch Missbrauch oder Misshandlung von Kindern thematisiert wird, gelten nicht kompetente Eltern als Ursache. Der französische Historiker Jacques Donzelot hat am Beispiel der Fürsorgesysteme in Frankreich und ihrer Beziehung zu den Eltern aufgezeigt, dass dahinter ein recht einfaches Modell der kindlichen Sozialisation steht (Donzelot, 1987). Denn dieses Modell geht davon aus, dass der beste Ort für die kindliche Entwicklung die Sozialisation bei den Eltern und in der Familie ist. Gelingt die Entwicklung und Sozialisation von Kindern, so ist dies als Ergebnis des positiven Sozialisationsklimas im Elternhaus zu werten, misslingt aber diese Sozialisation, sind eben auch inkompetente Eltern dafür verantwortlich.

Dieses Sozialisationskonzept, das sich in der Mitte des 19. Jahrhunderts in Frankreich entwickelt hat, liegt offensichtlich auch heute noch den meisten Forschungen und Interpretationen zu den Eltern-Kind-Beziehungen zu Grunde, obwohl die elterlichen Erziehungspraktiken nach den Ergebnissen in einem zweiten Längsschnitt, den Bowles und Gintis analysieren, nur einen sehr geringen Einfluss auf die kindliche Entwicklung haben. Ihre Ergebnisse erinnern an die Auseinandersetzung zwischen René König und Max Horkheimer zum „autoritären Charakter". Horkheimer ging von der These aus, dass der väterliche Autoritarismus in Deutschland wesentlich als Ursache für das nicht demokratische Verhalten der Söhne im Dritten Reich anzusehen sei. Demgegenüber zeigte König empirisch, dass Schweizer Väter noch viel autoritärer waren als die deutschen Väter, ohne dass deren Söhne die demokratischen Traditionen der Schweiz auch nur im Ansatz infrage stellten. Daher stellt sich die Frage nach der Interpretation dieser jüngeren Ergebnisse. Da die Messungen des elterlichen Erziehungsverhaltens dem Standard der entwicklungspsychologischen Forschung entsprechen und unter einer methodischen Perspektive die Erhebung der Stichprobe und die Messungen außerordentlich sorgfältig durchgeführt wurden, und zwar von anderen Autoren als denjenigen, die dann die hier diskutierten Analysen durchführten (Snarey, 1993; Kagan, 2000), stellen sich zwei Alternativen für die Erklärung. Zum einen könnte das Sozialisationsmodell in der Nachfolge von Donzelot und anderen nicht der Realität entsprechen, weil die Eltern möglicherweise ein viel geringeren Einfluss haben als bisher vermutet. In der Psychologie gab es eine erbitterte Debatte um die Thesen von Judith Harris, weniger die Eltern, sondern eher die Geschwister und die Peer-Gruppe, mit der die Kinder aufwachsen, hätten wesentlichen Einfluss auf die kindliche Entwicklung, während die gemeinsamen Korrelationen zwischen elterlichen Persönlichkeitsmerkmalen und kindlicher Entwicklung eher auf deren gemeinsame Lebensumwelt zurückzuführen sei (Harris, 1999).

Darüber hinaus können auch diese Kovariationen natürlich darauf zurückzuführen sein, dass hier erbliche Faktoren eine erhebliche Rolle spielen. Das scheint aber insgesamt wenig plausibel zu sein, weil spezifische Verhaltensweisen der Eltern in ihrer eigenen Kindheit und Jugend, etwa das Verhältnis zur Sexualität, später das Verhalten ihrer Kinder in diesem Bereich beeinflusst, und vermutlich nicht davon auszugehen ist, dass solche spezifischen Verhaltensweisen über Erblichkeit zu erklären sind. Die Erblichkeitshypothese wird später noch am Beispiel der intellektuellen Entwicklung verdeutlicht, um ihre Wirksamkeit zu verstehen.

Der Vorschlag unseres Ansatzes, um das Verhältnis von Eltern und Kindern und die Bedeutung der Eltern für die Kinder angemessen zu interpretieren, folgt Bronfenbrenners Modell des aktiven Kindes, das in Auseinandersetzung mit seiner Umwelt, mit den Eltern und den Geschwistern eine Entwicklung durchläuft, in der die unterschiedlichen Einflüsse von Eltern, anderen Erwachsenen und den Peers vom Kind aufgenommen werden, nicht aber im Sinne einer passiven Rezeption dieser Einflüsse, sondern im Sinne einer aktiven Konstruktion der eigenen Wirklichkeit, der eigenen Lebensperspektiven und der eigenen Interpretationen der Einstellungen und des Verhaltens, das die einzelnen Personen, mit denen das Kind interagiert, zeigen. In diesem Sinne sind Eltern allenfalls Rollenmodelle, ohne dass von Vornherein sicher ist, welche der elterlichen Einstellungen und Verhaltensweisen konkret vom Kind in die eigene

Perspektive übernommen werden. Diese Bestimmung von Eltern-Kind-Beziehungen enthält sowohl genetische Komponenten wie auch Aspekte einer aktiven Übernahme von Rollen der Eltern durch die Kinder. Bestimmte spezifische Persönlichkeitsmerkmale, wie sie bei den untersuchten Müttern auftreten, finden sich in ähnlicher Form auch bei den Kindern, selbst wenn alle anderen Faktoren, wie Einkommen, Bildung und andere elterliche Ressourcen, statistisch kontrolliert werden. Gleichzeitig aber setzen sich die Kinder in ihrer Entwicklung mit ihrer Umwelt aktiv auseinander und übernehmen einen Teil von Vorstellungen und Einstellungen der Eltern und entwerfen daraus für sich selbst ein Bild der eigenen Identität.

Dieses Wechselspiel zwischen aktiver Gestaltung und möglichen genetischen Faktoren macht deutlich, dass es wenig sinnvoll ist, von einem Gegensatz zwischen genetischen Aspekten und Umweltfaktoren zu sprechen, weil das zu messende Ergebnis, das die kindliche Interaktion später steuert, immer eine Kombination aus beiden Faktoren darstellt. Dieses Wechselspiel lässt sich vermutlich an jener Dimension der kindlichen Entwicklung, nämlich der intellektuellen Entwicklung, am deutlichsten darstellen, weil anders als bei der Messung von Persönlichkeitsfaktoren innerhalb der psychologischen Wissenschaft eine große Übereinstimmung hinsichtlich der Bewertung der Messinstrumente wie auch hinsichtlich der Bedeutung der Anlagen für die intellektuelle Entwicklung besteht, gleichzeitig aber die empirische Forschung ganz im Sinne Bronfenbrenners inzwischen gezeigt hat, wie dieses Wechselspiel zu interpretieren ist.

7.4. Anlage und Umwelt als Wechselwirkung: Zur Bedeutung der Intelligenz

Auch diese Frage begleitet die Diskussion um familiale Sozialisation und Interaktion seit langem. Die Durchsicht der verschiedenen Handbücher zur Familienforschung und Sozialisationsforschung zeigt eine Verständigung darüber, von einem impliziten Interaktionsmodell auszugehen, bei dem zwar verbal die Bedeutung natürlicher Kompetenzen und Fähigkeitspräferenzen betont wird, aber die Entwicklungsprozesse innerhalb der Familie und der familialen Sozialisation ohne Bezug auf die natürliche und biologische Basis des Menschen entwickelt werden (Grundmann, 2006).

Auch in den internationalen Vergleichsuntersuchungen, wie PISA, TIMSS oder IGLU (Bos et al., 2004, 2005) wird der Einfluss sozialer Faktoren auf die kindliche Entwicklung kausaltheoretisch so konstruiert, als ob es nur einen einseitigen Einfluss der elterlichen Ressourcen auf die kindliche Entwicklung gäbe. Damit werden modelltheoretisch Wechselwirkungen zwischen kindlicher Entwicklung und elterlichen Ressourcen ebenso ausgeschlossen, wie auch die Adaptation der Kinder nur an einzelne besonders hervorstechende oder für die Kinder attraktive Verhaltensweisen der Eltern oder auch mögliche genetische Einflussfaktoren gar nicht erst in Betracht gezogen werden. Auf der Theorieebene der erziehungswissenschaftlichen Diskussion wird Bronfenbrenners Modell hingegen nicht infrage gestellt, und es gibt hier kaum einen theoretischen Widerspruch. Das wird etwa daran deutlich, dass die Amerikanische Akademie der Wissenschaften in ihrem Bericht zur frühkindlichen Entwicklung (Shonkoff et al., 2000) explizit Bronfenbrenners Modell zum Ausgangspunkt ihrer

Überlegungen macht. Der Widerspruch zeigt sich vielmehr daran, dass mögliche Interaktionsbeziehungen in entsprechenden Vergleichsuntersuchungen empirisch ebenso wenig umgesetzt werden wie meist darauf verzichtet wird, mögliche genetische Ursachen für die Korrelation zwischen kindlichen Leistungen und Kompetenzen und elterlichen Kompetenzen und Leistungen zu prüfen.

Als Beispiel für diese These kann hier die PISA-Elternstudie gelten, die die mathematischen Kompetenzen von Erwachsenen misst, ohne jedoch auch nur im Ansatz mögliche genetische Einflüsse abzuklären, etwa durch die Einbeziehung von Zwillingen und Geschwistern. Leider entsprechen viele dieser Studien dem Design des „unbeschriebenes Blattes" („blank slate"), das unterstellt, die gefundenen Korrelationen zwischen Eltern und Kindern seien immer der Umwelt, nämlich dem elterlichen Handeln, zuzurechnen und die Kinder grundsätzlich Empfänger des elterlichen Einflusses. Insofern ist für die Erziehungswissenschaften und auch Teile der Entwicklungspsychologie vor allem ein Theorie-Empirie-Problem zu Bronfenbrenners Modell der Wechselwirkungen festzustellen, obwohl es im Bereich der verhaltensorientierten Genetik längst Positionen gibt, die dieses Modell kritisieren.

So weist Pinker (Pinker, 2004) dieses Modell explizit zurück. Denn nicht zu Unrecht kritisiert er, dass die Autoren, die eine Wechselwirkung zwischen Genen und Umwelt annehmen, schlussfolgern, eine Trennung und Gewichtung der jeweiligen Faktoren sei in einem solchen Modell gar nicht möglich. Diese Argumentation findet sich auch in der Übersichtsarbeit der Amerikanischen Akademie der Wissenschaften (Shonkoff & Phillips, 2000) mit der These, dass diese Effekte aufgrund der Verschränkung beider Faktoren gar nicht wirklich zu trennen seien. Dabei zeigt Pinker, dass es bei bestimmten Krankheitsbildern, wie etwa Autismus oder Schizophrenie, oder spezifischen Leistungsstörungen wie der Legasthenie, wichtig und auch richtig ist, zwischen den genetischen Faktoren und dem beobachtbaren Verhalten Kausalrelationen herzustellen. Denn gerade in psychiatrischen Therapien ist bei vielen dieser Krankheitsbilder immer wieder der Einfluss des elterlichen Handelns als Ursache benannt worden mit der Konsequenz, dass „elterliches Fehlverhalten" zu therapieren war, obwohl ein solches Fehlverhalten mit dem Krankheitsbild nichts zu tun hatte.

Allerdings lässt sich die Kritik von Pinker auch konstruktiv wenden und die von ihm präferierten verhaltensbiologischen Modelle, etwa von Herrnstein (Herrnstein & Murray, 1994) daraufhin überprüfen, ob sie nicht so wie viele erziehungswissenschaftliche Modelle den Einfluss der elterlichen Gene für die kindliche Entwicklung unterschätzen oder ignorieren, oder aber auch umgekehrt den Einfluss der Umwelt für die kindliche Entwicklung als zu gering einschätzen. Für die Klärung dieser Fragestellung eignet sich die jahrzehntealte Diskussion um die Bedeutung der Anlagefaktoren für die intellektuelle Entwicklung, weil hier besonders deutlich wird, wie modelltheoretische Annahmen zu einer Überschätzung der genetischen Faktoren führen.

1996 schätzte eine Arbeitsgruppe sehr renommierter Psychologen (Neisser et al., 1996) den genetischen Anteil an der intellektuellen Entwicklung von jungen Erwachsenen auf etwa 75 Prozent. Dieser hohe Anteil an Erblichkeit wurde von vielen Autoren wie Jensen (1968) und Herrnstein und Murray (Herrnstein & Murray, 1994) als Hinweis darauf gewertet, dass die Umwelt bei der intellektuellen Entwicklung eine untergeordnete Rolle spiele. Dabei konnten sich die Autoren bei der Schätzung des Erblichkeitsanteils der intellektuellen Entwicklung auf eine Vielzahl von Zwillings-Studien stützen, weil durch diese systematische Variationen von Anlage- und Umweltfaktoren der Anteil der Varianz, der auf Erblichkeitsfaktoren und der auf Umweltfaktoren zurückzuführen ist, geschätzt werden kann. Da gleichzeitig zwischen intellektueller Kompetenz, gemessen durch Intelligenztests, und beruflichem Erfolg auch deutliche Korrelationen von etwa +.50 (Flynn, 2006) gemessen werden können, gibt es für die Argumentation von Pinker und anderen auch starke empirische Belege.

Nur zwei Jahre später publizierte Neisser sein Buch „The Rising Curve" und weist schon in der Einleitung darauf hin, dass er durch die Kenntnis weiterer Forschungen nun auch die Anteile der Erblichkeit der Intelligenz anders einschätze (Neisser, 1998). Denn inzwischen lag eine Fülle von Materialien zur Intelligenzentwicklung und verwandten Faktoren vor, die die hohen Schätzungen der Erblichkeit der intellektuellen Entwicklungen erheblich revidiert haben. Die Frage nach den Ursachen für die unterschiedlichen intellektuellen Fähigkeiten bei Menschen hat die Intelligenzforschung schon sehr früh beschäftigt. Im ganzen 20. Jahrhundert gab es eine Fülle von Forschungen mit unterschiedlichen Messinstrumenten zur intellektuellen Entwicklung, und dabei auch immer wieder Studien, bei der eineiige und zweieiige Zwillinge hinsichtlich ihrer intellektuellen Entwicklung verglichen wurden. Dabei wurden diese Zwillingspaare in vielen Studien so ausgewählt, dass ein Vergleich möglich war von Zwillingen, die bei den gemeinsamen Eltern aufwuchsen, und solchen, die in fremden und auch unterschiedlichen Kontexten aufgewachsen sind (Scarr, 1984). Die hohen Schätzungen der Erblichkeit intellektueller Entwicklungen, auf die sich Neisser (1996) stützte, waren Ergebnis solcher Studien, in denen immer wieder gezeigt wurde, dass eineiige Zwillinge, in getrennten Kontexten aufgewachsen, völlig unabhängig von den jeweiligen Umweltbedingungen eine entsprechend hohe Kovarianz in ihren intellektuellen Werten aufwiesen, so dass dies als ein gesicherter Befund der hohen Erblichkeit in der psychologischen Forschung galt.

In ihrem Buch „The Bell Curve" haben Herrnstein und Murray zusätzlich auf die signifikanten Unterschiede zwischen verschiedenen sozialen und ethnischen Gruppen hingewiesen, die bei einem so hohen Anteil an Erblichkeit der Intelligenz aus der Sicht dieser Autoren auch sozialpolitische Konsequenzen haben sollte. Auch wenn dieses Buch hoch problematische Thesen enthält, die politisch zu kritisieren und abzulehnen sind, so ist den Autoren zumindest zuzugestehen, empirisch auf breiter Basis methodisch relativ sauber gearbeitet zu haben. Dieses Buch ist vielfältig kritisiert worden (Kohn, 1996; Gardner, 1995), aber wissenschaftlich nachvollziehbar und sowohl theoretisch wie empirisch überzeugend widerlegt wurde dieser Ansatz erst durch eine Reihe von Erkenntnissen der letzten zwanzig Jahre. Eine der wichtigsten Entdeckungen war der so genannte „Flynn-Effekt". Dem Politikwissenschaftler Flynn aus Neuseeland war aufgefallen, dass bei einer Reihe von Intelligenztests von Generation zu Generation höhere Ergebnisse erzielt wurden. Zwar folgten die Testergebnisse unterschiedlicher Intelligenzverfahren in der jeweiligen Generation der Normalverteilung (Glockenkurve, Bell Curve), aber diese Kurven lagen in den jüngeren Generationen auf einem immer höheren Niveau (Flynn, 1998).

Abbildung 32: Anstieg der IQ-Werte von Generation zu Generation seit 1930

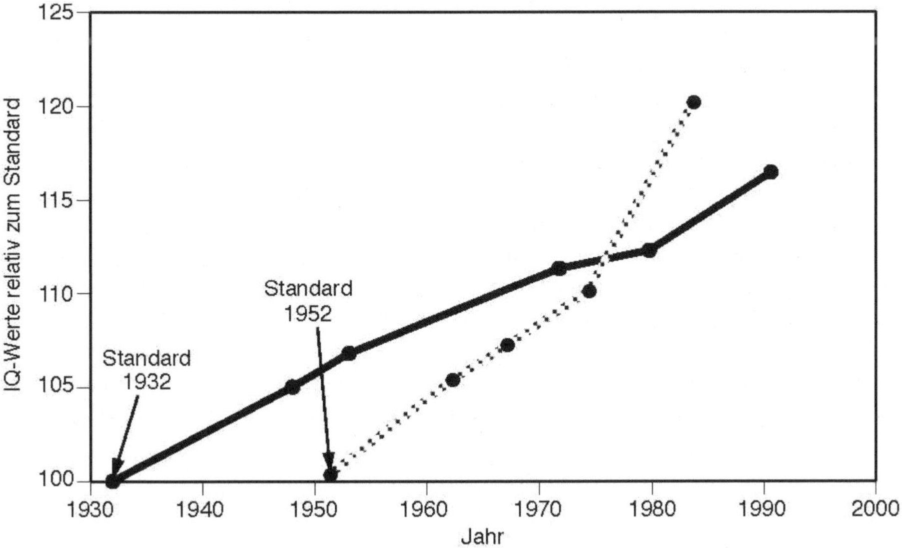

Die durchgezogene Linie (Standard 1932) zeigt die mittleren Gesamt-IQ-Werte, die Amerikaner bei Intelligenztests (Stanford-Binet und Wechsler) jedes Jahr erreicht hätten, wenn der Standard von 1932 unverändert geblieben wäre. Die gestrichelte Linie zeigt den mittleren IQ, den 18-jährige Männer aus den Niederlanden jedes Jahr bei Raven's Progressivem Matrizentest (ein Test der fluiden Intelligenz) erreicht hätten, wenn der Standard von 1952 unverändert geblieben wäre.

Quelle: Neisser, U. 1998, S. 14

Nach dieser Untersuchung reichte 1990 dieselbe Zahl von im Wechsler-Intelligenztest gelösten Aufgaben, die 1932 zu einem Intelligenzquotienten von 115 Punkten führte, zu einem IQ von allenfalls 100 Punkten, da inzwischen in der Gesamtpopulation unter Annahme der Glockenkurve so viel mehr Menschen mehr Antworten in diesem Test richtig beantworten konnten. Noch erstaunlicher ist der Intelligenzanstieg bei holländischen Rekruten: Die Generation der 1950 getesteten Rekruten hätte einen durchschnittlichen IQ von über 120 erreichen müssen, um mit der Generation der um 1980 getesteten Rekruten mithalten zu können. Das ist besonders erstaunlich, weil in dem verwendeten Intelligenztest von Raven logische Aufgaben ohne Sprachverständnis zu lösen sind. Sprachfreie Intelligenztests galten immer als besonders gut geeignet, um die Anlagefaktoren der Intelligenz zu messen, weil sie kulturinvariant sein sollten.

Diese Ergebnisse sind in zweierlei Hinsicht paradox. Zum einen zeigen sich auch in den jüngeren Studien mit Zwillingen die bekannten hohen Übereinstimmungen in den Intelligenzleistungen auch von Zwillingen, die in getrennten Kontexten aufgewachsen sind, was für die Erblichkeit spricht. Andererseits sind Veränderungen von Messwerten in diesem Ausmaß in so kurzer Zeit kaum durch eine Erblichkeitshypothese zu belegen. Darüber hinaus ergibt sich daraus allerdings auch die Frage, ob denn unsere Großeltern, die für eine durchschnittliche Intelligenzleistung offenbar mit viel weniger Aufgabenlösungen auskamen, soviel „dümmer“ waren als die heutige Generation von Kindern und Jugendlichen (Flynn, 2007).

Nun könnte man diese Befunde als wenig relevant erachten und davon ausgehen, dass Intelligenztests sowieso nicht besonders geeignet seien, um die intellektuellen Fähigkeiten von Menschen zu repräsentieren, und noch weniger, um ihren beruflichen Erfolg angemessen abzubilden. So leicht kann man sich jedoch die Interpretation solcher Ergebnisse schon deswegen nicht machen, weil Intelligenztests relativ gut die Schulerfolge von Kindern vorhersagen. Auch weist die mit Intelligenztests gemessene intellektuelle Leistungsfähigkeit durchaus deutliche Korrelationen mit beruflichen Positionen auf. Wichtiger aber noch erscheint ein weiterer Befund, dass nämlich auch andere Maße zur schulischen Entwicklung in den USA, der so genannte NAEP-Test für Lese- und Mathematikleistungen amerikanischer Schulkinder, der der PISA-Messung recht ähnlich ist, eine interessante Veränderung aufweisen, die die Erblichkeitshypothesen erheblich infrage stellen. Noch 1978 lagen die Mathematikleistungen farbiger Jugendlicher in den USA durchschnittlich um 1.1 Standardabweichungen unterhalb der der weißen Vergleichsgruppe (Neisser, 1998), im Gegensatz zu einer durchschnittlichen Differenz von nur noch 0.6 Standardabweichung in 1990. Auch im Leseverhalten waren ähnliche Angleichungen zu beobachten; zudem konnten solche Veränderungen auch für Kinder aus hispanischen Familien in gleicher Weise nachgewiesen werden. Im übrigen waren die Gewinne in der Intelligenzentwicklung unabhängig von ethnischen Hintergründen nachzuweisen. Daher stellt sich nicht nur die Frage nach der theoretischen Interpretation dieser Gewinne, sondern auch nach der Erklärung dieser Widersprüchlichkeiten zwischen den älteren Befunden und den jetzt vorliegenden Ergebnissen.

Die Erklärung, die Dickens und Flynn (Dickens & Flynn, 2001; Flynn, 2007) vorschlagen, wurde durch andere Autoren (Schooler, 1987; Lynn & Vanhanen, 2002; Hauser, 1998) erweitert. Sie fügt sich nicht nur in das Modell von Bronfenbrenner ein, sondern hat auch den Vorzug, dass die bisher sehr abstrakte Diskussion über das Ausmaß der Erblichkeit intellektueller Kompetenzen durch konkrete und zukunftsorientierte Überlegungen ersetzt werden kann. Denn Dickens und Flynn sehen die Gewinne an intellektueller Kompetenz bei den jüngeren Generationen dadurch erzeugt, dass die Anforderungen an die nachwachsenden Generationen deutlich gestiegen sind durch eine verstärkte Bildung, eine viel komplexere Lebensumwelt der Kinder und durch zunehmend komplexe berufliche Anforderungen. Nach ihrer Einschätzung führt eine komplexere Lebensumwelt notwendigerweise dazu, dass die Personen, die in einer solchen Umwelt leben, auch versuchen, die Anforderungen dieser Umwelt zu bewältigen. Dickens und Flynn nennen dieses Phänomen „Verstärkereffekt der Umwelt“, der sich aus der Wechselwirkung zwischen den intellektuellen, angeborenen Kompetenzen einerseits und den Herausforderungen der Umwelt andererseits ergeben. Solche Effekte sind in der Psychologie vielfach bekannt; sie ergeben sich immer aus der Interaktion zwischen dem, was eine Person in eine Situation einbringt, und dem, was von ihr in dieser Situation erwartet wird. Kinder, die in einer sportlichen oder musischen Umwelt aufwachsen, entwickeln auch in diesen Bereichen Kompetenzen und Fertigkeiten, die weit über das hinausgehen, was andere können. Im Nachhinein ist nicht genau zu trennen, welches Gewicht dem einen oder anderen Faktor zuzurechnen ist, dass aber durch eine solche Interaktion entsprechend nachhaltige Entwicklungen in Gang gesetzt werden können, ist eine recht überzeugende Annahme.

Diese Annahme lässt sich auch empirisch belegen. Zum einen haben fast alle hoch entwickelten Industriegesellschaften, in denen sich diese Gewinne der intellektuellen Leistungsfähigkeit bei den jüngeren Generationen gezeigt haben, seit den Fünfziger Jahren in großem Umfang in die Bildung und Entwicklung ihrer Kinder investiert mit der Konsequenz, dass es in der Lebenswelt jedes einzelnen Kindes nun viel mehr Kinder mit viel mehr intellektueller Entwicklung und Unterstützung durch die Eltern oder die Schule gibt als noch in der Generation der Eltern und Großeltern. Aber nicht nur diese Anstrengungen, sondern auch viele andere Aspekte unseres alltäglichen Lebens haben sich im Sinne einer intellektuellen Stimulierung erheblich verändert. Die Nutzung von Medien, wie Fernsehen oder Computer, und andere Einflüsse der sich ausdifferenzierenden technischen Zivilisation haben auch dazu geführt, dass heute vom Einzelnen stärker als noch in der Eltern- und Großelterngeneration erwartet wird, sich in einer abstrakt und symbolisch organisierten Umwelt zurechtzufinden. Wer den eigenen Alltag daraufhin überprüft, wie viele Tätigkeiten inzwischen abstrakt und symbolisch vermittelt werden, die noch vor zwanzig Jahren sinnlich erfahrbar waren, kann diese Argumentation gut nachvollziehen. Das beginnt etwa beim Umgang von Jugendlichen heute in der Kommunikation mit ihren Freunden und Freundinnen im Vergleich zu den Formen der früheren Kommunikation, die sich vielfach von einer konkreten „face to face"-Kommunikation in sozialen Netzen sehr abstrakt in das Internet verlagert hat, oder beim heutigen Umgang mit Geld, das als konkretes Medium zunehmend ersetzt wird durch Geldkarten und elektronische Prozesse.

Diese Überlegung, dass komplexer werdende Umwelten offenkundig ihrerseits dazu beitragen, dass sich die intellektuellen Kompetenzen von Generation zu Generation in dieser Weise weiter verbessern, wurde in etwas abgewandelter Form schon in den Achtziger Jahren von Melvin Kohn am Beispiel der Wechselwirkung zwischen der Komplexität der Arbeitswelt und der eigenen intellektuellen Kompetenz und des Einflusses der intellektuellen Kompetenz auf die Komplexität der eigenen Arbeitsaufgaben demonstriert (Schooler, 1998). Denn Beschäftigte mit einer hohen intellektuellen Kompetenz versuchen, ihre eigene Arbeitstätigkeit so auszugestalten, dass diese ihren eigenen intellektuellen Ansprüchen entspricht; wenn das nicht möglich ist, versuchen sie, eine entsprechend anspruchsvolle Tätigkeit in einem anderen Betrieb zu finden. Umgekehrt stimulieren aber auch anspruchsvolle Tätigkeiten die intellektuellen Kompetenzen der Beschäftigten, so dass in dem Längsschnitt, den Kohn durchgeführt hatte, die Übereinstimmung zwischen den intellektuellen Kompetenzen, die die Beschäftigten nach zehn Jahren aufwiesen, und den Anforderungen im Beruf viel größer war als zu Beginn der Messung. Durch diese wechselseitigen Prozesse des Versuches, die Situation nach den eigenen Vorstellungen zu gestalten oder aber sich den Anforderungen der entsprechenden Tätigkeiten auch anzupassen, gab es am Ende dieser Untersuchung eine viel höhere Korrelation zwischen den intellektuellen Kompetenzen und der Komplexität der Arbeit.

Nach der Auffassung von Flynn kann dieses Phänomen auch bei der intellektuellen Entwicklung von Kindern eine Rolle spielen (Flynn, 2007). Bei jüngeren Kindern liegt der Anteil erblicher Einflüsse auf die intellektuelle Entwicklung niedriger als bei Jugendlichen und jungen Erwachsenen. Traditionellerweise wurde dieser Befund dahingehend interpretiert, dass sich die intellektuellen Kompetenzen von Kindern erst noch entwickeln und herausbilden. Flynn geht jedoch davon aus, dass Kinder noch weniger Chancen haben, ihre Umwelt selbst zu gestalten, als Jugendliche und junge Erwachsene und dass der so genannte höhere Erblichkeitsanteil bei Jugendlichen und jungen Erwachsenen eher das Ergebnis der aktiveren Gestaltung der entsprechenden Lebensumwelten im Verlauf der jugendlichen Entwicklung ist. Denn auch getrennt aufwachsende Zwillinge versuchen in diesen unterschiedlichen Umwelten, einen Teil ihrer Möglichkeiten zur Gestaltung der Umwelt einzubringen, so dass eben auch zunächst als unterschiedlich interpretierte Umwelten durch diese Gestaltung ein gewisses Maß an Ähnlichkeit gewinnen.

Hier lassen sich die unterschiedlichen Modellrechnungen nicht darstellen, die Dickens und Flynn zur Abschätzung dieser wechselseitigen Beeinflussung von kindlichem Potenzial und der Umwelt vorgenommen haben. Gut nachvollziehbar ist jedoch, dass sie durch die Entdeckung des Flynn-Effekts den Anteil der Varianz, der im traditionellen Modell von Autoren wie Jensen den erblichen Faktoren zugeschlagen wurde, ausdifferenziert haben in jenen Anteil, der tatsächlich auf mögliche Erblichkeitsfaktoren zurückzuführen ist, und gleichzeitig jenen anderen Anteil herausgearbeitet haben, der auf diese Interaktion zurückzuführen ist. Ihre Schätzungen liegen nun mit etwa .30 erheblich unter den Kalkulationen von Neisser. Das ist immer noch ein hoher Anteil an Erblichkeitseffekt, der Flynn nun zu der nahe liegenden Frage führt, welche Bedeutung eigentlich dieser Anteil für den weiteren Lebensweg von Kindern und Jugendlichen in einer Gesellschaft hat. Auch dazu gibt es inzwischen einigermaßen verlässliche Schätzungen, weil nicht nur in den USA, sondern etwa auch in Schweden auf der Basis von Registerdaten über die gesamte Bevölkerung untersucht werden konnte, inwieweit der ökonomische Erfolg tatsächlich durch die Herkunft bestimmt ist. Für Deutschland gibt es solche Daten, die das Einkommen von eineiigen und zweieiigen Zwillingen und Brüdern vergleichen, leider noch nicht. Besonders für die statistisch zuverlässige, systematische Variationen des Zusammen- oder Getrenntaufwachsens sind so große Stichproben erforderlich, wie sie das schwedische Zwillingsregister liefert.

Nach den Ergebnissen dieser Daten (Björklund et al., 2005) ist zunächst festzustellen, dass die Kovarianz der Einkommen von Zwillingen, die zusammen aufgewachsen sind, .33 beträgt und bei getrennt aufgewachsenen Zwillingen .30. Sind schon diese Effekte nicht besonders hoch ausgeprägt, ermöglicht es nun die große Datenbasis der schwedischen Registerdaten, die Kovariationen in unterschiedlichen Konstellationen des Aufwachsens von Brüdern und Schwestern systematisch durchzurechnen. Nach dieser Tabelle beträgt die Korrelation bei gemeinsam aufgewachsenen zweieiigen Zwillingen .17 und weist die gleiche Größenordnung auf wie die Kovariation von zusammen aufgewachsenen Geschwistern, die keine Zwillinge sind. Am geringsten ist die Korrelation zwischen getrennt aufgewachsenen Halbgeschwistern, die in etwa der Kovariation von adoptierten Kindern entspricht. Die bei den Jungen zu beobachtenden Muster gelten im Wesentlichen auch für die Mädchen, wobei die Kovariationen dort immer schwächer ausgeprägt sind; in der Tendenz verläuft der Zusammenhang parallel.

Abbildung 33: Werden aus armen Kindern arme Erwachsene? Wandel der Generationeneinkommen im Ländervergleich

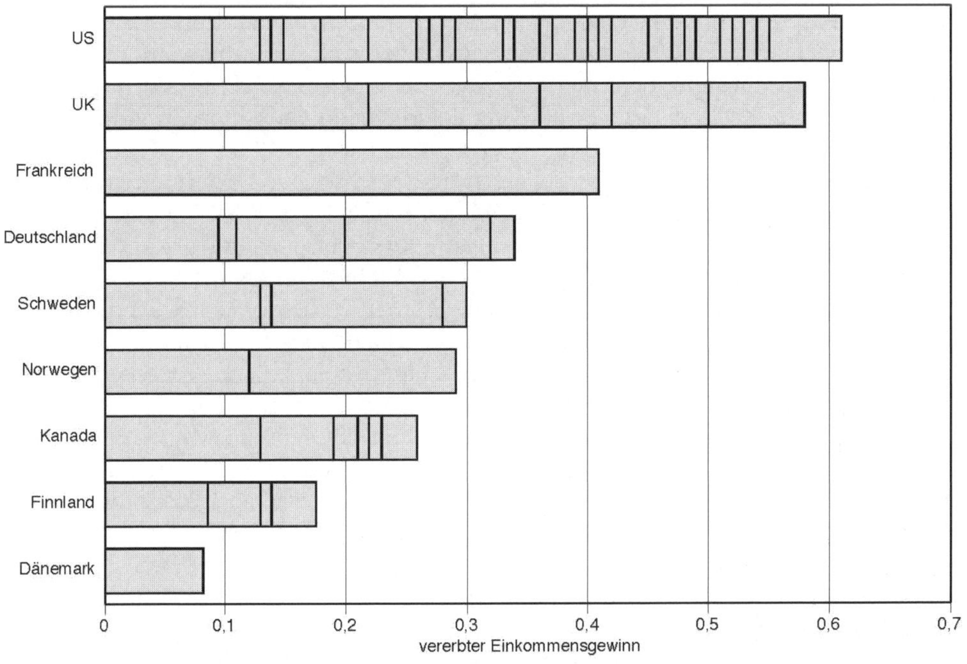

Hinweis: Jeder vertikale Balken repräsentiert das Ausmaß der Einkommensvielfalt. Für Dänemark ist nur ein Wert verfügbar, für die Vereinigten Staaten sind es 28 bei dem niedrigsten Wert unter 0,1 und dem höchsten etwas über 0,6.

Quelle: Corak, M. 2006, S. 40

In der Analyse konzediert Björklund zunächst selbst, dass trotz des signifikanten Anteils der Kovariation von .36 beim Einkommen von eineiigen Zwillingen, die zusammen aufgewachsen sind, 64 Prozent der gemessenen Variationen im Einkommen weder durch genetische noch durch Umweltfaktoren erklärt werden können (Björklund et al., 2005). Das bedeutet, dass der größte Anteil der Einkommensvariationen, die in Schweden auftreten, durch Faktoren zu erklären ist, die über die gemeinsamen Merkmale von eineiigen Zwillingen, die gemeinsam aufgewachsen sind, hinaus außerhalb ihrer gemeinsamen Anlagen und ihrer gemeinsamen Lebenserfahrung zu suchen sind. Gleichzeitig geht aus der Tabelle hervor, dass dieser hohe Anteil von .36 gemeinsamer Varianz bei den Kindern ohne eine so hohe genetische Gemeinsamkeit gar nicht nachweisbar ist. Dort sind die Anteile der Variablen, die nicht auf gemeinsame genetische Faktoren und gemeinsame Erfahrung zurückzuführen sind, noch viel höher und erreichen bei normalen Geschwistern mehr als 80 Prozent der Kovarianzen.

Aus diesen Ergebnissen lässt sich für die Diskussion um genetische Dispositionen eine erste Schlussfolgerung ableiten. Selbst bei einer hohen genetische Disposition intellektueller Kompetenzen muss man davon ausgehen, dass der Anteil der Faktoren, die in Bezug auf den ökonomischen Erfolg in einer Gesellschaft auf die gemeinsamen Lebenserfahrung im Elternhaus und die gemeinsame mögliche biologische Ausstattung zurückzuführen ist, als relativ gering einzuschätzen ist. Eine ähnliche Überlegung stellt auch Flynn an, wenn er fragt, welche Bedeutung eigentlich die intellektuelle Kompetenz, wie sie in Intelligenztests oder aber auch in Schulleistungstests gemessen wird, für den Lebenserfolg hat. Er vermutet, möglicherweise nicht ganz zu Unrecht, dass die übereinstimmenden Merkmale bei diesen Messungen sich vermutlich auf die abstrakte Problemlösungskompetenz beziehen, die aber nur eine, möglicherweise nicht einmal die wichtigste Variante bei der Bewältigung der eigenen Lebensumwelt und der Fähigkeit, sich in dieser Umwelt zu behaupten, ist.

So ergibt sich aus diesen Überlegungen eine wichtige und zentrale Schlussfolgerung, die Bronfenbrenners Modell stützt. Modelle wie in der PISA-Studie, die nur einen Einfluss der elterlichen Ressourcen auf die kindliche Persönlichkeit zulassen, indem sie die Kinder letztlich als „unbeschriebene Blätter“ interpretieren, die durch die elterlichen Ressourcen in ihrer Persönlichkeit geprägt werden, beschreiben den Prozess der kindlichen Entwicklung, der eine aktive Auseinandersetzung des Kindes mit den Eltern, den Geschwistern, den Erziehern, den Lehrern und anderen Personen in Nachbarschaft, Kindergarten und Schule beinhalten, falsch, weil sie die aktive Rolle des Kindes bei der Gestaltung der Umwelt nicht berücksichtigen und von vornherein ausschließen, dass diese Entwicklungsprozesse auch durch Faktoren, die dem Kind angeboren sind, beeinflusst werden. Aber auch Modelle, die wie die klassischen Modelle zur Erklärung kognitiver Kompetenzen fast ausschließlich die Bedeutung genetischer Faktoren für die intellektuelle Entwicklung herangezogen haben, sind zurückzuweisen, weil sie ihrerseits alles das als „Anlage“ interpretieren, was sich aus dieser aktiven Auseinandersetzung zwischen dem Kind und seiner Umwelt entwickelt. Will man also die kindliche Entwicklung angemessen auch in Bezug auf die intellektuelle Entwicklung des Kindes beschreiben, so wird man nicht umhin können, die Kompetenzen, die die Kinder ihrerseits in diese Interaktion einbringen, ebenso zu berücksichtigen wie die Umweltfaktoren, mit denen sie sich auseinandersetzen müssen.

In Bezug auf den ökonomischen Lebenserfolg ist jedoch vor allem festzuhalten, dass die enge Fixierung der Forschung im Bereich der kindlichen Entwicklung nur auf den elterlichen Einfluss, sei er nun anlagebedingt oder ressourcenbedingt, theoretisch und empirisch unbefriedigend bleibt, zumal diese Modelle in Bezug auf den Lebenserfolg, wie an der schwedischen Studie aufgezeigt, selbst dann nur einen kleinen Teil der Varianz insgesamt erklären können, wenn sowohl die Anlagefaktoren homogen sind wie auch die Umweltfaktoren. Bei einer so geringen Varianz des brüderlichen Einkommens bei eineiigen Zwillingen, die gemeinsam aufgewachsen sind, muss sich die pädagogische, psychologische und soziologische Forschung die Frage gefallen lassen, warum die Diskussion um die Beeinflussung der kindlichen Entwicklung sich im wesentlichen auf diese Faktoren begrenzt.

Bronfenbrenners Modell legt nahe, neben diesen Faktoren auch die konkrete Nachbarschaft, die schulischen Institutionen und auch die zur Verfügung stehenden gesellschaftlichen Ressourcen für Kinder zu berücksichtigen. Viele Soziologen und Psychologen (Grundmann, 1996; Hurrelmann, 2002) ziehen sich auf die Formel zurück, dass zwischen Anlagen und Umwelt ein Interaktionsverhältnis bestehe und es deswegen nicht möglich sei, dies genauer zu differenzieren. Diese Argumentation wird von Neurowissenschaftlern wie Steven Pinker als „holistisch-interaktionistisch“ kritisiert (Pinker, 2002). Pinker weist nämlich darauf hin, dass die modernen Neurowissenschaften und auch ein Teil der genetischen Forschung uns heute in Bezug auf einzelne konkrete Verhaltenssyndrome, wie etwa Autismus oder Aggression, recht genaue Informationen darüber liefern, wie sich diese Verhaltensweisen kausal aus bestimmten Anlagen oder Defekten von Anlagen ableiten lassen. Er kritisiert das holistisch-interaktionistische Modell aber auch als unlogisch, weil die Tatsache, dass japanische Kinder japanisch sprechen und US-amerikanische Kinder ein amerikanisches Englisch, zu 100 Prozent auf die jeweilige kulturelle Umwelt zurückzuführen ist, da es zwar grundsätzlich eine genetische Voraussetzung für die Sprachentwicklung gibt, was sein Forschungsgebiet ist, aber nicht für irgendeine spezifische Sprache. Dagegen lassen die neueren wissenschaftlichen Forschungen bei konkreten einzelnen Verhaltensweisen sehr genaue Aussagen über ihre genetischen Ursachen zu.

Eine Arbeitsgruppe der Amerikanischen Akademie der Wissenschaften hat nun versucht, das Wissen um kindliche Entwicklungsprozesse so zu interpretieren, ohne einfach auf ein generelles Interaktionsmodell, das auch diese Autoren kritisieren, zurückgreifen zu müssen (Shonkoff et al., 2000). Statt sich aber einfach damit zu begnügen, hier von einer Interaktion zwischen Natur und Kultur zu sprechen, haben wir hier die These vertreten, dass es sinnvoll ist, bei den einzelnen Entwicklungsaspekten der kindlichen Persönlichkeit sehr genau zu betrachten und zu analysieren, ob und inwieweit diese Entwicklungen sich aus der natürlichen Konstitution des Kindes ergeben, weil es auf diese Weise auch möglich wird, Verhaltensprobleme und Verhaltensschwierigkeiten von Kindern, die bisher oft den Eltern als falsches Erziehungsverhalten angelastet wurden, in anderer Weise zu betrachten als bisher. Daher erscheint uns das Arbeitsmodell der Amerikanischen Akademie der Wissenschaften plausibel zu sein. Dieses versucht auf der einen Seite, jene Umweltstimuli zu benennen und zu untersuchen, die aus der Natur des Kindes heraus von diesem erwartet werden, um bestimmte Entwicklungsprozesse in Gang zu setzen und sie dann auch angemessen zu vollziehen, und auf der anderen Seite jene Prozesse zu untersuchen, die offenkundig spezifisch für das jeweilige Kind aufgrund der individuellen Erfahrungen und der natürlichen Ausstattung dieses Kindes seine Gehirnentwicklung beeinflussen, und zum dritten auf diese Weise zu klären, wie sich das Wechselspiel zwischen dem, was das Kind in die Welt hineinbringt, und dem, was die Welt vom Kind erwartet, genauer beschreiben lässt als bisher mit der These der Interaktion. Ein solches Modell setzt allerdings voraus, dass auch andere beteiligte Disziplinen, etwa die Soziologie, die sich teilweise auch mit Fragen der kindlichen Entwicklung und den kulturellen Einflüssen darauf auseinandergesetzt haben, bereit sind, sich nicht nur auf die Psychologie, sondern auch auf jenen Teil der Lebenswissenschaften einzulassen, die kindliche Entwicklungsprozesse ihrerseits unter einer biologischen, neurobiologischen oder auch genetischen Perspektive analysieren.

Das holistisch-interaktionistische Modell hat aber auch den Nachteil, spezifische Umwelteinflüsse, die bestimmte Aspekte der kindlichen Entwicklung und Kompetenzen beeinträchtigen können, nicht in der gleichen genauen Weise zu spezifizieren, wie das in anderen Bereichen der menschlichen Gesundheit längst üblich ist. Bestimmte toxische Stoffe, wie etwa Alkohol, bestimmte Krankheiten und andere Umwelteinflüsse, die die kindliche Entwicklung beeinflussen können, sind ja nicht nur seit langem bekannt, sondern werden den Eltern auch sehr präzise benannt, damit sie ihre Kinder in ihrer Entwicklung vor solchen Einflüssen schützen können. Es ist nicht nachvollziehbar, warum nicht auch in anderen Bereichen der kindlichen Entwicklung, etwa der Sprachentwicklung, die sich in bestimmten frühen Lebensphasen leichter und besser stimulieren lässt als im späteren Jugend- und Erwachsenalter, ähnliche genaue und klare Vorstellungen über die Bedeutung bestimmter Umwelteinflüsse auf einzelne Merkmale der kindlichen Entwicklung thematisiert werden, um zu zeigen, wie sich die kindliche Entwicklung entsprechend dem Potenzial des Kindes optimal fördern lässt.

Um die Frage des Einflusses der Natur einerseits und der Umwelt andererseits auf die kindliche Entwicklung nicht durch eine undifferenzierte und wenig plausible Generalformel zuzudecken und eben nicht einfach von „Interaktion" zu sprechen, ohne zu spezifizieren, was damit genau gemeint ist, schlagen die Autoren der Amerikanischen Akademie der Wissenschaft vor, zunächst zu akzeptieren, dass das konkrete Verhalten und die konkrete kindliche Entwicklung, die in jedem Einzelfall zu beobachten ist, immer das Produkt der unterschiedlichen Faktoren der kindlichen Entwicklung ist. Gleichzeitig schlagen sie aber auch vor davon auszugehen, dass Kinder in ihrer Entwicklung aufgrund ihres genetischen Potenzials bestimmte Erfahrungen erwarten, die alle Mitglieder der menschlichen Spezies durchlaufen müssen, um bestimmte Entwicklungsprozesse beim Kind zu ermöglichen. Das Wachstum der kindlichen Reaktionsmöglichkeiten und des kindlichen Hirns hängt von solchen Stimuli ab. So erwarteten bestimmte Teile des Gehirns Lichtreize, um die entsprechenden Reaktionen des Nervensystems zu entwickeln. Das Gleiche gilt für sprachliche Stimuli, die auch eine Voraussetzung dafür sind, dass spezifische Sprachformen überhaupt ausgeprägt werden. Erfährt ein Kind solche Stimuli nicht, kann es in seinem Entwicklungspotenzial in erheblichem Umfang beeinträchtigt oder geschädigt werden. In diesem Sinne ist ein Kind von Natur aus mit einer Entdeckerfähigkeit für solche Stimuli ausgestattet, um sich entsprechend entwickeln und ausdifferenzieren zu können.

Unabhängig davon gibt es aber auch eine Gehirnentwicklung durch Erfahrungen in der frühkindlichen und kindlichen Entwicklungszeit. Auch diese erfahrungsabhängige Synaptogenese hat einen erheblichen Einfluss auf die weitere kindliche Gehirnentwicklung, ist aber, anders als jene Entwicklung, die auf einer erwarteten Erfahrung aufsetzt, jeweils spezifisch für die Gehirnentwicklung eines jeden Kindes. Die Autoren des Reports gehen noch viel tiefer auf die Entwicklung kindlicher Kompetenzen ein, was hier nicht im Detail ausgeführt werden kann. Wichtig sind aber noch zwei weitere Erkenntnisse aus diesem Bericht. Zum einen wirken besonders die Prozesse, die die kindliche Entwicklung erfahrungsabhängig beeinflussen, keinesfalls auch zuverlässig auf Dauer weiter, wenn sie einmal erfolgt sind. Vielmehr scheint besonders dieser zweite Teil der Entwicklung ein lebenslanger Prozess zu sein. Insofern scheinen bestimmte Prozesse, die die kindliche Entwicklung in dieser Weise über Erfahrung steuern, ähnlich wie eine „Schutzimpfung" zu wirken: Für eine bestimmte Zeit sind hier Veränderungen in der Genstruktur nachweisbar, wenn aber die entsprechenden Erfahrungen nicht wiederholt werden, dann verlieren sie sich und sind nicht mehr wirksam.

In diesem Punkte stimmen die Autoren des Reports mit Jerome Kagan überein, der sich auch kritisch zu der Auffassung äußert, nur die frühe Kindheit sei für die kindliche Entwicklung und nachfolgend für den gesamten weiteren Lebensverlauf entscheidend.

Kagan hält diese Position sogar für einen der „drei Grundirrtümer der Psychologie“ (Kagan, 2000). Hier weisen die Autoren nur nach, dass solche Prozesse, die einmal in Gang gesetzt wurden, immer wieder „aufgefrischt“ und verstärkt werden müssen. Als Beispiel dafür lässt sich die Zweisprachigkeit anführen, die sehr jungen Kindern, die in einem Kontext mit mehreren Sprachen aufwachsen, zunächst sehr leicht fällt. Wechseln diese Kinder dann aber später in einen Kontext mit nur einer Sprache, tritt die Beherrschung der zweiten Sprache zunehmend in den Hintergrund und muss teilweise wieder neu gelernt werden.

7.5. Die Reduktion des Kindes auf seine intellektuelle Leistungsfähigkeit

Der Versuch von Flynn, Neisser und anderen, sich bei der Diskussion um die Bedeutung angeborener Faktoren für die kindliche kognitive Entwicklung nicht einfach auf die Position zurückzuziehen, der gemessene Output stelle immer das Produkt einer Interaktion von genetischen Faktoren und Umweltbedingungen dar, sondern unter der Perspektive von Bronfenbrenner Modellkonstruktionen zu entwickeln, die auch die Aktivität des Kindes bei der Strukturierung der Umwelt berücksichtigen, mag noch nicht in allen Einzelheiten befriedigen, aber er führt zu einer Reihe von Klärungen (Ceci, 1999). So ist mit einiger Sicherheit davon auszugehen, dass die ursprünglichen Schätzungen für die Bedeutung der Anlagen für die intellektuelle Entwicklung von Eysenck (Eysenck, 1984) oder Herrnstein und Murray (Herrnstein & Murray, 1994) diese Einflüsse überschätzen, weil sie von der Übereinstimmung bei eineiigen Zwillingen in unterschiedlichen Kontexten hinsichtlich dieser Faktoren nur auf die Erblichkeit des Ursachen geschlossen haben, ohne aber zu berücksichtigen, dass Kinder gleicher Anlagen auch in getrennten Umwelten ihren Kontext in ihrem Sinne aktiv zu beeinflussen versuchen.

Gleichzeitig hat aber auch der Flynn-Effekt, also der kontinuierliche Anstieg der intellektuellen Leistungsfähigkeit über mehrere Generationen hinweg, deutlich gemacht, dass zunehmend komplexere Umwelten, die offenkundig stärker auf Fähigkeiten setzen, wie sie durch solche Tests gemessen werden, auch erhebliche Verbesserungen in der intellektuellen Leistungsfähigkeit erzeugen können, um diesen komplexeren Umwelten zu entsprechen. Damit lässt sich auch erklären, warum bei jüngeren Kindern die Übereinstimmung bei der intellektueller Leistungsfähigkeit bei Zwillingen geringer ist als im späteren Lebensalter, wenn diese Kinder sich als junge Erwachsene zunehmend in Umwelten bewegen, die sie selbst auch durch ihre eigenen Kompetenzen mitgestaltet haben.

Unter einer soziologischen Perspektive sind das sehr wichtige Ergebnisse, weil sie sich nahtlos in die seit den Achtziger Jahren vorliegenden Ergebnisse der Längsschnittstudien von Melvin Kohn und Carmi Schooler einfügen (Schooler & Kohn, 1985). Diese haben nachgewiesen, dass Menschen mit unterschiedlichen intellektuellen Fähigkeiten auch im Beruf versuchen, ihre beruflichen Tätigkeiten so auszugestalten, dass sie ihren eigenen Vorstellungen entsprechen. Jedenfalls ist es nach diesen Ergebnissen und Perspektiven wenig plausibel, die kindliche Entwicklung und die Kompetenzen von Jugendlichen, wie sie in PISA gemessen wurden, nur als Folge schulischer und familiärer Umwelten zu interpretieren. Das wurde besonders auch durch schwedische Analysen deutlich, die nachwiesen, dass die erklärte Varianz des ökonomischen Erfolgs von Brüdern, selbst bei eineiigen Zwillingen, die gemeinsam aufgewachsen sind, nur zu einem geringen Teil durch die gemeinsame Herkunft und die gemeinsamen Anlagen zu erklären ist.

Diese Ergebnisse gelten aber nicht nur für Schweden. Eine Fülle von Übersichtsarbeiten wie beispielsweise die von Bowles und Gintis (Bowles & Gintis, 2006; Björklund et al., 2005) haben zudem inzwischen nachgewiesen, dass soziale Ungleichheit, gemessen am ökonomischen Erfolg, überhaupt nur zu einem kleineren Teil durch Schule und Schulleistungen, kognitive Entwicklung und elterliche Variablen erklärt werden kann. Zudem muss davon ausgegangen werden, dass der elterliche Einfluss eben nicht allein über die Beeinflussung der kindlichen Persönlichkeit wirkt, wie es der statistischen Modellannahme der PISA-Autoren entspricht, sondern dass einzelne Verhaltensweisen oder auch einzelne Persönlichkeitsmerkmale völlig unabhängig von Schule und Schulentwicklung und kognitiver Entwicklung das kindliche Verhalten so beeinflussen, dass diese Faktoren eine ähnlich starke Bedeutung für die spätere berufliche Entwicklung der Kinder haben wie alle schulischen Faktoren zusammen. Damit ist nicht gesagt, dass die kognitiven Faktoren, der Schulabschluss oder die elterlichen Ressourcen nicht von gewisser Bedeutung für den ökonomischen Erfolg von Kindern sind. Vielmehr ist damit vor allem ausgedrückt, dass die Fixierung auf das klassische Modell der schichtspezifischen Sozialisation auch mit heutigen moderneren Methoden nicht in der Lage ist, den größten Teil der Einkommensvariationen in der Gesellschaft zu erklären.

Für die Einschätzung der Anlagefaktoren hat das zur Konsequenz, dass ihre Bedeutung, selbst wenn sie in der ursprünglich geschätzten Größenordnung bliebe, nur von untergeordneter Rolle sein kann, wenn es um die Frage der sozialen Ungleichheit geht, weil sie nur ein Teil dieser 20 bis 30 Prozent Varianz sind, die durch diese Modelle überhaupt erklärt werden können. Bowles und Gintis schätzen bei ihrer Meta-Analyse (Bowles, 2006) diesen Anteil auf etwa ein Viertel bis ein Drittel der erklärten Varianz von 20 bis 30 Prozent. Wie hoch diese Anteile letztlich auch immer sein mögen, wird jedenfalls deutlich, dass diese Modelle in der vorliegenden Form nur einen kleinen Teil der kindlichen Entwicklung im Lebensverlauf erklären können. Angesichts dieser Ergebnisse und der Tatsache, dass ganz andere Persönlichkeitsmerkmale (Loehlin, 2008), wie etwa Fatalismus oder spezifische „Sekundärtugenden", wie etwa Arbeitshaltungen, Pünktlichkeit und anderes, den beruflichen Erfolg beeinflussen, stellt sich die Frage, warum in den letzten Jahren in der Debatte um soziale Ungleichheit und kindliche Entwicklung fast ausschließlich die kognitiven Dimensionen der kindlichen Entwicklung thematisiert wurden, obwohl die heutigen Modelle in ihrer Erklärungskraft sich kaum von den Modellen in den frühen Achtziger Jahren unterscheiden (Bertram, 1982).

Eine der zentralen Konsequenzen ist die Frage, ob die Lösung beruflicher Probleme und der ökonomische Erfolg in der Gesellschaft tatsächlich allein von den kognitiven Fähigkeiten zum abstrakten Problemlösen (Flynn), wie sie die Intelligenztests (Wechsler-Intelligenzskala für Kinder WISCH, im deutschen HAWIK bzw. HAWIE) messen, abhängen oder ob nicht auch in modernen Gesellschaften mit einem hohen Anteil an wissensbasierten Berufen weitere Aspekte der menschlichen Persönlichkeit von zentraler Bedeutung sind. Diese Frage wird aus einer ganz anderen Perspektive von Richard Sennett in seinem Buch über das Handwerk am Beispiel zweier Häuser formuliert, von denen eins von dem bekannten Architekten der „neuen Sachlichkeit“ Adolf Loos und das andere vom Philosophen Ludwig Wittgenstein gebaut wurde (Sennett, 2008). Wittgenstein war von Loos‘ Architektur sehr angetan und wollte dementsprechend bauen; da er zudem über große Mittel verfügte, konnte er das Haus auch ganz nach seinen Vorstellungen konstruieren. Mit seiner enormen analytischen Kompetenz konzipierte und konstruierte er das Haus in all seinen Proportionen und formal nach allen Regeln für eine optimale Relation zwischen Raumgrößen, Raumhöhen und Lichteinfall. Alle Elemente wurden eigens für dieses Haus angefertigt. Das Haus des Architekten Loos folgte auch einer klaren Vorstellung, aber er musste die finanziell begrenzten Ressourcen der Familie berücksichtigen und passte während des Baus bestimmte Elemente entsprechend seiner Erfahrung in der Gestaltung der Räume so an, wie es seiner Vorstellung und auch den Wünschen der Familie entsprach. Das Haus von Wittgenstein, abstrakt analytisch bis ins kleinste Detail durchgeplant, erwies sich aus der Sicht der Bewohner und auch außenstehender Betrachter als nicht besonders „wohnlich“, während das Haus des Architekten aufgrund seiner „handwerklichen“ Intuition eine saubere und wohnliche Lösung darstellte.

Sennett verdeutlicht mit einer Reihe von Beispielen, dass es in der modernen Gesellschaft offenkundig nicht nur darauf ankommt, über eine abstrakt analytische Problemlösungskompetenz zu verfügen, sondern dass beispielsweise die Qualität einer Arbeit auch von der Hingabe des Einzelnen an die Arbeit, sowie von seiner Intuition und seiner Erfahrung abhängig ist und dass wir heute möglicherweise mit dem Problem konfrontiert sind zu glauben, diese Dinge seien weniger wichtig als allein die abstrakte Problemlösungskompetenz. Bei diesen Überlegungen stützt sich Sennett auch auf den Kreativitätsforscher Gardner, der schon in Auseinandersetzung mit Herrnstein darauf hingewiesen hatte, dass es in der modernen Gesellschaft möglicherweise neben der Definition von intellektueller Leistungsfähigkeit als analytisch abstrakter Problemlösungskompetenz noch eine Reihe anderer intellektueller Kompetenzen gibt, die aber in der modernen Psychologie bisher weniger thematisiert werden als die kognitive Kompetenz.

Sennett wirft noch eine weitere Frage auf, die sich in gewisser Weise auch bei Flynn findet. Wenn wir heute über Leistungen und über die Leistungsfähigkeit von Schülern oder über internationale Vergleiche zwischen Schülern gleichen Alters wie in PISA sprechen, neigen wir dazu, uns im wesentlichen mit den Extremgruppen auseinanderzusetzen. Die Spitzengruppen werden ebenso intensiv diskutiert wie diejenigen am unteren Ende der Verteilung. Zu Recht fragt Sennett, ob es sinnvoll ist, etwa in Bezug auf die Qualität von Arbeit, aber auch in Bezug auf die Wettbewerbsfähigkeit einer Gesellschaft, sich nur mit diesen Extremgruppen zu befassen. Denn es ist nicht auszuschließen, dass diejenigen, die möglicherweise nicht all die Fähigkeiten aufweisen wie die Spitzenabsolventen, auf der anderen Seite durch Motivation, Freude an der Arbeit und Erfahrung ein Qualitätsbewusstsein für die Arbeit entwickeln, das zu so guten Arbeitsergebnissen führt, wie es von denjenigen wegen geringerer Motivation möglicherweise gar nicht erreicht wird, obwohl sie über viele Talente verfügen. Auch fragt er ganz zu Recht provokativ, warum wir davon ausgehen, dass diejenigen, die sich, aus welchen Gründen auch immer, in der Normalverteilung der Intelligenz eher im unteren Teil befinden, nicht auch durch entsprechende Einstellungen und Erfahrungszusammenhänge genauso gute Arbeit leisten können wie andere.

Die Berechtigung zu dieser Fragestellung liefert Flynn (Flynn, 2007). Seit 1950 ist die Zahl der Personen in hoch qualifizierten Arbeitsplätzen und Führungspositionen in den USA von etwa 17 Prozent auf 33 Prozent angestiegen. Gleichzeitig ist der Mittelwert der gemessenen Intelligenz dieser Gruppe von 114.5 auf 110.5 IQ-Punkte gesunken und die untere Grenze, um eine solche Position zu erreichen, hat sich von einem Punktwert von 104 auf 98 nach unten verschoben. Das ist eigentlich völlig unproblematisch, weil die jüngeren Führungskräfte ebenso wie alle anderen vom durchschnittlichen Anstieg der Intelligenzwerte profitiert haben (Flynn-Effekt), jedoch hat sich ihre noch Anfang der Fünfziger Jahre überdurchschnittlich herausgehobene Position deutlich zur Mitte hin verschoben. Möglicherweise ist es doch sinnvoll, sich bei Analyse der kindlichen Entwicklung mit den Bedingungen für alle Kinder mit allen Talenten auseinanderzusetzen, statt allein darüber nachzudenken, wie spätere „Spitzenkräfte" besonders zu fördern sind. Möglicherweise ist aber die Fixierung auf die Analyse der Entwicklung vor allem kognitiver Fähigkeiten und abstrakt analytischer Problemlösungskompetenzen auch darauf zurückzuführen, dass sich diese Aspekte „quasi objektiv" messen lassen und daher die Möglichkeit bieten, den Output des einen Systems mit dem Output anderer Systeme zu vergleichen.

Die PISA-Studien sind wie viele andere Studien in diesem Bereich (TIMSS, IGLU, Bos et al.) Evaluationsstudien, die durch einen Systemvergleich deutlich machen sollen, welches Land oder welche Gruppe in jedem Land besonders effizient mit seinen Talenten umgeht. Da Motivationen, Persönlichkeitsfaktoren und auch spezifische Interessen in solchen Vergleichsstudien nur schwer zu messen sind, beschränkt man sich im wesentlichen auf das, was man messen und vergleichen zu können glaubt. Es stellt sich allerdings die Frage, ob denn ein hoher Output oder besonders hohe Durchschnittswerte in diesen Kompetenzmessungen tatsächlich etwas über den effizienten Umgang mit Talenten aussagen. Nach den Überlegungen von Sennett sind möglicherweise andere Faktoren, wie die Freude an der Arbeit, Pflichtbewusstsein oder aber auch Gewinnstreben möglicherweise viel effizientere und wichtigere Faktoren zur Stimulierung der ökonomischen Entwicklung einer Gesellschaft als das abstrakte Problemlösen in Mathematik oder den Naturwissenschaften. Bowles und Gintis ist daher kaum zu widersprechen, wenn sie von der „Überforschung" in diesem Bereich sprechen bei weitgehender Vernachlässigung anderer Aspekte der Entwicklung eines Kindes und Jugendlichen.

Das ist deswegen so erstaunlich, weil Walter Müller schon in den Siebziger Jahren zu Beginn der Bildungsreform nachgewiesen hat, dass der ökonomische Erfolg eines jungen Mannes von etwa 33 Jahren nur zu einem geringen Teil von seiner sozialen Herkunft, der erhaltenen Schulausbildung und seiner Weiterqualifikation abhängt (Müller, 1976). Er schätzte damals diesen Zusammenhang auf etwa 25 Prozent, womit sich diese Schätzung von denen jüngerer Studien aus anderen Ländern nur unwesentlich unterscheidet; von diesen 25 Prozent konnte die soziale Herkunft nur den kleineren

Teil erklären (Blossfeld et al., 1998). Wenn Müller damals das klassische Modell der schichtspezifischen Sozialisationsforschung umformulierte und auch empirisch prüfte, so war das damals außerordentlich innovativ, weil das zum ersten Mal so gemacht wurde. Wenn aber heute mehr als 30 Jahre später noch mit den gleichen Modellen gearbeitet wird, ohne die Frage zu stellen, ob sich möglicherweise durch andere Variablen sowohl des Kontextes wie auch der Entwicklung von Kindern und Jugendlichen die Erklärungskraft dieser Modelle verbessern lässt, muss schon die Frage nach dem wissenschaftlichen Fortschritt gestellt werden.

7.6. Zur Entwicklung sozialer Intelligenz und der Genese von Motivationen

Diese Verengung auf naturwissenschaftliche, sprachliche und mathematische Kompetenzen sowie auf die unterschiedlichen Aspekte der kognitiven Entwicklung ohne Berücksichtigung anderer Faktoren der kindlichen Entwicklung, die es dem Kind jedoch ermöglichen, sich in einer zunehmend komplexeren Umwelt zu bewegen und zu bewähren, ist auch deswegen erstaunlich, weil sowohl in der Ökonomie, die als Kerndisziplin zur Analyse ökonomischer Erfolge in der Gesellschaft zu betrachten ist, wie auch in der Psychologie und Anthropologie in jüngerer Zeit Entwicklungsprozesse zu erkennen sind, die sich stärker als vor 10 oder 15 Jahren wieder auf sozialwissenschaftliche Themen zubewegen. Diese Entwicklungen machen es auch möglich, Bronfenbrenners zunächst eher formales Argument der wechselseitigen Beeinflussung von kindlicher Entwicklung und Umwelt auch theoretisch gehaltvoll weiterzuentwickeln, und ermöglichen den Anschluss an vielfältige soziologische und pädagogische Traditionen.

In der Ökonomie wie auch in vielen Teilen der Soziologie dominierten lange Zeit Ansätze zur Erklärung des Verhaltens, die menschliches Handeln wesentlich auf die Nutzenmaximierungs-Strategien des Individuums („rational choice") zurückführten. Die Vorstellung, jedes Individuum handele letztlich, um sich selbst gegenüber anderen einen größtmöglichen Vorteil zu verschaffen, wurde von vielen Autoren anthropologisch begründet (Esser, 2004). Die Prominenz dieses Ansatzes ist wesentlich mit dem Namen von Gary S. Becker verbunden, der bei seinem Konzept der Entwicklung familiärer Lebensformen und des Handelns innerhalb von Familien die Vorstellung entwickelte, dass die Menschen sich beispielsweise für Kinder entscheiden, weil sie sich subjektiv von dieser Entscheidung für ihr weiteres Leben einen besonderen Vorteil versprechen. In der Vergangenheit, so behauptet Becker, habe man sich vorwiegend deswegen für viele Kinder entschieden, um dadurch die eigene Alterssicherung zu gewährleisten, während man sich heute für Kinder entscheide, weil sie als Bereicherung des eigenen Lebens betrachtet würden. Die empirische Schwäche dieser Argumentation ist zunächst darin zu sehen, dass sie historisch falsch ist, weil die Geburtenrückgänge überall in Europa längst vor der Einführung irgendwelcher sozialer Sicherungssysteme einsetzten, was bedeutet, dass man sich schon zu einer Zeit in der Kinderzahl beschränkte, als man sie eigentlich noch für die Alterssicherung benötigte. Die theoretische Schwäche liegt zudem darin, dass dieser Theorieansatz nicht erklären kann, was denn der Einzelne für sich selbst als Nutzen ansieht. Dieses Problem versuchen die Autoren dadurch zu lösen, dass sie von „vorgegebenen Präferenzen" oder auch „Rahmenbedingungen" (frame), aus denen diese Präferenzen abgeleitet werden, ausgehen.

Trotz der Einfachheit und Klarheit dieses Theorieansatzes sind seine anthropologischen Voraussetzungen nicht unproblematisch. Denn inzwischen liegen eine Fülle von anthropologischen Studien vor, die deutlich machen, dass die Entwicklung der kognitiven Fähigkeiten des Menschen ganz wesentlich davon abhängt, dass er in seiner evolutionären Geschichte relativ früh „gelernt" hat, dass das Überleben der Spezies, was immer als Begründung für das Nutzenmotiv gilt, gerade davon abhängt, mit anderen zu kooperieren und im Rahmen dieser Kooperation möglicherweise auf individuelle Vorteile zu verzichten. Tomasello hat in diesem Zusammenhang die These der „kulturellen Intelligenz" (Tomasello, 2002) entwickelt, die davon ausgeht, dass die kognitive Entwicklung von Kindern und Erwachsenen, und zwar in allen Bereichen der Kognition, von den besonderen Fähigkeiten der menschlichen Spezies zur wechselseitigen Kooperation bestimmt ist.

In einer Reihe von Vergleichen zwischen dem Verhalten von Kleinkindern und Primaten wie Orang Utans und Schimpansen konnte Tomasello zeigen, dass Aufgaben, für deren Lösung die Nutzung von Werkzeugen notwendig ist, Kinder schon im Alter von 2 bis 2,5 Jahren in der Lage waren, die Lösungswege, die ihnen der Versuchsleiter zeigte, bis ins Kleinste zu imitieren und dadurch zum ersehnten Spielzeug zu kommen. In der Vergleichsgruppe stellten die Primaten in der gleichen Versuchsanordnung mit dem jeweiligen Werkzeug, einem Stock, zunächst alle möglichen Dinge an, brachten aber diese genaue Imitation nicht zustande. Welche Versuchsanordnung auch immer angelegt wurde, ließ sich der Vorsprung in der Lösungsgeschwindigkeit bei den Kindern immer darauf zurückführen, dass sie durch Nachahmung oder durch Erfassung der Intention des Versuchsleiters in der Lage waren, ihre Aufgaben relativ schnell zu erledigen, während die Primaten zunächst eine Fülle von eigenständigen Versuchen unternahmen, die nicht notwendigerweise zum Ziel führten.

Diese Form von frühkindlicher Kooperation durch Nachahmung ist viel effizienter und schneller als das Ausprobieren unterschiedlicher Wege bei den Primaten, bei dem „das Rad immer neu zu erfinden" ist, während bei den Kindern der Gebrauch des Rades beim Lernen im Vordergrund steht. „Kinder kommunizieren kooperativ, sie konstruieren und partizipieren an einer gemeinsamen ungeteilten Aufmerksamkeit, die solchen kooperativen Zeichen ihre Bedeutung gibt, und zwar schon vor der Sprachentwicklung ab dem Alter von etwa 14 Monaten." (Tomasello 2002, S.57). Tomasello bezieht sich dabei selbst (Tomasello, 2002) auf den russischen Psychologen Lew Wygotski, der schon in den Dreißiger Jahren darauf hingewiesen hat (Wygotskij, 1978), dass sich die kindlichen Kompetenzen durch die Interaktion mit anderen entwickeln und ausdifferenzieren.

Diese grundlegende Fähigkeit zur Kooperation mit anderen setzt aber voraus, sich in den anderen hineinversetzen zu können. Um diese These, die sich schon bei George Herbert Mead findet (Joas, 1991), für Kinder schon in sehr jungem Alter zu belegen, hat Tomasello mit seinem Untersuchungsteam ein einfaches Experiment mit Kindern ab dem Alter von 14 Monaten durchgeführt. Zunächst spielten die Kinder jeweils einzeln mit einer erwachsenen Person mit zwei Spielzeugen. Dann verließ die erwachsene Person den Raum, ein Assistent kam hinzu und brachte ein drittes Spielzeug mit. Die beiden spielten eine Zeitlang mit den drei Spielzeugen; dann kam die erste Person zurück in den Raum und bat das Kind um ein Spielzeug. Alle untersuchten Kinder gaben das neue (dritte) Spielzeug der zurückgekommenen Person, weil die Kinder offensichtlich verstanden hatten, dass neue Dinge nicht nur für sie selbst, sondern auch für andere aufregend sind, und sie auch sofort wussten, welches der Spielzeuge für den Erwachsenen neu war, weil sie sich offensichtlich erinnerten, was der Erwachsene vorher gesehen hatte.

Auch ohne hier alle der außerordentlich interessanten und aufregenden Experimente wiedergeben zu können, ist die Schlussfolgerung der Autoren gut nachzuvollziehen, dass Kinder in dieser Interaktion eine solche Form von Kooperation nur dann entwickeln können, wenn sie sich mit den Interaktionspartnern verbunden fühlen und mit ihnen eine Perspektive teilen. Nicht die individuelle Nutzenmaximierung, sondern die Fähigkeit der Kinder, mit anderen eine Perspektive und gemeinsame Ziele zu teilen und mit anderen Personen zu interagieren, ist eine Grundvoraussetzung für soziales Handeln. Denn nach dieser These hängt das Überleben der Spezies Mensch nicht von der individuellen Nutzenmaximierung ab, sondern von dieser Fähigkeit, gemeinschaftlich Ziele zu erreichen. Diese im Kinde liegenden Möglichkeiten können aber nur dann entfaltet werden, wenn es für das Kind solche Gelegenheiten zu Kooperation und Partizipation auch gibt. Ein Kaspar Hauser hat zwar prinzipiell diese Möglichkeiten, kann sie aber in Isolation nicht entwickeln.

Wenn diese Überlegungen und Annahmen, die hier nur knapp zusammengefasst sind, Gültigkeit beanspruchen können, und dafür gibt es inzwischen auch von anderen Autoren eine Fülle von Belegen, dann wird die zunächst sehr formale Annahme von Bronfenbrenner, die Wechselwirkungen bei der kindlichen Entwicklung genauer zu betrachten, theoretisch mit Inhalt gefüllt. Wechselwirkung in dem hier entwickelten Sinne heißt, dass Kinder von Anfang an die Möglichkeit bekommen, mit anderen Menschen Intentionen und Gefühle zu teilen und auf der Basis dieser gemeinsam entwickelten Kooperation auch ihre intellektuellen Kompetenzen in anderen Bereichen zu differenzieren. Ohne Zweifel lassen die Untersuchungen, die lediglich die Sprachkompetenz, die mathematische Kompetenz oder auch die naturwissenschaftliche Kompetenz beim abstrakten Problemlösungsverhalten von Kindern und Jugendlichen testen und als Einflussfaktoren allenfalls die Schule und die Eltern berücksichtigen, von ihrer theoretischen Anlage wie aber auch in ihrer methodischen Umsetzung einen zentralen Aspekt der kindlichen Entwicklung, und zwar auch der kindlichen intellektuellen Entwicklung, außer Acht, nämlich die Möglichkeit, kooperatives Verhalten zu entwickeln als Voraussetzung für die anderen Entwicklungsprozesse.

7.7. Empathie, moralische Autonomie und soziale Intelligenz

Mit den Forschungsergebnissen von Flynn (2007) sowie Björklund und Mitarbeitern (Björklund et al., 2005) konnte gezeigt werden, dass intellektuelle Kompetenzen, gemessen durch Intelligenztests, sich zu einem Drittel der Varianz auf erbliche Faktoren zurückgeführen lassen. Das ist erheblich weniger, als traditionell von den Vertretern der Erblichkeitshypothese behauptet wurde. Gleichzeitig ist aber auch festzuhalten, dass diese intellektuellen Kompetenzen über den Lebensverlauf nur einen geringen Anteil des ökonomischen Erfolgs erklären können und selbst bei eineiigen Zwillingen, die gemeinsam aufgewachsen sind, ist dieser Anteil viel geringer als die nicht erklärte Varianz. Daher stellt sich die Frage, warum sich die Sozialisationsforschung und die pädagogische Forschung in den letzten Jahren im wesentlichen auf die Analyse der Entwicklung der intellektuellen Kompetenzen konzentriert haben. Das ist umso verwunderlicher, weil die hier vor allem mit den Ergebnissen von Tomasello und seinen Mitarbeitern dargestellte These, dass die intellektuelle Entwicklung ganz wesentlich von den Möglichkeiten bestimmt ist, mit anderen zu kooperieren und sich in andere hineinversetzen zu können, keinesfalls neu ist, sondern zum ersten Mal wohl 1976 vom Evolutionspsychologen Humphrey formuliert und seitdem durch eine Fülle von Forschungsergebnissen bei verschiedenen Tierpopulationen getestet wurde (Emery et al., 2008).

Als herausragendes menschliches Merkmal bezeichnet Humphrey die Fähigkeit zur Zusammenarbeit, die sich seiner Meinung nach über Millionen Jahre in der menschlichen Evolution herausgebildet hat. Er sieht in diesem Merkmal zugleich ein Talent und den Wunsch für eine tiefe und eine in ihrer Subjektivität spezifische Fähigkeit, den anderen zu verstehen, die Gefühle des anderen und mit ihm die Ziele zu teilen. Er geht davon aus, dass nur Menschen über diese Fähigkeit verfügen, sich in den anderen hineinzuversetzen und sich in dieser Form um andere zu kümmern. Diese Überlegungen sind inzwischen durch eine Reihe von Experimenten und Daten der Evolutionspsychologie belegt; sie finden sich nicht nur bei den kognitiven Psychologen der Dreißiger Jahre in Russland, sondern stellen auch zentrale Elemente in den interaktionistischen Sozialisationstheorien dar (Mead, 2004; Joas, 1991; Krappmann, 1988). Diese konnten zwar noch nicht die evolutionspsychologische Begründung enthalten, weil damals auch in der biologischen Forschung Vorstellungen dominierten, die eine externe Nutzenorientierung als Motor der menschlichen Entwicklung annahmen (Dawkins, 1996), was inzwischen erheblich relativiert wurde (Gierer, 2005). Es fehlten aber auch die entsprechenden Experimente und Methoden in der Evolutionspschologie, um die Bedeutung von kooperativen und emphatischen Handlungstrategien für die menschliche Entwicklung zu zeigen.

Auch wenn solche Arbeiten damals noch nicht vorlagen, wird aus den Analysen von Jean Piaget (Piaget, 2003), aber auch Wolfgang Edelstein (Edelstein, 2000), Fritz Oser (Edelstein et al., 2001) und anderen Autoren (Lickona, 1976) deutlich, dass als zentrale abhängige Variablen zur Erklärung der „Vererbung" sozialer Ungleichheit nicht allein mathematische, sprachliche und naturwissenschaftliche Kompetenzen heranzuziehen sind, sondern Variablen der „sozialen Intelligenz", wie Kooperationsfähigkeit, Empathie, gemeinsame Ziele und Vertrauen, um die Erklärung der „Vererbung sozialer Ungleichheit" in modernen Gesellschaften überzeugender zu formulieren. Auch wäre damit, wie noch zu zeigen ist, die Verbesserung mathematischer, sprachlicher und naturwissenschaftlicher Kompetenzen unterschiedlicher sozialer Gruppen eher möglich. Daher kann es nur als erstaunlich bezeichnet werden, dass ausgerechnet die biologische, anthropologische und ökonomische Forschung die soziologischen und pädagogischen Forschungskonzepte wegen ihrer einseitigen Konzentration auf „intellektuelle Kompetenzen“ als unzureichend oder „überforscht“ kritisiert (Bowles, 2006).

Martin Hoffman hat den Versuch unternommen, die Fähigkeit zur Empathie und die moralische Entwicklung als eine zentrale Dimension menschlicher Werte in einen theoretisch-systematischen Zusammenhang zu stellen (Hoffman, 2001). Nach seiner Auffassung ist nämlich die Fähigkeit, andere zu verstehen, untrennbar verknüpft mit der Bewertung auch der Handlungen anderer. Und die Bereitschaft, sich um andere zu kümmern und mit anderen fair zu interagieren, ist auch davon abhängig, mit anderen mitempfinden zu können. Hoffman geht dabei ähnlich wie Tomasello davon aus, dass sowohl die kognitive Komponente von Empathie, nämlich die Fähigkeit zum Perspektivenwechsel, wie aber auch die emotionale Komponente von Empathie, das „Erfühlen“ der Intentionen des Interaktionspartners, Ergebnis evolutionärer Prozesse der menschlichen Entwicklung sind. Aber ähnlich wie bei der Sprache gilt, dass die evolutionären Voraussetzungen des aktiv handelnden Subjekts in der jeweiligen Kultur und in der jeweiligen Interaktion zwischen Kindern, Eltern, der Gruppe der Gleichaltrigen, Personen in der Nachbarschaft oder Lehrern in der Schule und anderen eine spezifische Ausformung erfahren. Das entspricht weitgehend den Vorstellungen des bio-ökologischen Modells von Bronfenbrenner (vgl. Kap. 7.2), das auch von dem aktiven Kind ausgeht, das mit seinen eigenen Voraussetzungen die Umwelt mitgestaltet, aber selbst auch von der Umwelt gestaltet wird. Diese Fähigkeit, sich auf andere Menschen einzulassen, ihre Intentionen zu erkennen und mit ihnen mitzufühlen, kann sich nur dann entwickeln, wenn Kinder von Anfang an die Möglichkeit haben, auch selbst von anderen Interaktionspartnern, zunächst von ihren Eltern „emphatisch“ behandelt zu werden. Dieser Prozess braucht Zeit und muss auf Wechselseitigkeit aufbauen, indem die erwachsenen Personen, die sich um die Kinder kümmern, deren Entwicklungspotenziale angemessen berücksichtigen.

Ohne unbedingtes Vertrauen der Erwachsenen zu den Kindern ist es für Kinder schwierig, ihre emphatischen Fähigkeiten auszubilden. John Rawls hat diesen Zusammenhang in seiner „Theorie der Gerechtigkeit“ eindrücklich beschrieben (Rawls, 1982). Er demonstriert, dass Kinder in der Beziehung zu ihren Eltern die Sicherheit erfahren müssen, dass die Zuneigung und das Mitgefühl ihrer Eltern auch dann bestehen bleiben, wenn sie selbst einen Fehler gemacht haben. Nur auf der sicheren Basis eines solchen wechselseitigen und unbedingten Vertrauens können sich die emphatischen Fähigkeiten dauerhaft entwickeln.

Inzwischen wurde durch eine Fülle von Längsschnittstudien aufgezeigt, dass sich diese Formen von Bindung und Vertrauen zwischen Eltern und Kindern nicht nur auf die ersten Lebensjahre beziehen, sondern einen lang dauernden Prozess darstellen, der auch noch bei heranwachsenden Kindern zu beobachten ist (Grossmann & Grossmann, 2006). So zeigt Snarey, dass Väter, die bei ihren Kindern im Teenageralter Zuneigung, Akzeptanz und auch Vertrauen in die autonomen Entscheidungen der Kinder zeigen, noch im 30. bis 40. Lebensjahr der Kinder ein sehr gutes und partnerschaftliches Verhältnis zu ihnen haben, während Väter, die sich im Jugendalter ihrer Kinder eher restriktiv und abweisend verhalten, dieses Beziehungsgeflecht später nicht mehr auf eine neue Basis stellen können (Snarey & Gober, 2002). Shonkoff fasst die Forschungsergebnisse in diesem Bereich dahingehend zusammen, dass die kindliche Entwicklung von der Stabilität und der Qualität der Beziehungen zu wichtigen Personen im Leben abhängt, und zwar zu Personen innerhalb und außerhalb der Familie (Shonkoff et al., 2000). Diese stabilen Beziehungen sind aber nicht nur auf die rein emotionale Ebene bezogen und für die Entwicklung der Gefühlsebene wichtig, sondern auch für die kognitive Entwicklung. Damit kommt er sehr genau auf die Position von Tomasello und auch von Hoffman zurück, die beide davon ausgehen, dass Beziehungen und die damit verbundene Entwicklung emphatischer Fähigkeiten auch die allgemeine intellektuelle Entwicklung eines Kindes fördern. Mit den Experimenten von Tomasello lässt sich das auch gut illustrieren, weil dadurch deutlich wird, dass Kinder durch diese Beziehungen auch lernen, die Gefühle und Intentionen anderer zu erkennen und diese Erkenntnis zu nutzen, um durch Imitation und später durch eigene Interpretation bestimmte Aufgaben und Probleme richtig zu lösen.

Diese Erfahrung der Kinder, die für ihre intellektuelle, soziale, emotionale und moralische Entwicklung von großer Bedeutung ist, bleibt sicherlich zu Anfang im wesentlichen auf wenige Personen beschränkt, weil auch die kognitiven Kapazitäten eines Kindes zunächst begrenzt sind. Das heißt aber nicht, dass solche Erfahrungen ausschließlich innerhalb des familiären Kontextes gemacht werden können, und es bedeutet vor allem nicht, dass es nicht für Kinder auch von Anfang an durchaus sinnvoll und hilfreich sein kann, neben dem engen familiären Kontext noch weitere Kontexte, vor allem auch mit anderen Kindern, zu erfahren. Bronfenbrenner formuliert dies so: „...in order to develop normally, a child requires progressively more complexe joint activity with one or more adults who have an irrational emotional relationship with the child. Somebody's got to be crazy about that kid. That's number one. First, last, and always." (Bronfenbrenner, 2004).

Diese Bereitschaft, die Zuneigung und die Verbindung zum Kind unter allen Umständen, auch wenn das Kind Fehler macht, nicht infrage zu stellen, ist eine elementare Erfahrung, die für die Entwicklung der Selbstachtung des Kindes von zentraler Bedeutung ist. Diese Entwicklung der Selbstachtung beruht im wesentlichen darauf, dass Kinder die Erfahrung machen, dass ihre Beziehung zu anderen Menschen wie umgekehrt die Liebe und Zuneigung der Eltern zu ihren Kindern auch dann bestehen bleiben, wenn die Kinder sich nicht den Vorstellungen der Eltern entsprechend verhalten. Das ist aber nicht nur für eine stabile Selbstachtung und das sich aufbauende Selbstvertrauen wichtig, die sich aus diesem Vertrauen heraus entwickeln, sondern auch deswegen, wie Rawls betont hat, weil die Achtung vor anderen Menschen auch davon abhängt, wie der Einzelne sich selbst achtet. Ohne das Vertrauen in die eigene Person, ohne Selbstachtung und ohne die Erfahrung, Fehler machen zu dürfen, ohne dass die Beziehung zu geliebten Menschen gefährdet wird, kann man andere Menschen nicht achten. Die Achtung anderer hängt gerade auch davon ab, dass man sich selbst achtet.

Auch wenn die Eltern in diesem Kontext die wichtigsten Personen sind, die diese Entwicklung bei Kindern fördern oder auch manchmal begrenzen, sind die Erfahrungen mit anderen Kindern und auch mit anderen erwachsenen Personen für die kindliche Persönlichkeitsentwicklung von großer Bedeutung. Denn die Fähigkeit, mit anderen Beziehungen aufzubauen, ihre Intentionen zu verstehen und sich in sie hineinzuversetzen oder mit ihnen zu fühlen, setzt natürlich auch voraus, dass dieser Prozess sich nicht nur auf die spezifische Mutter und den spezifischen Vater bezieht. Denn gerade die

Entwicklung des Sich-Hineinversetzens in andere setzt voraus, dass sich dieser Prozess nicht nur im abgegrenzten Elternhaus vollzieht, sondern die Möglichkeit besteht, solche Entwicklungen, natürlich in Abhängigkeit vom jeweiligen Entwicklungsstand und Vermögen der Kinder, auch in anderen Kontexten auszuprobieren und zu entwickeln und damit zu generalisieren. Diese unterschiedlichen Einflussfaktoren deuten auch darauf hin, dass die kindliche Entwicklung des Sich-Hineinversetzens in andere neben der kognitiven Entwicklung der Perspektivenübernahme entscheidend davon abhängt, wie Kind und Umwelt miteinander interagieren. Kinder in einer vertrauensvollen und emotional stabilen Beziehung werden möglicherweise stärkere positive Formen des Mitempfindens für andere entwickeln, und dies auch auf der Basis eines größeren Selbstbewusstseins, als Kinder in einer ambivalenten Lebensumwelt, in der sie möglicherweise eher lernen, auf Ärger und Verachtung durch andere zu reagieren.

Hoffman hat versucht, diese unterschiedlichen Entwicklungspfade emphatischen Verhaltens mit dem Konzept der moralischen Entwicklung in der Tradition von Jean Piaget und Lawrence Kohlberg zu verknüpfen (Keller, 2005), um eine zentrale Schwäche dieser Begründung für die moralische Entwicklung zu eliminieren. Ebenso wie die Intelligenzforschung und die aktuelle pädagogisch stimulierte Forschung zu unterschiedlichen Aspekten der kindlichen Kompetenzen bei Sprache, Naturwissenschaften und Problemlösen haben die Autoren, die sich mit der Entwicklung des moralischen Bewusstseins in der Tradition Piagets auseinandergesetzt haben, im wesentlichen nur die kognitiven Aspekte als Voraussetzung für die Entwicklung des moralischen Urteils thematisiert.

Abbildung 34: Das Modell der moralischen Entwicklung nach Jean Piaget

Kindliche Moral	Egozentrisch, subjektiv und heteronom Produkt der unilateralen Beziehungen zwischen Eltern und Kind Regeln im Zwang begründet
Moral des Heranwachsenden	Reziprozität, Gleichheit, Autonomie Produkt der kooperativen Beziehungen zwischen Gleichaltrigen Regeln verhandelbar

Quelle: Keller, M. 2005, S. 149

Diese starke Konzentration auf die kognitiven Aspekte der Moralentwicklung ist bereits in Piagets Modell angelegt, wie aus dem Schaubild der Entwicklungsstufen der Moral nach Piaget deutlich wird. Auf der ersten Stufe der kindlichen Moralentwicklung, bei der die Kinder noch nicht über die Fähigkeit zur Perspektivenübernahme verfügen, bleibt ihre Sicht der Dinge egozentrisch und die Reaktionsmuster auf die Erwartungen der Eltern werden in Bezug auf die eigenen Lust- und Unlustgefühle befolgt. Diese heteronome Moral überwindet das heranwachsende Kind bzw. der Jugendliche, weil er in der Beziehung zu den Gleichaltrigen auf der Basis der nun ausdifferenzierten Fähigkeit zum Perspektivenwechsel erfährt, dass die wechselseitige Einhaltung von Regeln eine Grundvoraussetzung zum Gelingen gemeinsamer Lösungen von Aufgaben darstellt. Piaget hat dies am Beispiel des Murmelspiels verdeutlicht, weil bei so einfachen Spielen auch schon sehr kleine Kinder einsehen, dass der Spaß an einem solchen Spiel auch davon abhängt, dass sich alle an die Regeln halten und mögliche Stärken etwa älterer Kinder durch bestimmte Regelerleichterungen für jüngere oder schwächere Kinder ausgeglichen werden können. Denn auch der Stärkere und Ältere sieht relativ schnell ein, dass die Spielfreude leidet, wenn er immer gewinnt und die anderen Kinder nicht mehr beteiligt sind. Bei dieser autonomen Moral verfügen die Kinder und Jugendlichen auf der einen Seite über die Möglichkeit, die Bedeutung der Regeln im Spiel jeweils aus der Perspektive auch der anderen beteiligten Spieler zu sehen, was ohne einen Perspektivenwechsel nicht möglich ist, und sie erfahren damit auch, dass Regeln in einer solchen Situation auch Gegenstand von Verhandlungen sein können und das Einhalten von Regeln auf der Basis der wechselseitige Akzeptanz dieser Regelungen basiert, also Reziprozität und Gleichheit voraussetzen, und nicht auf der Basis von Unterordnung und Furcht vor möglichen Sanktionen, etwa durch Eltern oder andere Autoritätsfiguren.

Dieses Modell der moralischen Entwicklung hat Lawrence Kohlberg dahingehend ausdifferenziert, dass die heteronome und autonome Moral in ein dreistufiges Modell überführt und jede Stufe noch einmal in jeweils zwei Stadien ausdifferenziert wurde (Lind, 2000, 1985). Die präkonventionelle Moral entspricht im wesentlichen der heteronomen Moral von Piaget, weil hier eine egozentrische Perspektive vorherrscht, in der die Regelbefolgung vor allem von der Unterordnung unter die elterlichen Normen bestimmt ist. In der zweiten Ausprägung der präkonventionellen Moral wird auf der Basis des beginnenden Perspektivenwechsels versucht, einen Austausch zwischen den eigenen Interessen und den Interessen anderer, besonders der Eltern, herbeizuführen.

Schon an dieser Stufe lässt sich zeigen, dass die alleinige Konzentration auf mögliche kognitive Entwicklungsprozesse die Bedeutung der emotionalen Entwicklung von Kindern deutlich unterschätzt. Wachsen Kinder von Anfang an in einem vertrauensvollen und ihnen zugewandten Umfeld mit Eltern und Geschwistern auf, ist mit den Ergebnissen von Tomasello nachzuvollziehen, dass eine solche kognitive Abstufung problematisch ist, weil offenkundig auch schon sehr kleine Kinder den Eltern nicht nur auf der Basis von Gehorsam und möglicher Straferwartung folgen, sondern schon sehr früh versuchen, auf der Basis positiver Gefühle für die Eltern zu handeln in der Erwartung, dass ihre Handlungen auch für die Eltern oder andere Bezugspersonen eine positive Bedeutung haben.

Damit wird auch deutlich, dass die so genannte konventionelle Moral, die auf der dritten Stufe die guten Beziehungen zwischen Personen als besonders wichtig zur Verfolgung gemeinsamer Regeln ansieht, eine Moral beschreibt, die auch schon bei kleinen Kindern zu beobachten ist, möglicherweise vor der Stufe der konventionellen Moral, oder wenn Kinder in einem Kontext aufwachsen, in dem ihre positiven Beziehungen besonders zu ihren Bezugspersonen so befördert werden, dass sie von Anfang an diese unterschiedlichen Beziehungsmuster in ihr eigenes Handeln einzubeziehen versuchen.

Abbildung 35: Das Drei-Stufen-Moralmodell von Lawrence Kohlberg

Piaget-Phasen	Kohlberg-Stufen			
A. Moralische Imitation	I./II. Ich-Andere Dichotomie	III. Primärgruppe	IV. Sekundärgruppe	V./IV. Ideale Gesellschaft
B. Heteronomie				
C. Autonomie				

STUFE 0: Vormoralische Stufe

Versteht keine Regeln und unterscheidet nicht nach gut und böse gemäß Regeln und Autoritäten. Was Spaß macht und spannend ist, ist gut, was mit Schmerz oder Angst verbunden ist, ist böse. Hat keine Vorstellung von Verpflichtung. Sollen, Müssen auch nicht vermittelt durch externe Autoritäten, sondern lässt sich ganz von Können und Wollen leiten.

A. PRÄ-KONVENTIONELLE EBENE:

STUFE I: Die Orientierung an Bestrafung und Gehorsam. Ob eine Handlung gut oder böse ist, hängt ab von ihren physischen Konsequenzen und nicht von der sozialen Bedeutung bzw. Bewertung dieser Konsequenzen. Vermeidung von Strafe und nichthinterfragbarer Unterordnung unter Macht gelten als Werte an sich, nicht vermittelt durch eine tieferliegende, durch Strafe und Autorität gestützte Moralordnung (Letzteres entspricht Stufe IV).

STUFE II: Die instrumentell-relativistische Orientierung. Eine richtige Handlung zeichnet sich dadurch aus, dass sie die eigenen Bedürfnisse – bisweilen auch die Bedürfnisse anderer – instrumentell befriedigt. Zwischenmenschliche Beziehungen erscheinen als Markt-Beziehungen. Grundzüge von Fairness, Gegenseitigkeit, Sinn für gerechte Verteilung sind zwar vorhanden, werden aber stets physisch oder pragmatisch interpretiert. Gegenseitigkeit ist eine Frage von „eine Hand wäscht die andere", nicht von Loyalität oder Gerechtigkeit.

B. KONVENTIONELLE EBENE:

STUFE III: Orientierung an personengebundener Zustimmung oder „guter Junge/nettes Mädchen"-Modell. Richtiges Verhalten ist, was anderen gefällt oder hilft und ihre Zustimmung findet. Diese Stufe ist gekennzeichnet durch ein hohes Maß an Konformität gegenüber stereotypen Vorstellungen von mehrheitlich für richtig befundenem oder „natürlichem" Verhalten. Häufig wird Verhalten nach der Absicht beurteilt: „Er meint es gut," wird zum ersten Mal wichtig. Man findet Zustimmung, wenn man „nett" ist.

STUFE IV: Orientierung an Recht und Ordnung. Autorität, festgelegte Regeln und die Aufrechterhaltung der sozialen Ordnung bilden den Orientierungsrahmen. Richtiges Verhalten heißt, seine Pflicht tun, Autorität respektieren, und für die gegebene soziale Ordnung um ihrer selbst willen eintreten.

C. POST-KONVENTIONELLE, AUTONOME ODER PRINZIPIEN-GELEITETE EBENE:

STUFE V: Die legalistische oder Sozialvertrags-Orientierung. Im Allgemeinen mit utilitaristischen Zügen verbunden. Die Richtigkeit einer Handlung bemisst sich tendenziell nach allgemeinen individuellen Rechten und Standards, die nach kritischer Prüfung von der gesamten Gesellschaft getragen werden. Man ist sich der Relativität persönlicher Werthaltungen und Meinungen deutlich bewusst und legt dementsprechend Wert auf Verfahrensregeln zur Konsensfindung. Abgesehen von konstitutionellen und demokratischen Übereinkünften ist Recht eine Frage persönlicher Wertsetzungen und Meinungen. Das Ergebnis ist eine Betonung des legalistischen Standpunktes, wobei jedoch die Möglichkeit von Gesetzesänderungen aufgrund rationaler Reflexion sozialen Nutzens nicht ausgeschlossen wird (im Gegensatz zur rigiden Aufrechterhaltung von Recht und Ordnung, wie sie für Stufe IV charakteristisch ist). Außerhalb des gesetzlich festgelegten Bereichs basieren Verpflichtungen auf freier Übereinkunft und Verträgen. Dies ist die „offizielle" Moralauffassung der amerikanischen Regierung und Verfassung.

STUFE VI: Orientierung an allgemeingültigen ethischen Prinzipien. Das Recht wird definiert durch eine bewusste Entscheidung in Übereinstimmung mit selbstgewählten ethischen Prinzipien unter Berufung auf umfassende logische Extension, Universalität und Konsistenz. Diese Prinzipien sind abstrakt und ethischer Natur (die Goldene Regel, der Kategorische Imperativ), nicht konkrete Moralregeln wie etwa die Zehn Gebote. Im Kern handelt es sich um universelle Prinzipien der Gerechtigkeit, der Gegenseitigkeit und Gleichheit der Menschenrechte und des Respekts vor der Würde des Menschen als individueller Person.

Quelle: Lind, G., 2000, S. 15

Eine hierarchische Abstufung moralischer Entwicklung, wie Kohlberg sie vornimmt, ist für die beiden unteren Stufen wenig plausibel. Denn die Entwicklung von Gefühlen und Sympathie, die Antizipation von Ärger und Strafe, das Mitgefühl mit anderen folgen nicht notwendigerweise einer solchen hierarchischen Abstufung, wie sie Kohlberg vorschlägt, sondern ist als Ergebnis der Auseinandersetzung des Kindes mit seiner Umwelt und der Reaktionen der Umwelt auf die Fähigkeiten des Kindes, seine kooperativen Kompetenzen zu entfalten, anzusehen.

Plausibel ist eine hierarchische Abstufung, wie sie Kohlberg vornimmt, allenfalls bei seinen Stufen 4, 5 und 6. Denn diese drei Stufen gehen bei der Interpretation moralischer Regeln von einem hierarchischen System der Regelgeltung aus. In der vierten Stufe ist die konkrete eigene Gesellschaft der Bezugsrahmen, während in der fünften Stufe auch Regeln für verschiedene Gesellschaften gelten können. Hingegen werden in der sechsten Stufe allgemeine Prinzipien genannt, die unabhängig von jedem spezifischen gesellschaftlichen Kontext Gültigkeit beanspruchen. Nur lässt sich diese hierarchische Abstufung nicht aus der Entwicklung der kindlichen Logik und der kindlichen Fähigkeit zur Empathie ableiten, sondern es ist eine philosophisch begründete Abstufung von Regelbedeutung, die am jeweiligen Geltungsbereich von Regeln orientiert ist und nicht notwendigerweise aus der kindlichen Entwicklung abzuleiten ist. Das heißt nicht, dass solche Regeln in dieser Abstufung von konkreten gesellschaftlichen Regeln über vertragstheoretische Regeln bis hin zur Idee der Menschenrechte philosophisch genau in diese Abfolge integriert sein müssen (Habermas, 1973), aber logisch lassen sich diese Abfolgen nicht aus der Entwicklung der kindlichen Empathiefähigkeit und der kindlichen kognitiven Strukturen ableiten.

In diesem Kontext ist die Argumentation des Philosophen Rawls vermutlich plausibler als die Argumentation des Entwicklungspsychologen Kohlberg. Wie schon ausgeführt, nennt Rawls für die moralische Autonomie zwei Grundelemente des moralischen Urteils, einmal die Achtung vor anderen Menschen in der gleichen Weise, wie man sich selbst achtet, und zudem die Bereitschaft, für andere Verantwortung zu übernehmen und fürsorglich zu sein. Dabei trifft der englische Begriff „care“ hier besser zu, weil darin semantisch auch Liebe und Zuneigung als Elemente von Fürsorglichkeit berücksichtigt werden, was im deutschen Begriff der Fürsorge nicht immer mitgedacht ist.

Die Argumentation von Rawls lässt sich besser in die Forschungsergebnisse von Tomasello und Hoffman einfügen als das starre Stufenkonzept von Kohlberg. Denn Kinder entwickeln nachweislich schon sehr früh die Fähigkeit, mit anderen mitzufühlen. Wie sich dieses Mitgefühl aber weiter entwickelt, hängt von der Interaktion zwischen dem Kind und seiner Umwelt ab. Wenn sich ein Kind in einer solchen Umwelt bewegen kann, in der die Beziehungen zu den Eltern und zu anderen Bezugspersonen auf Vertrauen und Sicherheit basieren, so kann mit großer Wahrscheinlichkeit das Mitempfinden mit Anderen auf dem sich entwickelnden Selbstvertrauen des Kindes aufbauen und sich damit auch eine Achtung vor anderen entwickeln. In gleicher Weise entfalten sich auch die Formen von Fürsorglichkeit. Nun können Kinder sicherlich nicht von Anfang an die Idee der Menschenrechte und damit eine universelle Moral verstehen, doch gibt es keinen Grund anzunehmen, dass Kinder zunächst durch eine Stufe der Akzeptanz gesellschaftlicher Werte und Normen hindurch müssen, bevor sie möglicherweise in der Lage sind, die Grundprinzipien einer universellen Moral zu begreifen.

Insofern ist es sinnvoll davon auszugehen, dass Menschen in ihrem sozialen Handeln, in der Einschätzung von Situationen und bei der Entwicklung eigener Motivationen mit unterschiedlichen Maßstäben operieren, die ihnen aufgrund ihrer Lebenserfahrungen und ihrer Entwicklungen als sinnvolle Reaktionsmuster erwiesen haben. Möglicherweise bewegen sie sich überwiegend auf der Basis von Nutzenorientierung, also dem instrumentellen Austausch, oder sie orientieren sich stärker daran, wie ihre Freunde und Bekannten sie einschätzen; möglicherweise sehen sie in vielen Situationen die Gültigkeit gesellschaftlicher Regeln als Handlungsgrundlage ein oder beziehen sich auch auf universelle Prinzipien. Die Ausdifferenzierung solcher unterschiedlicher Beurteilungsmaßstäbe ist sicherlich sinnvoll und daher sind Kohlbergs Überlegungen als mögliche Typen moralischer Beurteilungsmaßstäbe sinnvoll. Aber die Annahme einer durch die individuelle Entwicklung des Kindes gesteuerten moralischen Stufenbildung scheint angesichts der heute vorliegenden Forschungsergebnisse nicht unproblematisch zu sein. Dafür sprechen auch die Befunde nach den Ergebnissen von Baron-Cohen (Baron-Cohen, 2004). Baron-Cohen hat in seinen Forschungen zum Autismus bei der Klärung der genetischen Ursachen dieser Krankheit den Nachweis führen können, dass autistische Kinder genau diese kognitive Fähigkeit, sich in den anderen hineinzuversetzen, also die Fähigkeit zum Perspektivenwechsel, nur sehr eingeschränkt realisieren, trotzdem konnten sie die moralischen Konflikte bei den vorgegebenen Dilemmata angemessen interpretieren. Diese Ergebnisse deuten jedenfalls darauf hin, dass die alleinige Betonung des kognitiven Perspektivenwechsels als Voraussetzung zur Beurteilung moralischer Dilemmata problematisch ist, weil offenkundig auch die emotionalen Aspekte in der Beurteilung solcher Situationen eine erhebliche Rolle spielen.

Diese Argumentation wird auch durch die Kontroverse um die männliche beziehungsweise weibliche Form der moralischen Urteilsbildung gestützt. Die Kohlberg-Schülerin Carol Gilligan hatte bei der Analyse moralischer Dilemmata im Zusammenhang mit Schwangerschaftsabbrüchen feststellen können, dass die von ihr befragten jungen Frauen bei dem auftretenden moralischen Konflikt zwischen dem Recht des Kindes auf Leben und der Selbstbestimmung der Mutter bei ihren Überlegungen deutlich häufiger als junge Männer die jeweiligen Umstände der Situation bei ihrer Urteilsbegründung einbezogen, also viel emphatischer reagierten als die jungen Männer, die im wesentlichen auf der Basis abstrakter Prinzipien ohne Berücksichtigung der Umstände urteilten. Nunner-Winkler hat sich sowohl theoretisch wie auch empirisch mit dieser These auseinandergesetzt und konnte überzeugend nachweisen, dass die Unterschiede zwischen den jungen Männern und den jungen Frauen vor allem darauf zurückzuführen sind, dass sich die Entscheidungssituationen und die Lebens- und Sozialisationserfahrungen der jungen Frauen und der jungen Männern gerade in diesem Punkt deutlich voneinander unterschieden (Nunner-Winkler, 1988). Junge Männer zeigten bei moralischen Dilemmata, die entsprechend ihrem Erfahrungshorizont und ihrer Sozialisationsgeschichte viel näher an ihrem eigenen Lebensbereich blieben, ähnlich kontextabhängig wie die jungen Frauen in ihren spezifischen Erfahrungszusammenhängen. In die jeweiligen Wertentscheidungen gehen die Erfahrungen ein, die das jeweilige Geschlecht im Laufe der Sozialisation in den jeweiligen Kontexten gemacht hat. Beide verfügen über die gleichen Kompetenzen zur Konstruktion prinzipienorientierter und abstrakter Urteile, aber je nach Situation fließen mehr oder weniger emphatische Aspekte der jeweiligen spezifischen Situation und des jeweiligen Akteurs in das Urteil ein.

Mit diesem Beispiel soll hier nicht die Diskussion aufgegriffen werden, welche Bedeutung mögliche biologische Faktoren für die Geschlechtsentwicklung in der Gesellschaft haben, weil dafür ein eigenständiges Buch erforderlich wäre. Vielmehr soll an diesem Beispiel deutlich gemacht werden, dass in klar nachvollziehbaren, kognitiv strukturierten Entscheidungen, die sich an bestimmten Prinzipien orientieren, immer auch Elemente der eigenen Emotionalität, des eigenen Mitempfindens mit anderen und der eigenen Lebenserfahrung mit hineinspielen. Während im Bereich der moralischen Urteilsbildung, einer intensiv erforschten Dimension menschlichen Handelns, heute überwiegend akzeptiert wird, dass neben bestimmten kognitiven Aspekten wie dem Perspektivenwechsel, die Teil unserer anthropologischen Geschichte sind, immer auch Emotionen eine Rolle spielen, die vor allem hinsichtlich ihrer kooperativen Aspekte eben auch Teil unserer anthropologischen Geschichte sind, und diese möglicherweise eine größere Rolle spielen, als wir bisher bereit sind zuzugestehen, werden solche Aspekte in der öffentlichen Debatte um die Leistungsfähigkeit von Kindern mit unterschiedlichem sozialen Hintergrund eher vernachlässigt.

Dabei ist nicht auszuschließen, dass bestimmte Leistungserwartungen der Schule und der Lehrer ebenso wie die Interpretationen des Handelns der Kinder auch von den emphatischen Fähigkeiten der Lehrer abhängen, die aber ihrerseits möglicherweise in Kontexten entwickelt wurden, die denen der Kinder nicht entsprechen. Umgekehrt vermuten möglicherweise auch die Kinder und Jugendlichen bei den Erwartungen der Schule an ihre sprachlichen, mathematischen und naturwissenschaftlichen Kompetenzen und bei den Interpretationen der Intentionen der Lehrer andere Dinge, als die Lehrer ihnen tatsächlich ansinnen. Möglicherweise empfinden viele Kinder auch die Erwartungen der Schule gerade in diesem Bereich als eine Leistungsanforderung, die sie für ihren normalen Alltag als wenig plausibel erleben. Wie lassen sich bei solchen möglichen Missverständnissen bei entsprechenden Vergleichstest überhaupt vergleichbare Ergebnisse erzielen, wenn die Bereitschaft, sich in bestimmten Bereichen anzustrengen und Informationen aufzunehmen, auch davon abhängt, ob das, was man in einem bestimmten Kontext als Anforderung erfährt, mit den eigenen Erwartungen und Vorstellungen übereinstimmt und auch als gerecht empfunden wird.

7.8. Kindliche Entwicklung im familiären Kontext

Die Kritik an dem industriegesellschaftlichen Modell familialer Sozialisation, wie es Parsons in seiner Zeit darstellte, entzündete sich auch nicht an dieser Modellkonstruktion, sondern an der relativ schematischen Vorstellung der Übernahme von Werten von Einstellungen von der Eltern- auf die Kindgeneration. In der deutschen Diskussion war vermutlich kaum ein Konzept in diesem Kontext so einflussreich wie der Text von Lothar Krappmann (Krappmann, 1988) zur Identitätsentwicklung von Kindern, der heute auch noch in der Diskussion der Sozialisationsforschung genutzt wird. Krappmann arbeitet heraus, dass die Vorstellung einer Übertragung von Werten und Handlungsmustern von der einen Generation auf die andere Generation im Sinne einer Übertragung von eins zu eins schon deswegen unplausibel ist, weil die Kommunikations- und Interaktionsstrukturen nicht nur innerhalb der Familie, der Nachbarschaft und der Gemeinde, sondern in der gesamten Gesellschaft einschließlich der Berufswelt gar nicht so eindeutig strukturiert sind, sondern in sich widersprüchlich sein können.

Daher müssen die Subjekte auch schon als Kinder in der Lage sein, mit solchen Widersprüchlichkeiten umzugehen, da viele Interaktionssituationen auch dadurch geprägt sind, dass die Erwartungen und Vorstellungen der Interaktionspartner eher vage und nicht klar artikuliert sind und sich viele Kommunikationssituationen dadurch auszeichnen, sich in einer solchen Situation zu Handlungen und Entscheidungen durchzuringen, die mit den eigenen bestehenden Intentionen nicht übereinstimmen.

Krappmann schlägt daher zu Recht vor, statt von einem so einfachen Sozialisationsmodell auszugehen wie Parsons mit seinem Modell der Identifikation mit der Vater- und der Mutterrolle, eher anzunehmen, dass eine gelungene Sozialisation in der modernen Gesellschaft Kindern die Fähigkeit vermittelt, solche Widersprüchlichkeiten auszuhalten, also eine Frustrationstoleranz zu entwickeln. Gleichzeitig ist es wegen der Unbestimmtheit und Offenheit der Situationen erforderlich, eine Ambiguitätstoleranz zu aufzubauen als Fähigkeit, mehrdeutige Situationen auszuhalten; zudem ist eine gewisse Distanz zur eigenen Rolle in der jeweiligen Situation erforderlich, um sich angemessen behaupten zu können. Eine solch aktive Rolle des Kindes im Sozialisationsprozess war im klassischen Modell der Sozialisation der Industriegesellschaft nicht vorgesehen. Denn in diesem klassischen Modell wurden die Werte und Vorstellungen der Eltern mehr oder minder direkt und linear durch Identifikationsprozesse mit den Eltern übernommen oder auch, in lerntheoretischen Ansätzen, durch Sanktionen der Eltern gelernt (Hoffman, 2001; Caesar, 1972; Bertram, 1978). Krappmanns Modell macht hingegen deutlich, dass die Eigenaktivität des Kindes in diesem Prozess der Sozialisation schon deswegen gefordert ist, weil die Eltern und anderen erwachsene Interaktionspartner keine so eindeutigen Vorbilder und Kommunikationspartner darstellen, dass das Kind sich nicht ohne eigene Leistung in die Eltern oder andere Interaktionspartner hineinversetzen und sich vorstellen kann, was wohl im Interesse der Eltern und dem eigenen Interesse in einer Situation richtig ist; dieser Prozess kann nur als Fähigkeit und Kompetenz des Kindes gewertet werden, indem dem Kind eine entsprechende Kompetenz aus sich selbst heraus zugestanden wird.

In der angelsächsischen Diskussion hat Mills diese Position als einer der ersten Autoren im sozialisationstheoretischen Kontext (Mills, 1988) vertreten; in seinem Modell der Persönlichkeitsentwicklung hatte er schon Mitte der Fünfziger Jahre ähnlich argumentiert. Später wurde diese Diskussion in Deutschland vor allem durch Hans Joas verbreitet (Joas, 1991) und durch das immer wieder überarbeitete Handbuch der Sozialisationsforschung, das erstmals 1979 aufgelegt wurde (Hurrelmann & Ulich, 1979, 1991, 2008). Die Kritik am klassischen Modell der Sozialisation und Wertevermittlung in der Industriegesellschaft lässt sich knapp zusammenfassen, dass die Familie als ein so homogener Kommunikationsort angesehen wurde und den darin aufwachsenden Kindern nur eine eindeutige Übernahme von elterlichen Rollenvorgaben ermöglichten, was schon in den Fünfziger und Sechziger Jahren nicht plausibel war. Für diese Position wurde der Begriff der „Übersozialisation des Menschen" geprägt, also eines wie ein unbeschriebenes Blatt geborenen Menschen, der dann von der Gesellschaft „beschrieben" wird. Die Kritik an der Konfiguration des Modells des übersozialisierten Menschen wurde damals von sehr prominenten Kritikern vorgetragen, wie Jürgen Habermas und Lawrence Kohlberg (Habermas, 1973; Kohlberg, 1971). Diese Debatte dauert bis heute fort, wenn sich auch der Fokus der Auseinandersetzung aus der Soziologie nun in die Diskussion zwischen erziehungswissenschaftlichen Ansätzen und der Evolutionspsychologie verlagert hat (Pinker, 2002).

Die Einsicht, dass der kindliche Entwicklungsprozess innerhalb der Familie kein einfacher und linearer Prozess ist, in dem das Kind die klaren und eindeutigen Rollenerwartungen und Vorstellungen der Eltern übernimmt, sondern dass das Kind in einer insgesamt eher offenen und auch nicht immer eindeutig strukturierten Interaktionssituation von sich aus Vorstellungen und Ideen zur Kommunikation einbringt, mögen sie auch noch so einfach sein, hat zwei sehr folgenreiche Konsequenzen. Ein Aspekt wurde schon genannt, dass Kinder offenkundig „in ihrer Natur“ von Geburt an oder sogar vor der Geburt Kompetenzen entwickelt haben, die es ihnen ermöglichen, die Kommunikation und Interaktion in der Eltern-Kind-Gruppe mitzusteuern. Von Anfang an sind Kinder an der gemeinsamen Herstellungsleistung familialer Interaktion und Kommunikation beteiligt. Es gibt nicht nur eine Kommunikation in Richtung von den Eltern zum Kind, sondern auch umgekehrt eine Kommunikation von Seiten des Kindes in Richtung auf die Eltern.

Die Einsicht, dass zwischen Eltern und Kindern und Kindern und Eltern eine gemeinsame Interaktion und Kommunikation entsteht und von diesen auch gemeinsam konstruiert wird, hat weit reichende Konsequenzen auch für die Vorstellung, dass gesellschaftliche Werte und Normen, die in der jeweiligen Kultur vorherrschen, über die Vorstellungen der Eltern in der Familie an das Kind vermittelt werden. Denn wenn die Interaktionspartner innerhalb des familialen Kontextes gemeinsam eine teilweise offene, ambivalente und auch in ihren Zielen noch nicht eindeutig definierte Kommunikationssituation erst gemeinsam strukturieren, kann ein so einfacher Kausalmechanismus, wie er oben im Mehrebenenmodell und dem Brückenprinzip formuliert wurden, auch nicht so linear-einseitig wirken, wie dies beschrieben wurde. Die Entdeckung der Kinder als Akteure in der gesamten familialen Interaktion wird heute mit der Metapher unterschrieben, Kinder seien die Entdecker ihrer Lebensumwelt. Offensichtlich hat die Natur die menschliche Person so ausgestattet, und zwar von einem sehr frühen Zeitpunkt an, teilweise vor der Geburt, über Kompetenzen und Eigenschaften zu verfügen, die es ihr ermöglicht, die Umwelt seinerseits erheblich zu beeinflussen.

Auf diesen Zusammenhang hat Jean Piaget schon früh hingewiesen; er versucht ihn begrifflich zu fassen durch seine Vorstellung von der kindlichen Entwicklung, die auf der einen Seite die Umwelt beeinflusst und steuert oder akkomodiert und sich auf der anderen Seite den Umwelteinflüssen anpasst oder assimiliert (Piaget, 1972; 2003). Dieser Grundgedanke von Piaget findet sich auch bei Bronfenbrenner wieder, der allerdings nicht nur die Entwicklung des Kindes als solche betrachtet, sondern die Wechselwirkungen zwischen kindlicher Entwicklung und der Kommunikation in der Familie als gemeinsame Herstellungsleistung aller Familienmitglieder begreift und sie auch auf die Interaktion von einzelnen Familienmitgliedern mit der Nachbarschaft, der Gemeinde und anderen überträgt, mit denen sie kommunizieren. Damit ist das sehr einfache Modell mit der Annahme, die gesellschaftliche Entwicklung beeinflusse über die Berufs- und Arbeitswelt direkt die familiale Kommunikation und die kindliche Entwicklung, infrage gestellt. Denn nun wird in diesem Modell sehr klar die Vorstellung formuliert, dass die Einflüsse zwischen den verschiedenen Bereichen der gesamtgesellschaftlichen Entwicklung und der individuellen Entwicklung durchaus wechselseitig sein können. Es ist ein gut nachvollziehbar, dass heute viel stärker betont wird, die familiale Interaktion und die kindliche Entwicklung als einen Prozess von Herstellungsleistungen zu interpretieren, der sich zunächst und vor allem auf der Ebene der Familie und innerhalb der Familie abspielt (Grundmann, 2006), während die gesellschaftlichen Bedingungen allenfalls den Rahmen dafür abgeben, mit dem sich die Subjekte zwar auseinandersetzen, der aber keinesfalls eine determinierende Wirkung hat. Wir werden später noch sehen, dass diese Beeinflussung von Seiten des Subjekts auf seine Umwelt nicht nur für die Familie gilt, sondern auch für die Arbeitswelt und andere Lebensbereiche nachzuweisen ist (Kohn, 1996).

Fragen zum Text

1. Diskutieren Sie Parsons' Sozialisationsmodell unter dem Aspekt der gemeinsamen Herstellungsleistung aller Familienmitglieder im Lebensverlauf!
2. Beschreiben Sie das PPCT-Modell und diskutieren Sie es in Anwendung des Konzepts „Familie als Herstellungsleistung"!
3. Verknüpfen Sie das PPCT-Modell mit dem sozialökologischen Mehrebenenmodell von Urie Bronfenbrenner!
4. Erläutern und diskutieren Sie die Denkfigur des Kindes als „unbeschriebenem Blatt" (blank slate) kritisch!
5. Diskutieren Sie die sozialisationstheoretischen Annahmen der PISA-Studie kritisch im Kontext des sozialökologischen Ansatzes, auch unter Berücksichtigung der dominanten Rolle der Intelligenz!
6. Welchen Einfluss haben Eltern auf die Einstellungen, Kompetenzen und Verhaltensmerkmale ihrer Kinder?
7. Welche Konsequenzen ergeben sich aus den Modellen über den elterlichen Einfluss für politisches Handeln zur Verbesserung von Chancengleichheit?
8. Diskutieren Sie den Einfluss von Anlage- und Umweltfaktoren auf soziale Ungleichheit, gemessen am beruflichen Erfolg!
9. Was hält Kagan für einen der „drei Grundirrtümer der Psychologie"?
10. Erläutern Sie die Schwäche der Nutzen-Maximierungs-These zur Erklärung menschlichen Handelns!

11. Beschreiben Sie das Konzept der sozialen Intelligenz mit seinen Voraussetzungen!

X 12. Stellen Sie die Modelle moralischer Entwicklung nach Jean Piaget und Lawrence Kohlberg der Theorie von John Rawls gegenüber!

13. Beschreiben Sie die Herstellungsleistung des Kindes bei der Übernahme elterlicher Werte!

- Bronfenbrenner
- molare Tätigkeiten
- Ebenen benennen + Beispiele wie
  z.B. Familie, Kinderarmutsstudie
- sozial-ökolog. Modell

12. - darlegen, Stufen darstellen
  - ~~vor~~ Rawls Stufenmodell
    ↳ keine klaren Stufen!

8. Familie und ihre Ressourcen

8.1. Eltern: Ressourcen im Lebensverlauf

Viele soziologische und auch pädagogische Arbeiten zur kindlichen Entwicklung betonen immer wieder, dass die sozialen Unterschiede, die in schulischen Leistungstests gemessen werden, im wesentlichen darauf zurückzuführen sind, dass Eltern in unterschiedlichen ethnischen und sozialen Gruppen ihre Kinder sehr unterschiedlich erziehen, und dass daher diese Benachteiligungen schon in sehr frühem Alter der Kinder durch institutionelle Formen der Erziehung, etwa in der Krippe, im Kindergarten oder in der Vorschule ausgeglichen werden müssten. Dabei stützen die meisten Autoren ihre Argumentation auf Forschungsergebnisse, wie sie in Abb. 36 „Barrieren zur sozialen Mobilität entstehen in sehr frühem Alter“ wiedergegeben werden. Bis etwa zum 16. Monat verläuft die Entwicklung der sprachlichen Entwicklung unterschiedlicher sozialer Gruppen weit gehend parallel, um sich dann in der Folge ab etwa zwei Jahren deutlich auszudifferenzieren. Eltern mit Universitätsabschluss bilden ganz offenkundig für die sprachliche Entwicklung ihrer Kinder ein viel stimulierenderes und besseres Umfeld als Eltern aus dem Arbeitermilieu oder aus dem Bereich der sozialen Unterstützungssysteme.

Abbildung 36: Barrieren für soziale Mobilität entstehen in sehr frühem Alter

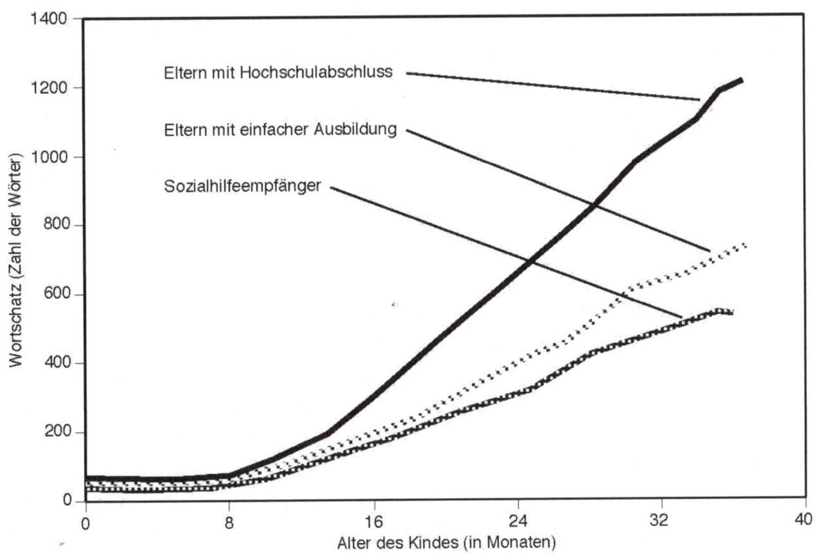

Quelle: Shonkoff, J. P. et al. 2000, S. 37

8.1.1. Die Defizithypothese

Diese Argumentation hat in der Sozialisationsforschung eine lange Tradition und wurde in den Siebziger Jahren als ‚Defizithypothese' formuliert, dass nämlich die Sozialisationsleistungen der sozialen Unterschicht unzureichend und eben defizitär seien; dieser Begründungszusammenhang wurde in vielfältiger Weise benutzt, um in vielen Ländern der Welt entsprechende Reformen als kompensatorische Erziehung im Bildungssystem durchzusetzen. Betrachtet man heute etwa auf der Basis der international vergleichenden PISA-Daten (Prenzel et al., 2008) den Einfluss der sozialen Herkunft auf die Kompetenzentwicklung sowohl im sprachlichen wie im naturwissenschaftlichen Bereich mit der unterschiedlichen institutionellen Förderung von Kindern im Vorschulbereich, so ist festzustellen, dass in den Ländern mit einer intensiven Frühförderung von Kindern in Vorschule, Krippe und Ganztagsschule die sozialen Unterschiede, wie sie schon in den Siebziger Jahren gemessen wurden, noch heute fortbestehen. Etwa sind in Frankreich, das über ein ausgebautes Krippensystem, eine verpflichtende Vorschule und eine Ganztagsschule verfügt, die Unterschiede zu den Siebziger Jahren weder geringer geworden, noch unterscheiden sie sich deutlich von den Variationen in Deutschland ohne eine solche ausgebaute Infrastruktur für Kinder im Vorschulalter.

Daher lohnt es sich auch heute, sich noch einmal genauer mit der Defizithypothese der Siebziger Jahre auseinanderzusetzen und einige ihrer Mängel zu benennen, um dann aber auch zu zeigen, dass die aufgefundenen Unterschiede nicht naturgegeben, sondern vermutlich darauf zurückzuführen sind, dass Wissenschaft und Politik in ihren Strategien zur Förderung der kindlichen Entwicklung an der schon in den Siebziger Jahren widerlegten Defizithypothese festgehalten haben, statt auf der Basis von Bronfenbrenners bio-ökologischem Modell die Wechselwirkungen zwischen dem elterlichen Einfluss, genetischen Vorgegebenheiten, dem Umfeld, in dem eine Familie lebt, und den notwendigen institutionellen Strukturen zu berücksichtigen. Stattdessen wurden auf der Basis dieser Defizithypothese über Jahrzehnte hinweg Strategien entwickelt, die der Benachteiligung von Kindern aus bestimmten sozialen Gruppen nur wenig entgegenzusetzen hatten. Hier sei ausdrücklich betont, dass dies nicht allein der Politik anzulasten ist, sondern wesentlich der Forschung und einflussreichen Wissenschaftlern, die wie etwa Hans-Günter Rolff (2004) in der 20. Auflage seines Übersichtswerks zur schichtspezifischen Sozialisationsforschung die These vertritt, es habe seit den Siebziger Jahren keine neuen Erkenntnisse zu diesem Wissensbestand gegeben.

Als ein wichtiger Vertreter dieser Defizithypothese hat Basil Bernstein (Bernstein, 1970) eine Theorie sprachlicher „Codes" entwickelt, die die unterschiedliche Lebenserfahrung unterschiedlicher sozialer Schichten, nämlich der Mittelschicht und der Unterschicht, widerspiegeln und zudem mit diesen unterschiedlichen Lebenserfahrungen, so seine These, zu einem unterschiedlichen Sprachverhalten der sozialen Schichten führen. Im „restringierten Code" spiegelt sich nach Bernstein die Lebenserfahrung von Menschen in einem Lebensumfeld wider, das von ihnen Anpassung und Unterordnung erwartet bei nur begrenztem Zugang zu Lebenskreisen und Erfahrungen außerhalb von Familie, Verwandtschaft und Nachbarschaft, und sie zudem in einem beruflichen Feld tätig sind, das ihnen kaum eine persönliche Selbstentfaltung ermöglicht, sie auf den unteren Stufen der Hierarchieebene den Weisungen anderer unterwirft und sie weit gehend von Gestaltungsmöglichkeiten ihrer Umwelt ausschließt. Diese begrenzte Lebenserfahrung spiegelt sich nicht nur in den geringen eigenen Gestaltungsmöglichkeiten des Lebens wider, sondern ist auch Teil eines klar strukturierten Wertesystems, das ein deutliches „Oben" und „Unten" in der Gesellschaft wahrnimmt und dies auch in der sprachlichen Kommunikation den eigenen Kindern weitervermittelt. Das Aufwachsen in einer solchen Umwelt bedeutet für Kinder, dass auch von ihnen auf der Basis relativ klarer und eindeutiger Regeln Anpassung und Unterordnung erwartet wird und ihre sprachliche Entwicklung weniger wichtig ist als die Bereitschaft, sich in einer solchen Umwelt einzufügen und die äußeren Ordnungsstrukturen zu übernehmen, mit der Konsequenz, dass sich entsprechende sprachliche Unterschiede zu anderen sozialen Gruppen verfestigen.

Im Kontrast dazu ist der „elaborierte Code" in Bernsteins Theorie Ausdruck einer Lebenserfahrung als Ergebnis der Interaktion des Subjektes mit seiner Umwelt, die Handlungsspielräume eröffnet, die sich nur dann ausfüllen lassen, wenn man mit den anderen Handlungspartnern eine Verständigung der offenen Situationen erreichen kann, um ein gemeinsames Handeln auch dann zu ermöglichen, wenn es keine klaren und eindeutigen Vorschriften gibt. In einer solchen Lebensumwelt, in der das Handeln selbst immer Gegenstand von Aushandlung mit anderen ist, wird eine differenzierte und außerordentlich flexible Sprache zur Grundvoraussetzung für erfolgreiches Handeln. In einer solchen Lebenssituationen muss mit unterschiedlichen Erwartungen, die die Interaktionspartner an einen herantragen, ebenso umgegangen werden, wie man auch bereit sein muss, eine erfolglose Durchsetzung eigener Vorstellungen und Handlungsperspektiven nur dann hinzunehmen, wenn nur auf diese Weise ein gemeinsamer Handlungserfolg zu erreichen ist.

Ein elaborierter Code, der die Lebenserfahrung eines Subjektes widerspiegelt, das sich in offenen Handlungssituationen mit anderen verständigen muss, fördert nicht nur eine sehr ausdifferenzierte Sprache und hohe sprachliche Kompetenz, sondern ermöglicht es auch immer wieder, sich in neuen Situationen hinsichtlich der Aushandlungsprozesse richtig zu verhalten. Dadurch wird auch in der Entwicklung der kindlichen Persönlichkeit eine Ambiguitätstoleranz gefördert als Grundqualifikation erfolgreichen Rollenhandelns, weil man mit widersprüchlichen Erwartungen umzugehen gelernt hat, sowie auch Frustrationstoleranz, weil man auch Enttäuschungen zu verarbeiten gelernt hat. Auch lernt man in einem solchen Kontext, mit unterschiedlichen Rollen, die an einen herangetragen werden, umzugehen und entwickelt Rollendistanz, die einem hilft, sich selbst in Interaktionssituationen auch zurückzunehmen und in Bezug auf die eigene Identität zu prüfen, ob die angetragenen Rollen tatsächlich mit den sonstigen Ansprüchen vereinbar sind.

Da der restringierte Code wie der elaborierte Code unterschiedliche Erfahrungen von Eltern und Kindern in unterschiedlichen gesellschaftlichen Positionen widerspiegeln, scheint diese Theorie ad hoc sehr gut zu erklären, warum sich in verschiedenen sozialen Schichten die sprachliche Entwicklung wie auch die Entwicklung sozialer Kompetenzen so ausdifferenzierten, wie in Abb. 36 gezeigt. Das Dilemma dieser Theorie in ihren frühen Formen bis zum Ende der Siebziger Jahre liegt darin, dass die Linguistik schon früh nachgewiesen hat, dass die zentrale Annahme von Bernstein, der restringierte Code begrenze Menschen in ihren sprachlichen Möglichkeiten, während der elaborierte Code ihnen einen relativ offenen Umgang mit neuen Lebenssituationen ermögliche, unter einer linguistischen Perspektive nicht aufrechtzuerhalten ist (Gumperz, 1975; Gumperz & Cook-Gumperz, 1974; Labov et al., 1984). Denn beide Sprachvarianten ermöglichen in ihrer linguistischen Struktur die gleiche Vielfalt und die gleiche Komplexität sprachlicher Ausdrucksformen, so dass von einer Restriktion sprachlicher Kommunikation in der hier skizzierten Form nicht gesprochen werden kann. Vielmehr werden hier lediglich unterschiedliche Sprachvarianten derselben Muttersprache benutzt, von denen die eine Variante vorwiegend deswegen als elaboriert anzusehen ist, weil sie von denjenigen gesprochen wird, die die gesellschaftlichen Führungspositionen innehaben, und nicht, weil diese Sprachvariante ein höheres Maß an Komplexität und ein höheres Maß auch an persönlicher Entwicklung ermöglicht als die andere Variante.

Obwohl diese Kritik schon früh formuliert wurde, hat sich das Modell von Bernstein lange als Argumentationsgrundlage gehalten und bildet auch heute noch die Grundlage in der Diskussion um die Defizite der Sozialisation in der sozialen Unterschicht oder in Migrantenfamilien. Es gehört sicherlich zu den weniger schönen Kapiteln der deutschen Sozialisationsforschung, dass die von Bernstein vorgenommene Revision seiner eigenen Theorie und ihre Weiterentwicklung kaum zur Kenntnis genommen wurde. Denn er selbst hat die linguistische Kritik an seiner Theorie sehr wohl rezipiert und in seinen späteren Schriften umgesetzt, dass die einfache Zuordnung von sozialen Milieus und sprachlichen Codes problematisch ist, weil dabei verkannt wird, dass die Verbreitung einer bestimmten Sprache und Sprachvariante auch Ausdruck bestimmter Machtverhältnisse in einer Gesellschaft ist. Die Über- und Unterordnung der beiden Codes ist nicht allein eine Frage der Komplexität oder Reichweite der entsprechenden sprachlichen Varianten, sondern eher Ausdruck der Tatsache, welche sozialen Gruppen in der Lage sind, ihren Lebensstil und ihre Lebensperspektive in der Gesellschaft durchzusetzen.

Nicht aufgegeben hat Bernstein aber den von ihm besonders betonten Zusammenhang zwischen sprachlichen Ausdrucksformen und der sprachlichen Entwicklung auf der einen Seite und dem sozialen Handeln und der Interpretation sozialer Situationen auf der anderen Seite. In einer ausdifferenzierten Gesellschaft können daher in unterschiedlichen sozialen Lagen und Situationen Sprachvarianten auftreten, die von anderen als restringiert oder elaboriert interpretiert werden, selbst dann, wenn die jeweilige soziale Gruppe gesellschaftlich einen hohen Status hat. Bestimmte Berufsgruppen benutzen bestimmte Codes zur Kommunikation, die nur in den jeweiligen spezifischen beruflichen Situationen ein ausdifferenziertes und spezialisiertes Handeln ermöglichen und isofern restringiert sind, weil sie sich nur auf einen spezifischen Kontext einer spezifischen Berufsgruppe beziehen. So ist die Sprache der Soziologen oder auch der Mediziner relativ restringiert, weil sie sich nur auf spezifische Kontexte bezieht und auch nur innerhalb einer kleinen ausgewählten Gruppe von Menschen eindeutiges und für die Beteiligten nachvollziehbares Handeln ermöglicht. Mit dieser Perspektive verlässt Bernstein den Kontext der Defizithypothese, jedoch sind leider nur wenige Autoren, die sich mit der Frage des elterlichen Einflusses auf die kindliche Entwicklung auseinandergesetzt haben, dieser Revision gefolgt.

Fast alle heute existierenden Konzepte elterlichen erzieherischen Einflusses auf die kindliche Entwicklung klassifizieren das elterliche Verhalten entlang eines Kontinuums von defizitärem zu angemessenem Verhalten. So hat Diana Baumrind (1971) ein Modell elterlichen Erziehungsverhaltens entwickelt, das sich noch heute großer Beliebtheit erfreut (Darling & Steinerg, 1993; Walper 2004). Ihr Modell der Erziehungsstile geht davon aus, dass Eltern ihre Kinder entweder vernachlässigend im Sinne von „laissez-faire" erziehen, ihnen also keine Begrenzungen setzen und sie sich in ihrer Umwelt so verhalten lassen, wie es die Kinder selbst aus ihrer eigenen Sicht für richtig halten. Dem steht ein „autoritärer" Erziehungsstil gegenüber, bei dem die Eltern wesentlich auf der Grundlage von Verboten und Bestrafung agieren; zwischen diesen beiden Extremen von mangelnder und hoher Kontrolle setzt ein „autoritativer" Erziehungsstil den Kindern zwar Regeln, räumt ihnen aber auch hinreichende Spielräume ein, um eigenes Verhalten und eigene Ideen in den Erziehungsprozess einzubringen. Eltern, die ihre Kinder vernachlässigend erziehen, agieren ebenso defizitär wie Eltern, die ihre Kinder autoritär erziehen; nur bei dem autoritativen Erziehungsstil beeinflussen Eltern ihre Kinder im Sinne einer gesellschaftlich erwünschten Form der Erziehung.

Autoritär erziehende Eltern, die das Verhalten ihrer Kinder rigide kontrollieren, unterstützen damit bei den Kindern Anpassungsbereitschaft und eine geringe Frustrationstoleranz, zudem bei Jungen möglicherweise ein hohes Maß von Aggressivität und Ängstlichkeit. Den Kindern, deren Eltern einen permissiven Erziehungsstil pflegen, fehlt das nötige Maß an Selbstkontrolle; sie zeigen nach dieser Theorie keine kontinuierliche Leistungsbereitschaft und häufiger antisoziales Verhalten. Nur wenn die Eltern einen Erziehungsstil gestalten, der Wert sowohl auf Regeln wie auch auf Freiräume für die Kinder legt, dann entwickeln die Kinder Selbstbewusstsein und soziale Fähigkeiten und lernen, sich emotional zu regulieren, und sind angeblich weniger rigide auf bestimmte Verhaltenserwartungen der Gesellschaft festgelegt.

Wenn auch in einer anderen Sprache als bei Bernstein findet sich auch hier ein Verhaltenskontext von Eltern, der gesellschaftlich besonders akzeptabel ist, nämlich das autoritative Verhalten der Eltern, das Freiräume mit Regelsetzung verbindet. Das ist genau jene Konstruktion gesellschaftlich erwünschter Verhaltensweisen, die auch Bernstein im elaborierten Code der Mittelschicht gesehen hat, während der restringierte Code jene Verhaltensweisen enthält, die Baumrind dem autoritären Erziehungsstil zumisst. Erweitert wird das elterliche Verhalten um den Erziehungsstil der permissiven Erziehung, was für den Zeitpunkt der Entstehung dieses Modells in den Sechziger Jahren gut nachvollziehbar ist, als es große Diskussionen darum gab, ob sich Kinder nicht auch ohne die erzieherischen Bemühungen der Eltern angemessen in die Gesellschaft hinein entwickeln können, etwa durch die „freie Erziehung" (Summerhill), die damals wie heute gesellschaftlich zumeist als problematisch betrachtet wird.

Die große Attraktivität dieser und anderer Erziehungsstilmodelle nicht nur in der wissenschaftlichen Fachliteratur, sondern auch bei den elterlichen Erziehungsratgebern ist auch damit zu begründen, dass diese Modelle zunächst dem gesunden Menschenverstand entsprechen und leicht nachvollziehbar sind. Zudem transportieren sie ein Gesellschaftsbild, das den sozialen Mittelschichten, die über solche Zusammenhänge diskutieren, besonders nahe steht. Denn eine autoritäre Erziehung führt in diesem Modell zu Anpassungsbereitschaft und Konformität, wohingegen eine Erziehung, die zwar Regeln setzt, aber sonst Freiheitsspielräume zulässt, Selbstbestimmung und Leistungsori-

erzieher. Maß zw. Regeln + Freiheit

entierung fördert. Eine Erziehung ohne Regeln, also Gewährenlassen, ist nach diesem Weltbild ebenso problematisch wie eine autoritäre Erziehung. Wer die Diskussionen um die „richtige“ Erziehung in modernen Gesellschaften seit dem Zweiten Weltkrieg verfolgt, stellt fest, dass immer wieder um diese Dimensionen gestritten wurde. So waren Adorno und Horkheimer davon überzeugt, dass die autoritäre Erziehung der bürgerlichen Familie des Kaiserreichs und der Zwanziger Jahre mit dazu beigetragen habe, autoritäre Persönlichkeiten zu fördern, die bereit waren, sich den falschen Autoritäten des Dritten Reiches unterzuordnen. In den USA gab es zur gleichen Zeit, ausgelöst durch die Bücher von Benjamin Spock (1957), eine intensive kritische Diskussion über die frühe Sauberkeitserziehung, die als autoritär und nicht kindgerecht abgelehnt wurde. In den Siebziger Jahren war die Diskussion polarisiert zwischen einer Erziehung, die Baumrind als permissiv bezeichnet, und einer Erziehung, die auf das Selbstbestimmungsrecht des Kindes setzt, aber gleichzeitig gesellschaftliche Regeln vermittelt; heute hat sich hingegen auch in den Erziehungsratgebern weit gehend die Auffassung durchgesetzt, dass weder autoritär noch permissiv ein angemessener Erziehungsstil sei.

Trotz einer Unmenge von Erziehungsstiluntersuchungen weiß man wenig, ob solche Erziehungsstile das elterliche Verhalten und die kindliche Entwicklung tatsächlich beeinflussen. So zitieren Darling und Steinberg (1993) Child von 1954, dass der Sozialisationsprozess von Kindern und der Einfluss der Eltern auf die kindliche Entwicklung vermutlich nur dann richtig verstanden werden kann, wenn diese Erziehungsstile mit anderen elterlichen Verhaltensweisen und Persönlichkeitsmerkmalen in Beziehung gesetzt werden. Die beiden Autoren kommen 40 Jahre nach Child zu der gleichen Schlussfolgerung, weil es zwar in dieser Zeit viel Forschung zu diesem Thema gegeben hat, aber nicht in dem von Child erwünschten Sinne.

8.1.2 Eltern als Kontext kindlicher Entwicklung: Familie und Resilienz

Wenn man sich von dieser psychologischen und pädagogischen Defizitperspektive löst, die nur ein spezifisches elterliches Einstellungsmuster oder ein spezifisches elterliches Sprachverhalten als für die kindliche Entwicklung angemessen betrachtet, und erfasst die Familie im Sinne von Urie Bronfenbrenner als eine wesentliche Lebensumwelt der Kinder, so wird deutlich, dass die Fixierung auf ein spezifisches elterliches Handeln in Bezug auf die kindliche Entwicklung weder theoretisch noch empirisch überzeugen kann. Theoretisch sind diese Modelle nach der Leitlinie des Kindes als einem „unbeschriebenen Blatt“ (Pinker) konstruiert, weil sie davon ausgehen, die elterlichen Einstellungen oder das elterliche Verhalten seien in sich über die Zeit stabil und hätten in Bezug auf die Kinder immer die gleiche Wirkung. Diese Annahme ist aber nur dann plausibel, wenn man davon ausgeht, dass die Kinder nicht wie bei Bronfenbrenner oder den Vorstellungen der heutigen Entwicklungsbiologie bereits kleine, aber schon voraussetzungsvolle Personen sind, die vom ersten Tag an in der Interaktion mit ihren Eltern nicht nur auf diese reagieren, sondern ihrerseits die Eltern selbst beeinflussen. Zudem ist davon auszugehen, dass die Effekte elterlichen Handelns über die Zeit auch erheblich davon abhängen, wie die Kinder selbst in ihrer Entwicklung mit den Eltern umgehen. Kinder mit unterschiedlichen Anlagen und verschiedenen Temperamenten werden bei ihren Eltern auch unterschiedliche Verhaltensmuster und Reaktionen evozieren. Defizitmodelle, die ein spezifisches Verhalten der Eltern für eine kritische Entwicklung der Kinder allein verantwortlich machen, gehen von einer unilateralen Wirkung aus, dass nämlich die Kinder einseitig von ihren Eltern beeinflusst werden, und wenn die Eltern diesen Einfluss nicht im Sinne der Gesellschaft „richtig“ ausüben, andere institutionelle Arrangements dieses „Versagen“ der Eltern kompensieren müssen.

Die Erklärungskraft dieser Annahmen für die kindliche Entwicklung ist begrenzt. Theoretisch können diese Modelle nicht erklären, warum sich Kinder aus Familien, die nach den üblichen Kriterien unseres Sozialstaats als benachteiligt anzusehen sind und deren in der Kindheit erfahrene Erziehungsstile nicht denen der mittelschichtgeprägten Lehrer und Erzieher entsprechen, dennoch so entwickeln können, dass sie es zum Präsidenten der USA (Bill Clinton) oder zum Bundeskanzler in Deutschland (Gerhard Schröder) bringen.

Kinder entwickeln unterschiedliche Voraussetzungen, und zwar auch in derselben Familie, um unterschiedlich mit Problemen in der Familie, mit Stress und Aggressivität durch andere oder sonstigen persönlichen Verletzungen umzugehen. Manche Kinder erwecken den Eindruck, sich selbst unter den schwierigsten Lebensbedingungen quasi „unverletzlich“ so entwickeln, so dass sie über diese schwierigen Lebensbedingungen nicht nur selbst hinauswachsen, sondern im weiteren Lebensverlauf Strategien zeigen, die sie anderen gegenüber als besonders kompetent und durchsetzungsfähig zeigen (Rutter, 2000). Auch diese unterschiedlichen Fähigkeiten von Kindern, mit ihrer Umwelt umzugehen, machen die Vorstellung eines einheitlichen Erziehungsstils der Eltern als wesentlichem Element familiärer Beeinflussung der kindlichen Entwicklung hochgradig fragwürdig.

In der Tradition von Urie Bronfenbrenner hat daher Glen Elder vorgeschlagen, die Familie hinsichtlich der kindlichen Entwicklung als eine Umweltressource zu begreifen, die es den Kindern ermöglicht, sich auch in einer Welt durchzusetzen und zu bewähren, wenn die äußeren Bedingungen, in denen die Kinder und ihre Familien leben, zumindest auf ein hohes Gefährdungspotenzial für die kindliche Entwicklung hindeuten. In einer empirischen Längsschnittstudie im ländlichen Iowa (Elder & Conger, 2000), das von einer Farmkrise betroffen war, konnten Elder und Conger zeigen, dass sich die Kinder und Jugendlichen dieser ländlichen Familien, die großen ökonomischen Schwierigkeiten ausgesetzt waren, hinsichtlich ihrer persönlichen Entwicklung und ihrer Leistungen in Schule und Beruf nicht von den Kindern in erfolgreichen städtischen Kontexten unterschieden, selbst wenn ihre Familien durch diese Wirtschaftskrise von Armut und Arbeitslosigkeit bedroht waren und das teilweise auch konkret erlebten. Trotz der Armutserfahrung entwickelten sich diese Kinder in der Schule zum Teil besser und waren auch emotional stabiler als die Vergleichsgruppe ohne diese familiäre Erfahrung. Elder und Conger erklären diese überraschenden Ergebnisse damit, dass bei diesen ländlichen Familien das gemeinsame Leben, die soziale Unterstützung und die Beziehungen zu Nachbarn und Verwandten, die Einbettung in Gemeinde und gemeindliche Institutionen, wie Schule, Kirche und zivilgesellschaftliche Organisationen, dazu beitrugen, dass diese Kinder trotz der enormen Schwierigkeiten ihrer Familien über genügend soziales Kapital verfügten und dies in ihrer weiteren Entwicklung ausdifferenzieren konnten, so dass sie mit diesen Schwierigkeiten nicht nur umzugehen lernten, sondern sich offensichtlich auch nachhaltiger entwickelten als andere Kinder.

Elder und Conger benennen sieben Faktoren, die ihrer Meinung nach viele familiäre Ressourcen als Basis für familäre Resilienz erklären:

- Das soziale Kapital der Familie, das sich durch die Einbettung der einzelnen Familie in Nachbarschaft und Gemeinde nicht nur für die Familie insgesamt, sondern auch für die einzelnen Kinder und ihre Entwicklung einsetzen lässt.
- Die familiären Bindungen beziehen die Kinder stärker in die Arbeitswelt der Eltern ein und führen in diesen ländlichen Familien häufig zu positiven Identifikationen zwischen den Kindern und Vater und Mutter, die es wiederum den Kindern ermöglichen, auch Stresssituationen auszuhalten.
- Die Kinder und Jugendlichen dieser Familien waren mehr als vergleichbare Stadtkinder in den Produktionsprozess der ländlichen Arbeit eingebunden und trugen unabhängig von der ökonomischen Situation der Farm und der Familie relativ früh ökonomisch zur Familiensituation bei. Das erzeugte bei den Kindern offenkundig auch einen persönlichen Bedeutungsgewinn hinsichtlich der gemeinsamen Lebensführung mit den Eltern und stärkte zudem ihre eigene Selbstständigkeit.
- Die Beziehungen zu den Großeltern waren für diese Kinder außerordentlich wichtig, und zwar nicht nur wegen der allgemeinen emotionalen Unterstützung durch die Großeltern, sondern gerade auch dann, wenn die Kinder in Schwierigkeiten waren und die Großeltern von besonderer Bedeutung zur Lösung erlebt wurden.
- Die Einbindung der Familie in die Kommunikation nicht nur in der Gemeinde, sondern auch in verschiedene Gruppen innerhalb der Gemeinde ermöglichten es den Kindern, auch unabhängig von den Eltern ein eigenständiges Netzwerk in vertrauter Umgebung aufzubauen.
- Die Beziehungen zu ihren Freunden waren auch Teil dieser Netzwerke in diesen Nachbarschaften und halfen den Kindern und Jugendlichen, sich auch wechselseitig zu unterstützen.
- Das Engagement der Eltern für die eigenen Kinder in der Schule, was in den USA anders organisiert ist als in Deutschland, sowie die Unterstützung der Kinder, an anderen Gruppen zu partizipieren, erhöhte die Sicherheit der Kinder.

Nun ist die Sondersituation von Familien in ländlichen Regionen mit wirtschaftlichen Krisen kaum als Basis heranzuziehen, um daraus allgemeine Modelle für die Familie als zentrale Ressource für die kindliche Entwicklung abzuleiten. Denn die Möglichkeiten von städtischen Familien, Ressourcen für ihre Kinder zu mobilisieren und den Kindern bei ökonomischen und sonstigen Schwierigkeiten Schutz und Unterstützung zu geben, können in diesen Zusammenhängen ganz anders aussehen. Deutlich wird aber zunächst, dass Erziehungsstile und Erziehungshandeln keine hinreichenden theoretischen Konstrukte sind, um das Ressourcenpotenzial von Familien für ihre Kinder angemessen zu begreifen. Es dürfte aber auch deutlich geworden sein, dass die Vorstellung, elterliches Erziehungshandeln, das nicht den normativen Vorstellungen mittelschichtorientierter Psychologen oder den Vorgaben der Schulverwaltung entspricht, könne oder müsse durch entsprechende schulische oder andere Maßnahmen kompensiert werden, die Bedeutung der Familie als Kontext und als Ressource für die kindliche Entwicklung völlig falsch einschätzt. Vermutlich kommt es für die Fähigkeit von Kindern, sich in der Welt auch dann zu behaupten, wenn die Voraussetzungen der eigenen Familie nicht den gesellschaftlichen Erwartungen entsprechen, nicht unbedingt darauf an, ob die Eltern ihre Kinder autoritär oder autoritativ erziehen, sondern mehr auf die Erfahrung der Kinder, dass ihre Eltern in der Familie für sie eine verlässliche Lebensumwelt darstellen, die es ihnen ermöglicht, auch schwierige Situationen auszuhalten.

Unter dieser Perspektive wird auch deutlich, dass Vorstellungen, man müsse die „Erziehungsdefizite" der Eltern „kompensieren", den Einfluss der Familie auf die kindliche Entwicklung vermutlich falsch einschätzen. Möglicherweise geht es vielmehr darum, auch in städtischen Kontexten die einzelnen Familien so zu unterstützen und zu stärken, dass sie genau diese Ressourcen für ihre Kinder selbst mobilisieren können. In einer sozial-ökologischen Perspektive geht es also weniger um die Beseitigung von Defiziten und die Kompensation etwaigen elterlichen Fehlverhaltens oder elterlicher Schwächen, sondern eher darum, Mittel und Wege zu finden, das Ressourcenpotenzial von Familien auch in schwierigen Lebensumständen so zu stärken, dass dieses Potenzial der kindliche Entwicklung zugute kommt.

8.1.3. Eltern als Ressource für die kindliche Entwicklung: Von der Förderung einzelner Fähigkeiten zum kindlichen Wohlbefinden

Die oben beschriebene Defizitkonzeption familiärer Sozialisation, die davon ausgeht, einzelne Elemente der kindlichen Entwicklung, die im Elternhaus nicht hinreichend gefördert werden, etwa die Sprache, müssten durch spezifische Schulungsmaßnahmen in Vorschule oder Kindergarten ausgeglichen und kompensiert werden, war lange Zeit Grundlage vieler pädagogischer Interventionsmaßnahmen. In diesem Konzept wird die Familie als Ursache problematischer Entwicklungsbedingungen der Kinder interpretiert, die als exogener Faktor auch nicht beeinflussbar ist, während die Kinder in einem pädagogischen Kontext von Vorschule oder Kindergarten spezifisch gebildet werden können, um die durch das Elternhaus hervorgerufenen Entwicklungsnachteile auszugleichen. Eine der wenigen Ausnahmen von dieser Programmkonzeption war das 1965 gestartete „Head Start"-Programm, das der amerikanische Präsident Johnson als wesentliches Element seines „Krieges gegen die Armut" betrachtete. Bei diesem Programm stand von Anfang an nicht nur die Förderung der kognitiven Kompetenzen von Kindern in Vorschule oder Krippe im Mittelpunkt, sondern es wurde versucht, auch die Eltern in das Programm einzubeziehen; gleichzeitig wurde bei den Kindern nicht nur ihre kognitive Entwicklung betrachtet, sondern die soziale, gesundheitliche und kognitive Entwicklung als Einheit begriffen. Die kindliche Entwicklung wird dabei aus Sicht des Kindes zwischen den anderen Kindern und den verschiedenen Umwelten begriffen, in denen das Kind aufwächst und die aus seiner Sicht eine Einheit bilden.

Wert und Effekt dieses Programmes, weltweit vermutlich das größte und inzwischen auch längste Programm zur Förderung der kindlichen Entwicklung in einer Gesellschaft, waren und sind umstritten. Auf der einen Seite kommen Autoren zu dem Ergebnis, es habe zwar durchaus bei einem Teil der Kinder in der kognitiven Entwicklung Fortschritte gegeben, jedoch seien auch Probleme in der sozialen Entwicklung bei diesem Programm nicht zu übersehen (Magnuson, Ruhm & Waldfogel, 2004). Die für den amerikanischen Kongress erstellte Head Start Impact Study (2005) kommt insgesamt zu einer eher positiven Einschätzung für die kindliche Entwicklung, und zwar sowohl hinsichtlich der sprachlichen und kognitiven Aspekte wie auch der sozial-emotionalen Dimensionen. Ebenso sehen die Autoren die gesundheitliche Entwicklung dieser Kinder insgesamt relativ verbessert gegenüber Kindern, die an anderen oder überhaupt keinem Programm teilgenommen haben. Das elterliche Verhalten wurde, indem auch die Eltern in das Programm einbezogen waren, auch positiv beeinflusst, indem beispielsweise ein Teil der Eltern motiviert werden konnte, dass sie ihren Kindern mehr vorlasen, mehr auf die Gesundheit ihrer Kinder achteten und mit den eigenen gesundheitlichen Problemen selbst besser umzugehen lernten.

Die Qualität des Programms ist bis heute umstritten, und eine endgültige Aussage, ob und inwieweit solche Programme den ursprünglichen Zielen, durch verstärkte Investitionen in die Bildung der Kinder und die Einbeziehung der Eltern die Chancengleichheit dieser Kinder verbessert wird, ist noch nicht abschließend geklärt (Zigler, 1994). Dennoch scheinen Programme und Entwicklungen, die die Eltern direkt als Teil der kindlichen Umwelt einbeziehen und die Ressourcen der Eltern zur Stimulierung der kindlichen Entwicklung nutzen, sinnvoller zu sein als reine Programme der Kompensation der elterlichen Defizite. Dies zeigt auch eine Längsschnittstudie von Britto und Brooks-Gunn (2001), die in einem benachteiligten Quartier mit Unterstützung von Freiwilligen die Eltern von Vorschulkindern motivierten, ihren Kindern regelmäßig vorzulesen, mit dem Effekt, dass sich die Kinder beim Eintritt in die Highschool im Alter von zehn Jahren hinsichtlich ihrer kognitiven Entwicklung und ihres schulischen Leistungsvermögens nicht von Kindern aus privilegierten Nachbarschaften unterschieden.

Grundgedanke dieser Programme ist die Perspektive von Bronfenbrenner, dass das Kind als aktiver Gestalter seiner Umwelt eben nicht in dem einen Kontext „erzogen", in dem andern Kontext „betreut" und in einem dritten Kontext „gebildet" wird, sondern dass aus der Perspektive des Kindes Betreuung, Bildung und Erziehung einen einheitlichen Prozess darstellen, der am besten dadurch unterstützt und gefördert wird, wenn die verschiedenen signifikanten Personen, die für die kindliche Entwicklung verantwortlich sind, in diesem Kontext auch kooperativ zusammen wirken. Diese ganzheitliche Betrachtungsweise der kindlichen Entwicklung ist aber nicht nur bei der Frage der Gestaltung der kindlichen Lebensumwelt von erheblicher Bedeutung, sondern ebenso und noch mehr bei der Frage, wie das Kind als ein aktives und handelndes Subjekt so gefördert werden kann, dass es sich in seiner gesamten Persönlichkeit auch so entwickelt, dass nicht nur die eine oder andere Fähigkeit trainiert wird, sondern das Kind in allen Aspekten seiner Entwicklung die Möglichkeit hat, sich entsprechend seiner Voraussetzungen zu entwickeln (Zwölfter Kinder- und Jugendbericht, 2005).

Unter einer solchen Perspektive ist es nachvollziehbar, dass die kindliche Entwicklung nicht allein als Frage einer guten kognitiven Förderung betrachtet wird, sondern an der Förderung des kindlichen Wohlbefindens gemessen wird. Unter diesem Begriff werden alle jene Dimensionen der kindlichen Entwicklung und des kindlichen Handelns zusammengefasst, die dem Kind entsprechend seiner eigenen Voraussetzungen und entsprechend seinem Alter zum einen die angemessene Teilhabe an seiner Lebensumwelt und der Gesellschaft ermöglichen und zum anderen sicherstellen, dass auch die Voraussetzungen für eine solche Teilhabe durch die entsprechende Gestaltung der kindlichen Lebensumwelt sichergestellt werden (Duncan & Stein, 2004).

Auch wenn es teilweise unterschiedliche Definitionen für kindliche Teilhabe und das kindlichen Wohlbefinden gibt, so stimmen die meisten Autoren in den zentralen Grunddimensionen überein (Bertram, 2008; Bradshaw, 2007). Zunächst ist das kindliche Wohlbefinden nur dann gewährleistet, wenn die gesundheitliche Entwicklung für alle Kinder in der Gesellschaft gleichermaßen gesichert werden kann. Ohne Zweifel ist die gesundheitliche Entwicklung von Kindern auch von den ökonomischen Ressourcen einer Familie abhängig, weil sowohl der Zugang zum Gesundheitssystem oder die angemessene Ernährung ökonomische Ressourcen voraussetzen, über die nicht alle Eltern verfügen. Kindliches Wohlbefinden setzt auch voraus, dass die Kinder, wie bereits ausführlich diskutiert, in einer anregenden Umwelt aufwachsen, die es ihnen ermöglicht, ihre kognitiven und sozialen Fähigkeiten so zu entwickeln, dass sie gleich berechtigt mit anderen an dieser Umwelt partizipieren können. Das ist nicht nur eine Frage der Verfügbarkeit von entsprechenden Bildungseinrichtungen, sondern hängt auch davon ab, inwieweit die konkrete Lebensumwelt der Kinder, etwa in städtischen Kontexten, so gestaltet ist, dass Kinder diese Entwicklungsmöglichkeiten umsetzen können. Auch setzt kindliches Wohlbefinden voraus, dass sich Kinder in ihrer Lebensumwelt ohne Gefahren im Straßenverkehr oder Gefährdungen durch andere sicher bewegen können. Diese Voraussetzungen können für Kinder sehr unterschiedlich sein, sind aber ein wichtiges Element der angemessenen Förderung der kindlichen Entwicklung und deswegen eine wesentliche Voraussetzung für kindliches Wohlbefinden. Die soziale Einbettung von Kindern in ihrer Familie und die Kommunikation mit ihren Eltern und Freunden als wesentliches Element der sozialen Entwicklung von Kindern machen deutlich, dass Einrichtungen für Kinder nicht nur der Kompensation einzelner Fertigkeiten und Fähigkeiten dienen, sondern oft einfach Orte sind, an denen die Kinder nicht nur andere Kinder treffen, sondern dort auch generell in ihren sozialen Kompetenzen gefördert werden.

Es überrascht nicht festzustellen, dass diese Dimensionen wesentlich an der Kinderrechtskonvention der UNO orientiert sind (Trautmann, 2007). Diese Kinderrechtskonvention versucht, die Entwicklungsbedingungen von Kindern unter einer ganzheitlichen Perspektive so zu formulieren, dass die Anforderungen an die Gestaltung der Lebensumwelt von Kindern sich auch empirisch überprüfen lassen. Diese juristische Verankerung ist hier weniger von Interesse als die Tatsache, dass aus der Erweiterung der Perspektive des sozial-ökologischen Ansatzes die kindliche Entwicklung nicht allein als kognitive oder soziale oder gesundheitliche Entwicklung zu interpretieren ist, sondern als ein sich wechselseitig bedingender ganzheitlicher Prozess. Das führt logischerweise zu der Aussage, dass die unterschiedlichen institutionellen Kontexte, in denen sich ein Kind bewegt, aus der Sicht des Kindes so gestaltet sein müssen, dass sie diese unterschiedlichen Aspekte der kindlichen Entwicklung berücksichtigen. Es geht also nicht um ein perfektes Gesundheitssystem hier und ein perfektes Schulsystem dort bei gleichzeitiger Erwartung an die Eltern an eine perfekte Leistung in Bezug auf ihre Kinder, sondern vielmehr darum, zwischen diesen separaten Kontexten so Beziehungen herzustellen, dass sie die kindliche Entwicklung einzeln und gemeinsam fördern. Die praktischen Konsequenzen eines solchen Konzepts lassen sich relativ gut nachvollziehen. Auf der einen Seite sollte zwischen Eltern und anderen Personen, die die kindliche Entwicklung begleiten und unterstützen, eine enge Kooperation entstehen. Zudem führt eine solche Zusammenarbeit notwendigerweise dazu, dass bei aller Professionalität derjenigen, die sich um die Kinder kümmern, immer auch akzeptiert wird, dass auch die jeweils anderen, die mit den Kindern zu tun haben, nicht nur auf ihrem Gebiet eine Kompetenz für diese Kinder aufweisen, sondern die kindliche Entwicklung auch in anderen Gebieten befördern können.

Inzwischen gibt es in Deutschland an vielen Orten eine Reihe von Versuchen, solche Konzepte umzusetzen. So werden an der Medizinischen Hochschule Hannover Familienhebammen qualifiziert mit einer medizinischen Ausbildung, um bei der Geburt und der nachgeburtlichen Betreuung der Mutter zu helfen, aber zudem mit einer sozialpädagogischen Qualifikation, um die ersten Schritte der jungen Familie auch über die primär gesundheitlichen Bedarfe hinaus sozialpädagogisch zu begleiten. Dieses Modell bietet offensichtlich relativ gute Entwicklungschancen für die Familie und für das Kind. Zudem gewinnt inzwischen ein Modell zunehmend Raum in Deutschland, die frühkindliche Betreuung von Kindern insbesondere bei den unter 3-Jährigen in Anlehnung an das Konzept der Early Excellence Centers in England zu gestalten (Whalley, 1994), die insbesondere die Mütter und Väter mit sehr kleinen Kindern aus benachteiligten Familien in die Betreuung der Kinderkrippe so einbeziehen, dass diese jungen Eltern von Anfang an ihre Kinder auch als ein gemeinsames Lebensprojekt begreifen und gleichzeitig lernen, mit ihren Kindern unterstützend umzugehen.

Alle diese Modelle zeichnen sich dadurch aus, dass sie auf der einen Seite auf professionelle Unterstützung setzen mit gut ausgebildeten und gut qualifizierten Mitarbeitern, aber auf der anderen Seite auch immer mit Menschen zusammenarbeiten, die nicht-professionell sind, weil es hier nicht nur um die Eltern selbst geht, sondern auch um die Nachbarn und Verwandten und andere Menschen aus der Gemeinde, die die Eltern unterstützen. Grundgedanke bleibt aber bei all diesen Modellen, nicht mehr einzelne Aspekte der Persönlichkeit eines Kindes zu fördern, sondern das Kind insgesamt in seinen Entwicklungsbedingungen so zu unterstützen, dass es als aktiv handelndes Subjekt an der Umwelt, in der es aufwächst, auch tatsächlich teilhaben kann.

In einem solchen Modell sind auch die in Deutschland häufig geführten Diskussionen um den Gegensatz zwischen öffentlicher und privater Erziehung mehr als obsolet. Denn das hier skizzierte Modell zielt auf Interaktion und wechselseitige Unterstützung der verschiedenen Einrichtungen ab. Dabei verdient es betont zu werden, dass diese Modelle zunächst fast alle im angelsächsischen Kontext entwickelt wurden, der sich gerade dadurch auszeichnet, dass die Stellung der Eltern gegenüber dem Staat und gegenüber den staatlichen Institutionen ungewöhnlich stark ist. Offensichtlich sind in solchen gesellschaftlichen Kontexten Institutionen eher bereit, sich über die Entwicklung von solchen Kooperationen Gedanken zu machen, während solche Kooperationsmodelle in Gesellschaften wie in Deutschland oder wie in Frankreich, wo der Staat gegenüber den Eltern eine sehr starke Position hat, offenkundig viel schwerer durchzusetzen sind.

8.1.4. Elterliches Wohlbefinden und kindliche Entwicklung

Das kindliche Wohlbefinden wird hier sehr konkret auf der Basis der kindlichen Gesundheitsentwicklung, der kindlichen Bildungsentwicklung, der persönlichen Sicherheit und der Partizipationsmöglichkeiten des Kindes mit Freunden, Geschwistern und

Eltern, der angemessenen Ausstattung mit ökonomischen Ressourcen und der subjektiven Einschätzung der eigenen Lebenssituation definiert und stellt eine wichtige Erweiterung des sozial-ökologischen oder bioökologischen Ansatzes von Bronfenbrenner dar. In Bronfenbrenners Modell der sich wechselseitig beeinflussenden Umwelten und der Annahme des aktiv handelnden Kindes bleibt ein hohes Maß an Unbestimmtheit, wenn es um die Benennung der Faktoren geht, die zur Analyse dieser Interaktionsprozesse von Bedeutung sind. Das ist einerseits sinnvoll und auch richtig, weil auf diese Weise ein Theorierahmen geschaffen wurde, der ganz unterschiedliche Facetten dieses Interaktionsprozesses zu analysieren ermöglicht (Bronfenbrenner, 1979). Unter einer sozialisationstheoretischen Perspektive hat diese Unbestimmtheit aber den Nachteil, dass die große Fülle sehr unterschiedlicher Variablen, die in der Sozialisationsforschung untersucht werden, nicht systematisch zueinander in Bezug gesetzt werden können.

Das Konstrukt des kindlichen Wohlbefindens ermöglicht nun die Systematisierung vieler Variablen, die bisher in der Sozialisationsforschung eher unverbunden nebeneinander stehen. Darüber hinaus macht sie es vor allem möglich, das in der Sozialisationsforschung immer wieder aufscheinende Theorem des Kindes als einem unbeschriebenen Blatt endgültig aufzugeben und stattdessen zu akzeptieren, dass die kindliche Entwicklung in vielen Bereichen auch biologisch gesteuert wird und daher diese biologischen Prozesse auch hinreichend zu berücksichtigen sind. Denn niemand wird bestreiten, dass die gesundheitliche Entwicklung von Kindern nicht nur von angemessener Ernährung und Bewegungsmöglichkeit abhängt, sondern dass in der kindlichen Entwicklung auch eine vertrauensvolle Beziehung zu fürsorglichen Erwachsenen, meist den eigenen Eltern, und das Gefühl, sich in einer sicheren Welt bewegen zu können, zentrale Voraussetzungen sind, die ihrerseits Teil der anthropologischen Konstitution des Menschen sind.

Aus dem Konzept des kindlichen Wohlbefindens wird deutlich, dass die einseitige und isolierte Konzentration etwa auf die Entwicklung der kognitiven Kompetenzen unter einer sozial-ökologischen Perspektive schon deswegen problematisch ist, weil die Förderung dieses einen Aspekt der kindlichen Entwicklung ohne die gleichzeitige positive Entwicklung auch anderer Elemente des kindlichen Wohlbefindens nur wenig Aussicht auf Erfolg haben. Darüber hinaus zeigt diese Perspektive aber auch, dass politische und pädagogische Maßnahmen zur Förderung der kindlichen Entwicklung zu kurz greifen, wenn sie sich auf nur einen Aspekt der kindlichen Entwicklung konzentrieren.

In Deutschland gibt es gegenwärtig eine intensive Diskussion um die ökonomische Benachteiligung von Kindern in spezifischen Lebenslagen (Butterwegge, 2005), die sich wesentlich auf die Frage ökonomischer Ausgleichsprozesse zwischen verschiedenen gesellschaftlichen Gruppen konzentriert. Das Konzept des kindlichen Wohlbefindens macht hingegen deutlich, dass die ökonomische Basis der kindlichen Existenz zwar von Bedeutung ist, aber nur eine Komponente unter anderen darstellt, die die kindliche Entwicklung beeinflussen. Projekte wie Head Start oder die Early Excellence Centers (Whalley, 2003) zeigen aber, dass die kindliche Entwicklung vermutlich besser gefördert wird, wenn nicht nur die Frage der Ökonomie thematisiert wird, sondern geprüft wird, wie die Teilhabe eines Kindes in der Gesellschaft so zu organisieren ist, dass alle Aspekte des kindlichen Wohlbefindens gefördert werden. Möglicherweise kommt man dann zu dem Schluss, dass die Investitionen in Einrichtungen für Eltern und für Kinder, wie der Ausbau von Ganztagsschulen oder von Sporteinrichtungen, dem kindlichen Wohlbefinden und damit der kindlichen Entwicklung insgesamt mehr helfen als die alleinige Konzentration auf die Verbesserung der ökonomischen Situation einer Familie.

Die Erweiterung des Konzeptes des sozialökologischen und bioökologischen Ansatzes von Bronfenbrenner um die Dimension des kindlichen Wohlbefindens konkretisiert nicht nur die Lebensperspektive in Bezug auf die Kinder, sondern eröffnet die Möglichkeit, auch die Ressourcen der Eltern genauer zu definieren als bisher. Zudem lassen sich daraus auch erhebliche familien- und sozialpolitische Konsequenzen ableiten, weil diese Konkretisierung auch sichtbar macht, welche Dimensionen der Umwelt, nämlich die Nachbarschaft, die Gemeinde, die schulischen Einrichtungen, die Betriebe, in denen die Eltern arbeiten, im Interesse der kindlichen Entwicklung auch so strukturiert werden können, dass die Eltern tatsächlich als Ressource für ihr Kind wirken.

8.1.5. Elterliches Wohlbefinden: Mütter und Väter

Diese Gedanken werden in Kapitel 9 wieder aufgegriffen, wenn die familien- und sozialpolitischen Konsequenzen des Konzeptes, wie es hier entwickelt wurde, im Einzelnen diskutiert werden. Ohne jetzt die Aspekte des elterlichen Wohlbefindens und der Bedingungen für elterliches Wohlbefinden im Einzelnen auszuführen, macht es diese Perspektive möglich, den sozial-ökologischen Ansatz wie auch die Erziehungsstilforschung dafür zu kritisieren, dass in ihren Konzepten immer nur undifferenziert von „Eltern" gesprochen wird. Das Wohlbefinden der Eltern ist zunächst beeinflusst durch das Wohlbefinden der Kinder und das Wohlbefinden des Partners und anderer Familienmitglieder. Entscheidend ist aber zusätzlich die subjektive eigene Zufriedenheit mit den eigenen Möglichkeiten, in Familie und Gesellschaft in der Weise zu partizipieren, wie man das selbst für sich als angemessen erachtet. Diese subjektive Komponente des Wohlbefindens macht deutlich, dass die Analyse der Lebensumwelt der Kinder unter der Perspektive der Entwicklungschancen von Kindern nicht hinreichend dadurch beschrieben ist, dass bei der Erwachsenenebene von „den Eltern" gesprochen wird. Vielmehr macht es die Analyse des Wohlbefindens erforderlich, die einzelnen Personen innerhalb der Familie als Akteure des Familiensystems auch einzeln zu analysieren.

Die Sozialisationsforschung hat diese relativ leicht nachvollziehbare Forderung empirisch kaum eingelöst. Die überwältigende Literatur, die sich mit der Frage des Einflusses der Eltern auf die Kinder auseinandersetzt und die in den verschiedenen Handbüchern zur Sozialisationsforschung zusammengetragen ist, umfasst fast ausschließlich Untersuchungen, die einen Elternteil, meist die Mutter, als Informanten herangezogen hat, um Prozesse der kindlichen Entwicklung und die Bedeutung des elterlichen Einflusses dafür zu analysieren. Wenn daher die Erziehungsstilforschung von „elterlichem Erziehungsstil" spricht, ist das auch der Tatsache geschuldet, dass die überwältigende Mehrheit der Forscher, die solche Untersuchung durchgeführt haben, fast ausschließlich Mütter befragt und untersucht haben.

Das erklärt auch zumindest zum Teil die geringe Kovarianz zwischen elterlichen und kindlichen Variablen, die in vielen dieser Untersuchungen berichtet wird. Unter einer theoretischen Perspektive gibt es nicht den geringsten Grund zu der Annahme, dass Vater und Mutter sich in Bezug auf ihre Kinder gleich verhalten und dass zudem die Kinder in Bezug auf Vater und Mutter identische Reaktionen zeigen. Auch gibt es keinen Grund zu der Annahme, dass in Familien mit unterschiedlicher Größe die Kommunikationsstrukturen zwischen Eltern und Kindern und der Gruppe der Kinder nicht erheblich variieren. Schon die klassische von Parsons beschriebene „isolierte Kleinfamilie" enthielt eine klare Ausdifferenzierung der Rollen von Vater und Mutter, wie schon oben ausgeführt: Der Vater als Repräsentant des Berufes und der familiären Außenwelt vertritt nach Parsons als „instrumenteller Führer" die allgemeinen und universalistischen Werte, die sich aus dem zweckrationalen Handeln im Beruf und anderen gesellschaftlichen Bereiche ableiten, während die Mutter als „expressive Führerin" hingegen partikulare Werte und Einstellungen, die sich unmittelbar auf den familiären Binnenraum beziehen und gleichzeitig auch von emotionaler Wärme und Zuneigung geprägt sind; diese unterschiedlichen Wertemuster werden von den Kindern durch Identifikationsprozesse mit den Eltern übernommen.

Auch wenn diese klare Zuweisung von Verhaltensmustern und Einstellungen zu Recht kritisiert wird, macht sie jedoch deutlich, dass die Familie als Umwelt für die kindliche Entwicklung nur dann angemessen begriffen und analysiert werden kann, wenn solche unterschiedlichen Konstellationen innerhalb der Familie auch hinreichend berücksichtigt werden. Leider hat auch die moderne Väterforschung bis heute nur selten versucht (Fthenakis, 1975), das Wechselspiel zwischen unterschiedlichen Lebensentwürfen von Vater und Mutter in Bezug auf die kindliche Entwicklung zu thematisieren und empirisch differenziert zu untersuchen.

Das ist aber nicht nur von Bedeutung, um die Entwicklungsbedingungen von Kindern in klassischen familiären Umwelten zu verstehen. Gerade angesichts der Tatsache, dass heute viele Kinder, wie es in unserem Familienkonzept beschrieben wurde, im Laufe ihrer Entwicklung in unterschiedlichen familiären Konstellationen auch unterschiedliche Konstellationen von Erwachsenen erleben, ist das von besonderer Bedeutung. Das gilt nicht nur für die Analyse von Scheidungsfolgen (Amato, 2005), sondern auch für die Entwicklung vieler anderer Aspekte der kindlichen Persönlichkeit. Ohne solche Untersuchungen sind wir immer mit dem Problem konfrontiert, dass die Eltern in Bezug auf ihren Entwicklungseinfluss auf die Kinder wesentlich als eine „black box" behandelt werden und stattdessen undifferenziert von „elterlichen Einflüssen" gesprochen wird.

Dabei sei hier an einem Beispiel gezeigt, wie ertragreich es sein kann, wenn eine Familientriade zur Grundlage der Analyse von kindlichen Wertemustern und Einstellungen gemacht wird. Damit lässt sich nicht nur erhebliche Varianz aufklären, die sich aus den unterschiedlichen Konstellationen elterlichen Handelns ergibt, sondern es wird auch deutlich, dass Erziehungsstile und Erziehungseinstellungen im Kontext der kindlichen Entwicklung möglicherweise weniger bedeutungsvoll sind als die elterlichen Persönlichkeiten selbst. Diese Ergebnisse passen wiederum gut zu den Ergebnissen von Loehlin, dass die väterliche Persönlichkeit, insbesondere der väterliche Fatalismus im Umgang mit den Optionen seiner Lebenssituation, ein viel besserer Prädiktor für den ökonomischen Erfolg der Söhne ist als die väterliche Intelligenz (Loehlin, 2008).

8.2. Zeit für Kinder, Beruf und Partnerschaft aaa

In den Fünfziger Jahren galt in Deutschland als Regelarbeitszeit die 48 Stunden-Woche. Heute liegt die Regelarbeitszeit in den meisten Berufen bei etwa 38 Stunden und damit erheblich unter dem Zeitaufwand für Arbeit in den Fünfziger Jahren. Diese 48 Stunden-Woche galt damals auch für die berufstätigen Mütter, deren Anteil Elisabeth Pfeil auf etwa 30 Prozent geschätzt hat (1958), so dass in allen Haushalten, in denen beide Eltern arbeiteten, die Vereinbarkeit von Familie und Beruf schwierig zu realisieren war. Die Beschäftigungsquote von Müttern mit Kindern über drei Jahren liegt heute in Deutschland, allerdings mit regionalen Variationen, im Durchschnitt über 50 Prozent, bei gleichzeitig deutlicher Zunahme der Teilzeittätigkeit insbesondere von Müttern mit Kindern (Siebter Familienbericht 2006). Insofern müsste heute die Zeit, die Eltern für ihre Kinder aufwenden, leichter zu realisieren sein, weil die zeitliche Belastung für den Vater wie die Mutter im Durchschnitt gesunken ist. Bei einer durchschnittlichen vollen Erwerbstätigkeit von etwa 38 bis 41 Stunden bei Vätern und etwa 24 bis 27 Stunden bei Müttern mit Kindern über sechs Jahren (How Europeans Spend Their Time, 2004) müsste das elterliche Wohlbefinden und die elterliche Zufriedenheit mit den zeitlichen Strukturen eigentlich gestiegen sein.

In der international vergleichenden Studie PPAS (Bosch Stiftung, 2008) halten es aber die in Deutschland befragten Männer und Frauen für die wichtigste Aufgabe einer modernen Familienpolitik, bessere Möglichkeiten für Teilzeittätigkeit zu schaffen; das zweitwichtigste Ziel ist eine Flexibilisierung der Arbeitszeit und als nächstwichtigstes Ziel der Ausbau der Kindertagesbetreuung. Im Unterschied zu vielen anderen europäischen Ländern spielen die Zeitfrage und die Betreuungsfrage in Deutschland offenkundig eine ausschlaggebende Rolle. Dabei verwenden heutige Eltern mehr Zeit für ihre Kinder als noch Anfang der Neunziger Jahre, wie die Zeitbudgetstudien des Statistischen Bundesamtes zeigen (Heitkötter et al., 2009)

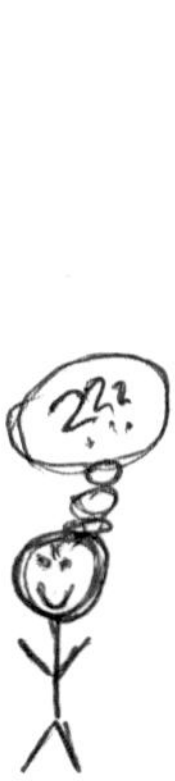

Wenn man sich nun fragt, warum denn angesichts reduzierter Arbeitszeiten und auch einer deutlichen Ausweitung der Teilzeittätigkeiten genau diese Ziele der besseren zeitlichen Vereinbarkeit von Beruf und Familie im Vordergrund stehen, so zeigt sich, dass die Flexibilisierung der Arbeitszeit heute, insbesondere in den Berufen, in denen vorwiegend Frauen tätig sind, vor allem den Bedarfen der Arbeitgeber entsprechen. Natürlich ist das Einkaufen abends um 20 Uhr ebenso angenehm wie das Bewusstsein, dass die pflegebedürftigen Eltern auf jeden Fall morgens um 7 Uhr auf einen ambulanten Pflegedienst zurückgreifen können, wie es auch beruhigend ist zu wissen, dass hoch spezialisierte Teams in Krankenhäusern ihre Arbeit so organisieren, dass sie in einem spezifischen Zeitrhythmus gemeinsam arbeiten und entsprechend auch parallel Freizeit haben. Die Entscheidung über die Öffnungszeiten von Einkaufszentren, die Einsatzzeiten von Pflegediensten oder von Teamzeiten im Krankenhaus liegt aber beim Arbeitgeber mit zumeist in sich guten und nachvollziehbare Gründen für diese Entscheidungen zur Zeitorganisation. Diese Zeiten harmonieren aber nicht mehr mit den Zeitstrukturen einer Familie. Gemeinsame Essenszeiten, gemeinsame Spielzeiten oder gemeinsame Besuche von Veranstaltungen werden so zunehmend zu einem komplexen Zeitarrangement in der Familie. Wenn dann noch in Betracht gezogen wird, dass Vorschule und Schule keineswegs immer verlässlichen Zeiten zur Betreuung der Kinder anbieten, ist dieses Befragungsergebnis gut nachvollziehbar. Zwar ist es in Deutschland noch nicht so weit, wie dies die Statistikerin Sandrah Hofferth für die USA nachgewiesen hat, dass dort die Eltern heute zwar mehr Zeit mit ihren Kindern verbringen als in den Sechziger und Siebziger Jahren, sich diese Zeit aber im wesentlichen auf das Wochenende konzentriert und während der Woche auf die Zubringerdienste zur Schule oder anderen Aktivitäten der Kinder beschränkt ist.

Die Industriegesellschaft hatte in ihrer rigorosen Form der Arbeitsteilung zwischen Mann und Frau die Möglichkeit geschaffen, dass sich zumindest die Mutter um die Fürsorge für die Kinder kümmern konnte, völlig unabhängig von solchen äußerlichen Zeitzwängen der Organisation der Arbeit. Dieses Modell der arbeitsteiligen Industriegesellschaft, wo der Mann die ökonomische Basis der Familie sichert und die Familie intern durch die Fürsorge und Präsenz der Mutter strukturiert wird, wie das an Parsons Modell beschrieben wurde, nennt Arlie Hochschild deswegen auch warm-traditionell, weil in diesem Modell den spontanen Zeitbedürfnissen von Kindern, der Organisation der alltäglichen Familienroutinen wie auch der Organisation der Beziehungen zu Familie und Nachbarschaft die gleiche Bedeutung eingeräumt wurde wie der Erwerbsarbeit. Dabei war diese Bedeutungszuweisung aber nur möglich, weil es eine klare geschlechtsspezifische Arbeitsteilung gab, die sicherstellte, dass die Fürsorge für andere und das Aufrechterhalten der Beziehungen zu Familie und Verwandtschaft als Teil der weiblichen Sozialisation auch von vielen Frauen und Müttern in dieser Form nicht nur akzeptiert, sondern auch als die einzig richtige und sinnvolle Form weiblicher Lebensführung interpretiert wurde. Die Forschungsergebnisse vieler weiblicher Forscherinnen, wie Helge Pross oder Elisabeth Pfeil in Deutschland in den Fünfziger und Sechziger Jahren, zeigten eine ausgeprägte Akzeptanz dieses Modells bei den meisten befragten Frauen.

Die Kritik an diesem Modell hatte sich schon früh entzündet. So hat René König 1946 als größte Schwächen dieses Modells herausgestellt, dass diese Form der Arbeitsteilung notwendigerweise dazu führe, die Familie und die Mütter zunehmend aus der Gesellschaft zu „desintegrieren“, weil ihre Teilhabe an der Gesellschaft im wesentlichen über die beruflichen Beziehungen des Mannes verliefe. Zudem beruhten die Bindungen zwischen Mann und Frau fast ausschließlich auf emotionaler Zuneigung, nicht aber auf der gemeinsamen Aufgabenstellung, so dass die Stabilität früherer landwirtschaftlicher oder auch bürgerlicher Familienkonstruktionen, in denen der Mann wie die Frau, wenn auch möglicherweise in unterschiedlicher Ausprägung, die ökonomische Basis des Haushalts gemeinsam sicherten, in diesem Modell der kleinbürgerlichen Familie nicht mehr gegeben sei. In überspitzter Form hat Elisabeth Beck-Gernsheim Königs Kritik als den Übergang von der Familie als Notgemeinschaft, in der alle für die ökonomische Basis der Familie zuständig waren, zur Familie als Wahlgemeinschaft bezeichnet, in der letztlich die persönlichen Präferenzen für die Stabilität der Beziehungen ausschlaggebend sind.

Allerdings haben diese Autoren anders als Hochschild nicht erkannt, dass diese Form der familiären Arbeitsteilung auch einen erheblichen Gewinn für die Kinder bedeutete, so dass Anfang des 20. Jahrhunderts Reformpädagogen wie Ellen Key nicht umsonst vom „Jahrhundert des Kindes" sprachen. Denn in diesem neuen Modell war ein Erwachsener, nämlich die Mutter, im wesentlichen auf die Förderung und Entwicklung der kindlichen Persönlichkeit konzentriert. Allerdings sehen diese Autoren ganz zu Recht, ähnlich wie auch Hochschild selbst, den hohen Preis, den die Mütter für diesen Gewinn der Kinder bezahlt haben, weil sie dadurch in vielen Bereichen von der aktiven Teilhabe an der gesellschaftlichen Entwicklung ausgeschlossen waren.

In der postindustriellen Dienstleistungsgesellschaft lässt sich diese Arbeitsteilung schon angesichts der knappen Talente (Bertram, 1997) gar nicht aufrechterhalten, wie bereits diskutiert wurde. Die gesellschaftlichen Investitionen in die Bildung sowohl von Jungen wie Mädchen wollen nicht nur volkswirtschaftlich fruchtbar gemacht werden, vielmehr wollen diese jungen Erwachsenen selbst entscheiden, wie sie ihr Leben mit den nun ausgebildeten Kompetenzen auch selbst gestalten können. Die Vereinbarkeit dieser unterschiedlichen Lebensbereiche mit ihren ganz unterschiedlichen Zeitrhythmen und unterschiedlichen zeitlichen Anforderungen lassen sich vermutlich nur dann in angemessener Weise aufeinander beziehen, wenn ein Teil der Souveränität, die alltägliche Zeit zu bestimmen, vom Diktat der Arbeit und des Arbeitgebers zumindest partiell auf die Familie oder die Eltern und möglicherweise teilweise auf die Kinder übergeht. Solange die Frage der Zeitsouveränität zwischen den Lebensbereichen Beruf und Familie eindeutig zu Gunsten der Arbeitgeber entschieden ist, bedeutet auch die zunehmende Flexibilisierung der Arbeitszeiten nicht notwendigerweise, dass das „warm-moderne" Modell im Sinne von Arlie Hochschild realisiert werden kann. Denn ein solches Modell setzt voraus, dass die spontanen Bedürfnisse von Kindern und auch anderen Menschen nach Fürsorge gesellschaftlich die gleiche Bedeutung haben wie berufliche Verpflichtungen.

Die Schwierigkeit eines solchen Modells liegt möglicherweise weniger darin, die Arbeitsprozesse so umzuorganisieren, dass unterschiedliche familiäre Bedürfnisse auch angemessen zu berücksichtigen sind, wie die Erfahrungen von Kaufhäusern mit solchen Versuchen gezeigt haben. Die eigentliche Schwierigkeit liegt vor allem darin, dass die Vorstellungen von Männern und Frauen für die zeitliche Vereinbarkeit von Beruf und Familie auch heute noch diametral unterschiedlich sind. Während die überwältigende Mehrheit von Frauen in ihren Lebensentwürfen Beruf und Familie aufeinander beziehen wollen und für ein adaptives Modell als richtigen und plausiblen Lebensentwurf votieren, der beide Bereiche miteinander verknüpft, neigen Männer in großer Mehrheit dazu, ihren Lebensentwurf wesentlich über den Beruf und ihre Verfügbarkeit am Arbeitsplatz zu definieren (Hakim, 2000, 2002; Bertram et al., 2005).

Das elterliche Wohlbefinden, das sich teilweise auch über die Zeit der Eltern für ihre Kinder definiert, konfligiert also nicht nur mit der Tatsache, dass die Arbeitgeber im wesentlichen über die tägliche Arbeitszeit bestimmen, sondern auch damit, dass in unserer Gesellschaft Männer und Frauen hinsichtlich ihrer Zeitverwendung so unterschiedliche Vorstellungen haben, dass die Aufwertung der Fürsorge für andere schon deswegen schwierig ist, weil ein großer Teil der Männer den Beruf und die Präsenz am Arbeitsplatz als viel wichtiger einstufen als die Bereitschaft, Fürsorge für andere zu leisten. Möglicherweise ist das eine Frage der geschlechtsspezifischen Sozialisation und der gesellschaftlichen Rahmenbedingungen und weniger eine Frage der flexiblen Zeitorganisation am Arbeitsmarkt.

8.3. Scheidung, elterliches Wohlbefinden und kindliche Entwicklung

Unter der Perspektive, dass die kindliche Entwicklung im Rahmen des sozio-bioökologischen Modells direkt und indirekt auch immer von dem Kontext abhängt, den die Beziehung der Eltern zueinander für das Sozialisationsklima bildet, gewinnen Faktoren wie chronische Konfliktlagen sowie Trennung und Scheidung eine große Bedeutung. Inzwischen ist die Entwicklung des kindlichen Wohlbefindens in Abhängigkeit vom Aufwachsen in Familien mit einer starken Dissonanz zwischen den Eltern und Scheidungsfamilien in einer Vielzahl von empirischen Studien differenziert analysiert worden (Amato et al. 2007; Hetherington 2007; Walper & Beckh 2007). Aus diesen Studien geht hervor, dass Kinder, wenn ihre Eltern eine schwierige und von Konflikten geprägte Beziehung führen, Verhaltensprobleme zeigen, wie Aggression, geringe Selbstachtung und sogar geringeres Intelligenzverhalten. Auch deutsche Studien belegen, dass Kinder aus Scheidungsfamilien, auch unter Kontrolle von möglichen Einflussvariablen wie der ökonomischen Situation, dem Wohnortwechsel und anderer Faktoren, seltener das Gymnasium besuchen (Jenkins, 2009), dass die erlebte Unsicherheit und Fragilität der elterlichen Beziehungen auch bei Jugendlichen deren Verhältnis zum anderen Geschlecht kritisch beeinflussen kann und die eigenen familiären Beziehungen als ambivalenter und unsicherer erlebt werden als von Kindern aus einer stabilen und konsistenten Partnerschaft. Diese Konsequenzen haben beispielsweise die letzte amerikanische Administration motiviert, Programme zur Stabilisierung von Ehe und Familie besonders zu fördern.

Unter einer methodischen Perspektive ist Amato hinsichtlich der Interpretation von Schlussfolgerungen aus der Scheidungsforschung zurückhaltend. Denn die Folgen elterlicher Konflikte oder auch des Auseinanderbrechens familiärer Beziehungen lassen sich kaum empirisch adäquat in Querschnittsuntersuchungen prüfen. Denn die beschriebenen kritischen Phänomene können auch Ergebnis bestimmter spezifischer Lebenserfahrungen in der Scheidungssituation sein oder Ergebnis von aktuellem Streit der Eltern und sich später wieder verlieren. So sind eigentlich nur Längsschnittuntersuchungen geeignet, um die tatsächlichen kurz-, mittel- und langfristigen Folgen von elterlicher Trennung und Scheidung angemessen abzubilden und mögliche situative oder temporäre Effekte auszuschließen.

Um also den Effekt der Eltern und der Familie als einer Ressource für Kinder und als wesentlicher Grundlage für das kindliche Wohlbefindens für die kindliche Entwicklung angemessen einzuschätzen, kann man die kindliche Entwicklung nicht nur zu einem bestimmten Zeitpunkt messen, sondern muss die Kinder über einen längeren Zeitraum bis ins junge Erwachsenenalter begleiten, um zu sehen, wie sie sich entwickeln. Auch reicht es nicht, nur Kinder aus Familien zu untersuchen, die wegen spezifischer Konflikte etwa psychologische Beratungsstellen aufgesucht haben oder auch nur Kinder aus Scheidungsfamilien für sich zu betrachten. Um die Effekte der elterlichen Beziehungen auf die kindliche Entwicklung empirisch zuverlässig zu prüfen, ist also ein Längsschnitt unerlässlich, der alle verschiedenen familiären Lebensformen umfasst und die kindliche Entwicklung auch hinreichend lange begleitet, um einzelne Effekte auch tatsächlich den zerbrochenen Beziehungen der Eltern zuordnen zu können. Angesichts dieser hohen Anforderungen ist es verständlich, dass es nur wenige empirisch fundierte Aussagen zu den Scheidungsfolgen oder auch zu den Effekten von Familien gibt, in denen die Eltern miteinander in einer schwierigen Beziehung lebten.

Amato (Amato, 1999, 2000, 2005, 2007) stützt seine Aussagen auf zwei unterschiedliche Quellen. Zum einen hat er mit einer Meta-Analyse einer Fülle verschiedener Scheidungsstudien versucht (2007, S. 91ff), generelle Entwicklungstendenzen zu formulieren, und diese dann auf der Basis eines Längsschnitts, der 1980 mit 10-jährigen Kindern mit Scheidungserfahrung begann und sie bis zu ihrem 30. Lebensjahr begleitet und immer wieder untersucht hat, zu überprüfen. Nach den Ergebnissen dieser Studien gibt es bei Familien, in denen die Eltern eine konfliktreiche Beziehung lebten, und bei Familien, die durch Scheidung getrennt waren, relativ ähnliche und im Durchschnitt eher negative Effekte dieser Partnerschaftsbeziehungen auf die kindliche Entwicklung, auch unter statistischer Kontrolle einer Reihe verschiedener Variablen, wie sozio-ökonomischer Status, Bildung oder Religion.

Das Wohlbefinden der Kinder in der unmittelbaren Erfahrung der schwierigen Familiensituation wie aber auch das spätere Wohlbefinden der jungen Erwachsene mit 30 Jahren, also erhebliche Zeit nach der Erfahrung, werden sowohl durch die Scheidung wie aber auch durch eine kritische Partnerschaftsbeziehung der Eltern negativ beeinflusst. Die Enge der Beziehungen zwischen Müttern und Kindern schwächt sich deutlich ab; gleiches gilt auch für die Väter, wobei besonders bedeutsam ist, dass die Scheidung auch aus der Sicht der Kinder die Beziehungen zum Vater fast völlig abbrechen lässt. Die Häufigkeit, selbst wiederum Beziehungsbrüche in eigenen Partnerschaften zu erfahren, ist bei Kindern und jungen Erwachsenen aus Scheidungsfamilien deutlich erhöht und gleichzeitig das Gefühl deutlich geringer ausgeprägt, von anderen unterstützt zu werden. Amato räumt zwar selbst ein, dass sich die nachgewiesenen Korrelationen zwischen .20 bis .30 bewegen und damit allenfalls mittlere Zusammenhänge darstellen. Allerdings zeigen sich diese Korrelationskoeffizienten eben über 20 Jahre der gesamten Untersuchungsdauer in dieser Form, was doch wieder für nachhaltige Effekte spricht, auch und gerade in der Langzeitwirkung.

Aus Amatos Studie wird allerdings deutlich, dass nicht das Zerbrechen der Familie allein diese kritischen Effekte für die Organisation der kindlichen Persönlichkeit erzeugt, sondern dass die dissonante und konfliktreiche Beziehungsqualität der Eltern zueinander auch in Familien, die nicht in Scheidung enden, den entscheidenden Faktor für die kritische kindliche Entwicklung darstellen. Damit wird zunächst eine philosophische Erkenntnis empirisch nachgezeichnet, die Rawls in seiner Theorie der Gerechtigkeit beschrieben hat: Kinder können nur dann Achtung vor anderen entwickeln, wenn sie in ihrer Kindheit und Jugend gelernt haben, sich selbst zu achten. Diese Selbstachtung setzt aber wiederum voraus, dass sie sich ihrer Beziehung zu den Eltern unter allen Umständen sicher sein können und von ihnen um ihrer selbst willen als Person geachtet werden. Auch wenn Kinder Fehler machen, müssen sie das Gefühl haben, dass es jemanden gibt, der sie unabhängig von ihren Irrtümern und Fehlern weiterhin schützt und liebt. Diese Sicherheit der Beziehungen, so ließe sich Rawls in diesem Kontext interpretieren, hängt auch davon ab, inwieweit das Kind in seinem familiären Umfeld erlebt, dass die Menschen, auf die es sich stützt und die für die eigene Entwicklung der Selbstachtung von zentraler Bedeutung sind, sich auch wechselseitig stützen und schützen. Wenn dies zwischen den Eltern nicht mehr möglich ist, scheint das erhebliche kritische Konsequenzen für die Entwicklung der Selbstachtung der Kinder zu haben. Die elterliche Beziehung ist in diesem Sinne eine wichtige Ressource für die kindliche Entwicklung. Hetherington (2007) zeigt zudem, dass es auch bei einer Wiederverheiratung für Kinder zunächst schwierig ist, zum neuen Partner der Mutter oder des Vaters feste und stabile Beziehungen aufzubauen; das scheint in biologischen Familien einfacher zu sein. Nach ihren eigenen Studien zeigt sie aber auch, dass in länger bestehenden Stieffamilien und wenn auch nur eine Scheidung erlebt wurde, 75 Prozent der Jugendlichen ihre Beziehung zum Stiefvater oder zur Stiefmutter als eng oder sehr eng beschreiben.

Bei all diesen Forschungsergebnissen ist natürlich nicht zu übersehen, dass familiäre Lebensformen selbst einem Wandel unterliegen und möglicherweise manche der gemessenen Effekte auch nur in bestimmten Alterskohorten auftreten, weil auch der veränderte Umgang der Gesellschaft mit bestimmten Lebensformen in der Selbsteinschätzung dieser Lebensformen zu veränderten Effekten führen kann. So interpretiert beispielsweise Jenkins in seiner Analyse des sozioökonomischen Panels die negativen Bildungskonsequenzen, die sich dort bei Kindern von Alleinerziehenden ergeben, als Effekt vor allem der Tatsache, dass die Beziehungen zu den Vätern, die vermutlich eben doch als Vorbilder und Anreger von Bedeutung sein können, fehlen. Es ist nicht auszuschließen, dass bei einer längeren Verbreitung des 1998 neu eingeführten gemeinsamen Sorgerechtes von Vätern und Müttern für ihre Kinder nach der Trennung solche Effekte zunehmend verschwinden. Ebenso wenig ist auszuschließen, dass zukünftige Eltern eher als die gegenwärtige Generation oder gar frühere Generationen lernen, bei nicht lösbaren Konflikten in der Partnerschaft so auseinanderzugehen, dass die negativen Beziehungskonsequenzen, die Jenkins als einen Hauptfaktor für die kindlichen Entwicklungsprobleme ansieht, geringer werden. Jedenfalls zeigen die Meta-Analysen von Amato in verschiedenen Alterskohorten durchaus Variationen in der Stärke der von ihm gemessenen Effekte (Schlemmer, 2007).

8.4. Familie, Ökonomie und Lebenslage

Deutlicher als bei der Diskussion um die innerfamiliale Beziehungen, etwa als Konsequenz von innerfamiliären Konflikten, ist auch für Außenstehende erkennbar, dass das ökonomische Potenzial der Eltern für ihre Kinder für lange Zeit die einzige Basis ist, an der soziokulturellen Entwicklung der Gesellschaft teilzuhaben. Insofern verwundert es nicht, dass viele Diskussionen zur Bedeutung von Familienformen für die kindliche Entwicklung vor allem ökonomische Faktoren in den Vordergrund stellen. Das galt und gilt auch für die ökonomischen Folgen von Scheidung, die häufig als Begründung für die ökonomisch prekäre Situation der alleinerziehenden Mütter herangezogen wurden, obwohl die Scheidungsforschung inzwischen von solch einfachen Kausalzuschreibungen zu komplexen multifaktoriellen Modellen gelangt ist und, wie im vorhergehenden Kapitel beschrieben, die Beziehungsqualität der Eltern zueinander viel deutlicher als wichtige Ressourcen für die kindliche Entwicklung thematisiert, als in vielen öffentlichen Diskussionen üblich.

Abbildung 37: Einkommenssituationen und Wohlstandspositionen von Kindern in Deutschland 2003 und 2006

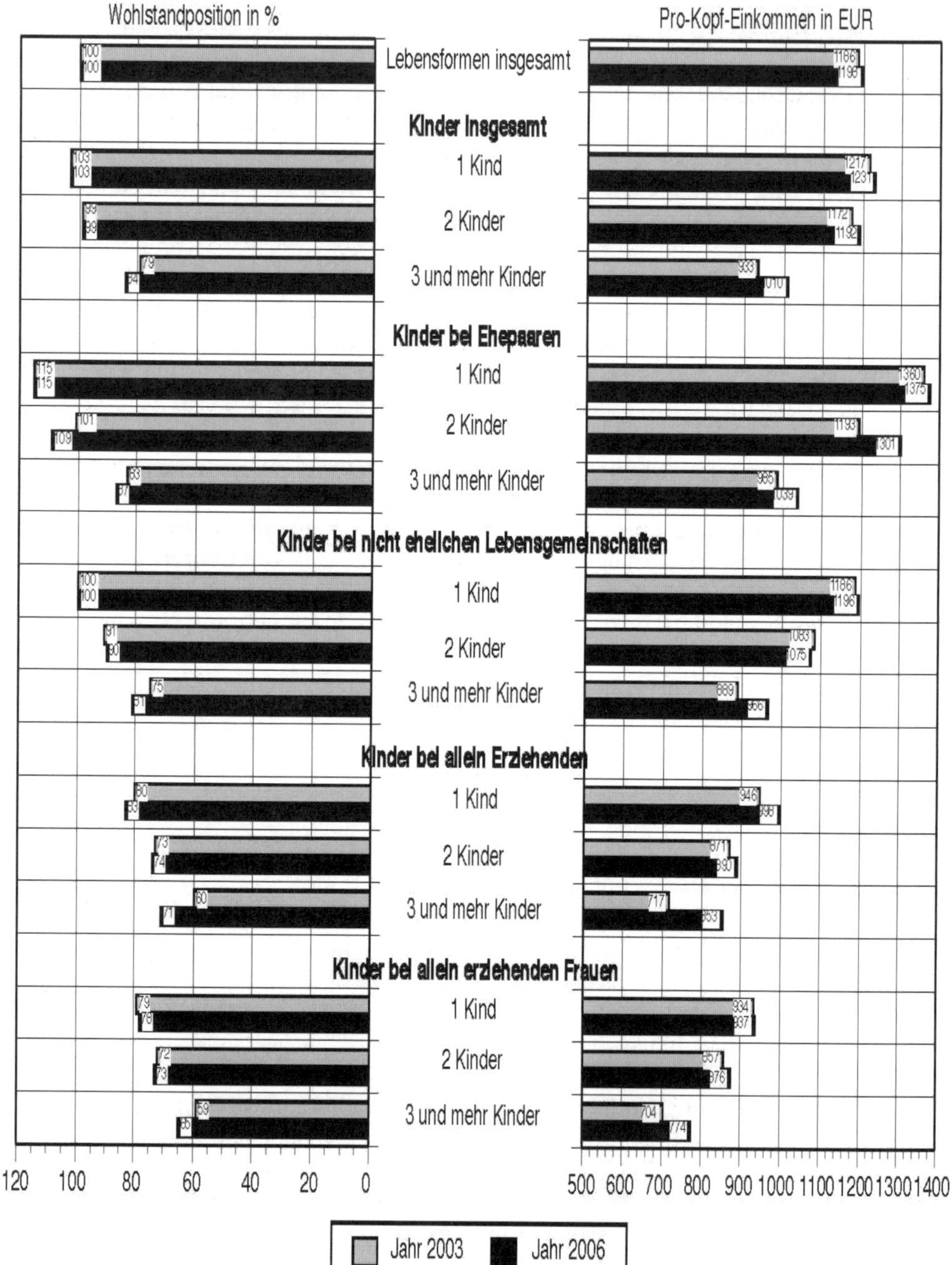

Quelle: Berechnungen auf der Basis des Mikrozensus 2003 und 2006, Eggen 2009

Jedoch sollte die Bedeutung der ökonomischen Basis einer Familie für die kindliche Entwicklung keinesfalls unterschätzt werden. Nach den Daten des jüngst vorgestellten Familienreports sind drei Familienformen zu identifizieren, deren ökonomische Basis in unserer Gesellschaft besonders prekär ist (Familienreport, 2009). Das sind zunächst die Familien mit einem Elternteil, zumeist der Mutter (rund 85 Prozent der Alleinerziehenden), die nicht nur die ökonomische Basis der Familie sichern muss, sondern auch alle anderen Leistungen der Fürsorge für ihre Kinder allein erbringt. Zum zweiten sind es Familien, bei denen beide Elternteile keine Chancen auf dem Arbeitsmarkt haben, und zum dritten Familien mit mehr als drei Kindern.

Unter einer Entwicklungsperspektive ist die ökonomische Benachteiligung dieser Familienformen relativ leicht zu erklären, denn in einer Gesellschaft, in der zwei Einkommen erforderlich sind, um einen Haushalt mit Kindern ökonomisch einigermaßen in der Mitte der Gesellschaft zu halten, zählen alle Familien mit nur einem Einkommen oder solche ohne eigenes Einkommen zu den Haushalten mit einem besonderen ökonomischen Risiko.

Wenn im Verlauf der gesellschaftlichen Entwicklung eine dieser Lebensformen in ihrer Zahl besonders ansteigt, wie die Zahl der alleinerziehenden Mütter in den letzten 15 Jahren, dann steigt notwendigerweise auch die Zahl der Kinder, die von relativer Armut betroffen sind. Dieses Phänomen erleben wir nicht allein in Deutschland, sondern es gilt für alle europäischen Länder in gleicher Weise (Bradshaw, 2005).

Alle europäischen Länder, sowohl die häufig als vorbildlich dargestellten skandinavischen Länder oder Deutschland oder die südeuropäischen Länder, weisen bei den Haushalten alleinerziehender Mütter einen Anteil von relativer Armut zwischen 30 und 35 Prozent aus. Lediglich der unterschiedliche Einsatz von staatlichen Transfers lässt die relativen Armutsquoten variieren. In Deutschland als einem Wohlfahrtsstaat mit preußisch-protestantischer, obrigkeitsstaatlicher Prägung geht man bis heute auch bei der Hartz IV-Gesetzgebung von der Vorstellung aus, den Menschen, die ein zu geringes Einkommen erzielen, eine Aufstockung zu geben, um über die Armutsgrenze zu kommen. Demgegenüber geht der schwedische Wohlfahrtsstaat, der stärker auf Geschlechtergleichheit setzt, davon aus, dass das Einkommen, das der Einzelne erzielt, zum Lebensunterhalt ausreichen sollte. Da dies bei Müttern mit kleinen Kindern häufig schon deswegen nicht gelingt, weil sie eine reduzierte Arbeitszeit anstreben (vgl. Kapitel 8.2), entlastet der schwedische Staat geringe Einkommen bei reduzierter Arbeitszeit von den Sozialabgaben, zahlt seit langem ein einkommensabhängiges Elterngeld und rechnet die Erziehungszeiten einschließlich der Teilzeitphasen voll auf die Rente an. Durch diese andere Struktur verbleibt in diesem System mehr Einkommen im Haushalt als in Deutschland; hier werden solche Entlastungen nur für die so genannten „Mini-Jobs" gegeben, mit der Konsequenz, dass gerade Alleinerziehende oft solche Tätigkeiten ausüben mit den oben beschriebenen kritischen ökonomischen Konsequenzen. Auch ohne hier die verschiedenen europäischen Philosophien zur Einkommenssicherung darstellen zu können, ist festzuhalten, dass europaweit ein Haushalt mit einem Einkommen, wenn neben der Einkommensgewinnung auch noch Fürsorge für Kinder zu leisten ist, ökonomisch in erhebliche Schwierigkeiten kommt. Das gilt gerade für Haushalte nach der Trennung oder Scheidung, da hier die Skalenvorteile des gemeinsamen Wirtschaftens verloren gehen.

Diese Zusammenhänge lassen sich an Hand der Berechnung der OECD zur relativen Armut verdeutlichen (Rainwater, 2005). Beim Vergleich von Einkommen in einer Gesellschaft ist es sinnvoll, nicht die individuellen Einkommen zu heranzuziehen, sondern die Pro-Kopf-Einkommen, die angeben, viele Personen in einem Haushalt vom Haushaltseinkommen leben. Die OECD nimmt nun eine Gewichtung vor, und das lässt sich gut begründen (Rainwater & Smeeding, 2003): Eine Person, die allein lebt, wird mit 1 gewichtet, weil sämtliches Einkommen dieses Haushaltes nur für diese eine Person verwendet wird. Lebt sie mit einer anderen Person zusammen, so wird diese zweite Person mit 0,5 gewichtet, weil die Kosten für Miete, Essen, die Investitionen in den Haushalt, den Energieverbrauch und andere Haushaltskosten schon bei zwei zusammen lebenden Personen zu einem Kostenvorteil von etwa 50 Prozent gegenüber einem Ein-Personenhaushalt führt. Leben in einem Haushalt Kinder unter 15 Jahren, so wird pro Kind eine Gewichtung von 0,3 vorgenommen, so dass bei einem Drei-Personenhaushalt mit einem Kind das Einkommen des Gesamthaushalts nicht mit 3, sondern nur mit 1,8 gewichtet wird (1 + 0,5 + 0,3). Bei Kindern über 15 Jahren wird mit 0,5 gewichtet, weil nun Kleidung, Essen, Kommunikation und anderes weitgehend dem Verhalten von Erwachsenen entsprechen. Auch wenn sich darüber streiten lässt, ob diese Gewichtung im Einzelfall richtig ist, so hat sie den Vorteil, die unterschiedlichen Lebensformen in einer Gesellschaft hinsichtlich ihrer ökonomischen Leistungsfähigkeit miteinander vergleichbar zu machen. Da diese Skala auch international akzeptiert ist, sind damit auch internationale Vergleiche möglich. Die relative Armut wird von der OECD so berechnet, dass als relativ arm derjenige gilt, der 50 Prozent des Median-Einkommens aller Haushalte erzielt. Das Median-Einkommen wird deswegen gewählt, weil die Einkommensverteilung in einer Gesellschaft keiner symmetrischen Normalverteilung entspricht, so dass der Mittelwert in einer Gesellschaft mit wenigen sehr Reichen kaum mit dem Mittelwert vergleichbar ist von einer Gesellschaft, in der das Einkommen egalitärer verteilt ist. Der Median ist gegen solche Verteilungsvariationen invariant.

Vergleicht man vor dem Hintergrund dieser Erklärungen das Pro-Kopf-Einkommen von Familien in Deutschland (Abb. 37), so variiert dieses Einkommen nicht nur zwischen den familiäreren Lebensformen, sondern auch regional. Berechnet man nämlich das durchschnittliche Pro-Kopf-Einkommen mit dem Bundesdurchschnitt als Bezugsgröße und vergleicht die relativen Armutsquoten (50 Prozent des Median-Pro-Kopf-Einkommens in Deutschland) in den einzelnen Bundesländern, so zeigen sich die relativen Armutsquoten von Kindern in den neuen Bundesländern als besonders hoch. Das spiegelt die Tatsache, dass die Einkommen in Ost- und Westdeutschland auch heute noch deutlich variieren. Berechnet man die Einkommen aber bezogen auf den jeweiligen Landesdurchschnitt, so ergeben sich sehr hoch ausgeprägte relative Armutsquoten besonders in den Stadtstaaten. Die Betrachtung über ganz Deutschland verdeckt, dass in Mecklenburg-Vorpommern, Sachsen, Sachsen-Anhalt und Thüringen etwa die Mietkosten viel günstiger sind als in vielen Teilen Nordrhein-Westfalens oder Bayerns, so dass die regionale Analyse von Armutsquoten besser als die Betrachtungsweise über ganz Deutschland auch die unterschiedlichen ökonomischen Bedingungen der jeweiligen Region berücksichtigen. Denn nicht nur die Mieten variieren in Deutschland, sondern ebenso die Kosten für Nahrungsmittel und andere Güter des täglichen Bedarfs. Das gilt insbesondere für die Stadtstaaten, deren Mieten, Güter des täglichen Bedarfs und auch viele Unterhaltungsangebote in ihren Kosten über denen der ländlichen Regionen liegen.

Abbildung 38: Situation von Niedrigeinkommen für Kinder in Deutschland nach Bundesländern

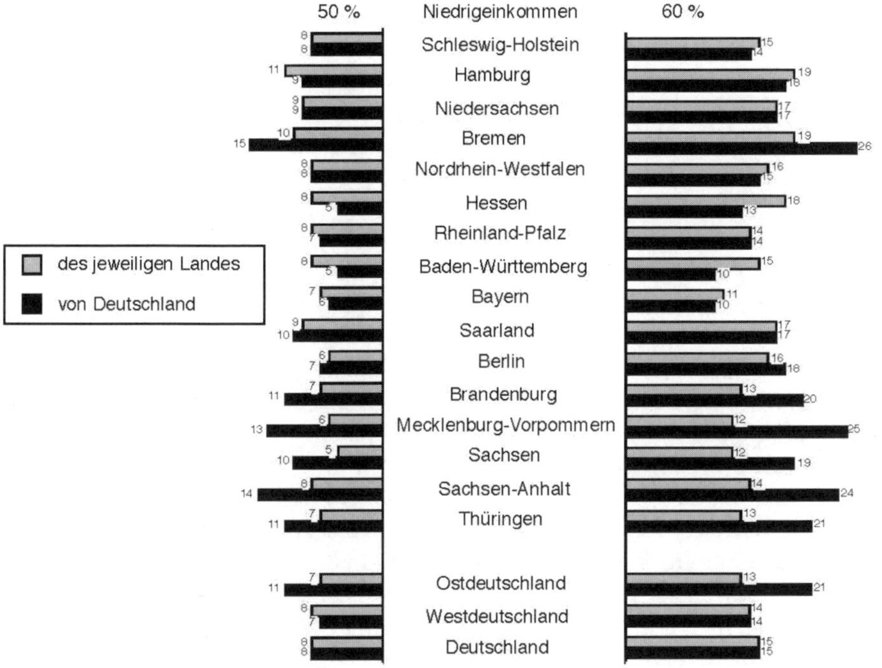

Durchschnittliche Einkommen: Median; Gewichtung der Pro-Kopf-Einkommen nach OECD-Skala: 1. Person = 1, weitere Personen im Alter 15 Jahre und mehr = 0,5, weitere Personen im Alter unter 15 Jahren = 0,3. Angaben in Prozent der ledigen im Haushalt lebenden Kinder in Familien mit niedrigen Einkommen (50 % und 60 %) im Verhältnis zum Durchschnitt Deutschlands und zum Durchschnitt des jeweiligen Bundeslandes;

Quelle: Berechnungen auf der Basis des Mikrozensus 2006, Eggen 2009

Aber auch bei dieser regionalen Betrachtungsweise wird deutlich, dass Kinder bis 18 Jahre einem überdurchschnittlichen Armutrisiko ausgesetzt sind. Diese Armutrisiken lassen sich aber nicht allein auf Arbeitslosigkeit, geringe Qualifikation oder den Migrationshintergrund der Eltern zurückführen, vielmehr spielen die Lebensformen der Eltern für viele Kinder eine ebenso starke Rolle wie die klassischen Faktoren sozialer Ungleichheit (vgl. Abb. 37). Die ökonomischen Ressourcen der Eltern hängen nun nicht allein an den klassischen vertikalen Kriterien sozialer Ungleichheit, sondern an ihrer Entscheidung für bestimmte Lebensformen. Wenn sie sich, aus welchen Gründen auch immer, für die Lebensform des Alleinerziehens entscheiden, zahlen sie dafür in unserer Gesellschaft einen hohen ökonomischen Preis. Das Gleiche gilt für Familien mit mehreren Kindern: Wenn sich Eltern für ein drittes Kind entscheiden, müssen sie akzeptieren, dass das Risiko für relative Armut unverhältnismäßig viel höher ist als bei einem oder zwei Kindern. Das hängt damit zusammen, dass bei einem oder zwei Kindern die meisten Mütter zumindest in Teilzeit erwerbstätig sind und der Familie damit zwei Einkommen zur Verfügung stehen, während Mütter beim dritten oder vierten Kind vergleichsweise oft ganz aus dem Erwerbsleben ausscheiden.

Über die langfristige Auswirkung von ökonomischer Deprivation wissen wir bisher recht wenig, weil auch hier gilt, was schon für die Scheidungsfolgen formuliert wurde: Die tatsächlichen Effekte solcher Erfahrungen lassen sich erst dann feststellen, wenn die Kinder, die in solchen Lebenssituationen aufgewachsen sind, einen Teil ihres Lebens als Erwachsene gemeistert haben. Die Längsschnittstudie von Glen Elder über die Konsequenzen von ökonomischer Deprivation bei Kindern aus der Weltwirtschaftskrise von 1929 zeigt, dass es keine linearen Effekte gibt. Kinder mit großer ökonomischer Benachteiligung in der Kindheit, die als junge Männer nach dem Koreakrieg in den USA die Chance bekamen, auf Kosten der Armee („GI Bill") zu studieren, unabhängig von der Qualität ihres Schulabschlusses, zeigten in der Mitte des Lebens keinerlei Unterschiede beim Berufs- und Lebenserfolg im Vergleich zu anderen, die als Kinder nicht unter deprivierten Bedingungen aufgewachsen sind. Auf der Basis ihrer Analyse der vorliegenden Forschungsliteratur halten Rainwater und Smeeding es für sinnvoll, nicht nur die relativen Armutsquoten als solches zu vergleichen, sondern stattdessen auch zu berücksichtigen, wie lange und wie häufig Kinder solchen Lebensbedingungen ausgesetzt sind. Sie weisen zu Recht darauf hin, dass es im familiären Lebensverlauf, sei es durch kurzfristige Arbeitslosigkeit eines der beiden Eltern, sei es durch die Vergrößerung der Familie oder durch andere Faktoren, immer wieder vorkommen kann, dass Familien mit Kindern unter das relative Armutsniveau sinken. Für die meisten Kinder geschieht das aber für ein bis zwei Jahre, und das ist möglicherweise weder für die kindliche Entwicklung von Nachteil noch sozialpolitisch von besonderer Bedeutung. Besonders relevant für diese Diskussion sind vor allem die Kinder und Jugendlichen in den Familien, die entweder auf Dauer in relativer Armut leben oder immer wieder in diese zurückkehren.

In Deutschland ist bisher nur das Sozioökonomische Panel für solche Analysen auch im Zeitverlauf geeignet (Fertig, 2006), so dass die aktuelle Debatte um relative Kinderarmut nicht über die erforderlichen Daten verfügt, um konkrete und präzise Konzepte für finanzielle Unterstützungen zu leisten. Zudem hat die OECD-Skala den Nachteil, dass sie allein die Einkommensverteilung einer Gesellschaft zum Maßstab der Berechnung von relativer Armut nimmt. Wichtiger als die Einkommensverteilung als solches sind aber die Konsumausgaben für einen Haushalt, wenn darin Kinder aufwachsen. Denn wenn in einer Gesellschaft insgesamt Einkommenszuwächse zu verzeichnen sind, gleichzeitig aber eine niedrige Inflation besteht, so kann die relative Kinderarmut steigen, obwohl es den einzelnen Haushalten mit Kindern inzwischen besser geht und sie über eine größere Kaufkraft verfügen als zu einem Zeitpunkt, zu dem die Einkommen niedriger waren. Daher ist es sinnvoll, dass Untersuchungen wie PISA in ihren internationalen Vergleichen zusätzlich die Ausstattung der Haushalte mit Bildungsgütern erfassen, die für die kindliche Bildung wichtig sind, um dieses Problem zumindest in Bezug auf Bildung zu minimieren.

Wenn die ökonomische Position der Eltern die wichtigste Ressource für Kinder darstellt, um an der soziokulturellen Entwicklung der Gesellschaft teilzunehmen, so bleibt festzuhalten, dass bestimmte Lebensformen in der Gesellschaft wie die Alleinerziehenden oder die Mehr-Kinder-Familien zu einem relativ hohen Anteil nicht in der Lage sind, die Einkommen am Arbeitsmarkt zu erzielen, die notwendig sind, um die Familie oberhalb der relativen Armutsgrenze zu positionieren. Diese Haushalte sind darauf angewiesen, mit Hilfe staatlicher Transferleistungen ebenso wie andere Familien über ein entsprechendes soziokulturelles Existenzminimum verfügen zu können. Dabei kommt es entscheidend auf die Ausgestaltung dieser staatlichen Transferleistungen an, um zu gewährleisten, dass die ökonomischen Ressourcen für die Kinder ihre Wirkung auch optimal entfalten können. Denn Kinder lernen im Familienhaushalt auch, mit Geld umzugehen und später ökonomisch auf eigenen Füßen zu stehen.

In Deutschland sind Transferleistungen gegenwärtig immer noch vom Gedanken der Sozialfürsorge geprägt; sie vermitteln den Kindern die Einschätzung, dass ihre Eltern selbst nicht in der Lage sind, ihnen die notwendige ökonomische Unterstützung zu geben. Wenn Transferleistungen so konzipiert sind, dass die Eltern ökonomisch auf eigenen Füßen stehen und nicht als spezifische Gruppe etikettiert werden, sind sie sicherlich hilfreicher, weil Kinder dann das Gefühl haben, dass dies eine Leistung ihrer Eltern ist. In diesem wichtigen Gedanken kommt noch einmal aus anderer Perspektive zum Ausdruck, dass die Ressourcen, die Eltern ihren Kindern zur Verfügung stellen, vor allem dann besonders wirksam sind, wenn diese Ressourcen für die Eltern wie für die Kinder eine positive Bedeutung haben.

Fragen zum Text

1. Erläutern und diskutieren Sie das Modell der „Defizithypothese"!
2. Beschreiben sie das Modell der Sprachcodes (Basil Bernstein) und diskutieren Sie es kritisch!
3. Erläutern Sie das Modell der Erziehungsstile und kritisieren Sie es theoretisch und empirisch!
4. Erläutern Sie das Konzept von Resilienz im Kontext von Familie!
5. Erläutern und diskutieren Sie das Konzept des kindlichen Wohlbefindens, auch in Abgrenzung zur Reduktion auf Intelligenz!
6. Diskutieren Sie die Relevanz der Perspektive vom Wohlbefinden von Vätern und Müttern!
7. Erläutern Sie das *Care*-Modell „warm-traditionell" (Arlie Hochschild) und begründen Sie die Notwendigkeit von „warm-modernen" *Care*-Lösungen!

8. Beschreiben Sie die Sozialisationserfahrung durch Trennung/Scheidung für Kinder in den kurz- und langfristigen Konsequenzen!

9. Beschreiben und diskutieren Sie die ökonomische Lage von Kindern in Deutschland, gerade unter der Perspektive der Familienformen und der regionalen Verteilung!

- relative Armut, Berechnung v. Armut (OECD)
- Benennung prekärer Familienformen
- Äquivalenzeinkommen
- Dimensionen der UNICEF-Studie
  plus Lebenslagen- und Ressourcen-
  ansatz

9. Familienpolitik: Zukunft von Kindern und Zukunft von Eltern

Familienpolitik wurde in Deutschland lange Zeit als eine wesentliche Komponente von Sozialpolitik begriffen, durch die die Nachteile und zusätzlichen ökonomischen Aufwendungen, die durch Kinder entstehen, ausgeglichen werden sollten, und daher mit dem Begriff des „Familienlastenausgleichs" belegt (Kaufmann, 1995). Denn wenn die durchschnittlichen Aufwendungen von Eltern für ihre Kinder pro Kopf etwa 550 € pro Monat betragen (Statistisches Bundesamt, 2008), dann übernehmen Eltern für ihre Kinder ökonomische Leistungen, die im Falle von Erwachsenen, die über kein Einkommen verfügen, durch den Staat erbracht werden. Das Kindergeld, die Steuerfreibeträge, die Eltern mit höherem Einkommen steuerlich berücksichtigen können, wie auch das Ehegattensplitting sind von dem Grundgedanken getragen, dass Familien und Ehepaaren gegenüber denjenigen, die solche Leistungen für die Gesellschaft nicht erbringen, keine Nachteile entstehen. Die ökonomischen Transferleistungen für Familien, die sich im wesentlichen in diesem Zwischenbereich zwischen Sozialpolitik (Lastenausgleich) und Steuerpolitik (Nachteilsausgleich; Gerechtigkeit) entwickelt haben, wurden lange Zeit vor allem unter der Perspektive der horizontalen Gerechtigkeit diskutiert: Familien mit Kindern sollten gegenüber denjenigen, die keine Kinder haben, in Bezug auf ihre ökonomische Leistungsfähigkeit nicht benachteiligt werden, weil sie zusätzliche Kosten für ihre Kinder erbringen.

Diese enge Bindung von ökonomischen Transferleistungen für Familien auch an das Steuerrecht ist aber auch darin begründet, dass viele dieser Leistungen und die Weiterentwicklung dieser Leistungen auch das Ergebnis der Rechtsprechung des Bundesverfassungsgerichts sind. Dieses hat beispielsweise darauf hingewiesen, dass Kinder genauso wie Erwachsene einen Anspruch auf ein kindgemäßes Existenzminimum haben, das es ihnen ermöglicht, nicht nur gesund in der Gesellschaft aufzuwachsen, sondern auch sicherstellt, dass die individuellen Bildungsmöglichkeiten und Entwicklungsmöglichkeiten eines Kindes mit dem der Familie zur Verfügung stehenden Einkommen auch gedeckt werden können. Aufgrund dieser Vorgaben gibt es einen Existenzminimumsbericht, der auf der Basis der Einkommens- und Verbrauchsstichprobe von der Regierung erstellt werden muss und die Basis dafür bildet, das Existenzminimum von Kindern zu berechnen.

9.1. Vom Familienlastenausgleich zum Familienleistungsausgleich

Diese eng aus dem Steuerrecht abzuleitende Begründung für die ökonomischen Transferleistungen für Familien ist durch den Fünften Familienbericht aufgebrochen und theoretisch auf eine neue Basis gestellt worden (Fünfter Familienbericht, 1994). Die Expertenkommission des Fünften Familienberichts macht deutlich, dass die Unterstützung von Familien mit Kindern sich nicht allein daraus begründet, dass Familien für ihre Kinder zusätzliche ökonomische Leistungen erbringen, sondern dass in einer modernen Gesellschaft ohne die Familien und ihre Kinder die Entwicklung des Humankapitals der Gesellschaft als Ganzes ernsthaft gefährdet ist.

Der Fünfte Familienbericht versucht eine positive Definition der Leistungen vorzunehmen, die eine Familie für die Gesellschaft erbringt. Dabei sieht dieser Bericht die zentrale Leistung der Familie darin, dass durch die familiäre Fürsorge für Kinder und die dadurch geleistete Ermöglichung der kindlichen Entwicklung die Grundvoraussetzungen dafür geschaffen werden, dass die Kinder ihrerseits entsprechend ihrer sozialen und kognitiven Fähigkeiten jene Kompetenzen entwickeln, die für die weitere Entwicklung des Humankapitals der modernen Gesellschaft unerlässlich sind. Konsequenterweise führte dieser Familienbericht daher auch den Begriff des Humanvermögens in die Diskussion ein, um deutlich zu machen, dass die Liebe und Fürsorge, die Eltern in ihre Kinder investieren, genau die Basis bilden, auf die dann die Bildung und Erziehung in Krippe, Kindergarten und Schule jenes Humankapital aufbaut, das gesellschaftlich genutzt werden kann.

Man mag diese ökonomische Betrachtungsweise der Leistungen von Familien für die Gesellschaft kritisieren. Jedoch macht der Grundgedanke, dass die Eltern durch die Entwicklungschancen, die sie ihren Kindern einräumen, die Basis des Humanvermögens der modernen Gesellschaft schaffen, nachhaltig deutlich, dass es bei den Unterstützungsleistungen für Familien nicht um einen Nachteilsausgleich oder Lastenausgleich für Familien geht, sondern vielmehr darum, die Eltern in ihren Leistungen für die kindliche Entwicklung zu unterstützen. Daher hat sich seitdem auch der Begriff des Leistungsausgleichs als Begründung für die staatlichen Transferleistungen für Familien durchgesetzt.

Aus dieser Perspektive ergeben sich zwei entscheidende Begründungen für jede Form von Familienpolitik. Wie auch immer eine Familienpolitik im Einzelnen gestaltet wird, ist die Entwicklung des Humankapitals der Gesellschaft auf der Basis des Humanvermögens, das in der Familie gebildet wird, immer nur dann möglich, wenn die staatlichen Institutionen auf allen Ebenen des Gemeinwesens und die Familien hinsichtlich der Entwicklungschancen ihrer Kinder kooperieren. In diesem Kontext gibt es keinen Gegensatz zwischen staatlicher Förderung von Kindern und familiärer Förderung von Kindern, sondern nur die Vorstellung von Kooperation zwischen beiden Institutionen im Interesse des Kindes.

Aus dieser Sicht ist es daher gut nachzuvollziehen, dass eine Familienpolitik, die das Kindeswohl als ein wesentliches Element der Begründung ihrer eigenen Politik begreift, sich sehr gut in das sozial-ökologische Modell von Urie Bronfenbrenner einfügen lässt, wenn dieses sozial-ökologische Modell das Kindeswohl, wie es hier entwickelt wurde, sehr konkret ausformuliert mit den sechs Dimensionen der kindlichen Gesundheit, der Bildungschancen, der ökonomischen Armutsvermeidung, der persönlichen Sicherheit, der Interaktion und Kommunikation mit Eltern und Freunden sowie dem subjektiven Wohlbefinden. Diese sechs Dimensionen machen deutlich, dass weder staatliche Institutionen auf der einen noch die Eltern auf der anderen Seite alle diese sechs Bedingungen jeweils allein garantieren können. Familienpolitik in diesem Sinne muss immer auf eine enge Kooperation zwischen Staat und Eltern setzen.

Damit haben die Autoren des Fünften Familienberichts nicht nur auf die notwendige Kooperation von Familie und Gesellschaft zu Gunsten der Entwicklungschancen von Kindern hingewiesen, sondern auch demonstrativ herausgestellt, dass Familienpolitik keine Sozialpolitik ist, sondern eine Politik zur Sicherung der Zukunft der Gesellschaft. Das ist ein wichtiger neuer Grundgedanke, weil beispielsweise das Grundgesetz und viele andere theoretische Vorstellungen bisher davon ausgegangen sind, dass lediglich die Investitionen in Straßen, Schulgebäude oder auch Verteidigungsanlagen Investitionen in die Zukunft der Gesellschaft sind. Diese Sichtweise aus dem Fünften Familienbericht zeigt demgegenüber deutlich, dass die Zukunft des Humankapitals der Gesellschaft auch davon abhängt, dass die einzelnen Familien in der Lage sind, die Entwicklungschancen ihrer Kinder so zu fördern, dass sich hier entsprechende Zukunftsperspektiven für ihre Kinder und entsprechend auch für die Gesellschaft abzeichnen.

Aus dieser Perspektive wird aber auch deutlich, dass sich eine Familienpolitik in ihrer Konzeption zentral auf jene Kinder richtet, die gegenwärtig in der Gesellschaft leben, und damit ist Familienpolitik ihrer Definition nach keine Bevölkerungspolitik. Eine Familienpolitik, die das Humanvermögen der Gesellschaft stärken will, konzentriert sich vor allem darauf, die Lebenschancen der lebenden Kinder nachdrücklich zu unterstützen, und ist weniger daran orientiert, wie viele Kinder eigentlich geboren werden.

9.2. Familienpolitik und *Care*

Der Siebte Familienbericht hat, aufbauend auf den Überlegungen des Fünften Familienberichts, diese Überlegungen weiter geführt und darüber hinausgehend herausgestellt, dass nicht nur die Bildung des Humanvermögens eine wesentliche Leistung der Familien für die Gesellschaft ist, sondern dass in modernen Gesellschaften *Care* eine Leistung ist, die im wesentlichen familiär erbracht wird.

Der Begriff „Care" enthält zunächst die deutsche Denkfigur „Fürsorge für andere" (vgl. Kap. 7.7), zugleich betont er aber auch jene subjektive und personale Beziehung zum anderen, die *Care* zu einer sehr personalen Leistung innerhalb des familiären Beziehungsgefüges macht. Denn im lateinischen Kern dieses Begriffs sind, neben dem Aspekt des Sich-um-andere-Kümmern, gleichermaßen Perspektiven von Liebe und Wertschätzung enthalten. Eltern, die sich um ihre Kinder kümmern und sich um sie sorgen, erwarten nicht, dass ihre Kinder ihnen später die Alterssicherung finanzieren oder andere Leistungen erbringen, sondern *Care* ist die subjektive Bereitschaft, für jemanden, den man liebt, Verantwortung zu übernehmen, selbst wenn keine Gegenleistung zu erwarten ist. Das ist genau jene Hingabe oder die Bereitschaft zur Hingabe, die schon Hannah Arendt als ein wesentliches Element von Liebe bezeichnet hat.

In einer Gesellschaft, in der der Anteil derjenigen, die ein sehr hohes Alter erreichen, immer größer wird, wird die Nachfrage nach dieser Form von Beziehungen eher zu- als abnehmen. Denn die liebevolle Zuwendung zu einem Menschen auf der Basis persönlichen Vertrauens ist ein strukturelles Element familiärer Beziehungen. Ohne die Familie für diese Leistungen zu idealisieren, drückt sich darin maßgeblich aus, dass die Bildung von Humanvermögen in der modernen Gesellschaft eben auch davon abhängig ist, dass jedes einzelne Kind zumindest einen Menschen in seiner Umgebung hat, der, wie Bronfenbrenner es formuliert, „crazy" für dieses Kind ist (Bronfenbrenner, 1993). Diese Perspektive lässt sich auch philosophisch mit John Rawls begründen (Rawls, 1982), der klar formuliert, dass die Fähigkeit zur Achtung, die ein Mensch für andere empfinden kann, vor allem davon abhängt, dass der Einzelne subjektiv für sich selbst Achtung vor sich selbst entwickelt hat; das wurde schon in Kapitel 7.6 ausgeführt.

Sowohl unter der sozial-ökologischen Perspektive wie auch der philosophischen Perspektive konnte in vielfältiger Weise auch in den Längsschnittuntersuchungen zur Entwicklung der kindlichen Bindungen (Grossmann & Grossmann, 2006; Amato, 2007) gezeigt werden, dass das Wohlbefinden von Kindern nicht unbedingt davon abhängt, ob dieses Kind in seinen ersten Lebensjahren im Wesentlichen nur mit den eigenen Eltern zusammen ist, sondern dass das kindliche Wohlbefinden davon bestimmt wird, dass es dann, wenn es in unterschiedlichen Kontexten agiert, zumindest in seiner primären Umwelt eine solche stabile, unerschütterliche Beziehungsbasis vorfindet und erleben kann.

Care ist lange Zeit nur in Bezug auf die Beziehungen zwischen kleinen Kindern und ihren Eltern thematisiert worden. Dabei müssen wir heute auf Grund der längeren Lebenserwartung davon ausgehen, dass diese Leistungen Teil des gesamten Lebensverlaufs darstellen und auch die Perspektive von *Care* für die alt gewordenen Eltern einschließen muss, so dass über den gesamten Lebensverlauf die Möglichkeit geschaffen werden muss, diese Leistungen auch zu erbringen.

9.3. *Care* und Gleichberechtigung

Die starke Betonung von *Care* im Siebten Familienbericht führt konsequenterweise zu einer Auseinandersetzung mit dem Geschlechterverhältnis in Deutschland. Denn wenn *Care* im Lebensverlauf eine Leistung ist, die in den Beziehungsnetzen innerhalb von Familien zu erbringen ist, dann stellt sich die Frage, ob die traditionelle familiäre Arbeitsteilung, wie sie sich in Deutschland am industriegesellschaftlichen Modell der familiären Arbeitsorganisation mit dem Vater als Hauptenährer und der Mutter und Hausfrau orientiert hat, überhaupt in der Lage ist, diese familiäre Leistung auf Dauer zu gewährleisten. Der Siebte Familienbericht hat hier sehr klar Position bezogen und deutlich betont, dass die Fürsorge für andere, die traditioneller Weise als weiblich interpretiert und nahezu ausschließlich weiblich organisiert ist, in einer modernen dienstleistungsorientierten Gesellschaft mit einer sehr langen Lebenserwartung von Männern wie von Frauen als ein Teil der Lebensleistung von Männern und Frauen gestaltet sein sollte und damit die Lebensverläufe von Männern und Frauen so zu organisieren sind, dass beide diese Lebensleistungen auch erbringen können.

Die Frage der Gleichberechtigung ergibt sich aber nicht nur aus der Diskussion der Organisation von Fürsorge und der Unterstützung von anderen, sondern auch aus den deutlich gewandelten Lebensverläufen von Männern und Frauen. Die herkömmliche Dreiteilung des Lebensverlaufs ist insbesondere für die Frauen zerbrochen, weil Kindheit und Jugend als Ausbildungszeit, die Erwachsenenzeit als Mutter und die Alterszeit als Großmutter den deutlich verlängerten Lebensverlauf von Frauen, selbst bei drei oder vier Kindern, nicht mehr ausfüllen können. Die „gewonnenen Jahre", die evolutionär etwas völlig Neues sind, machen es auch erforderlich, diese 20 bis 30 Jahren zwischen dem 45. und 75. Lebensjahr auch neu zu gestalten, und setzen als Bedingung voraus, dass in die Bildung und Qualifikation der nachwachsenden Generation so viel investiert wird, dass dieses lange Leben auch in angemessener Weise nach eigenen Vorstellungen vielfältig gestaltet werden kann.

Das führt wiederum dazu, dass die Optionsvielfalt, die sich aus der zusätzlichen Qualifikation und Bildung ergibt, von den inzwischen gleichermaßen hoch qualifizierten jungen Frauen auch in der gleichen Weise genutzt wird wie von den jungen Männern, so dass sich die klassischen Formen familiärer Lebensrollen aus weiblicher Sicht aufgelöst haben. Bei den männlichen Lebensrollen sind die Effekte nicht ganz so evident, weil viele Männer die Vorstellung haben, sie könnten die Dreiteilung ihres Lebenslaufs beibehalten. Diese Annahme ist aber aller Wahrscheinlichkeit nach unplausibel, weil die Dreiteilung des Lebenslaufs nicht nur eine Frage ist, wie das einzelne Subjekt individuell sein Leben gestaltet und selbst gestalten will, sondern auch die Frage, wie die institutionellen Rahmenbedingungen für die einzelnen Lebensläufe auf Dauer beschaffen sind. Anders als in der Industriegesellschaft muss davon ausgegangen werden, dass sich in der modernen Dienstleistungsgesellschaft die Berufsrolle auf Dauer nur durchhalten lässt, und zwar für Männer wie für Frauen, wenn diese Rolle immer wieder unterbrochen werden kann, um beispielsweise neue Dinge zu lernen oder vielleicht auch um andere Dinge zu tun, um sich für weitere berufliche Tätigkeit zu motivieren, oder vielleicht auch, um eine Zeitlang Fürsorge für andere zu erbringen. Auch ohne hier die gesamte Argumentation des Siebten Familienberichts zu dieser Fragestellung zu wiederholen, ist festzuhalten, dass die Ausgestaltung von *Care* im Lebensverlauf eine neue familienpolitische Herausforderung darstellt, weil die klassische Arbeitsteilung zwischen Mann und Frau aus den oben genannten Gründen zerbrochen ist; dagegen sind neue Formen von Fürsorgeerwartungen im höheren Alter entwickelt worden, und auch für die Männerrolle gilt, dass die einseitige Fixierung nur auf einen ausgeübten Beruf nicht ausreicht, um in einem sehr langen Leben die Sinnhaftigkeit des eigenen Lebens und der eigenen Tätigkeit hinreichend zu gestalten.

9.4. Familienpolitik und elterliches Wohlbefinden

Familienpolitik soll dazu beitragen, Eltern darin zu unterstützen, ihre Kinder in ihrer Entwicklung so zu fördern, dass diese Kinder entsprechend ihrer individuellen Möglichkeiten zur Dynamik der gesellschaftlichen Entwicklung beitragen können und gleichzeitig auch die Teilhabe an der gesellschaftlichen Entwicklung haben, die ihrem Potenzial entspricht. Familienpolitik soll aber auch dazu beitragen, dass junge Erwachsene und ältere Erwachsene die Möglichkeit haben, im Laufe ihres Lebens Fürsorge für andere nicht nur als wichtig einzustufen, sondern diese Fürsorge für andere auch zu praktizieren. Das setzt allerdings voraus, dass Familienpolitik explizit eine Gleichstellungspolitik ist, damit die Fürsorge für andere von Männern und Frauen in gleicher Weise geleistet werden kann. Sodann soll Familienpolitik auch dazu beitragen, die Rahmenbedingungen in der Gesellschaft so auszugestalten, dass junge Erwachsene, die sich für Kinder entscheiden, auch die reelle Möglichkeit haben, zu dieser Entscheidung für Kinder zu stehen und auch die entsprechende Zeit haben, sich um diese Kinder, die Partner und ihre Eltern zu kümmern. Damit ist Familienpolitik immer auch eine Lebensverlaufspolitik, weil Kinderwünsche und das Sich-Kümmern um die Kinder, um den Partner oder auch um die Eltern in unterschiedlichen Lebensphasen realisiert werden.

Unter einer solchen Perspektive ist es sinnvoll, die Familienpolitik auch am Wohlbefinden der jungen Erwachsenen wie auch der Eltern zu orientieren, weil auf diese Weise sehr klare und konkrete Perspektiven für das familienpolitische Handeln formuliert werden können. So muss sichergestellt sein, dass Eltern, die sich für Kinder entscheiden, auch all die notwendigen gesundheitlichen Unterstützungsleistungen bekommen, die in dieser Phase erforderlich sind, und dabei geht es neben primär medizinischen Unterstützungsleistungen häufig auch um sozialmedizinische Leistungen. Weiterhin muss die ökonomische Existenz von Familien mit Kindern gesichert werden, soweit und solange die ökonomische Leistungsfähigkeit der Familie eingeschränkt ist. Dazu kommt die physische und psychische Sicherheit für die Kinder und für einen selbst im näheren und weiteren Umfeld der Familie. Und darüber hinaus ist es für das Wohlbefinden der Eltern zweifellos von enormer Bedeutung, dass sie, wenn sie sich für eine bestimmte Zeit in ihrem Leben für *Care* entscheiden, nicht gegenüber Menschen, die solche Entscheidung anders für sich getroffen haben, benachteiligt werden, weil sie in dieser Zeit möglicherweise nicht weitere Bildungspatente erwerben oder nicht bestimmten beruflichen Karrierewegen folgen könnten.

Aber auch die Teilhabe von jungen Eltern an Nachbarschaft und Gemeinde setzen heute vermutlich andere Strukturen voraus als in den Fünfziger und Sechziger Jahren, als Familien mit Kindern auch in den Städten eher die Regel als die Ausnahme waren. Für junge Eltern ist es hinsichtlich der gesellschaftlichen Teilhabemöglichkeiten außerordentlich wichtig, subjektiv die Gewissheit zu erfahren, dass ihre Lebensentscheidungen in der Gesellschaft nicht nur akzeptiert werden, sondern sie auch konkret erleben, dass die Gesellschaft sie darin unterstützt. Diese Unterstützung ist notwendigerweise nicht immer ökonomisch zu messen, sondern besteht auch ganz elementar in der Akzeptanz und der öffentlichen Darstellung der Leistungen, die junge Familien mit ihren Kindern und auch ältere Kinder, die für ihre alt gewordenen Eltern sorgen, erbringen. Diese Leistungen müssen in der Gesellschaft auch positiv thematisiert werden, statt sie immer nur als einen Verzicht auf anderes und vermeintlich Wichtigeres darzustellen.

9.5. Nachhaltige Familienpolitik als Trias aus Zeit-, Geld- und Infrastrukturpolitik

Nachhaltige Familienpolitik begründet ihren Anspruch auf die Gestaltung der Rahmenbedingungen familiären Lebens mit dem Grundsatz, der nachwachsenden Generation die gleichen Chancen zur Gestaltung der eigenen Lebensvorstellungen und Ziele zu ermöglichen, wie das für die jetzt aktive Generation von Eltern auch möglich war. Dabei brauchen die jungen Erwachsenen die Möglichkeit, aktiv und auf der Basis eigener Entscheidungen an verschiedenen Bereichen des gesellschaftlichen Lebens teilzuhaben und diese Teilhabe auch so gestalten zu können, dass aus der Bereitschaft, für Kinder Verantwortung zu übernehmen und für sie zu sorgen, ebenso wenig Nachteile erwachsen wie aus der Bereitschaft, den eigenen Eltern oder Großeltern Hilfe und Unterstützung zu geben, wenn diese sie benötigen (Siebter Familienbericht, 2006). Nachhaltige Familienpolitik kann sich daher nicht darauf beschränken, nur die finanziellen Nachteile einer solchen Bereitschaft, für andere zu sorgen, auszugleichen. Auch kann sich nachhaltige Politik nicht darauf beschränken, durch den Ausbau von Betreuungsangeboten für Kinder wie auch für die ältere Generation der nachwachsenden Generation eine möglichst uneingeschränkte berufliche Karriere zu ermöglichen. Familienpolitik als nachhaltige Familienpolitik wird daher immer ein „Policy Mix“ sein aus Zeit-, finanzieller Transfer- und Infrastrukturpolitik, mit dem sich die Zeit für Fürsorge, die Zeit für Qualifikation und eigene Entwicklung, die Zeit für berufliches Engagement und die Zeit für bürgerschaftliche Aktivitäten durch das Individuum oder die Familie in eine Balance bringen lassen. Sie kann sich nicht allein auf die Organisation der Alltagszeit konzentrieren, sondern begreift auch die Lebenszeit als ein wesentliches Gestaltungselement von aktiver und nachhaltiger Familienpolitik.

In diesem Sinne ist Familienpolitik keine Bevölkerungspolitik, weil es bei der nachhaltigen Familienpolitik nicht um die Sicherung des Bevölkerungsbestandes der Gesellschaft geht, sondern um die Unterstützung der Entwicklung von humanen und sozialen Ressourcen im privaten Lebensbereich, in der Kommune und auch in der Gesellschaft, weil keine Gesellschaft ohne diese individuelle Bereitschaft, sich für andere zu sorgen, überleben kann. Das soziale Kapital einer Gesellschaft, das mindestens ebenso wichtig ist wie das ökonomische Kapital, hat eben nur dann Bestand, wenn es in den kleinen privaten Netzen der Familien und der familiären Lebensformen, in der Nachbarschaft und in der Gemeinde auch Rahmenbedingungen gibt, die Fürsorge für andere ermöglichen, ohne dadurch die Partizipation an anderen gesellschaftlichen Bereichen, etwa dem Beruf oder der Qualifikation, zu beeinträchtigen.

Unter dieser Perspektive wird auch deutlich, warum eine nachhaltige Familienpolitik, die sich auf die Schaffung von Rahmenbedingungen im Lebensverlauf und im Alltag konzentriert, um *Care* zu ermöglichen, immer auch eine Gleichstellungspolitik ist. In der traditionellen Industriegesellschaft war die Fürsorge für andere geschlechtsspezifisch organisiert und Fürsorglichkeit als Wesenselement von Weiblichkeit und Mütterlichkeit definiert (Hochschild, 1998), mit der Konsequenz, dass die Industriegesellschaften unter einer ökonomischen Perspektive die strukturelle Ungleichheit zwischen den Geschlechtern akzeptierten und verfestigten.

Zusammenfassend sollen nun die einzelnen Dimensionen einer nachhaltigen Familienpolitik im Zusammenhang diskutiert werden. Der Lebensverlauf muss neu organisiert werden, um die Abfolge von Bildung (Jugend), Arbeit (Erwachsenenalter) und Freizeit im Ruhestand (Alter) über das ganze Leben hinweg neu zu gestalten und phasenweise zu parallelisieren. Wir brauchen die Möglichkeit von Wechseln zwischen unterschiedlichen Lebensphasen mit immer wieder möglichen Neu- und Quereinstiegen. Das soll zur Konkretisierung an einem Beispiel verdeutlicht werden. Wer im öffentlichen Dienst einen Beruf ergreift, ob als Erzieherin oder Steuerinspektorin, kann diesen Beruf nach der Ausbildung 40 Jahre ausüben, vielleicht zur Gruppenleiterin aufsteigen mit zwei oder drei höheren Gehaltsstufen, aber mehr lässt sich nicht erreichen. Dieses Muster besteht nicht nur im öffentlichen Dienst, sondern auch bei großen Privatunternehmen. Letztlich definiert der Erstabschluss das ganze (Berufs-)Leben. Als Konsequenz setzen die jungen Leute heute alle Energie an einen möglichst hohen Erstabschluss, was die Ausbildung in Deutschland so lang macht. Die aktuellen Umstrukturierungen im universitären System von den klassischen Diplom- oder Staatsexamens-Abschlüssen zu den Bachelor- und Master-Abschlüssen, wie sie aus dem angelsächsischen Raum bekannt sind, schaffen genau solche Möglichkeiten des flexiblen Berufseinstiegs, um später weitere Phasen des Lernens und Ausdifferenzierens der Berufsperspektive anzuschließen. Das heißt etwa, dass eine Erzieherin nach einigen Berufsjahren eine weitere Qualifizierung absolviert und dann etwa Grundschullehrerin wird.

Familienpolitik ist Lebenslaufspolitik, weil eine ihrer wichtigsten Aufgaben darin besteht, Zeit für Fürsorge, Zeit für Teilhabe in anderen gesellschaftlichen Bereichen außerhalb der Familie und Zeit für die eigene Qualifikation so zu organisieren, dass die Entscheidung, sich um Kinder oder auch um die eigenen Eltern zu kümmern, gesellschaftlich und wirtschaftlich nicht bestraft wird. Familienpolitik ist aber immer auch Zeitpolitik zur Organisation des Alltags, weil durch Familienpolitik die Rahmenbedingungen mit zu gestalten sind, die die Vereinbarkeit von Zeit für Fürsorge, Zeit für den Beruf und Zeit für die Qualifikationen ermöglichen. Das von der EU skizzierte Modell eines Erwerbslebenszyklus ist nur ein erster Schritt in diese Richtung. Nur durch eine angemessene Strategie von Familienpolitik als Zeitpolitik wird die Rush Hour des Lebens zu Gunsten einer sinnvollen Organisation des Lebensverlaufs aufgelöst.

Familienpolitik ist immer auch Infrastrukturpolitik, weil Familien die Sozialisation ihrer Kinder und die Fürsorge für die eigenen Eltern nur dann angemessen erfüllen können, wenn die Nachbarschaft, die Gemeinde und die staatlichen Institutionen sie darin unterstützen. Dabei geht es nicht nur um den Ausbau der Infrastruktur für Kinderbetreuung, sondern auch darum, Unterstützungsoptionen zu schaffen, die auch modernen Familien in den Metropolräumen die Möglichkeit geben, familienangemessen leben zu können. Das bedeutet, dass die Stadtplanung auf die Bedürfnisse von Familien und Kindern Rücksicht nehmen muss, dass Infrastrukturen, wie Mütterzentren oder Mehrgenerationenhäuser, entwickelt werden, um sicherzustellen, dass viele der alltäglichen Unterstützungsleistungen für Familien auch in unmittelbarer Nachbarschaft erbracht werden. Sich allein darauf zu verlassen, dass viele Großeltern in höchstens 25 km Entfernung leben, enthebt eine Gesellschaft, eine Stadt und eine Gemeinde nicht von der Aufgabe, solche Angebote zu schaffen, weil die Inpflichtnahme familiärer Unterstützungsleistungen im Generationenverbund immer verkennt, dass solche Leistungen nur dann erbracht werden, wenn sie freiwillig sind. Daher brauchen sie immer auch eine Unterstützung durch entsprechende professionelle und ehrenamtliche Angebote.

Familienpolitik ist immer auch eine Politik zur Organisation finanzieller Transferleistungen für Familien, weil Familien in bestimmten Lebensphasen zum Teil nicht über die notwendigen ökonomischen Ressourcen verfügen, um die Lebenschancen ihrer Kinder in der Gesellschaft auch ökonomisch zu sichern. Das gilt insbesondere für Familien mit kleinen Kindern, kann aber auch in Phasen notwendig sein, wenn die Fürsorge für die eigenen Eltern zum Teil des eigenen Lebens wird. Neben diesen finanziellen Transferleistungen, die die ökonomische Existenz von Familien in bestimmten Lebensphasen sichern, gilt es aber auch, einen Ausgleich zwischen denen zu schaffen, die sich für Fürsorge engagieren, und jenen, die das nicht tun. Denn hier ist eine horizontale Gerechtigkeit schon deswegen erforderlich, weil sonst die Gefahr besteht, dass diejenigen, die sich nicht für Fürsorge im Lebensverlauf entscheiden, den Eindruck gewinnen, von den anderen umsonst zu profitieren.

Fragen zum Text

1. Beschreiben Sie die Veränderungen in den Lebensverläufen von Männern und Frauen seit 150 Jahren und diskutieren Sie die gesellschaftlichen Konsequenzen!
2. Diskutieren Sie den Zusammenhang von Care und Gleichberechtigung!
3. Inwieweit reguliert der Staat in Deutschland die Lebensverläufe?
4. Erläutern Sie das Modell des Erwerbslebenszyklus und diskutieren Sie seine Optionen für Familienbeziehungen heute!
5. Erläutern Sie die Trias aus Zeitpolitik, Infrastrukturpolitik und (Geld-)Transferpolitik!
6. Erläutern und diskutieren Sie das Modell einer „nachhaltigen Familienpolitik“!

10. Literatur

Aassve, Arnstein, Maria Iacovou, and Letizia Mencarini (2006), Youth Poverty and Transition to Adulthood in Europe, Demographic Research, 15 (2), 21-50.

Adorno, Theodor und Max Horkheimer (1987), Studien über Autorität und Familie: Forschungsberichte aus dem Institut für Sozialforschung, (2. Aufl. Reprint d. Ausg. Paris 1936; Lüneburg: zu Klampen).

Allerbeck, Klaus R. und Wendy J. Hoag (1985), Jugend ohne Zukunft? Einstellungen, Umwelt, Lebensperspektiven, München, Zürich: Piper.

Amato, Paul R. (2005), The Impact of Family Formation Change on the Cognitive, Social, and Emotional Well-Being of the Next Generation, Future of Children, 15 (2), 75-96.

Amato, Paul R. and Alan Booth (2000), A Generation at Risk: Growing Up in an Era of Family Upheaval, Cambridge, MA: Harvard University Press.

Amato, Paul R., et al. (2007), Alone Together: How Marriage in America Is Changing, Cambridge, MA: Harvard University Press.

Amato, Paul R. and Jacob E. Cheadle (2008), Parental Divorce, Marital Conflict and Childrens Behavior Problems: A Comparison of Adopted and Biological Children, Social Forces, 86 (3), 1139-61.

Ambert, Anne-Marie (1997), The Relationship Between Parents and Their Small Children, in Ambert, Anne-Marie (ed.), Parents, Children and Adolescents. International Relationships and Development in Context, Philadelphia: Haworth Press, 9-27.

Arendell, Teresa (1999), Mothering and Motherhood: A Decade Review, Journal of Marriage and the Family, Special Issue: Decade Reviews, Working Paper, 3, 66.

Arendt, Hannah (2003), Der Liebesbegriff bei Augustin. Versuch einer philosophischen Interpretation, Berlin/Wien: Philo Verlagsgesellschaft.

Ariès, Philippe (1980), Two Successive Motivations for the Declining Birth Rate in the West, Population and Development Review, 6, 645-50.

Ariès, Philippe und Georges Duby (Hrsg.) (1993), Geschichte des privaten Lebens, Bd. 1-5; Frankfurt/M.: Fischer)

Bachu, Amira (1997), Fertility of American Women: 1995, Current Population Reports, 20-499.

Bahrdt, Hans-Paul (1973), Wandlungen der Familie, in: Claessens, Dieter und Petra Milhoffer (Hrsg.), Familiensoziologie. Ein Reader als Einführung, Frankfurt/M.: Fischer.

Baron-Cohen, Simon (2004), Vom ersten Tag an anders. Das weibliche und das männliche Gehirn, Hamburg: Walter.

Beck, Ulrich (1997), Individualisierung und Integration: neue Konfliktlinien und neuer Integrationsmodus? Opladen: Leske + Budrich.

Beck, Ulrich und Elisabeth Beck-Gernsheim (Hrsg.) (1994), Riskante Freiheiten: Individualisierung in modernen Gesellschaften, edition suhrkamp, 816; Frankfurt/M.: Suhrkamp.

Beck-Gernsheim, Elisabeth (1994), Auf dem Weg in die postfamiliale Familie – Von der Notgemeinschaft zur Wahlverwandtschaft, Aus Politik und Zeitgeschichte. Beilage zur Wochenzeitung Das Parlament, B29-30/94, 3-14.

Becker, Gary S. (1982), Der ökonomische Ansatz zur Erklärung menschlichen Verhaltens, Tübingen: Mohr & Siebeck.
Becker, S. J. (2005), Best-practice-Modelle familiengerechter Arbeitszeiten, Paper presented at the Conference Familie und Arbeitszeit,
Bengtson, Vern L. and W. Andrew Achenbaum (1993), The Changing Contract Across Generations (Social Institutions and Social Change), New York: Walter de Gruyter.
Bengtson, Vern L. (2001), The Burgess Award Lecture: Beyond the Nuclear Family: The Increasing Importance of Multigenerational Bonds, Journal of Marriage and Family, 63 (1), 1-16.
Bengtson, Vern L. and K. Allan (1993), The Life Course Perspective Applied to Families Over Time, in Boss, P. G., et al. (Hrsg.), Sourcebook of Family Theories and Methods: A Contextual Approach, New York: Plenum Press, 469-504.
Bergheim, Stefan (2006), Humankapital wichtigster Wachstumstreiber. Erfolgsbeispiele und deutsche Realität, DBR-Symposium, 13.
Bernstein, Basil (1970), Soziale Struktur, Sozialisation und Sprachverhalten: Aufsätze 1958–1970. Schwarze Reihe 8, Düsseldorf: Schwann.
Bertram, Hans (1978), Gesellschaft, Familie und moralisches Urteil: Analysen kognitiver, familialer und sozialstruktureller Bedingungszusammenhänge moralischer Entwicklung, Weinheim, Basel: Beltz.
Bertram, Hans (1981), Sozialstruktur und Sozialisation. Zur mikrosoziologischen Analyse von Chancenungleichheit, Darmstadt, Neuwied: Luchterhand.
Bertram, Hans (1982), Von der schichtspezifischen zur sozialökologischen Sozialisationsforschung. Probleme und Perspektiven, in Vaskovics, Laszlo (Hrsg.), Sozialökologische Einflußfaktoren familialer Sozialisation. Stuttgart: Enke, 25-54.
Bertram, Hans (Hrsg.) (1991), Die Familie in Westdeutschland. Stabilität und Wandel familialer Lebensformen, DJI Familien-Survey 1; Opladen: Leske + Budrich.
Bertram, Hans (Hrsg.) (1992), Die Familie in den neuen Bundesländern. Stabilität und Wandel in der gesellschaftlichen Umbruchsituation, DJI Familien-Survey 2, Opladen: Leske + Budrich.
Bertram, Hans (1994), Die Stadt, das Individuum und das Verschwinden der Familie, Aus Politik und Zeitgeschichte. Beilage zur Wochenzeitung Das Parlament, B 29-30.
Bertram, Hans (Hrsg.) (1995), Das Individuum und seine Familie. Lebensformen, Familienbeziehungen und Lebensereignisse im Erwachsenenalter, DJI Familien-Survey 4; Opladen: Leske + Budrich.
Bertram, Hans (1997), Familien leben. Neue Wege zur Gestaltung von Lebenszeit, Arbeitszeit und Familienzeit, Gütersloh: Bertelsmann Stiftung.
Bertram, Hans (Hrsg.) (1998), Mehrthemenumfrage in ausgewählten Regionen in den alten und neuen Bundesländern. Forschungsbericht für das Bundesministerium für Wissenschaft, Forschung und Technologie, Berlin: BMFT.
Bertram, Hans (1999), Entwicklung und Erziehung: Der Einfluss der Eltern, In Zimbardo, P. G. and R. J. Gerrig (Hrsg.), Psychologie (Internet Lernen 7), Berlin: Springer.
Bertram, Hans (2008), UNICEF-Bericht zur Lage der Kinder in Deutschland, München: C.H. Beck.
Bertram, Hans und Clemens Dannenbeck (1991), Familie in städtischen und ländlichen Regionen, in: Bertram, Hans (Hrsg.), Die Familie in Westdeutschland. Stabilität und Wandel familialer Lebensformen. DJI Familien-Survey 1, Opladen: Leske + Budrich, 79-110.
Bertram, Hans, Wiebke Rösler und Nancy Ehlert (2005), Nachhaltige Familienpolitik. Zukunftssicherung durch einen Dreiklang von Zeitpolitik, finanzieller Transferpolitik und Infrastrukturpolitik, Bundesministerium für Familie, Senioren, Frauen und Jugend, Berlin.
Bertram, Hans und Clemens Dannenbeck (1990), Pluralisierung von Lebenslagen und Individualisierung von Lebensführung – Zur Theorie und Empirie regionaler Disparitäten in der Bundesrepublik Deutschland, in Berger, Peter A. und Stefan Hradil (Hrsg.), Lebenslagen, Lebensläufe, Lebensstile, Soziale Welt, Sonderband 7, Göttingen: Schwartz, 207-29.
Bianchi, Suzanne M. (2005), Work, Family, Health, and Well-Being, Mahwah, NJ: Erlbaum.
Bianchi, Suzanne M., John P. Robinson, and Melissa A. Milkie (2006), Changing Rhythms of American Family Life, New York: Russell Sage Foundation.

Biedenkopf, Kurt, et al. (2005), Starke Familie. Bericht der Kommission Familie und Demographischer Wandel im Auftrag der Robert Bosch Stiftung, Stuttgart: Robert Bosch Stiftung.

Bien, Walter und Jan Marbach (Hrsg.) (2003), Partnerschaft und Familiengründung, DJI Familien-Survey 11, Opladen: Leske + Budrich.

Birg, Herwig (2001), Die demographische Zeitenwende. Der Bevölkerungsrückgang in Deutschland und Europa, München: C.H. Beck.

Björklund, Anders, Markus Jäntti, and Gary Solon (2005), Influences of Nature and Nurture of Earnings: A Report on a Study of Various Sibling Types in Sweden, in Bowles, Samuel, Herbert Gintis, and Melissa Osborne Groves (eds.), Unequal Chances: Family Background and Economic Success, New York: Princeton University Press, Russell Sage Foundation, 145-64.

Blossfeld, Hans Peter, Andreas Timm und Rolf Müller (1998), Der Einfluss des Bildungssystems auf die Heiratsmuster in Westdeutschland und den USA. Eine vergleichende Längsschnittanalyse der Wahl des ersten Lebenspartners im Lebenslauf, Beiträge zur Arbeitsmarkt- und Berufsforschung, 215, 129-66.

Borgers, N. et al. (1995), The Decline of the Family and Educational Resemblance Between Australian Siblings: Birth Cohorts, Migration, Divorce and Working Mothers, Sociology of Education. Annual Conference of the American Sociological Association.

Borscheid, Peter und Hans J. Teuteberg (Hrsg.) (1983), Ehe, Liebe, Tod: Zum Wandel der Familie, der Geschlechts- und Generationsbeziehungen in der Neuzeit, Münster: Coppenrath.

Bos, Wilfried et al. (2003), To Which Questions Does a Combined Interpretation of the Results yielded by Both PISA and IGLU Provide Well-Grounded Answers? Zeitschrift für Pädagogik, 49 (2).

Bos, Wilfried, Eva-Maria Lankes und Manfred Prenzel (2004), IGLU, Münster: Waxmann.

Bowles, Samuel, Steven N. Durlauf, and Karla Hoff (eds.) (2006), Poverty Traps, Princeton, NJ: Princeton University Press.

Bowles, Samuel, Herbert Gintis, and Ernst Fehr (2003), Strong Reciprocity and the Conditions for the Evolution of Altruism, in Hammerstein, Peter (ed.), Genetic and Cultural Evolution of Cooperation. Cambridge MA: MIT Press.

Bowles, Samuel, Herbert Gintis, and Melissa Osborne (eds.) (2005), Unequal Chances: Family Background and Economic Success, New York: Princeton University Press, Russell Sage Foundation.

Bradshaw, Jonathan and Emese Mayhew (2005), The Well-Being of Children in the UK, London: Save the Children.

Bradshaw, Jonathan (2007), Child Poverty in Large Families. London: Policy Press.

Britto, Pia Rebello and Jeanne Brooks-Gunn (2001), The Role of Family Literacy Environments in Promoting Young Children's Emerging Literacy Skills, New Directions for Child & Adolescent Development, San Francisco: Jossey Bass Wiley.

Bronfenbrenner, Urie (1976), Ökologische Sozialisationsforschung, Stuttgart: Klett-Cotta.

Bronfenbrenner, Urie (1979), The Ecology of Human Development: Experiments by Nature and Design, Cambridge MA: Harvard University Press.

Bronfenbrenner, Urie (1981), Die Ökologie der menschlichen Entwicklung: natürliche und geplante Experimente, Stuttgart: Klett-Cotta.

Bronfenbrenner, Urie (2004), The Bioecological Theory and Human Development, in: Bronfenbrenner, Urie (ed.), Making Human Beings Human: Bioecological Perspectives on Human Development, The SAGE Program on Applied Developmental Science, Thousand Oaks CA: Sage Publications, 3-15.

Bronfenbrenner, Urie (2004), Heredity, Environment, and the Question „How“: A First Approximation, in: Bronfenbrenner, Urie (ed.), Making Human Beings Human: Bioecological Perspectives on Human Development, The SAGE Program on Applied Developmental Science, Thousand Oaks: Sage Publications, 174-84.

Bronfenbrenner, Urie (2004), The Future of Childhood, in: Bronfenbrenner, Urie (ed.), Making Human Beings Human: Bioecological Perspectives on Human Development The SAGE Program on Applied Developmental Science, Thousand Oaks: Sage Publications, 246-59.

Bronfenbrenner, Urie (2004), The Social Ecology of Human Development: A Retrospective Conclusion, in Bronfenbrenner, Urie (ed.), Making Human Beings Human: Bioecological Perspectives on Human Development, The SAGE Program on Applied Developmental Science, Thousand Oaks: Sage Publications, 27-40.

Bronfenbrenner, Urie (2004), Making Human Beings Human: Bioecological Perspectives on Human Development, SAGE Program on Applied Developmental Science, Thousand Oaks CA: Sage Publications.

Bronfenbrenner, Urie (2004), Young Children Develop in an Environment of Relationships, Developmental Psychologist.

Bronfenbrenner, Urie (2005), Developmental Ecology Through Space and Time: A Future Perspective, in Moen, Phyllis, Glen H. Elder jr., and Kurt Lüscher (eds.), Examining Lives in Context. Perspectives on the Ecology of Human Development Washington D.C.: American Psychological Association, 619-47.

Bronfenbrenner, Urie and Pamela A. Morris (1998), The Bioecological Model of Human Development, in: Lerner, Richard (ed.), Handbook of Child Psychology. Vol. 1, Theoretical Models of Human Development, New York: Hoboken, 793-827.

Brooks-Gunn, Jeanne, et al. (1993), Do Neighborhoods Influence Child and Adolescent Development? American Journal of Sociology, 99, 353-95.

Bundesbank, Deutsche (2003), Staatliche Leistungen für die Förderung von Familien, Monatsbericht April 2002, 54 (4), 15.

Bundesministerium für Familie, Senioren, Frauen und Jugend (2009), Familienreport 2009. Leistungen – Wirkungen – Trends, Berlin: BMFSFJ.

Bundesministerium für Familie, Senioren, Frauen und Jugend (1994), Fünfter Familienbericht. Familien und Familienpolitik im geeinten Deutschland – Zukunft des Humanvermögens, Bonn.

Bundesministerium für Familie, Senioren, Frauen und Jugend (2005), Zwölfter Kinder- und Jugendbericht. Bildung, Betreuung und Erziehung vor und neben der Schule. Bericht über die Lebenssituation junger Menschen und die Leistungen der Kinder- und Jugendhilfe in Deutschland, Berlin.

Bundesministerium für Familie, Senioren, Frauen und Jugend (2006), Siebter Familienbericht. Familie zwischen Flexibilität und Verlässlichkeit. Perspektiven einer lebenslaufbezogenen Familienpolitik, Berlin.

Bundesministerium für Familie, Senioren, Frauen und Jugend (Hrsg.) (2001), Gerechtigkeit für Familien. Gutachten. Zur Begründung und Weiterentwicklung des Familienlasten- und Familienleistungsausgleichs, SR 202; Stuttgart: W. Kohlhammer.

Bundesministerium für Jugend, Familie und Gesundheit (1972), Dritter Familienbericht. Die Lage der Familie in der Bundesrepublik Deutschland, Bonn.

Bundesministerium für Jugend, Frauen, Familie und Gesundheit (1990), Achter Jugendbericht. Bericht über Bestrebungen und Leistungen der Jugendhilfe, Bonn.

Bundesregierung (1968), Erster Familienbericht. Bericht der Bundesregierung über die Lage der Familien in der Bundesrepublik Deutschland, Bonn.

Busch, Friedrich W. und Rosemarie Nave-Herz (2005), Familie und Gesellschaft. Beiträge zur Familienforschung, Oldenburg: BIS.

Buss, David M. (1998), Sexual Strategies Theory: Historical Origins and Current Status The Use of Theory in Research and Scholarship on Sexuality, The Journal of Sex Research, 35 (No.1) 19-31.

Butterwegge, Christoph, Michael Klundt, und Matthias Zeng (2005), Kinderarmut in Ost- und Westdeutschland, Wiesbaden: Verlag für Sozialwissenschaften.

Butterworth, Brian (2005), The Development of Arithmetical Abilities, Journal of Child Psychology and Psychiatry, 46 (1) 3-18.

Böhnisch, Lothar, Richard Münchmeyer, und Angelika Burger (1988), Die neue Jugenddebatte, Weinheim: Juventa.

Caesar, Beatrice (1972), Autorität und Familie: Ein Beitrag zum Problem schichtspezifischer Sozialisation, Reinbek: Rowohlt.

Carlson, M. J. and M. E. Corcoran (2001), Family Structure and Children's Behavioral and Cognitive Out-Comes, Journal of Marriage and Family, 63, 79-792.

Carr Steelman, Lala, et al. (2002), Reconsidering the Effects of Sibling Configuration: Recent Advances and Challenges, Annual Review of Sociology, 28, 243-69.

Castles, Francis G. (2002), Three Facts about Fertility: Cross-National Lessons for the Current Debate, Family Matters, 63, 22-27.

Castles, Francis G. (2003), The World Turned Upside Down: Below Replacement Fertility, Changing Preferences and Family-Friendly Public Policy in 21 OECD Countries, Journal of European Social Policy, 13 (3) 209-27.

Castles, Francis G. (2004), The Future of the Welfare State. Crisis, Myths and Realities, Oxford: Oxford University Press.

Ceci, Stephen J. and Urie Bronfenbrenner (1985), Don't Forget to Take the Cupcakes out of the Oven: Prospective Memory, Time-Monitoring and Context, Child Development, 56, 152-64.

Ceci, Stephen J., Tina B. Rosenblum, and Matthew Kumpf (1998), The Shrinking Gap Between High- and Low-Scoring Groups: Current Trends and Possible Causes, in: Neisser, Ulric (ed.), The Rising Curve. Long-Term Gains in IQ and Related Measures, Washington D.C.: American Psychological Association, 287-302.

Ceci, Stephen J. (1999), Schooling and Intelligence, in: Ceci, Stephen J. and Wendy M. Williams (eds.), The Nature-Nurture Debate: Essential Readings in Developmental Psychology, Oxford: Blackwell Publishers Ltd., 168-75.

Chesnais, Jean-Claude (2005), Why the French Fertility is Preserved From a Collapse. Paper presented at the Annual Meeting of the Deutsche Gesellschaft für Demographie.

Chisholm, Lynne, et al. (2003), Family Forms and the Young Generation in Europe. A Report by the European Observatory on the Social Situation, Demography, and Family, 16; Wien: Die Europäische Beobachtungsstelle zur sozialen Situation, Demographie und Familie am Österreichischen Institut für Familienforschung.

Chomsky, Noam (1969), Aspekte der Syntax-Theorie, Frankfurt/M.: Suhrkamp.

Chodorow, Nancy J. (1990), Das Erbe der Mütter: Psychoanalyse und Soziologie der Geschlechter, München: Verlag Frauenoffensive.

Clausen, John A. (1991), Adolescent Competence and the Life Course, or Why One Social Psychologist Needed a Concept of Personality, Journal of Social Psychology, 54 (1), 4-14.

Clausen, John A. (1995), American Lives. Looking Back at the Children of the Great Depression, Berkeley, CA: Berkeley University Press.

Coleman, James S. (1986), Die asymmetrische Gesellschaft, Basel: Beltz.

Coleman, James S. (1991), Grundlagen der Sozialtheorie, Band 1. Handlungen und Handlungssysteme; Band 2. Körperschaften und die moderne Gesellschaft; Band 3. Die Mathematik der sozialen Handlung, München: Scientia Nova. Oldenbourg.

Coltrane, Scott and Randall, Collins (2001), Sociology of Marriage and the Family: Gender, Love, and Property, Belmont CA: Wadsworth.

Coontz, Stephanie (2000), The Way We Never Were: American Families and the Nostalgia Trap, New York: Basic Books.

Coontz, Stephanie (2005), Marriage, A History: From Obedience to Intimacy, or How Love Conquered Marriage. New York: Viking.

Coontz, Stephanie (2005), The Evolution of Matrimony: The Changing Social Context of Marriage. Family Issues, Annals of the American Psychotherapy Association, 8 (4) 30-34.

Cooper, David (1987), Der Tod der Familie, Reinbek: Rowohlt.

Corak, Miles (2006), Do Poor Children Become Poor Adults? Lessons from a Cross Country Comparison of Generational Earnings Mobility, IZA DP No. 1993, Bonn: Forschungsinstitut zur Zukunft der Arbeit.

Dahrendorf, Ralf (1965), Gesellschaft und Demokratie in Deutschland, München: Piper.

Dahrendorf, Ralf (1994), Das Zerbrechen der Ligaturen und die Utopie der Weltbürgergesellschaft, in Beck, Ulrich und Elisabeth Beck-Gernsheim (Hrsg.), Riskante Freiheiten, Frankfurt/M.: Suhrkamp.

Dannenbeck, Clemens (1995), Im Alter einsam? Zur Strukturveränderung sozialer Beziehungen im Alter, in Bertram, Hans (Hrsg.), Das Individuum und seine Familie. Lebensformen, Familienbeziehungen und Lebensereignisse im Erwachsenenalter, DJI Familien-Survey 4, Opladen: Leske + Budrich.

Dathe, Dietmar (1998), Der Familienzyklus als Bestimmungsfaktor für das Familieneinkommen und das Arbeitsangebot. Eine Untersuchung für West- und Ostdeutschland auf der Grundlage des Mikrozensus 1995, Discussion Paper FS, 98-208, Berlin: Wissenschaftszentrum Berlin für Sozialforschung.

Dawkins, Richard (1996), Das egoistische Gen, Reinbek: Rowohlt.

Dickens, Walter T. and James R. Flynn (2001), Great Leap Forward: A New Theory of Intelligence, New Scientist, 21, 44-47.

Dobritz, Jürgen (2005), Vergleich der Bevölkerungs- und Familienentwicklung Frankreichs, Grossbritanniens, der Benelux-Länder und der Schweiz mit Deutschlands. Expertise für den Siebten Familienbericht, Berlin.

Doherty, William J. (2000), Family Science and Family Citizenship: Toward a Model of Community Partnership with Families, Family Relations, 49 (3), 319-325.

Donzelot, Jacques (1987), Die Ordnung der Familie, Frankfurt/M.: Suhrkamp.

Doucet, Andrea (2006), Do Men Mother? Fathering, Care, and Domestic Responsability, Toronto: Toronto University Press.

Duby, Georges (1999), Vom Feudalzeitalter zur Renaissance, in: Aries, Philippe und Georges Duby (Hrsg.), Geschichte des privaten Lebens, Frankfurt/M.: Fischer.

Duncan, Greg J. et al. (2005), The Apple Does Not Fall Far From the Tree, in: Bowles, Samuel, Herbert Gintis, and Melissa Osborne Groves (eds.), Unequal Chances: Family Background and Economic Success, New York: Princeton University Press, Russell Sage Foundation, 23-79.

Edelstein, Wolfgang und Gertrud Nunner-Winkler (Hrsg.) (2000), Moral im sozialen Kontext, Frankfurt/M.: Suhrkamp.

Edelstein, Wolfgang, Fritz Oser und Peter Schuster (2001), Moralische Erziehung in der Schule, Weinheim: Beltz.

Eggen, Bernd (2005), Ökonomische Situation der Familien in Deutschland und seinen Ländern 2003. Expertise für den Siebten Familienbericht, Berlin.

Eggen, Bernd (2008), Einkommenssituation der Familien in Deutschland und in seinen Ländern 2006, FamilienForschung Baden-Württemberg. Ergebnisse des Mikrozensus, Stuttgart.

Eggen, Bernd (2009), Daten zur ökonomischen Situation von unterschiedlichen Familienformen in den deutschen Bundesländern. Mikrozensus 2006. Mündliche Mitteilung.

Eggen, Bernd et al. (2004), Familienarbeit und Erwerbsarbeit, Stuttgart: Sozialministerium Baden-Württemberg.

Ehmer, Josef (1991), Heiratsverhalten, Sozialstruktur, ökonomischer Wandel, Kritische Studien zur Geschichtswissenschaft, 92; Göttingen: Vandenhoek & Ruprecht.

Elder, Glen H. jr. (1974), Children of the Great Depression: Social Change in Life Experience, Chicago: University of Chicago Press.

Elder, Glen H. jr. (1998), The Life Course and Human Development, in: Damon, William (ed.), Handbook of Child Development, New York: Wiley, 1-35.

Elder, Glen H. jr. (1999), Beyond „Children of the Great Depression", in: Elder, Glen H. jr. (ed.), Children of the Great Depression. Social Change in Life Experience, Boulder CO: Westview Press, 299-344.

Elder, Glen H. jr. (2000), Das Lebensverlaufs-Paradigma: Sozialer Wandel und individuelle Entwicklung, in: Grundmann, Matthias und Kurt Lüscher (Hrsg.), Sozialökologische Sozialisationsforschung, Konstanz: UVK Verlagsgesellschaft,167-99.

Elder, Glen H. jr. and Rand D. Conger (2000), Children of the Land: Adversity and Success in Rural America, The John D. and Catherine T. MacArthur Foundation Series on Mental Health and Development, Chicago: University of Chicago Press.

Eltern (2006), Väter 2006. Neue Eltern-Studie: Väter sind glückliche Männer, Hamburg: Eltern.

Emery, Nathan, Nicola Clayton, and Christopher Frith (2008), Social Intelligence: From Brain to Culture, New York: Oxford University Press.

Erlinghagen, Marcel und Sabine Siemens (2002), Der „Job fürs Leben“ Mehr als ein Mythos? Ergebnisse einer nicht-repräsentativen Befragung von Gewerkschaftsmitgliedern im Ruhestand, IAT-Report 2002, Essen: Universität Duisburg, Institut Arbeit und Qualifikation (IAQ).

Esser, Hartmut (1996), Die Definition der Situation, Kölner Zeitschrift für Soziologie und Sozialpsychologie, 48, 1-34.

Europäische Gemeinschaft (Hrsg.) (2004), Bevölkerungsstatistiken der Europäischen Gemeinschaft. Eurostat, Brüssel.

Europäische Kommission (Hrsg.) (2006), How Europeans Spend Their Time. Everday Life of Women and Men, Fakten und Zahlen zur Europäischen Union, Luxemburg, Brüssel: EU Generaldirektion Presse und Kommunikation.

Eysenck, Hans-Jürgen (1973), The Inequality of Man, Surrey: Ashgate.

Fagnani, Jeanne (2006), Familienpolitik in Frankreich: Vorteile und Nachteile, in: Bertram, Hans, Helga Krüger und Katharina Spieß (Hrsg.), Wem gehört die Familie der Zukunft? Expertisen zum Siebten Familienbericht der Bundesregierung. Opladen: Barbara Budrich.

Fahey, Tony and Zsolt Spéder (2005), Fertility and Family Issues in an Enlarged Europe. Report: Quality of Life in Europe, 8, Dublin: Eurofound.

Fehr, E. and S. Gächter (2002), Altruistic Punishment in Humans, Nature, 415, 137-40.

FELICIE. Future Elderly Living Conditions in Europe (2006), Who Will Care for the Oldest Old in the Next 30 Years in Europe? http://www.felicie.org/ASP/keyr.asp?lang=EN.

Finch, Naomi and Jonathan Bradshaw (2003), Fertility and Supporting the Costs of Children, Paper for conference on Recent fertility trends in Northern Europe, Oslo.

Fischer, Joschka (2008), Zurück in die Zeiten des Selbstbetrugs? Deutschland befindet sich gegenwärtig auf dem Weg nach links! So lautet angesichts der Wahlerfolge der Linkspartei der Befund zahlreicher politischer Kommentatoren, Hamburg: Zeit online, 17.3.2008.

Flandrin, Jean-Louis (1982), Familien. Soziologie, Ökonomie, Sexualität, Berlin: Ullstein.

Flynn, James R. (1998), IQ Gains Over Time: Toward Finding the Causes, in: Neisser, Ulric (ed.), The Rising Curve. Long-Term Gains in IQ and Related Measures, Washington D.C.: American Psychological Association, 25-66.

Flynn, James R. (2007), What is Intelligence? Beyond the Flynn Effect, Cambridge UK: Cambridge University Press.

Folbre, Nancy (2001), The Invisible Heart: Economics and Family Values, New York: New Press.

Foroohar, R. (2006), Myth and Raeality, New York: Newsweek, 38-42.

Fthenakis, Wassilios (1991), Väter I. und II. Zur Psychologie der Vater-Kind-Beziehung, Weinheim: Beltz.

Furstenberg, Frank F. jr. (1993), How Families Manage Risk and Opportunity in Dangerous Neighborhoods, in: Wilson, William J. (ed.), Sociology and the Public Agenda, Newbury Park, CA: Sage Publications, 231-258.

Furstenberg, Frank F. jr. (1996), Family Change and Family Diversity: Accounts of the Past and Scenarios of the Future, Common Values, Social Diversity, and Cultural Conflict, Center for Advanced Study in the Behavioral Sciences, Stanford University, Palo Alto CA.

Furstenberg, Frank F. jr. et al. (1999), Managing to Make It : Urban Families and Adolescent Success, The John D. and Catherine T. MacArthur Foundation Series on Mental Health and Development, Chicago: University of Chicago Press.

Fux, Beat (2005), Familiale Lebensformen im Wandel. Eidgenössische Volkszählung 2000, 24-32.

Gaiser, Wolfgang, Sibylle Hübner-Funk, and Winfried Krüger (1988), Immer diese Jugend! München: Kösel.

Gans, Herbert J. (1968), Culture and Class in the Study of Poverty: An Approach to Antipoverty Research, in: Moynihan, Daniel P. (ed.), On Understanding Poverty: Perspectives from the Social Sciences, New York: Basic Books.

Gardener, Howard (1995), Cracking Open to IQ Box, The American Prospect, 8-16.

Gay, Peter (1997), Die Macht des Herzens, München: C.H. Beck.

Geiger, Theodor (1932), Die soziale Schichtung des deutschen Volkes. Soziographischer Versuch auf statistischer Grundlage, Soziologische Gegenwartsfragen 1, Stuttgart: Enke.

Gerth, Hans und Charles Wright Mills (1970), Person und Gesellschaft. Die Psychologie sozialer Institutionen, Bonn: Athenäum.

Gestrich, Andreas (1999), Geschichte der Familie im 19. und 20. Jahrhundert, München: Oldenbourg.

Gierer, Alfred (2005), Biologie, Menschenbild und die knappe Ressource „Gemeinsinn", in: Münkler, Herfried und Harald Bluhm (Hrsg.), Gemeinwohl und Gemeinsinn, Beitrag für die Arbeitsgruppe Berlin-Brandenburgische Akademie der Wissenschaften, Tübingen: Akademieverlag, 19-36.

Gillis, John R. (2002), Marginalization of Fatherhood in Western Countries, Childhood, 7 (2) 225-38.

Gootman, Jennifer Appleton and Smolensky, Eugene (2003), Working Families and Growing Kids: Caring for Children and Adolescents, in: National Research Council, Committee on Family and Work Policies (ed.), Washington D.C.: National Academies Press.

Goslin, David A. (ed.) (1969), Handbook of Socialization: Theory and Research, Chicago: Rand McNally.

Griffore, Robert J. and Lillian A. Phenice (2001), The Language of Human Ecology: A General Systems Perspective, Dubuque, Iowa: Kendall Hunt.

Grossmann, Karin und Klaus E. Grossmann (2006), Bindungen – das Gefüge psychischer Sicherheit, Stuttgart: Klett.

Grundmann, Matthias (2006), Sozialisation. Skizze einer allgemeinen Theorie, Stuttgart: UTB.

Gumperz, John J. (1975), Sprache, lokale Kultur und soziale Identität. Theoretische Beiträge und Fallstudien, Düsseldorf: Schwann.

Gumperz, John J. and Jenny Cook Gumperz (1974), The Communicative Basis of Language Problems in Education, Sociolinguistics, 57-67.

Habermas, Jürgen (1973), Notizen zum Begriff der Rollenkompetenz, Kultur und Kritik. Frankfurt/M.: Suhrkamp, 195-231.

Hakim, Catherine (2000), Work-Lifestyle Choices in the 21st Century: Preference Theory, New York: Oxford University Press.

Hakim, Catherine (2003), Models of the Family in Modern Societies: Ideals and Realities, London: Ashgate.

Hareven, Tamara K. (1977), The Familiy Life Cycle in Historical Perspective. A Proposal for a Developmental Approach, in: Cuisenier, Jean (ed.), The Family Life Cycle in European Societies, Den Haag, Niederlande: New Babylon, Studies in the Social Sciences, 339-52.

Hareven, Tamara K. (1999), Familiengeschichte, Lebensverlauf und sozialer Wandel, Frankfurt/M.: Campus.

Harris, Judith Rich (1999), The Nurture Assumption: Why Children Turn Out The Way They Do, New York: Free Press.

Harris, Judith Rich (1995), Where Is the Child's Environment? A Group Socialization Theory of Development, Child Development 102 (3) 458-489.

Hauser, Robert M. (1998), Trends in Black-White Test-Score Differentials: Uses and Misuses of NAEP/SAT Data, in: Neisser, Ulric (ed.), The Rising Curve. Long-Term Gains in IQ and Related Measures, Washington D.C.: American Psychological Association, 219-250.

Heckhausen, Heinz (2006), Motivation und Emotion, in: Heckhausen, Jutta und Heckhausen, Heinz (Hrsg.), Motivation und Handeln, Heidelberg: Springer.

Heidenreich, Hans-Joachim et al. (2004), Leben und Arbeiten in Deutschland. Ergebnisse des Mikrozensus 2003, Wiesbaden: Statistisches Bundesamt.

Heitkötter, Martina, Karin Jurczyk, Andreas Lange und Uta Meier-Gräwe (2009), Zeit für Beziehungen? Zeit und Zeitpolitik für Familien, Opladen: Barbara Budrich.

Hernandez, Donald J. and D. E. Myer (1993), America's Children: Resources from Family, Government, and the Economy. The Population of the United States in the 1980s, New York: Russell Sage Foundation.

Herrmann, Esther et al. (2007), Humans Have Evolved Specialized Skills of Social Cognition: The Cultural Intelligence Hypothesis, Science, 317 (5843) 1360-1366.

Herrmann, Ulrich (2004), Gehirngerechtes Lehren und Lernen, Spektrum der Wissenschaft, Spezial: Das verbesserte Gehirn, (3) 26-38.

Herrnstein, Richard J. and Charles Murray (1994), The Bell Curve. Intelligence and Class Structure in American Life, New York: Free Press.

Hinz, Thomas und Hermann Gartner (2005), Lohnunterschiede zwischen Frauen und Männern in Branchen, Berufen und Betrieben, IAB Discussion Paper. Beiträge zum wissenschaftlichen Dialog aus dem Institut für Arbeitsmarkt- und Berufsforschung, 4, Nürnberg.

Hochschild, Arlie Russell (1998), Ideals of Care: Traditional, Postmodern, Cold-Modern, Warm-Modern, in: Hansen, Karen V. and Anita I. Garey (eds.), Families in the U.S. Kinship and Domestic Politics. Philadelphia: Temple University Press, 527-37.

Hoem, Jan M. (1990), Social Policy and Recent Fertility Change in Sweden, Population and Development Review, 16 (4) 735-748.

Hoffman, Martin L. (2001), Empathy and Moral Development: Implications for Caring and Justice, Cambridge UK: Cambridge University Press.

Hoffmann-Nowotny, Hans Joachim and Beat Fux (2001), Sociological Analysis, in: Pinnelli, Antonella, Hans Joachim Hoffmann-Nowotny, and Beat Fux (eds.), Fertility and New Types of Households and Family Formation in Europe, Population Studies 35, Strassbourg: Council of Europe Publishing/Editions du Conseil de l'Europe, 19-45.

Horkheimer, Max (1988), Autorität und Familie, in: Horkheimer, Max (Hrsg.), Schriften 1931-1936, Gesammelte Schriften, Frankfurt/M.: Fischer.

Hradil, Stefan (1995), Die Single-Gesellschaft, München: C.H. Beck.

Hradil, Stefan (1998), Die Seismographen der Modernisierung. Singles in Deutschland, Aus Politik und Zeitgeschichte. Beilage zur Wochenzeitung Das Parlament, B 53/98 9-16.

Hullen, Gert (2005), Lebensformen der Kinder. Makrosimulationen bis zum Jahr 2030, Expertise zum Siebten Familienbericht, Berlin.

Hurrelmann, Klaus (2002), Einführung in die Sozialisationstheorie, Weinheim: Beltz.

Hurrelmann, Klaus und Mathias Albert (2002), Jugend 2002. Shell-Jugendstudie, Frankfurt/M.: Fischer.

Hwang, Suk-Kyu (2001), Soziallage, Sozialisationsmilieu, familiale Sozialisation und kindliche Entwicklung – Zur Weiterentwicklung der sozialstrukturellen Sozialisationsforschung, Dissertation, Universität Bielefeld.

Hölder, Egon (1992), Im Zug der Zeit. Im Trabi durch die Zeit, 2 Bde.; Leipzig: Metzler-Poeschel.

Iacovou, Maria (2001), Leaving Home in the European Union, ISER Working Papers, 18 (47) 1-41.

Iacovou, Maria and Richard Berthoud (2001), Young Peoples Lives: a Map of Europe, Social and Economic Research (ISER), 73, Colchester: University of Essex, Institute for Social and Economic Research.

Imhof, Arthur E. (1981), Die gewonnenen Jahre. Von der Zunahme unserer Lebensspanne seit dreihundert Jahren oder von der Notwendigkeit einer neuen Einstellung zu Leben und Sterben. Ein historischer Essay, München: C. H. Beck.

Inglehart, Ronald (1977), The Silent Revolution: Changing Values and Political Styles among Western Publics, Princeton: Princeton University Press.

Institut für Demoskopie Allensbach (2004), Einflußfaktoren auf die Geburtenrate, Ergebnisse einer Repräsentativbefragung der 18- bis 44jährigen Bevölkerung, Allensbach.

Jahoda, Marie, Paul F. Lazarsfeld und Hans Zeisel (1975), Die Arbeitslosen von Marienthal, Frankfurt/M.: Suhrkamp.

Jensen, Arthur (1968), Patterns of Mental Ability and Socioeconomic Status, Proceedings of the National Academy of Science (PNAS), 60 (4) 1330-1337.

Joas, Hans (1991), Rollen- und Interaktionstheorien in der Sozialisationsforschung, in: Hurrelmann, Klaus und Dieter Ulich (Hrsg.), Neues Handbuch der Sozialisationsforschung, Weinheim: Beltz, 137-52.

Kagan, Jerome (2000), Die drei Grundirrtümer der Psychologie, Weinheim: Beltz.

Kapella, Olaf und Christiane Rille-Pfeiffer (2007), Einstellungen und Werthaltungen zu Themen der Vereinbarkeit von Familie und Erwerb. Deskriptive Ergebnisse einer Einstellungs- und Wertstudie zu Mutter- und Vaterrolle, Kinderbetreuung und Erwerbstätigkeit der Frau, Working Paper 66; Wien: Österreichisches Institut für Familienforschung.

Kasten, Hartmut (1993), Die Geschwisterbeziehung. 2 Bde, Göttingen: Hogrefe.

Kaube, Jürgen (2003), Hirnabwanderung: Für die Stadt, nicht für die Schule lernen wir, Frankfurter Allgemeine Zeitung, 270, 35.

Kaube, Jürgen (2008), Ist das Gehirn ein Rechenmuskel? FAZ.Net, 2008 sec. Nr. 37. F.A.Z.-Serie: Gehirntraining, 35.

Kaufmann, Franz-Xaver (2006), Wie Familien zu helfen wäre, FAZ.Net, 2006.

Kaufmann, Franz-Xaver (1995), Zukunft der Familie im vereinten Deutschland. Gesellschaftliche und politische Bedingungen, München: C.H. Beck.

Kaufmann, Jean-Claude (2005), Schmutzige Wäsche. Ein ungewöhnlicher Blick auf gewöhnliche Paarbeziehungen, Konstanz: Universitätsverlag.

Keller, Monika (2005), Moralentwicklung und moralische Sozialisation, in: Horster, Detlef und Jürgen Oelkers (Hrsg.), Pädagogik und Ethik, Wiesbaden: Verlag für Sozialwissenschaften, 149-172.

Kiernan, Kathleen E. (1992), The Impact of Family Disruption in Childhood and Transitions Made in Young Adult Life, Population Studies, 46 (2) 213-234.

Kirk, Maurice, Massimo Livi-Bacci, and Egon Szabady (eds.) (1975), Law and Fertility in Europe: A Study of Legislation Directly or Indirectly Affecting Fertility in Europe, 1; Dolhain, Belgien: Ordina Editions.

Klein, Thomas (1989), Bildungsexpansion und Geburtenrückgang, Kölner Zeitschrift für Soziologie und Sozialpsychologie, 3.

Klein, Thomas (1989), Divergierende Familiengrößen und „Neue Kinderlosigkeit", Zeitschrift für Familienforschung.

Kling, Jeffrey R. et al. (2004), Moving to Opportunity and Tranquility: Neighborhood Effects on Adult Economic Self-Sufficiency and Health from a Randomized Housing Voucher Experiment, Princeton IRS Working Paper, 481; Princeton.

König, René (1974), Die Familie der Gegenwart. Ein interkultureller Vergleich, München: C.H. Beck.

Kohlberg, Lawrence (1971), From Is to Ought: How to Commit the Naturalistic Fallacy and Get Away With It in the Study of Moral Development, in Mischel, Theodore (ed.), Cognitive Development and Epistemology, New York: Academic Press, 151-235.

Kohlhammer, Siegfried (2006), Kulturelle Grundlagen wirtschaftlichen Erfolgs, in: Dahrendorf, Ralf, Herfried Münkler und Siegfried Kohlhammer (Hrsg.), Merkur, Deutsche Zeitschrift für europäisches Denken, (60) 11.

Kohli, Martin und Harald Kühnemund (2003), Der Alters-Survey: Die Zweite Lebenshälfte im Spiegel repräsentativer Daten, Aus Politik und Zeitgeschichte, B 20 18-25.

Kohn, Melvin L. (1996), The „Bell Curve" from the Perspective of Research on Social Structure and Personality, Sociological Forum, 11 (2) 397-411.

Kommission der Europäischen Gemeinschaft (2005), Grünbuch „Angesichts des demographischen Wandels – eine neue Solidarität zwischen den Generationen", 28. Brüssel.

Krappmann, Lothar (1988), Soziologische Dimensionen der Identität. Strukturelle Bedingungen für die Teilnahme an Interaktionsprozessen, Stuttgart: Klett-Cotta.

Krappmann, Lothar und Annette Lepenies (1997), Alt und Jung. Spannung und Solidarität zwischen den Generationen, Frankfurt/M.: Campus.

Krappmann, Lothar, Klaus A. Schneewind und Laszlo A. Vaskovics (Hrsg.) (2002), Kontinuität und Wandel der Familie in Deutschland, Der Mensch als soziales und personales Wesen, 19; Stuttgart: Lucius & Lucius.

Kreher, Simone (1995), Berufsausmündung und Familienauflösung in der Generationenfolge, in: Bertram, Hans (Hrsg.), Das Individuum und seine Familie, DJI Familien-Survey 4, Opladen: Leske + Budrich, 267-292.

Kreher, Simone (1995), Berufseinmündung und Familienbildung in der Generationenfolge, in Bertram, Hans (Hrsg.), Das Individuum und seine Familie, DJI Familien-Survey 4, Opladen: Leske + Budrich, 223-266.

Krüger, Helga und Baldu, B. (1999), Work, Gender, and the Life Course: Social Construction and Individual Experience, The Canadian Journal of Sociology, 3 (24) 355-379.

Krüger, Helga (1991), Normalitätsunterstellungen bezüglich des Wandels in der weiblichen Lebensführung zwischen Erwerbsarbeit und Familie, in: Zapf, Wolfgang (Hrsg.), Die Modernisierung moderner Gesellschaften. Verhandlungen des 25. Deutschen Soziologentages in Frankfurt/M. 1990, Frankfurt/M., New York: Campus, 688-703.

Krüger, Helga (1996), Normative Interpretations of Biographical Processes, in: Weymann, Ansgar and Walter R. Heinz (eds.), Society and Biography. Interrelationships between Social Structure, Institutions and Life Course, Weinheim: Deutscher Studienverlag, 129-146.

Kultusministerkonferenz (2006), Bildung in Deutschland. Ein indikatorgestützter Bericht mit einer Analyse zu Bildung und Migration, im Auftrag der ständigen Konferenz der Kultusminister der Länder in der Bundesrepublik Deutschland und des Bundesministeriums für Bildung und Forschung, Gütersloh: Bertelsmann.

Labov, William, Norbert Dittmar und Bert-Olaf Rieck (1984), Sprache im sozialen Kontext, Bodenheim: Athenaeum.

Lamb, Michael E. (2003), The Role of the Father in Child Development, New York: Wiley-Blackwell.

Lanigham, Jody van, Paul R. Amato, and David Johnson, R. (2001), Marital Happiness, Marital Duration, and the U-Shaped Curve: Evidence from a Five-Wave Panel Study, Social Forces, 79, 1313-1341.

Laslett, Peter (1977), Family Life and Illicit Love in Earlier Generations: Essays in Historical Sociology, Cambridge, UK: Cambridge University Press.

Laslett, Peter (1979), Die Rolle der Frau in der Geschichte der westeuropäischen Familie, in: Sullerot, Evelyne (Hrsg.), Die Wirklichkeit der Frau, München: Steinhausen, 549-576.

Laslett, Peter (1976), Familie und Industrialisierung: Eine „starke Theorie“, in: Conze, Werner (Hrsg.), Sozialgeschichte der Familie in der Neuzeit Europas, Stuttgart: Klett, 13-31.

Laumann, Edward O. et al. (1994), The Social Organisation of Sexuality. Sexual Practices in the United States, Chicago: University of Chicago Press.

Lauterbach, Wolfgang (1995), Die gemeinsame Lebenszeit von Familiengenerationen, Zeitschrift für Soziologie 24 (1), 22-41.

Lesthaeghe, Ron and Guy Moors (2000), Recent Trends in Fertility and Household Formation in the Industrialized World, Review of Population and Social Policy, 9, 121-170.

Lesthaeghe, Ron and K. Neels (2001), From the First to the Second Demographic Transition: An Interpretation of the Spatial Continuity of Demographic Innovation in France, Belgium, and Switzerland, Brüssel: Interface Demography, Freie Universität Brüssel.

Lesthaeghe, Ron and Paul Willems (1999), Is Low Fertility a Temporary Phenomenon in the European Union? Population and Development Review, 25 (2), 211-228.

Lickona, Thomas (1976), Moral Development and Behavior. Theory, Research, and Social Issues, New York: Holt, Rinehart & Windston.

Lind, Georg (2000), Entwicklung des moralischen Urteilens – Leistungen und Problemzonen der Theorien von Piaget und Kohlberg, in: Lind, Georg (Hrsg.), Moralisches Urteilen und soziale Umwelt. Theoretische, methodologische und empirische Untersuchungen, Weinheim: Beltz.

Livi-Bacci, Massimo (1979), Die demographische Veränderung und der Lebenszyklus der Frauen, in: Sullerot, Evelyn (Hrsg.), Die Wirklichkeit der Frau, München: Steinhausen, 577-590.

Livi-Bacci, Massimo (1999), Europa und seine Menschen. Eine Bevölkerungsgeschichte, München: C.H. Beck.

Loehlin, John C. (2008), Resemblance in Personality and Attitudes Between Parents and Their Children: Genetic and Environmental Contributions, in: Bowles, Samuel, Herbert Gintis, and Melissa Osborne Groves (eds.), Unequal Chances: Family Background and Economic Success, Princeton: Princeton University Press. 192-206.

Lynn, Richard and Tatu Vanhanen (2002), IQ and the Wealth of Nations, Westport CN: Praeger.

Lüschen, Gerd et al. (1985), Familie, Verwandtschaft und Ritual im Wandel, in: Franz, Hans Werner (Hrsg.), 22. Deutscher Soziologentag 1984. Sektions- und Ad-hoc-Gruppen. Soziologie und gesellschaftliche Entwicklung. Opladen: Westdeutscher Verlag, 125ff.

Lüscher, Kurt (2001), „Widersprüchliche Vielfalt": Neue Perspektiven zum juristischen und soziologischen Verständnis von Ehe und Familie, Bittburger Gespräche. Jahrbuch 2001, 15-37.

Lüscher, Kurt und Karl Pillemer (1996), Die Ambivalenz familialer Generationenbeziehungen, Arbeitspapier 22, Konstanz: Universitätsverlag.

Lüscher, Kurt (1993), Generationenbeziehungen in „postmodernen" Gesellschaften: Analysen zum Verhältnis von Individuum, Familie, Staat und Gesellschaft, Konstanz: Universitätsverlag.

Mattessich, Paul and Reuben Hill (1987), Life Cycle and Family Development, in: Sussman, Marvin B. and Suzanne K. Steinmetz (eds.), Handbook of Marriage and the Family, New York, London: Plenum Press, 435-470.

Mayer, Karl Ulrich und Walter Müller (1994), Individualisierung und Standardisierung im Strukturwandel der Moderne. Lebensverläufe im Wohlfahrtsstaat, in: Beck, Ulrich und Elisabeth Beck-Gernsheim (Hrsg.), Riskante Freiheiten. Individualisierung in modernen Gesellschaften, Frankfurt/M.: Suhrkamp), 265-296.

McClelland, David and John W. Atkinson (1948), The Projective Expression of Need: Part II, The Effect of Different Intensities of the Hunger Drive on Thematic Apperception, Journal of Experimental Psychology, 38 (6), 643-658.

McDonald, Peter (2000), The „Toolbox" of Public Politics to Impact on Fertility – a Global View, paper presented at the European Observatory on Family Matters, Seminar on „Low Fertility, Families and Public Policy", 26, Seville.

McDonald, Peter and Ann Evans (2003), Negotiating the Life Course: Changes in Individual and Family Transitions, Melbourne Paper presented to 8th Australien Institute of Family Studies Conference, 32, Melbourne.

Mead, George Herbert (2003), The Self, in: Macionis, John J. and Nijole V. Benokraitis (eds.), Seeing Ourselves. Classic, Contemporary, and Cross-Cultural Readings in Sociology. Upper Saddle River NJ, London: Pearson, 72-79.

Mead, Margaret (2003), Sex and Temperament in Three Primitive Societies, in: Macionis, John, J. and Nijole V. Benokraitis (Hrsg.), Seeing Ourselves. Classic, Contemporary, and Cross-Cultural Readings in Sociology, Upper Saddle River NJ, London: Pearson, 207-212.

Meyer, Sibylle und Eva Schulze (1984), „Alleine war's schwieriger und einfacher zugleich." Veränderung gesellschaftlicher Bewertung und individueller Erfahrung alleinstehender Frauen in Berlin 1943-1955, in: Freier, Anna Elisabeth und Annette Kuhn (Hrsg.), Frauen in der Geschichte. Bd. V, Düsseldorf: Schwann.

Meyer, Sibylle und Eva Schulze (1986), Wie wir das alles geschafft haben. Alleinstehende Frauen berichten über ihr Leben nach 1945, Frankfurt/M.: Gutenberg.

Michael, Robert T. et al. (2003), Sex in America: How Many Partners Do We Have?, in: Macionis, John, J. and Nijole V. Benokraitis (eds.), Seeing Ourselves. Classic, Contemporary, and Cross-Cultural Readings in Sociology, Upper Saddle River NJ, London: Pearson, 166-172.

Mill, John Stuart et al. (1984), Einige ungelöste Probleme der politischen Ökonomie, Frankfurt/M.: Campus.

Mill, John Stuart und Harriet Taylor-Mill (1991), Die Hörigkeit der Frau, Frankfurt/M.: Helmer.

Miller, Daniel R. and Guy E. Swanson (1958), The Changing American Parent: A Study in the Detroit Area, New York: Wiley Blackwell.

Mills, C. Wright (1988), The Promise, in: Henslin, James M. (ed.), Down to Earth Sociology, New York, London: The Free Press, 21-28.

Mitterauer, Michael (1991), Die Entwicklung zum modernen Familienzyklus: Die Familie als historische Sozialform, in: Mitterauer, Michael und Reinhard Sieder (Hrsg.), Vom Patriarchat zur Partnerschaft. Zum Strukturwandel der Familie. München: C.H. Beck, 21-45.

Mitterauer, Michael (1991), Der Mythos von der vorindustriellen Großfamilie, in: Mitterauer, Michael und Reinhard Sieder (Hrsg.), Vom Patriarchat zur Partnerschaft. Zum Strukturwandel der Familie München: C.H. Beck, 46-71.

Mitterauer, Michael (1991), Die Familie als historische Sozialform, in: Mitterauer, Michael und Reinhard Sieder (Hrsg.), Vom Patriarchat zur Partnerschaft. Zum Strukturwandel der Familie, München: C.H. Beck, 21-45.

Mitterauer, Michael (2003), Warum Europa? Mittelalterliche Grundlagen eines Sonderwegs, München: C.H. Beck.

Mitterauer, Michael and Reinhard Sieder (1991), Vom Patriarchat zur Partnerschaft. Zum Strukturwandel der Familie, Becksche Schwarze Reihe, München: C.H. Beck.

Moen, Phyllis, Glen H. jr. Elder, and Kurt Lüscher (eds.) (2005), Examining Lives in Context. Perspectives on the Ecology of Human Development, Washington D.C.: American Psychological Association (APA).

Myrdal, Alva, Viola Klein und Ursula Schroth-Pritzel (1960), Die Doppelrolle der Frau in Familie und Beruf, Köln: Kiepenheuer & Witsch.

Mückenberger, Ulrich (2004), Metronome des Alltags. Betriebliche Zeitpolitiken, lokale Effekte, soziale Regulierung, Berlin: edition sigma.

Müller, Walter und Karl Ulrich Mayer (1976), Chancengleichheit durch Bildung? Untersuchung über den Zusammenhang von Ausbildungsabschlüssen und Berufsstatus, Gutachten und Studien der Bildungskommission, 42, Stuttgart: Klett.

Münch, Richard (1998), Globale Dynamik, lokale Lebenswelten, Frankfurt/M.: Suhrkamp.

Münz, Rainer, Wolfgang Seifert und Ralf E. Ulrich (1999), Zuwanderung nach Deutschland: Strukturen, Wirkungen, Perspektiven, Frankfurt/M.: Campus.

Münz, Rainer und Ralf Ulrich (1994), Was wird aus den Neuen Bundesländern? Demografische Prognosen für ausgewählte Regionen und für Ostdeutschland, Demographie aktuell, 3.

National Research Council (ed.) (2000), Early Childhood Intervention: Views from the Field, Report of a Workshop, Compass Series, Washington D.C.: National Academy Press 37-39/64.

Nave-Herz, Rosemarie (2001), Die Hochzeit. Ihre heutige Sinnzuschreibung seitens der Eheschließenden: eine empirisch-soziologische Studie, Religion in der Gesellschaft, Würzburg: Ergon.

Nave-Herz, Rosemarie (2006), Ehe- und Familiensoziologie: Eine Einführung in Geschichte, theoretische Ansätze und empirische Befunde, Weinheim: Juventa.

Neisser, Ulric (ed.) (1998), The Rising Curve. Long-Term Gains in IQ and Related Measures, New York: American Psychological Association.

Neisser, Ulric (1998), Introduction, in: Neisser, Ulric (ed.), The Rising Curve. Long-Term Gains in IQ and Related Measures, Washington D.C.: American Psychological Association), 3-24.

Neuwirth, Nobert und Georg Wernhart (2007), Die Entscheidung von Müttern zur Erwerbspartizipation. Institutionelle Rahmenbedingungen, Werthaltungen und Aufteilung der Haushaltsarbeit, Working Paper 65, Österreichisches Institut für Familienforschung, Wien.

Neyer, Gerda and Gunnar Andersson (2004), Contemporary Research on European Fertility: Introduction, Demographic Research, Special Collection, 3/6 (16), Max-Planck-Gesellschaft, München.

Nida-Rümelin, Julian (2003), Der ineffiziente Markt. Kollektive Güter müssen vor Staatsabbau geschützt werden, Frankfurter Rundschau, 2003.

Nunner-Winkler, Gertrud (1988), Gibt es eine weibliche Moral?, in: Nunner-Winkler, Gertrud et al. (Hrsg.), Kultur- und Gesellschaft, Verhandlungen zum gemeinsamen Kongreß der Deutschen und Schweizerischen Gesellschaften für Soziologie, Zürich.

Obinger, Leibfried and Francis G. Castles (eds.) (2005), Federalism and the Welfare State: New World and European Experiences, Cambridge: Cambridge University Press.

Oerter, Rolf und Leo Montada (1998), Entwicklungspsychologie: Ein Lehrbuch, München: C.H. Beck.

Ogburn, William F. and Clark Tippitts (1933), The Family and Its Functions, New York: Wiley.

Olson, Mancur (2004), Logik kollektiven Handelns: Kollektivgüter und die Theorie der Gruppen, Tübingen: Mohr & Siebeck.

Parsons, Talcott and Robert F. Bales (1955), Family, Socialization, and Interaction Process, Glencoe: Free Press.

Perrot, Michelle und R.-H. Guerrand (1987), Szenen und Orte, in Aries, Philippe and Georges Duby (Hrsg.), Von der Revolution zum Großen Krieg, Geschichte des privaten Lebens, Bd. 4, Frankfurt/M.: Fischer, 311-418.

Pfau-Effinger, Birgit (1995), Teilzeitarbeit und Modernisierung des Geschlechtskontrakts im europäischen Vergleich, in: Gräbe, Sylvia (Hrsg.), Private Haushalte und neue Arbeitsmodelle, Frankfurt/M., New York: Campus, 53-68.

Pfau-Effinger, Birgit (1996), Theoretische Konzeptualisierung von Differenzen in der geschlechtsspezifischen Arbeitsteilung in West-Europa, in: Geissler, Birgit und Friederike Maier (Hrsg.), Der Beitrag der Frauenforschung zur sozioökonomischen Theorieentwicklung, Berlin: sigma.

Pfeil, Elisabeth (1961), Die Berufstätigkeit von Müttern. Eine empirisch-soziologische Erhebung an 900 Müttern aus vollständigen Familien, Tübingen: Mohr.

Piaget, Jean (1972), Das moralische Urteil beim Kinde, Frankfurt/M.: Suhrkamp.

Piaget, Jean (2003), Meine Theorien der geistigen Entwicklung, Hrsg. v. Reinhard Fatke und Hainer Kober, Weinheim: Beltz.

Picht, Georg (1964), Die deutsche Bildungskatastrophe. Analyse und Dokumentation, Freiburg: Olten.

Pinker, Steven (2002), The Blank Slate: The Modern Denial of Human Nature, New York: Viking.

Pinker, Steven (2004), Why Nature&Nurture Won't Go Away. Distinguish Nature and Nurture in Human Development, Daedalus (Referred), 133 (4), 300.

Pinker, Steven (1994), The Language Instinct: How the Mind Creates Language, New York: Morrow.

Pinker, Steven (2008), The Stuff of Thought: Language as a Window into Human Nature, New York: Penguin.

Pollack, Eunice G. (2002), The Childhood We Have Lost: When Siblings Were Caregivers, 1900-1970, Journal of Social History, 36 (1), 31-61.

Powell, Brian, Lala Carr Steelman, and Regina Werum (2004), Macro Causes, Micro Effects: Linking Public Policy, Family Structure and Educational Outcomes, in: Conley, Dalton and Karen Albright (eds.), After the Bell – Educational Success, Public Policy and Family Background, London: Routledge, 111-143.

Prenzel, Manfred et al. (Hrsg.) (2004), PISA 2003. Ergebnisse des zweiten internationalen Vergleichs, Münster: Waxmann.

Prenzel, Manfred et al. (Hrsg.) (2005), PISA 2003: Der zweite Vergleich der Länder in Deutschland. Was wissen und können Jugendliche? Informationstechnologien ergänzen den Bereich, Münster: Waxmann.

Pross, Helge (1982), Die Wirklichkeit der Hausfrau, Reinbek: Rowohlt.

Rawls, John (1982), Eine Theorie der Gerechtigkeit, Frankfurt/M.: Suhrkamp.

Renz, Regine und Bernd Eggen (2004), Frauen in Europa: Job? Kinder? Oder beides? Statistisches Monatsheft Baden-Württemberg, 4, 11-15.

Richter, Horst-Eberhard (1974), Patient Familie, Reinbek: Rowohlt.

Rodgers, Roy H. (1973), Family Interaction and Transaction. The Developmental Approach, New York: Prentice Hall.

Rolff, Hans-Günter (2002), Sozialisation und Auslese durch die Schule, Weinheim: Juventa.

Rosenbaum, Heidi (1982), Formen der Familie. Untersuchungen zum Zusammenhang von Familienverhältnissen, Sozialstruktur und sozialem Wandel in der deutschen Gesellschaft des 19. Jahrhunderts, Frankfurt/M.: Suhrkamp.

Rosenmayr, Leopold (Hrsg.) (1978), Die menschlichen Lebensalter. Kontinuität und Krisen, München, Zürich: Piper.

Rothenbacher, Franz (1997), Historische Haushalts- und Familienstatistik von Deutschland 1815–1990, Frankfurt/M.: Campus.

Ruigrok, H., Jaap Dronkers, and B. Mach (1996), Communisme and the Decline of the Family. Resemblance Between the Occupational Levels of Polish Siblings from Different Gender, Generations, Political Background, SCO-Kohnstamm Instituut. Paper voor de sessie Organisatie van de bezetting op de 7de Sociaal-wetenschappelijke Studiedagen, 11 en 12 april 1996 te Amsterdam.

Rutter, Michael (2000), Stress, Risk, and Resilience in Children and Adolescents: Processes, Mechanisms, and Interventions, Cambridge UK: Cambridge University Press.

Sauvy, Alfred (1954), Théorie générale de la population. Volume II. La vie des populations. Bibliothèque de Sociologie Contemporaine dirigée par G.Balandier, Paris: Presses Universitaires de France.

Sax, Christoph (2006), Vom Zwang zur Wahl. Der Zusammenhang zwischen Wohlstand und Fertilität im Wandel der Zeit. Die gewonnenen Jahre, Berlin: dissertation.de.

Scarr, Sandra (1984), I.Q.: Race, Social Class, and Individual Differences, New York: Psychology Press.

Schaible, Stefan und Roland Berger (2005), Unternehmen Familie. Studie von Roland Berger Strategy Consultants im Auftrag der Robert Bosch Stiftung, 118, Stuttgart.

Schlemmer, Elisabeth (1995), „Living apart together“, eine partnerschaftliche Lebensform von Singles? in: Bertram, Hans (Hrsg.), Das Individuum und seine Familie. Lebensformen, Familienbeziehungen und Lebensereignisse im Erwachsenenalter, DJI Familien-Survey 4, Opladen: Leske + Budrich, 363-398.

Schmidt, Gunter (1993), Jugendsexualität in den Neunziger Jahren: Eine Synopse in zwölf Thesen, in Schmidt, Gunter und Kurt Starke (Hrsg.), Jugendsexualität, Stuttgart: Enke, 1-11.

Schmidt, Gunter, et al. (2003), Spätmoderne Beziehungswelten: Report über Partnerschaft und Sexualität in drei Generationen, Wiesbaden: Verlag für Sozialwissenschaften.

Schneewind, Klaus A. und Stefan Ruppert (1995), Familien gestern und heute: ein Generationenvergleich über 16 Jahre, München: Quintessenz.

Schooler, Carmi (1998), Environmental Complexity and the Flynn Effect, in: Neisser, Ulric (ed.), The Rising Curve. Long-Term Gains in IQ and Related Measures, Washington D.C.: American Psychological Association, 67-80.

Schooler, Carmi and Melvin L. Kohn (1985), Work and Personality: Inquiry into the Impact of Social Stratification, New York: Greenwood Press.

Schooler, Carmi and K. Warner Schaie (1987), Cognitive Functioning and Social Structure Over the Life Course, Norwood, US: Ablex.

Schulze, Gerhard (1992), Die Erlebnisgesellschaft. Kultursoziologie der Gegenwart, Frankfurt/M.: Campus.

Sennett, Richard (1998), Der flexible Mensch. Die Kultur des neuen Kapitalismus, Berlin: Berlin Verlag.

Sennett, Richard (2008), HandWerk, Berlin: Berlin Verlag.

Settersten, Richard A. Jr., Frank F. Jr. Furstenberg, and Ruben G. Rumbaut (2005), On the Frontier of Adulthood: Theory, Research, and Public Policy, John D. and Catherine T. MacArthur Foundation Series on Mental Health and Development, Chicago: University of Chicago Press.

Shonkoff, Jack P. and Deborah Phillips (eds.) (2000), From Neurons to Neighborhoods: The Science of Early Childhood Development, Children, Youth, and Families Board on Development, Committee on Integrating the Science of Early Childhood, National Research Council, Washington, D.C.: National Academies Press.

Skolnick, Arlene S. (2001), A Time of Transition. Work, Family and Community in the Information Age, in: Skolnick, Arlene S. and Jerome H. Skolnick (2001), Family in Transition, Boston: Allyn & Bacon.

Skolnick, Arlene S. and Jerome H. Skolnick (2001), Family in Transition, Boston: Allyn & Bacon.

Smelser, Neil J. (1976), Sociological Theory: Historical and Formal, New York: General Learning Press.

Smelser, Neil J. (1994), Social Change in the Industrial Revolution: An Application of Theory to the British Cotton Industry, Aldershot: Gregg Revivals.

Snarey, John and Carla Gober (2002), Father-Child Relationships, Parenthood in America: An Ancyclopedia. Vol.1, Denver: ABC-CLIO, 222-226.

Snarey, John and George E. Vaillant (1993), How Fathers Care for The Next Generation: A Four-Decade Study, Cambridge MA: Harvard University Press.

Strohmeier, Peter, Annett Schultz und Christoph Weischer (2005), Familienentwicklung im industriellen Ballungsraum. Lebensformen, Lebenslagen und die Zukunft der Familien im Ruhrgebiet, Expertise für den Siebten Familienbericht, Berlin.

Sulloway, Frank J. (1997), Born to Rebel: Birth Order, Family Dynamics, and Creative Lives, New York: Vintage.
Sulloway, Frank J. (2000), Sulloway Response: Born to Rebel and Its Critics, Politics and the Life Sciences, Association for Politics and the Life Sciences (PLS), 19 (2), 181-202.
Sulloway, Frank J. (2001), Roundtable Response. Born to Rebel and Its Critics, Association for Politics and the Life Sciences, 19 (2), 181-202.
Swanson, Daniel R. and George E. Miller (1958), The Changing American Parent. A Study in the Detroit Area, New York: Wiley.
Tesch-Römer, Clemens et al. (2002), Die zweite Welle des Alterssurveys. Erhebungsdesign und Instrumente, Deutsches Zentrum für Altersfragen: Diskussionspapiere, 35, 2, Berlin.
Teutenberg, Hans Jürgen (1985), Homo habitans: Zur Sozialgeschichte des ländlichen und städtischen Wohnens in der Neuzeit, Studien zur Geschichte des Alltags, 4; Stuttgart: Steiner.
Thompson, Ross A. and Paul R. Amato (1999), The Postdivorce Family: Children, Parenting, and Society, New York: Sage.
Tomasello, Michael (2002), Die kulturelle Entwicklung des menschlichen Denkens: Zur Evolution der Kognition, Frankfurt/M.: Suhrkamp.
Townsend, Frederic (1997), Rebelling against „Born to Rebel", Association for Politics and the Life Sciences (PLS), 191-204.
Townsend, Frederic (2000), Birth Order and Rebelliousness: Reconstructing the Research in „Born to Rebel", Association for Politics and the Life Sciences (PLS), 19 (2), 135-56.
Vaupel, James W. und Kristin G. Kristowski (2007), Die Plastizität menschlicher Lebenserwartung und ihre Konsequenzen, in: Gruss, Peter (Hrsg.), Die Zukunft des Alterns. Die Antwort der Wissenschaft, München: C.H. Beck, 51-78.
Vygotskij, Lev Semenovic (1978), Mind in Society: The Development of Higher Psychological Processes, Cambridge MA: Harvard University Press.
Wacquant, Loic and William Julius Wilson (1989), The Cost of Racial and Class Exclusion in the Inner City, The Annals of the American Academy of Political and Social Sience, 501 (1) 8-25.
Waldfogel, Jane (2001), International Policies Toward Parental Leave and Child Care. Caring for Infants and Toddlers, in: The Future of Children: A Collaboration of The Woodrow Wilson School of Public and International Affairs at Princeton University and The Brookings, Princeton.
Waldfogel, Jane (2006), What Children Need, The Family and Public Policy, Cambridge MA: Harvard University Press.
Wall, Richard, Jean Robin, and Peter Laslett (1983), Family Forms in Historic Europe, Cambridge Group for the History of Population and Social Structure, Cambridge, New York: Cambridge University Press.
Walper, Sabine und Reinhard Pekrun (2001), Familie und Entwicklung: Aktuelle Perspektiven der Familienpsychologie, Göttingen: Hogrefe.
Weber, Max (1993), Die protestantische Ethik und der Geist des Kapitalismus, Bodenheim: Beltz, Athenäum.
Weber, Max (1980), Typen der Vergemeinschaftung und Vergesellschaftung in ihrer Beziehung zur Wirtschaft, in: Weber, Max (Hrsg.), Wirtschaft und Gesellschaft: Grundriß der verstehenden Soziologie, Tübingen: Mohr, 212-233.
Weizsäcker, Carl Friedrich von (2005), Zukunft der Gesellschaft, Süddeutsche Zeitung.
Wellman, Barry (1999), Networks in the Global Village. Life in Contemporary Communities. Boulder, CO: Westview Press.
Wellmann, Katherine K. (1998), America's Children in Brief: Key National Indicators of Well-Being, in: Federal Interagency Forum on Child and Family, Washington, D.C.: Government Printing Office.
Westphal, Ricardo (2005), Zur schichtspezifischen Sozialisation der 70er Jahre bis heute mit einem Ausblick auf die Ergebnisse der PISA-Studie, München: GRIN.
Whalley, Margie (1994), Learning to be Strong, London: Hodder & Stoughton.

Whalley, Margie (2003), Involving Parents in their Children's Learning: Pen Green Centre for Early Excellence, London: Paul Chapman.

White, Lynn and Stacy J. Rogers (2000), Economic Circumstances and Family Outcomes: A Review of the 1990s, Journal of Marriage and the Family, 62 (4), 1035-1051.

Wimbauer, Christine und Ulrike Schneider (2006), Entstaatlichung von unten? Ungleichheit in Paarbeziehungen: Zur Transformation der institutionellen Ordnung von Geld und Liebe im Privaten, in: Allmendinger, Jutta (Hrsg.), Entstaatlichung. Neue Unsicherheiten in der Zivilgesellschaft, Wiesbaden: Verlag für Sozialwissenschaften, 707- 722.

Winterhoff, Michael (2008), Warum unsere Kinder Tyrannen werden: Oder Die Abschaffung der Kindheit, Gütersloh: Gütersloher Verlagshaus.

Zigler, Edward and Sally J. Styfco (1994), Head Start: Criticisms in a Constructive Context, American Psychologist 49 (2), 127-132.

Zinnecker, Jürgen (2001), Children in Young and Ageing Societies: The Order of Generations and Models of Childhood in Comparative Perspective, in Hofferth, Sandra L. and Timothy J. Owens (eds.), Children at the Millenium: Where Have We Come From, Where Are We Going? Amsterdam, London: Elsevier, 11-52.

Znaniecki Lopata, Helena (1978), Contributions of Extended Families to the Support Systems of Metropolitan Area Widows: Limitations of the Modified Kin Network, Journal of Marriage and the Family, 40, 351-64.

Glossar

Äquivalenzeinkommen
Zur Beschreibung der ökonomischen Situation von Haushalten dient das Konzept des Äquivalenzeinkommens als Wert, der sich aus dem Gesamteinkommen eines Haushalts und der Anzahl und dem Alter der von diesem Einkommen lebenden Personen ergibt; es wird vor allem für die Berechnung von Einkommensverteilung, Einkommensungleichheit und Armut verwendet. Die Einkommen werden nach Haushaltsgröße und Zusammensetzung gewichtet, weil die Einkommen von Personen in unterschiedlich großen Haushalten nicht direkt miteinander vergleichbar sind, da in größeren Haushalten Einspareffekte (Skalenvorteile) entstehen, etwa durch die gemeinsame Nutzung des Wohnraums oder der Energie. Als „relativ" arm wird jemand bezeichnet, dessen Einkommen weniger als 50 oder 60 Prozent des Durchschnittseinkommens der Gesellschaft beträgt. So wird seit 2001 in den OECD Ländern derjenige als arm bezeichnet, der über weniger als 60 Prozent des Nettoäquivalenzeinkommens verfügt. Das Pro-Kopf-Äquivalenzeinkommen wird ermittelt, indem das Haushaltseinkommen durch die Zahl der Personen im Haushalt dividiert wird; dabei wird jedoch nach der neuen OECD-Äquivalenz-Skala eine Gewichtung vorgenommen, indem der erste Erwachsene 1 zählt, jede weitere Person über 14 Jahren 0,5 und Kinder unter 14 Jahren 0,3.

Ambiguitätstoleranz
Ambiguitätstoleranz (lat. Mehrdeutigkeit) meint die Fähigkeit, im Rollenhandeln die Widersprüchlichkeiten der Rollenerwartungen aus den unterschiedlichen Perspektiven der verschiedenen Rollenteilnehmer zu integrieren und subjektiv handlungsfähig zu sein.

asymmetrische Gesellschaft
Der amerikanische Soziologe James S. Coleman beschreibt in seinem gleichnamigen Buch das Phänomen, dass die moderne Familie kaum noch in der Lage sei, ihre Kinder angemessen auf die Zukunft vorzubereiten, weil die notwendige Unterstützung durch Nachbarschaft, Verwandtschaft und Gemeinde fehlt, die es in der Industriegesellschaft immer gegeben habe.

Binnenwanderung
Als Binnenwanderung werden die Wanderbewegungen von Personen innerhalb einer Region, eines Bundeslandes oder eines Staates bezeichnet. Als ein Typ von Binnenwanderung können etwa die nach dem Fall der Mauer einsetzenden Wanderungen aus den östlichen in die westlichen Bundesländer Deutschlands genannt werden. Als Gründe für solche Wanderungsprozesse sind Arbeits- und Einkommensverhältnisse, Wohnverhältnisse, Infrastruktur, Heiratsoptionen, aber auch Flucht vor Krieg zu nennen.

black box („schwarzer Kasten")
Als black box wird das Modell eines Systems zur Verarbeitung von inneren und äußeren Reizen bezeichnet, dessen Aufbau (noch) unbekannt ist: ein Kasten, der Eingang und Ausgang besitzt und nur Aussagen über den Input und den Output zulässt, jedoch keine Aussagen über die Struktur und die

Arbeitsweise im Inneren. In den Sozialwissenschaften werden damit Modelle über die Natur der menschlichen Persönlichkeit bezeichnet, die keine Aussagen über die interne Struktur des Menschen machen, sondern nur den Input (Reize) und den Output (Reaktion, Verhalten) messen.

Care
Care (lat.: Liebe, wert und teuer) bedeutet zunächst „Fürsorge für andere", betont jedoch zugleich die subjektiven personalen Beziehungen zum anderen und wird dadurch zu einer personalen Leistung innerhalb des familiären Beziehungsgefüges, als subjektive Bereitschaft, für jemanden, den man liebt, Verantwortung zu übernehmen, ohne eine Gegenleistung zu erwarten.

demografische Dividende
Durch die demografische Umschichtung der Gesellschaft werden die staatlichen Aufwendungen für bestimmte Altersgruppen deutlich verändert; so spart der Staat durch den seit 15 Jahren anhaltenden kontinuierlichen Geburtenrückgang inzwischen 2 bis 3 Milliarden Euro jährlich an nicht auszuzahlendem Kindergeld, was den Staatshaushalt insgesamt entlastet, ohne dass diese Summe quasi automatisch den geborenen Kindern zugute kommt.

Desintegration der Familie
René König beschrieb schon 1974 die von ihm angenommene Desintegration der Familie, weil er in dem damals vorherrschenden Lebensmodell der Versorgerehe (der Vater als außerhäuslich Erwerbstätiger, der das Familieneinkommen erwirtschaftete, und die Mutter als für die innere familiäre Organisation und die Erziehung der Kinder zuständig) das Risiko sah, dass die gesellschaftliche Teilhabe der Mütter nur indirekt über die Ehepartner erfolge, nicht aber direkt durch eigene Teilhabe über Beruf oder andere gesellschaftliche Netze. Das Risiko sah er vor allem darin, dass nur die personalen Beziehungen zwischen dem Paar und den Kindern konstitutiv für diese Familie sind und andere Elemente, etwa das gemeinsame Wirtschaften, zu Gunsten der getrennten Organisation von männlich strukturierter Arbeitswelt und weiblich organisiertem Haushalt aufgegeben ist. Durch die mangelnde Integration in die Gesellschaft werden die individuellen Bindungen ohne entsprechende institutionelle Unterstützungen als labil und gefährdet angesehen.

Grundirrtum der Psychologie
Jerome Kagan kritisiert in seinem Buch „Die drei Grundirrtümer der Psychologie" den Kindheitsdeterminismus vieler entwicklungspsychologischer Ansätze, nämlich die Auffassung, nur die frühe Kindheit sei für die kindliche Entwicklung im ganzen späteren Lebensverlauf entscheidend, und stellt dem eine Reihe von Befunden gegenüber, dass die menschliche Entwicklung auch in späteren Lebensjahren von spezifischen Erfahrungen und Lernprozessen teilweise erheblich profitiere.

Einkommensabhängiges Elterngeld
Das Elterngeld ist eine Transferzahlung für Familien mit kleinen Kindern zur Unterstützung der Sicherung der ökonomischen Grundlage, die in erster Linie als Lohnersatzleistung ausgestaltet ist. Die Elterngeldzahlung geht über die Zeit des Mutterschutzes hinaus und sie wird je nach Land maximal 14 Monate lang gezahlt. Das neue Elterngeld bekommen alle Eltern, deren Kinder nach dem 01.01. 2007 geboren werden. Für vor dem 01.01.2007 geborene Kinder gibt es weiterhin das Erziehungsgeld. Es ist also durchaus möglich, dass Familien mit mehreren Kindern für ein älteres Kind das alte Erziehungsgeld und gleichzeitig für ein jüngeres Kind das neue Elterngeld erhalten. Anders als beim Erziehungsgeld gibt es beim Elterngeld keine Einkommensgrenzen. Somit kann jede Mutter und jeder Vater in den Genuss des Elterngeldes kommen. Grundsätzlich werden monatlich 67 Prozent des letzten Nettoeinkommens gewährt, höchstens 1800 Euro.

„empty nest"
Wenn erwachsen gewordene Kinder den familiären Haushalt verlassen, bezeichnet „empty nest" diese Phase im Leben von Eltern als eine strukturelle Veränderung der Familie: die räumliche Trennung

von Eltern und Kind(ern). In der Familiensoziologie wird diese Phase auch als „nachelterliche Gefährtenschaft“ bezeichnet, da die Eltern ihre partnerschaftliche Beziehung in neuer Form ohne die Kinder rekonstruieren.

Erblichkeitshypothese

Die amerikanische Psychologin Judith Harris geht in ihrer These zur kindlichen Entwicklung davon aus, dass weniger die Eltern, sondern eher die Geschwister und die Peer-Goup (Gleichaltrige), mit der die Kinder aufwachsen, die kindliche Entwicklung zentral beeinflussen und die Korrelationen zwischen elterlichen Persönlichkeitsmerkmalen und kindlicher Entwicklung eher auf ihre gemeinsame Lebensumwelt zurückzuführen ist. Im Kontrast dazu können diese Korrelationen jedoch auf einen erheblichen Einfluss erblicher Faktoren zurückzuführen sein. Jedoch beeinflussen spezifische Verhaltensweisen der Eltern in ihrer eigenen Kindheit und Jugend (zum Beispiel das Verhältnis zur Sexualität) auch das Verhalten ihrer Kinder in diesen Bereichen, was eben nicht über Erblichkeit zu erklären ist.

Erwerbslebenszyklus

Das Modell des Erwerbslebenszyklus stellt die aktuell nicht hinterfragte Dreiteilung des Lebenslaufs (Ausbildung, Beruf, Ruhestand) als überholt in Frage. Angesichts der deutlich verlängerten Lebenserwartung entspricht ein Lebensmodell, das das erste Drittel der Jugend bis zur Mitte/Ende des dritten Lebensjahrzehnts als Phase des Lernens ansieht, das mittlere Drittel von 30 bis etwa 55 oder 60 Jahren als Phase der aktiven beruflichen Beteiligung und Familiengründung und das dritte Drittel als Ruhestand nicht den vielfältigen Optionen eines solchen langen Lebens. Vielmehr sieht das Grünbuch der Europäischen Union im Modell des Erwerbslebenszyklus eine innovative strukturelle Umorganisation des Lebenslaufs in unterschiedliche Lebensphasen, bei dem sich Phasen des Lernens mit Phasen des beruflichen Engagements abwechseln, dazwischen möglicherweise Phasen von Fürsorgetätigkeit beispielsweise für Kinder oder für alt gewordene Eltern, wobei auch im Alter Phasen von gesellschaftlicher Aktivität denkbar sind.

Erziehungsstile

Erziehungsstile stellen die (bewussten oder meist unbewussten) Grundsätze und Strategien in der (Kinder-)Erziehung dar. Entlang der beiden Grunddimensionen (1) hohe versus geringe Kontrolle und (2) hohe versus geringe Wertschätzung der Person des Kindes lassen sich verschiedene Erziehungsstile unterscheiden; zumeist besteht Erziehung aus Mischformen der verschiedenen Elemente. Meist werden vier Erziehungsstile beschrieben. Der autoritäre Erziehungsstil ist geprägt durch hohe Kontrolle und wenig Responsivität (Wertschätzung) des Erziehers; es herrschen strenge Regeln, die nicht hinterfragt werden; bei unerwünschtem Verhalten erfolgen teilweise harte Bestrafungen. Der partnerschaftlich-demokratische Erziehungsstil zeichnet sich durch Führung und Modell des Erwachsenen aus, bei gleichzeitig hoher Responsivität und Kindzentriertheit: bei hohen Erwartungen an das kindliche Verhalten werden die Standards und Regeln eingefordert; trotzdem herrschen eine offene Kommunikation und Partizipation, und der kindliche Standpunkt und die Person des Kindes werden geachtet. Die Kontrolldimension ist beim permissiven Erziehungsstil (laissez-faire) dagegen gering ausgeprägt, die Erzieher zeigen eine hohe Toleranz und Akzeptanz des kindlichen Verhaltens, setzen wenig Grenzen und Kontrollen oder Bestrafungen. Beim vernachlässigenden Erziehungsstil verhalten sich die Erzieher/Eltern zurückweisend oder auch desinteressiert und nicht kontrollierend und fühlen sich gegenüber dem Kind zu nichts verpflichtet; hier sind geringe Kontrolle und geringe Wertschätzung kombiniert.

Familiarisierung der Jugendlichensexualität

Als eine Konsequenz der seit den 1970er Jahren zunehmenden Liberalisierung der Sexualität gilt die Sexualität von Jugendlichen als Teil der eigenen Lebensgestaltung der Jugendphase und wird von den Eltern weithin akzeptiert und teilweise auch im familiären Kontext gelebt. Das bedeutet auf der einen Seite eine hohe Akzeptanz und relativ offene Kommunikation über Sexualität innerhalb der Familie, auf der anderen Seite aber durchaus auch die Konsequenz der elterlichen Kontrolle über die Jugendlichensexualität, die sich auch in mangelnder Autonomie und Intimität der Jugendlichen ausdrücken kann.

Familienentwicklungsmodell
Die Theorie der Familienentwicklung verknüpft das Modell der Lebenstreppe, wie es als Bild des menschlichen Lebensverlaufs vorherrscht, mit einem empirischen Forschungsinstrument, um den Prozess der Familienentwicklung zu übersetzen und wissenschaftlich zu analysieren. Dabei konzentriert sich das Modell auf die Paarbeziehung und die Erweiterung des Paares zur Gemeinschaft von Eltern und Kindern; es unterscheidet sieben Phasen: Etablierung des Paares (Heirat), Geburt/en, Kinder im schulpflichtigem Alter, Jugendphase, Auszug der Kinder, nachelterliche Gefährtenschaft und letztlich das gemeinsame Altern.

Fatalismus
Mit Fatalismus (lat. schicksalhaft) wird eine Grundeinstellung bezeichnet, die eigene Lebenslage als durch das Schicksal oder durch übergeordnete Kräfte beeinflusst und bestimmt zu erleben, denen das Individuum bedingungslos ausgesetzt ist. Mit dieser Grundeinstellung werden den eigenen Möglichkeiten, Einfluss auf die eigene Lebensgestaltung zu nehmen, nur geringe Chancen eingeräumt, und eigene Anstrengungen zur Veränderung der Lebenslage werden als sinnlos und unergiebig eingeschätzt.

Fruchtbarkeitsphase
Die fruchtbare oder zeugungsfähige Phase des Menschen beginnt mit der Pubertät und endet für Frauen mit den so genannten Wechseljahren (Klimakterium); Männer bleiben meist bis ins hohe Alter zeugungsfähig. In der Demografie wird die so genannte zusammengefasste Fruchtbarkeitsziffer (auch: zusammengefasste Geburtenziffer, Gesamtfruchtbarkeitsphase oder Fertilitätsrate TFR = Total Fertility Rate) zur Ermittlung der durchschnittlichen Kinderzahl verwendet, die eine Frau im Laufe ihres Lebens bekommen könnte, wenn die ermittelte altersspezifische Fruchtbarkeitsziffer für den gesamten Zeitraum ihrer fruchtbaren Lebensphase gelten würde.

Generation Praktikum
Auch für hoch und höchst qualifizierte junge Erwachsene ist heute die Chance, unmittelbar nach dem Abschluss den Berufseinstieg in eine sichere Position zu erreichen, erheblich vermindert gegenüber der eigenen Elterngeneration. Demgegenüber finden sich vermehrt unbezahlte oder minderbezahlte, kurzfristige und unsichere Praktika, Zeitverträge oder befristete Projektarbeiten.

Goldenes Zeitalter der Familie
Der deutsche Soziologe Stefan Hradil bezeichnet die Fünfziger und Sechziger Jahre des 20. Jahrhunderts als das „Goldene Zeitalter" der Familie. Nach dem Zweiten Weltkrieg galten Ehe und Familie als „kulturelle Selbstverständlichkeit" und eine Art „Standard-Lebensform". So waren im Deutschland der Nachkriegszeit 95 Prozent der einschlägigen Altersjahrgänge verheiratet und 90 Prozent hatten Kinder; in dieser Zeit war auch das Modell der Versorgerehe gesellschaftlich weithin akzeptiert mit dem Vater als Ernährer und der Mutter als Hausfrau und Erzieherin der Kinder.

Head Start
Head Start ist ein US-amerikanisches Programm der kompensatorischen Erziehung mit dem Ziel, die Bildungschancen für Kinder aus sozial benachteiligten Familien zu verbessern und ihre Resilienz zu steigern. Head Start wurde 1965 im Rahmen des „Krieges gegen die Armut" unter Präsident Lyndon B. Johnson unter Mithilfe des Soziologen Daniel P. Moynihan gestartet und erreicht noch heute jährlich 8.000 Kinder. In drei verschiedenen Teilbereichen mit je eigenen Problemstellungen wurden unterschiedliche Zielgruppen unterstützt: „Early Head Start" unterstützt sozial benachteiligte Mütter während der Schwangerschaft mit Angeboten wie Erziehungs- und Beratungskursen. „Head Start" wendet sich mit Hausaufgabenbetreuung, Museumsbesuchen, Leseprojekten oder Kochmittagen vor allem an Schulkinder aus bildungsfernen Familien. „Migrant and Seasonal Head Start" wendet sich mit Angeboten an

Migranten und Saisonarbeiter. Inzwischen liegen mehrere eindrückliche Längsschnittuntersuchungen über die nachhaltigen und positiven Konsequenzen dieser Interventionsprogramme vor.

heteronome und autonome Moral
Das Modell zur moralischen Entwicklung des Schweizer Entwicklungspsychologen Jean Piaget beschreibt den Prozess der kindlichen Moralentwicklung „von der Heteronomie zur Autonomie", das heißt von der externalen Befolgung von fremd gesetzten Regeln, die auf Gehorsam gegenüber den von der (Erwachsenen-)Autorität vorgegebenen Erwartungen beruht, gelangt das Kind nach Überwindung des kindlichen Egozentrismus über den Prozess des Aushandelns von Regeln mit gleich berechtigten gleichaltrigen Partnern (Stadium der beginnenden Zusammenarbeit) zur moralischen Autonomie, bei der das Kind auf der Basis interner Regeln von Gerechtigkeit und Angemessenheit Motive und Absichten sowie Konsequenzen des Handelns der beteiligten Akteure reflektiert.

Homogamie
Als homogame Partnerwahl wird die Auswahl von gleichartigen Individuen bezeichnet, zum Beispiel in Bezug auf Vermögen, Herkunft, berufliche Stellung, Alter, Bildung, um möglichst ähnliche Bedingungen in eine Beziehung oder Partnerschaft einzubringen. Parallel zur Entwicklung des Ideals der bürgerlichen und romantischen Liebe im 19. Jahrhundert hat nach Peter Borscheid's These die Homogamie, also die Wahl von sozial und bildungsmäßig ähnlichen Partnern zugenommen; das lässt sich heute auch empirisch zeigen (Hans-Peter Blossfeld).

horizontale und vertikale Gerechtigkeit
Das klassische Modell sozialer Ungleichheit unterscheidet zwischen horizontalen und vertikalen Faktoren: Die in der Gesellschaft ungleich verteilten Ressourcen führen über das Bildungs- und Berufsausbildungssystem und die durch die Bildungspatente kanalisierten Zugangsmöglichkeiten zu beruflichen Positionen und den damit verbundenen Einkommen zu einer vertikalen Differenzierung, das heißt Hierarchisierung von sozialen Positionen und der damit verbundenen Marktmacht. Demgegenüber gibt es viele weitere Faktoren von unterschiedlichen Merkmalen von Personen, die zwar individuell unterschiedlich sind, ihrerseits jedoch keine privilegierende oder benachteiligende Wirkung entfalten sollten (horizontale Vielfalt), so etwa Geschlecht, Alter, Ethnie, Stadt/Land, Gesundheit, aber auch Familienform oder Kinderzahl. Die sozialen Konsequenzen der Pluralisierung von Lebenslagen haben jedoch dazu geführt, dass unterschiedliche horizontale Faktoren, zum Teil einzeln, zum Teil in Kombination, zu neuen Ungleichheitslagen geführt haben, wie etwa das deutlich erhöhte Armutsrisiko von Alleinerziehenden oder von kinderreichen Familien. Daraus ergibt sich als Konsequenz eine neue Debatte über horizontale Gerechtigkeit, indem die Lebensführung und Lebensform von Personen nicht über die soziale Teilhabe an der Gesellschaft und über die Chancen der darin heranwachsenden Kinder entscheiden sollte. Ein weiterer Aspekt horizontaler Gerechtigkeit ergibt sich aus diesem Zusammenhang, dass die Familien, die heute Kinder groß ziehen und dies teilweise unter Verzicht auf ökonomische Ressourcen tun (geringere Erwerbsbeteiligung von Müttern mit entsprechend geringerem verfügbaren Einkommen), später bei ihrer Rente als Folge ihrer geringeren Erwerbsbeteiligung ebenfalls geringere Ansprüche haben gegenüber den voll erwerbstätigen Personen, die keine Kinder groß gezogen haben: die Kinder der einen Gruppe erwirtschaften dann als Erwachsene die höheren Rentenansprüche der Kinderlosen (Polarisierungsthese von Franz-Xaver Kaufmann).

Humankapital und Sozialkapital
Die Bildung von Humankapital als Summe der individuellen und kollektiven Bildungsinvestitionen wurde lange vorrangig als eine wirtschaftliche Ressource (Leistungsfähigkeit von Arbeitskräften) und als Garant für langfristigen Unternehmenserfolg und nachhaltige Unternehmenssicherung verstanden. Der französische Soziologe Pierre Bourdieu kritisiert diesen Begriff als zu stark auf ökonomisches Kapital und damit zu direkt auf Geldwert fixiert. Als Gegenentwurf definiert er den Begriff des Sozialkapitals als Gesamtheit der aktuellen und potenziellen Ressourcen, die mit der Teilhabe am Netz sozialer Beziehungen gegenseitigen Kennens und Anerkennens verbunden sein können; damit sind

alle sozialen Leistungen eingeschlossen, die ohne den Austausch von Geld zwischen Personen auf der Basis von Vertrauenswürdigkeit, wechselseitigen Erwartungen und Verpflichtungen erbracht werden, wie Liebe, Fürsorge, Erziehung, Betreuung. Im Gegensatz zum Humankapital bezieht sich das Sozialkapital nicht auf natürliche Personen an sich, sondern auf die Beziehungen zwischen ihnen und bietet so einen Zugang zu Ressourcen des sozialen und gesellschaftlichen Lebens. Der amerikanische Soziologe James Coleman differenziert das Konzept des Sozialkapitals weiter aus als Aspekte einer sozialen Struktur, die als Informationskanäle dienen und in denen verbindliche Normen wirksam sind; die Geschlossenheit der sozialen Netzwerke fördern das Entstehen von Sozialkapital und erscheint gleichzeitig selbst als eine Form von Sozialkapital. Nach Coleman weisen Familien als kleine Beziehungsnetze regelmäßig diese Aspekte von Sozialkapital auf: Familiale Beziehungen sind für ihre Mitglieder vertrauenswürdige, auf Dauer angelegte Beziehungen, die zu einem hohen Maß an Geschlossenheit neigen und ein hohes Maß an sozialer Kontrolle ermöglichen. James Coleman sieht in der Produktion von Humankapital eine der Hauptfunktionen von sozialem Kapital, das hier wiederum aus familialen Netzwerkbeziehungen besteht. Wie Pierre Bourdieu geht er davon aus, dass Humankapital und somit auch transformiertes Finanzkapital die infrastrukturellen Bedingungen des Sozialkapitals zu seiner intergenerationellen Vermittlung braucht.

Individualisierung
Mit dem Begriff Individualisierung wird der Prozess bezeichnet, der infolge von Industrialisierung und Modernisierung in den westlichen Gesellschaften das Individuum von der Fremd- zur Selbstbestimmung geführt hat. Spätestens seit der Romantik (Ideale der Französischen Revolution 1789) wird das Individuum als einzigartige und selbst bestimmte Person gesehen und jeder gefordert, sich zu einer solchen Person zu entwickeln. Der deutsche Soziologe Ulrich Beck hat mit seinen Thesen zur Risikogesellschaft dieses Konzept für den modernen Menschen formuliert, den er als freigesetzt sieht von äußeren Verpflichtungen und Traditionen mit der daraus erwachsenden Wahlfreiheit, einen individuellen eigenen Lebensentwurf zu verantworten. Umgekehrt leitet sich aus dem Postulat der Individualisierung die Pluralisierung von Lebensentwürfen ab. Bezogen auf familiäre Lebensformen befürchten Kritiker (etwa Amitai Etzioni, aber auch Ulrich Beck), dass der gesellschaftliche Zusammenhalt als Folge der zunehmenden Individualisierungstendenzen der modernen Gesellschaft das familiäre Zusammenleben erschwere und damit selbst brüchig würde.

Industriegesellschaft
Im Übergang vom 19. zum 20. Jahrhundert verschob sich der Anteil der Personen, die ihre Existenzsicherung in der Landwirtschaft tätigten (Agrargesellschaft), von mehr als 50 Prozent auf knapp 3 Prozent heute. Im Gegenzug stieg der Anteil der in der Industrie beschäftigten Personen auf über 50 Prozent in der Mitte des 20. Jahrhunderts an und sinkt seit den Siebziger Jahren deutlich und kontinuierlich bis auf etwa 30 Prozent heute. Daher wird die gesellschaftliche Formation, in der die meisten Erwerbstätigen in der Industrie beschäftigt sind, als Industriegesellschaft bezeichnet. Diese war von dem Erfolgsversprechen begleitet, den Herausforderungen und begrenzten Ressourcen von Krankheit, Produktion, Verkehr und Lebensführung mit neuen technischen Möglichkeiten durch die Innovationen und den Fortschritt von Wissenschaft und Technik zu begegnen.

interaktionistische Sozialisationstheorien oder Symbolischer Interaktionismus
Die soziologische Theorie des Symbolischen Interaktionismus, wesentlich geprägt durch den amerikanischen Soziologen George Herbert Mead, geht als Handlungstheorie davon aus, dass die Kommunikation und Interaktion von Menschen das Fundament menschlichen Handelns darstellt und die Bedeutung von sozialen Objekten, Situationen und Beziehungen symbolisch vermittelt wird. Durch den geteilten Symbolgebrauch werden in der konkreten Interaktion und Kommunikation gemeinsame Erfahrungszusammenhänge konstituiert, die die Wahrnehmung und Weltsicht des Einzelnen strukturieren und sein Handeln prägen.

Intimität auf Distanz
Dieser vom Wiener Soziologen Leopold Rosenmayr formulierte Begriff meint ein zentrales Element moderner Familienführung: Die Individuen leben gern in eigenen Haushalten und schätzen ihre Unabhängigkeit und Autonomie (vgl. Individualisierung), sind aber dennoch mit den Mitgliedern ihrer Familie subjektiv und objektiv verbunden: relativ nahe Wohnentfernung sowie moderne Kommunikations- und Verkehrsmedien erleichtern die Aufrechterhaltung des Kontakts. Besondere Bedeutung gewinnt dieser Ausdruck für die Beziehung zwischen den alt gewordenen Eltern und ihren Kindern, wo trotz getrennter Haushalte zwischen den Generationen Kontakte und notwendige (materielle und informelle) Unterstützungsleistungen wechselseitig ausgetauscht werden.

Intelligenzquotient, IQ
Geprägt wurde die Kenngröße Intelligenzquotient (IQ) vom deutschen Psychologen William L. Stern, während der erste brauchbare Intelligenztest vom französischen Psychologen und Pädagogen Alfred Binet durchgeführt wurde (Zahl der gelösten Testaufgaben in Relation zum Alter des Kindes). Mit dem IQ wird die standardisierte Bewertung des allgemeinen intellektuellen Leistungsvermögens (Intelligenz) bezeichnet. Als Quotient vergleicht er die Intelligenzleistung einer Person mit der des Durchschnitts der Gesamtbevölkerung zum selben Zeitpunkt. Dabei gibt eine IQ-Skala Auskunft über die Normalverteilung der Werte einer getesteten Population, mit dem Mittelwert 100 (entspricht einem Wert, den 50 Prozent der Population erreichen) und der Standardabweichung von 15 IQ-Punkten; die 16 Prozent Leistungsbesten haben einen IQ von 115 oder höher, Hochbegabte von 130 oder höher.

Kernfamilie
Die Kernfamilie ist definiert durch das Paar mit seinen gemeinsamen Kindern, die gemeinsam einen eigenen Haushalt bewohnen (vgl. neolokale Gattenfamilie). Sie wird auch als Kleinfamilie bezeichnet im Gegensatz zur mehrgenerationellen Großfamilie.

Kinderarmut, Armutsgefährdung
Während in den 1970 Jahren das größte Armutsrisiko für alte alleinstehende Frauen galt (vor allem die Kriegerwitwen), ist heute von einer Infantilisierung der Armut zu sprechen. Nach einer für UNICEF erstellten Studie steigt die Kinderarmut (Kinder ab Geburt bis 18 Jahre) in Deutschland schneller als die Armutsrate im Schnitt der Bevölkerung; Kinder, besonders bei Alleinerziehenden, sind häufiger arm als Erwachsene: in Abb. 38 sind die jüngsten Zahlen auf der Basis des Mikrozensus 2006 dargestellt. Dabei geht es neben der ökonomischen Deprivation (Mangel an materiellen Dingen) auch um damit häufig verknüpfte benachteiligende Faktoren, wie unzureichende gesundheitliche Versorgung, geringer Bildungsstand, mangelnde gesellschaftliche Teilhabe. Als arm bzw. armutsgefährdet gelten die Kinder, die unter die so genannte relative Armutsgrenze von 50 bzw. 60 Prozent des Medians vom gewichteten Nettoäquivalenzeinkommen des jeweiligen Landes fallen (vgl. Äquivalenzeinkommen).

Kinderrechtskonvention der UNO
Die Kinderrechtskonvention der Vereinten Nationen als Übereinkommen über die Rechte des Kindes trat am 20. September 1990 in Kraft und wurde weltweit (von 193 Ländern, mit Ausnahme der USA und Somalia) ratifiziert. Die Konvention definiert Kinder als Menschen, die das 18. Lebensjahr noch nicht abgeschlossen haben. Sie legt Standards zum Schutz der Kinder fest und stellt deren Wichtigkeit in Bezug auf ihren Wert und ihr Wohlbefinden heraus. Die Kinderrechtskonvention beruht auf vier elementaren Grundsätzen: das Überleben, die Entwicklung, die Nichtdiskriminierung und die Wahrung der Interessen und der Beteiligung der Kinder.

kindliches Wohlbefinden
Das Konzept des kindlichen Wohlbefindens geht davon aus, dass die unterschiedlichen institutionellen Kontexte, in denen sich ein Kind bewegt, aus der Sicht des Kindes so zu gestalten sind, dass sie die unterschiedlichen Aspekte der kindlichen Entwicklung berücksichtigen und daher zwischen den in

der Regel getrennten Kontexten Beziehungen hergestellt werden müssen, so dass sie die kindliche Entwicklung einzeln und gemeinsam fördern, nämlich Eltern und andere Personen, die die kindliche Entwicklung fördern, wie Nachbarn, Verwandte, pädagogische Akteure in Kindergarten, Schule und Freizeit. So hat das Kind, das in seinen Entwicklungsbedingungen insgesamt gefördert wird, auch als aktiv handelndes Subjekt an der Umwelt, in der es aufwächst, teil.

Kohortenfertilität
In der Demografie wird die sogenannte zusammengefasste Fruchtbarkeitsziffer (auch: zusammengefasste Geburtenziffer, Gesamtfruchtbarkeitsphase oder Fertilitätsrate) zur Ermittlung der durchschnittlichen Kinderzahl, die eine Frau im Laufe ihres Lebens bekommen könnte, wenn die ermittelte altersspezifische Fruchtbarkeitsziffer (Anzahl der Lebendgeborenen pro Jahr bezogen auf 1000 Einwohner) für den gesamten Zeitraum ihrer fruchtbaren Lebensphase gelten würde, verwendet. Synonym werden diese Begriffe auch für die mittlere endgültige Kinderzahl oder Kohortenfertilität verwendet. Hier werden die altersspezifischen Fruchtbarkeitsziffern summiert, die zu dem Zeitpunkt gegolten haben, zu dem ein bestimmter Geburtsjahrgang tatsächlich das entsprechende Alter gehabt hat, sie kann also erst ermittelt werden, nachdem der betreffende Jahrgang das gebärfähige Alter weitgehend verlassen hat.

Korrelation, Kovarianz
Die Korrelation ist ein mathematisch-statistisches Maß, um die Enge eines Zusammenhanges zwischen zwei oder mehreren gemessenen Variablen zu bestimmen. Sie wird mit „r" symbolisiert und kann zwischen -1.0 und +1.0 variieren; zumeist werden Maße kleiner als 1 berechnet. Je mehr der errechnete Wert gegen 0 tendiert, desto geringer ist der zu vermutende Zusammenhang zwischen den Variablen; die Kovarianz ist die quadrierte Korrelationszahl als Maß (Prozentsatz) für die wechselseitig erklärbare Varianz der gemessenen Variablen. Eine positive Korrelation bedeutet, dass mit höheren Werten bei der einen Variablen zumeist auch höhere Werte der anderen Variablen einhergehen; Beispiel: Zwischen Intelligenz und Schulerfolg bestehen mittlere positive Korrelationen zwischen r = +.45 und r = +.70, je nach Stichprobe und verwendeten Tests. Eine negative Korrelation bedeutet, dass höhere Werte bei der einen Variablen mit niedrigen Werten bei der anderen Variablen assoziiert sind und umgekehrt; Beispiel: Infolge der gestiegenen Bildungsbeteiligung in den letzten 40 Jahren besteht ein negativer durchschnittlicher Zusammenhang zwischen Lebensalter und erreichtem Bildungsabschluss (vgl. auch Abb. 14). Trotz statistisch signifikanter Korrelationsmaße kann jedoch nicht zwingend von einer kausal erklärenden Verknüpfung ausgegangen werden, da es auch Scheinkorrelationen gibt, die durch dritte Faktoren, die ihrerseits noch nicht gemessen sind, hervorgerufen sein können.

Lebensverlaufs-Perspektive
Der Lebensverlauf stellt hier die zentrale Kategorie in der Sozialstrukturanalyse dar. Er ist charakterisiert durch die sozial organisierte Abfolge bestimmter Lebensphasen, so zum Beispiel Einschulung, Ausbildung, Berufsein- und -ausstieg, die gesellschaftlich normiert sind. Die ökologischen Übergänge zwischen den einzelnen Phasen sind auch durch staatliche Regularien bestimmt (Schuleintrittsalter, Renteneintrittsalter). Hinter diesem Konzept steht auch die Idee des lebenslangen Lernens bzw. der Entwicklung über das ganze Leben, wie sie sich auch im PPCT-Modell darstellt.

Life Span Psycholgy – Entwicklungspsychologie der Lebensspanne
Dieses Konzept bezieht sich auf die Vorstellung der Entwicklung und Sozialisation eines Menschen als lebenslangen Prozess, der zu den unterschiedlichen Zeitpunkten mit verschiedenen Krisen und Übergängen konfrontiert ist als Entwicklungsaufgaben, die es zu bewältigen gilt mit eigenen und unterstützenden Ressourcen. „Life Span" bedeutet die fortwährende Weiterentwicklung der eigenen Lebensperspektive und im Verband des gemeinsamen Lebens- und Familienprojekts über das ganze Leben, mit bestimmten typischen Phasen.

Living-Apart-Together (LAT)
Der Soziologe Hans-Joachim Hoffmann-Nowotny bezeichnet mit LAT (engl.: in fester Partnerschaft getrennt lebend) die Beziehung oder die Lebensform von Paaren, die aus beruflichen Gründen und auch auf der Basis persönlicher Lebensentscheidungen nicht zusammenleben, aber sehr wohl wechselseitige Beziehung und auch sexuelle Dauergemeinschaft im Sinne Max Webers leben, dabei nicht in einem gemeinsamen Haushalt leben; LAT gilt als typisch für die moderne Lebensführung (vgl. Mobilitätserfordernisse).

Mehrebenenmodell (Makrosystem, Exosystem, Mesosystem, Mikrosystem)
Der amerikanische Sozialwissenschaftler Urie Bronfenbrenner hat einen ökosystemischen Ansatz formuliert, um den Prozess der menschlichen Entwicklung theoretisch und empirisch angemessen zu begreifen. Als Ökosystem bezieht es sich auf die gesamte materielle und soziale Umwelt des Individuums mit fünf Systemebenen: ausgehend vom Mikrosystem, das die persönlichen Beziehungen des Individuums zu anderen Individuen oder Gruppen (Familie, Freunde; auch: Primärsystem) umfasst, stellt das Mesosystem auf der nächsten Ebene die Gesamtheit der Beziehungen des Individuums und somit die Summe seiner Mikrosysteme und der Beziehungen zwischen ihnen dar. Als Exosystem sind die Beziehungsgeflechte zu verstehen, denen das Individuum nicht direkt angehört und auf die es auch keinen direkten Einfkuss nehmen kann, aber auf Grund der Zugehörigkeit einer seiner Bezugspersonen auf dieser Ebene dennoch Einfluss auf das Individuum hat (etwa der Arbeitsplatz der Mutter). Die Makroebene oder das Makrosystem stellt die Gesamtheit aller Beziehungen in einer Gesellschaft (Normen, Werte, Konventionen, Traditionen) dar. All diese systemischen Verknüpfungen werden zudem durch das Chronosystem mitstrukturiert, also durch die zeitliche Dimension der menschlichen Entwicklung (vgl. Abb. 27).

Mikrozensus
Bei den statistischen Erhebungen des Mikrozensus (amtliche Repräsentativstatistik, 1 Promille der Bevölkerung, das heißt zur Zeit rund 80.000 Personen) werden nach Zufallskriterien ausgewählte Haushalte regelmäßig befragt, in der Regel in vier aufeinander folgenden Jahren. Der Mikrozensus liefert so statistisch repräsentative Informationen über die Bevölkerungsstruktur und die wirtschaftliche und soziale Lage der Bevölkerung, dabei insbesondere der Familien und Haushalte, über die Erwerbstätigkeit, Arbeitssuche, Aus- und Weiterbildung, Wohnverhältnisse und Gesundheit.

Mobilitätserfordernisse
Der soziale Wandel hat die stabilen Berufsbiografien der Industriegesellschaft aufgelöst und die gesellschaftlichen Erwartungen an die erwerbstätigen Personen gehen heute neben einer guten Qualifizierung und der Bereitschaft zu Weiterbildung oder auch Umschulung von einem hohen Maß an Flexibilität aus, um Arbeitsmöglichkeiten dort wahrzunehmen, wo gerade Arbeitsplätze bestehen, sei es regional, national oder auch international. Die Priorität ökonomischer Kriterien führt daher bei insgesamt eher unsicheren beruflichen Positionen, vor allem zu Beginn der Berufsphase (vgl. Generation Praktikum), zu einer hohen Mobilität der Personen, mit entsprechenden sozialen Kosten hinsichtlich der Beziehungen in den Mikrosystemen (Familie, Freunde). Als Konsequenz davon werden zunehmend Lebensformen des Living-Apart-Together oder des Single gelebt. Richard Sennett hat dies in seinem Buch „Der flexible Kapitalismus“ beschrieben.

Modell der gewonnenen Jahre
Als „gewonnene Jahre“ (Arthur E. Imhof) sind die Auswirkungen der demografischen Wandlungsprozesse zu sehen, die eine Verlängerung des Lebens und der Lebenserwartung bewirken. Besonders im Leben von Frauen hat sich durch das Auseinandertreten von Frauen- und Mutterrolle ein historisch neues Lebensverlaufsmodell durchgesetzt, da Mutterschaft nur noch eine begrenzte Rolle im Leben von Müttern ist und demgegenüber auch andere Rollen, vor allem die Berufsrolle, an Raum gewinnen. Aber auch für Männer stellt die Berufsrolle nur noch eine begrenzte Phase im Leben dar und erfährt dadurch einen Bedeutungswandel, weil nach Beendigung der Berufsrolle noch durchschnittlich 20 bis 30 Lebensjahre subjektiv sinnhaft zu gestalten sind.

multilokale Mehrgenerationenfamilie

Die Familie der Gegenwart wird als Konsequenz des demografischen Wandels und der Veränderungen der Berufsstruktur in der postmodernen Gesellschaft als subjektiv zusammengehörig und wechselseitig verbindend und verantwortlich gelebt, selbst wenn ihre Mitglieder an unterschiedlichen Orten und in getrennten Haushalten (multilokal) leben; durch die Verlängerung der Lebenszeit sind die Großeltern und teilweise auch Urgroßeltern als familiäre Bezugspersonen für die Enkel und Urenkel bedeutsam, wie umgekehrt auch diese für die Großeltern (Mehrgenerationenfamilie). Infolge der erheblich verkleinerten Familien gewinnt so die vertikale Verwandtschaftslinie (mehrere Generationen) an Bedeutung gegenüber der horizontalen Verwandtschaft (innerhalb derselben Generation). Dadurch verändert sich die Rolle der Kinder über den Lebensverlauf von fürsorgebedürftigen Aufwachsenden zu gleich berechtigten Partnern, die für sozial-emotionale Unterstützung der älter werden Eltern von großer Bedeutung sind (DJI Familiensurvey), wenn auch alle Beteiligten die „Intimität auf Distanz" eines eigenen Haushalts schätzen.

neolokale Gattenfamilie

Das westeuropäische Familienmuster kennt historisch schon seit dem Mittelalter die Familie, bei der das Paar mit seinen Kindern (Gattenfamilie) in einem eigenen Haushalt (neolokal) lebt, unabhängig von der Herkunftsfamilie (Michael Mitterauer), im Gegensatz zu patriarchalen Familienmustern in Süd- und Osteuropa. Das Familienmodell von Talcott Parsons und Robert F. Bales entsprach diesem Familienkonzept als Grundlage der funktionalen Transparenz der Industriegesellschaft, weil so die Familie flexibel entsprechend den Arbeitserfordernissen den Wohnort wechseln konnte. Erst in der Mitte des 20. Jahrhunderts konnte über den nach dem Zweiten Weltkrieg erfolgenden Wiederaufbau systematisch entsprechender Wohnraum geschaffen werden, dass die Gattenfamilie in ihrem Haushalt mit den Kindern allein (auch: Kleinfamilie oder Kernfamilie), ohne weitere nicht verwandte Haushaltsmitglieder (Untermieter, Dienstpersonal usw.) leben konnte, als ein Zuwachs von familiärer Intimität.

Nutzenmaximierungs-Strategien des Individuums (vgl. Theorie der rationalen Wahl)

Jedes Individuum handelt nach diesem Theoriemodell letztlich so, um sich selbst gegenüber anderen einen größtmöglichen Vorteil zu verschaffen. Mit seinem Konzept über die Entwicklung familiärer Lebensformen und des Handelns innerhalb von Familien hat der amerikanische Ökonom und Nobelpreisträger Gary S. Becker die Vorstellung entwickelt, dass die Menschen sich etwa für Kinder entscheiden, weil sie sich subjektiv von dieser Entscheidung für ihr eigenes weiteres Leben einen besonderen Vorteil versprechen (Altersabsicherung, Bereicherung des eigenen Lebens). Offen bleibt letztlich die Frage, was der Einzelne für sich selbst als Nutzen ansieht.

Ödipaler Konflikt

Der sogenannte „Ödipus-Konflikt" geht auf den thebanischen König Ödipus der griechischen Mythologie zurück, der (unwissend) seinen eigenen Vater erschlägt und die eigene Mutter zur Frau nimmt. So leitet sich nach der psychoanalytischen Theorie ein allgemeines universelles Dilemma zwischen dem heranwachsenden Jungen, der Liebe zur eigenen Mutter und der von dem Jungen wahrgenommenen Beziehung der Eltern zueinander ab, das nur dadurch gelöst werden kann, dass der Junge versucht, unabhängig davon, wie der Vater sich gegenüber dem Jungen verhält, die Lebensvorstellungen und Orientierungsmuster des Vaters als Teil seiner eigenen Geschlechtsrollenidentität zu übernehmen.

Patriarchale Abstammungsfamilie

Hier entsteht die Verwandtschaft sowie die Erbfolge oder Namensgebung durch die Stammbaumlinie des Vaters (Patrilinearität). Der Wohnsitz des jungen Paares ist zumeist in der Familie des Mannes bzw. dessen Herkunftsfamilie (Patrilokalität). Des weiteren definiert sich diese Familienform über die legitime Machtposition des Mannes, auch über die weibliche Sexualität, zur Sicherstellung der gesellschaftlich bedeutsamen Abstammung seiner Kinder.

Person-Prozess-Kontext-Zeit-Modell (PPCT: Person-Process-Context-Time)
Dem Person-Prozess-Kontext-Zeit-Modell liegt die Annahme einer Wahrscheinlichkeit zugrunde, dass Sozialisationsprozesse sich einerseits nach der Struktur des ökologischen Systems, in dem der Mensch lebt, ändern und andererseits nach den Persönlichkeitseigenschaften des Individuums. Faktoren wie die Ausbildung der Eltern, die Größe der Familie oder auch das Geschlecht des Kindes werden im Gegensatz zu der in Untersuchungen über Entwicklungsprozesse verbreiteten Praxis nicht als mutmaßliche Störvariablen entfernt, sondern als Moderatorvariablen betrachtet. Entwicklungsprozesse hängen in ihrem Ausmaß und z.T. sogar in ihrer Richtung sowohl von der Umwelt als auch von den Eigenschaften der Person ab.

PISA-Studie
In dreijährigem Abstand führt die OECD im Auftrag der beteiligten Regierungen seit 2000 internationale Schulleistungsuntersuchungen in den meisten seiner Mitgliedsstaaten durch. Dabei werden alltags- und berufsrelevanten Kenntnisse und Fähigkeiten in drei Bereichen gemessen: Lesekompetenzen, mathematische Kompetenzen, naturwissenschaftliche Grundbildung 15-jähriger Schüler. Die Ergebnisse können anhand von Länder-Ranglisten zwischen den Ländern und zwischen den Bundesländern Deutschlands verglichen werden (für Deutschland: PISA-Konsortium um Jürgen Baumert).

Pluralisierung von Lebensformen (Pluralisierungsthese)
Als paralleler Prozess zur Individualisierung (vgl. dort) wird eine zunehmende Vielfalt oder Puralisierung von Lebensentwürfen beobachtet, indem sich das Individuum in der postmodernen Gesellschaft sich weniger an Traditionen und Vorgegebenheiten gebunden fühlt, sondern einen eigenen individuellen Lebensentwurf gestaltet und verantwortet. In Bezug auf Familie lassen sich unterschiedliche familiäre Lebensformen beschreiben, die die Funktionen von Familie für die in ihr lebenden Individuen umsetzt, unabhängig von der äußeren Form als Zweieltern- oder Einelternfamilie, durch Verheiratung institutionalisiert oder nicht, Patchworkfamilien usw. Die historische Familienforschung hat auch schon für frühere Zeiten ein hohes Maß an Vielfalt der familiären Lebensformen gekannt.

Polarisierungstendenzen
Franz-Xaver Kaufmann formulierte die These der zunehmenden Polarisierung zwischen denjenigen, die Kinder haben, und denjenigen ohne Kinder. In Gesellschaften mit zunehmender Kinderlosigkeit besteht in seinen Augen die Gefahr, dass diejenigen, die sich für Kinder entscheiden, zunehmend in eine Position geraten, in der sie die Interessen ihrer Kinder gegen die Interessen der Kinderlosen durchsetzen müssen (horizontale Gerechtigkeit).

primäre Sozialisation
Die Familie stellt für das in ihr heranwachsende Kind das Primärsystem (Mikrosystem) zur Verfügung, in dem das Kind seine Entwicklung und seine Handlungsfähigkeit als soziales Wesen durch die Aneignung von Sprache, Gewohnheiten, Regeln, Normen und Wissensbeständen der Gesellschaft bzw. Kultur gestaltet. Dabei hat die Familie als primäre Sozialisationsinstanz eine besondere Bedeutung durch die hohe emotionale Dichte und psychosoziale Stabilität und Intimität: In diesem Kontext werden primäre Bindungen gestaltet als Basis für Urvertrauen, das wiederum als Grundlage für die Ausbildung der Persönlichkeit dient (PPCT-Modell).

puritanische Ethik
Ausgehend von der Frage nach den Ursachen, Erscheinungsformen und Auswirkungen des Kapitalismus als das Streben nach Gewinn und Rentabilität in einem kontinuierlich und rational arbeitenden Betrieb begründet Max Weber in seinem Werk „Die protestantische Ethik und der Geist des Kapitalismus" die puritanische (protestantische, calvinistische) Ethik als Habitus von Selbstbeschränkung und innerweltlicher Askese bei gleichzeitigem Verzicht auf unmittelbare Bedürfnisbefriedigung zu Gunsten längerfristiger Ziele und somit als Basis der kapitalistischen Wirtschaftsentwicklung.

rationale Wahl (rational choice)
Die Theorie der rationalen Wahl umfasst unterschiedliche Ansätze von Handlungstheorien der Wirtschafts- und Sozialwissenschaften. Dabei wird den handelnden Akteuren ein rationales Verhalten zugeschrieben, das auf jeweiligen Präferenzen beruht und den größtmöglichen eigenen Nutzen herstellen soll. Das Grundmodell des homo oeconomicus entspricht im wesentlichen diesem Ansatz, dass der einzelne Mensch so handelt, wie er sich einen größtmöglichen eigenen Nutzen verspricht (vgl. Nutzenmaximierung).

Reproduktionsrate
Die Reproduktionsrate gibt an, wie viele Kinder auf 100 Frauen zwischen 15 und 45 Jahren in einer Gesellschaft geboren werden; aktuell sind das in Deutschland 143 Kinder oder eine Reproduktionsrate von 1,43.

Reproduktionszeit und Sozialisationszeit
In der demografischen Forschung wird im weiblichen Lebenslauf die Differenz zwischen der Geburt des ersten und des letzten Kindes als Reproduktionszeit bezeichnet. Als Sozialisationszeit werden zur Reproduktionszeit weitere 15 Jahre hinzuaddiert als durchschnittliches Maß für den Pubertätseintritt des jüngsten Kindes. Damit bezeichnet die Sozialisationszeit im demografischen Sinne die Lebensphase, in der Kinder geboren und bis zur eigenen Verselbstständigung groß gezogen werden.

Reziprozität
Das Prinzip der Reziprozität (lat.: Gegenseitigkeit) ist zunächst in der Bindungstheorie von Bedeutung, indem jeder Mensch mit dem anthropologischen Bedürfnis nach Bindung geboren wird, das ein Gegenüber für den Bindungsprozess voraussetzt, um sich in dieser Gegenseitigkeit zu erfahren und zu rekonstruieren. Darüber hinaus setzen alle Theorien des sozialen Verhaltens das Prinzip der Gegenseitigkeit voraus, die Rollentheorien ebenso wie die Theorien des moralischen Urteilens.

Sekundärtugenden
In Abgrenzung zu den vier Primärtugenden oder Kardinaltugenden der griechischen Antike (verständig, gerecht, fromm und tapfer) werden zu den Sekundärtugenden Pünktlichkeit, Zuverlässigkeit, Höflichkeit, Sauberkeit und Ordnungssinn, aber auch Gehorsam als Unterordnungsbereitschaft gezählt, die ihrerseits etwa den beruflichen Erfolg positiv mit beeinflussen, also sekundär wirken.

Selbstständigkeitserziehung
Selbstständigkeit als Erziehungsziel hat bei allen pädagogischen Akteuren Priorität in dem Sinne, dass das Kind sich als selbstwirksamen und zuverlässigen Akteur in unterschiedlichen Situationen erfahren kann und somit sein Selbst als selbsttätiges Individuum aktiv selbst gestaltet und Eigenverantwortung für sein Tun übernimmt. Für die Entwicklung von moralischer Autonomie und Leistungsorientierung als Erfolgszuversicht ist eine frühe Selbstständigkeitserziehung Voraussetzung.

sequenzielle Monogamie
Als ein typisches Merkmal der west- und nordeuropäischen Familien gilt die sogenannte sequenzielle Monogamie, das bedeutet dass ein Paar mit einem Partnr in einer auf Dauer angelegten Zweierbeziehung lebt. Bis in die Neuzeit war die Trennung eines Paares typischerweise durch den Tod eines der beiden Partner verursacht („bis dass der Tod euch scheidet"), wonach aus Gründen der ökonomischen Existenzsicherung bald ein neuer Partner gefunden werden musste. Heute gilt auch in Paarbeziehungen überwiegend die Exklusivität der Zweierbeziehung in wechselseitiger Treue; das heißt solange die Paarbeziehung besteht; jedoch ist die Partnerschaft nicht mehr unbedingt auf ein ganzes Leben ausgelegt, sondern auf kürzere Phasen. Die Trennung durch den Tod ist heute statt durch Scheidung geprägt.

Sprachcodes restringiert versus elaboriert
Der britische Soziolinguist Basil Bernstein hat in den Siebziger Jahren seine Theorie der Sprachcodes aufgestellt. Er analysiert die Unterschiede bei Angehörigen derselben Sprachgemeinschaft auf linguistische (sprachwissenschaftliche) Annahmen. Danach unterscheidet sich die Sprachvariante der Angehörigen der sozialen Mittel- und Oberschicht (elaborierter oder ausgearbeiteter Code, formal language) einer Gesellschaft deutlich von der Variante der sozialen Unterschicht (restringierter oder eingeschränkter Code, public language), und zwar auch hinsichtlich ihrer Leistungsfähigkeit und auch der Wahrnehmung und des Denkens der sozialen Gruppen. Die Merkmale des restringierten Codes (public language) sind kurze, grammatikalisch einfache, häufig unvollständige Sätze, eine begrenzte Anzahl von Adjektiven und Adverben sowie Verstärkungen am Ende des Satzes („weißte", „gell", „und so"). Die Merkmale des elaborierten Codes (formal language) sind der häufige Gebrauch von Fachwörtern und des Passivs, grammatikalische Korrektheit, logische bzw. argumentative Strukturierung und eine hohe Sprachkompetenz. Für den elaborierten Sprachcode postuliert Bernstein eine höhere Reichweite oder kontextunabhängige Verwendbarkeit, während der restringierte Sprachcode eher kontextabhängig in konkreter Interaktion der Beteiligten verwendet wird. In seinen späteren Arbeiten hat Bernstein seine ursprüngliche Position zur sprachlichen Diskriminierung von sozialen Gruppen deutlich relativiert und revidiert.

statistische Kontrolle
In empirischen Untersuchungen werden die gemessenen Merkmale mathematisch in Beziehung gesetzt, um die Effekte einzelner Variablen genauer bestimmen zu können. Das kann geschehen, indem zwei gleich große Untersuchungsgruppen in möglichst vielen Merkmalen parallelisiert werden, beispielsweise hinsichtlich Alter, Geschlecht, Bildungsgrad, Wohnquartier, Lebensform, ethnischen Hintergrund, um dann an der einen Gruppe eine bestimmte Behandlung durchzuführen (etwa einen bestimmten Förderplan kognitiver Fähigkeiten) und im Anschluss den Effekt dieser Behandlung zu bestimmen und so abzuschätzen, dass keiner der anderen Faktoren diesen Effekt (mit)erzeugt hat. Eine andere Vorgehensweise nimmt eine solche „statistische Kontrolle" in den mathematischen Auswertungen selbst vor, indem die direkten und indirekten Effekte der einzelnen Variablen separat und in Kombination mathematisch isoliert werden. Alle diese berechneten Maße stellen grundsätzlich immer nur Schätzungen der „wahren" Zusammenhänge dar.

stille Revolution der Werte
Der amerikanische Soziologe Ronald Inglehart beschreibt 1977 seine Theorie des Wertewandels als „The Silent Revolution", die er in allen westlichen Industrieländern empirisch nachweisen kann. Nach seiner These haben sich die Werte der westlichen Gesellschaften, auf der Basis des seit Mitte des 20. Jahrhunderts insgesamt gewachsenen ökonomischen Wohlstands auf der einen Seite und der deutlich verstärkten Bildung immer größerer Bevölkerungsgruppen auf der anderen Seite, gewandelt, und zwar weg von einer betont materiellen und die physische Sicherheit betonenden Perspektive hin zu einer „postmateriellen" oder „individualistischen" Perspektive. Die Optionen von höherer Bildung auf der Basis einer gesicherten materiellen Existenz fordern mehr Selbstbestimmung und Selbstverantwortung, jedoch auch eine vermehrte Teilhabe oder auch „Einmischung" in politische Entscheidungen (etwa Bürgerbewegungen, lokale Initiativen).

unbeschriebenes Blatt (blank slate)
Viele Konzepte pädagogischen Handelns setzen, mehr oder weniger reflektiert wie auch mehr oder weniger implizit, d.h. ohne dieses Modell konkret zu reflektieren, auf der Denkfigur vom Kind als unbeschriebenem Blatt auf (black box, Trichtermodell), in der Annahme, dass das Kind die Einwirkungen der Umwelt eher passiv aufnimmt und sein Verhalten entsprechend organisiert.

universale versus partikulare Werte
Im Familienmodell von Talcott Parsons vertritt der Vater als „universalistisch-instrumenteller" Führer die allgemein gültigen Werte der rationalen Berufswelt, während die Mutter als „partikular-

expressive" Führerin die sozial-emotionalen Werte von Fürsorge und Zusammenhalt für das Binnensystem Familie repräsentiert und vertritt; in Parsons' Modell werden über die Geschlechtsrollenidentifikation diese geschlechtsspezifischen Wertemuster vom Vater an den Sohn und von der Mutter an die Tochter weitervermittelt.

„unschuldiges Kind"
Vor 100 Jahren proklamierte Ellen Key das „Jahrhundert des Kindes", um zu verdeutlichen, dass Kinder nicht mehr, wie im Mittelalter bis in die Neuzeit üblich, als unfertige Erwachsene zu begreifen seien, sondern als Individuen mit eigenen Rechten auf Entwicklung und Unversehrtheit. Zugleich wurde im Kind das Symbol für die unschuldige Natur gesehen, das noch ohne die Fehler und Anpassungserfordernisse dem Ideal des guten Menschen entspreche. Diese Sichtweise reklamierte eine Sonderstellung der Unterstützungsbedarfe der kindlichen Entwicklung, die im Zuge der gesellschaftlichen Ausdifferenzierung zu segregierten institutionellen Räumen für Kinder führte. Infolge des parallelen Rückgangs der Kinderzahlen wurde die Kindheit zunehmend „verinselt" (Helga Bilden) und institutionalisiert.

Wissensgesellschaft
Mit dem Rückgang der Industriegesellschaft seit den Siebziger Jahren haben sich in der Gesellschaft zunehmend Berufe aus dem Dienstleistungssektor etabliert. Heute sind mehr als die Hälfte aller erwerbstätigen Personen in diesen Bereichen tätig, so dass die Gesellschaft nun als Dienstleistungsgesellschaft oder postindustrielle (auch: postmoderne) Gesellschaft oder Wissensgesellschaft bezeichnet wird. Merkmale der neuen Dienstleistungsberufe sind eine qualifizierte Bildung und selbst verantwortliches professionelles Handeln, die die komplexen Wissensbestände konkret umsetzen. Dieser Wandel in der Beschäftigungsstruktur wurde zum einen vom Niedergang der industriellen Berufe hervorgerufen, parallel dazu jedoch auch durch vermehrte Bildungsinvestitionen seit den Siebziger Jahren und zugleich durch die zunehmende Erwerbsbeteiligung der Frauen und auch der Mütter, die vorwiegend in den Dienstleistungsberufen tätig sind.

FachZeitschriften im Verlag Barbara Budrich

BIOS
Zeitschrift für Biographieforschung, Oral History und Lebensverlaufsanalysen

BIOS ist seit 1987 *die* wissenschaftliche Zeitschrift für Biographieforschung, Oral History Studien und – seit 2001 – auch für Lebensverlaufsanalysen. In ihr arbeiten über Disziplin- und Landesgrenzen hinweg Fachleute u.a. aus der Soziologie, der Geschichtswissenschaft, der Pädagogik, der Volkskunde, der Germanistik.

dms – der moderne staat
Zeitschrift für Public Policy, Recht und Management

Die neue Zeitschrift ist interdisziplinär angelegt und beschäftigt sich mit dem seit drei Jahrzehnten international zu beobachtenden massiven Wandel der Erfüllung öffentlicher Aufgaben nach Inhalt, Struktur und Organisation, Prozessen und Ergebnissen. Dieser Wandel fordert alle Fachwissenschaften heraus, bei Erhaltung der jeweiligen disziplinären Kompetenz nach integrierbaren Untersuchungen und Erklärungen zu suchen.

Diskurs Kindheits- und Jugendforschung

„Diskurs Kindheits- und Jugendforschung“ widmet sich dem Gegenstandsfeld der Kindheits- und Jugendforschung unter der integrativen Fragestellung von Entwicklung und Lebenslauf; er arbeitet fächerübergreifend und international mit deutschen und internationalen AutorInnen aus den einschlägigen Disziplinen wie z.B. der Psychologie, Soziologie, Erziehungswissenschaft, der Ethnologie, Verhaltensforschung, Psychiatrie und der Neurobiologie.

Erziehungswissenschaft
Mitteilungsblatt der Deutschen Gesellschaft für Erziehungswissenschaft

Erziehungswissenschaft ist das offizielle Mitteilungsblatt der Deutschen Gesellschaft für Erziehungswissenschaft. Die Zeitschrift trägt den Informationsaustausch innerhalb der Gesellschaft und fördert die Diskussion über die Entwicklung des Faches.

FachZeitschriften im Verlag Barbara Budrich

femina politica
Zeitschrift für feministische Politik-Wissenschaft

femina politica ist die einzige Zeitschrift für feministische Politik-Wissenschaft im deutschsprachigen Raum. Sie wendet sich an politisch und politikwissenschaftlich Arbeitende, die den Gender-Aspekt bei ihrer Arbeit berücksichtigen. *femina politica* analysiert und kommentiert tagespolitische und politikwissenschaftliche Themen aus feministischer Perspektive, berichtet über Forschungsergebnisse, Projekte, Tagungen und einschlägige Neuerscheinungen.

Gender
Zeitschrift für Geschlecht, Kultur und Gesellschaft

Gender ist eine neue Zeitschrift, die sich der Frauen- und Geschlechterforschung aus interdisziplinärer sozial- und kulturwissenschaftlicher Perspektive nähert. Forschung, Theorie und Praxis finden hier ein prominentes Forum.

Gesellschaft. Wirtschaft. Politik (GWP)
Sozialwissenschaften für politische Bildung

GWP ist die älteste Fachzeitschrift in der Bundesrepublik für Studium und Praxis des sozialwissenschaftlichen Unterrichts. Als sozialwissenschaftliches Magazin ist sie der Aktualität wie dem Grundsätzlichen verpflichtet, der sorgfältigen Fundierung wie der lebendig wechselnden Stilistik.
GWP finden Sie im Internet unter www.gwp-pb.de

Pädagogische Korrespondenz

Budrich UniPress
Die Zeitschrift ist der „kritischen Zeitdiagnose in Pädagogik und Gesellschaft" verpflichtet. Herausgegeben vom Institut für Pädagogik und Gesellschaft e.V., Münster